시각장애아 교육

임안수 저

학지사

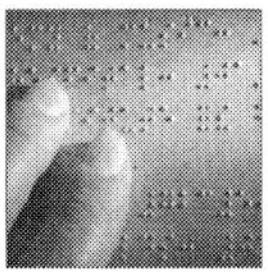

| 머리말 |

모든 학문 분야와 같이 시각장애아 교육의 학문 분야도 빠른 속도로 발전하고 있다. 특히 우리나라 안에서만 보면 매우 느리게 발전하고 있는 것 같으나 눈을 돌려 선진국의 동향을 보면 다양한 분야에서 빠른 속도로 발전하고 있음을 실감할 수 있다.

1960년대 중반에 잔존시력의 활용에 관한 연구가 발표되고 이어서 안과학적 지식이 시각장애아 교육과 접목되면서 저시력 아동의 교육이 발전하게 되었으며, 시각장애아 교사를 시력 교사(vision teacher)라고 할 정도로 양성과정도 변화되어 왔다.

1975년에 「전장애아교육법」이 통과된 이후 시각장애 학생의 84%는 일반학교에서 정안 학생과 함께 통합교육을 받고 있고, 불과 8%의 시각장애 학생들만이 맹학교에서 교육을 받고 있으며, 이러한 맹학교 학생들도 대부분 이웃 일반학교에서 부분적 통합교육을 받고 있다. 일반학급 교사가 중심이 되어 시각장애 아동을 교육하고, 시각장애아 교사는 지원 교사로 협력하고 있다. 따라서 시각장애 교육의 행정조직과 교수전략 지원팀의 활동 등을 새롭게 재체제화하는 발전을 가져왔다.

보행교육의 경우에도 취학 전 시각장애 아동에게 조기부터 지팡이교육을 실시하고 있고, 과거에는 보행교육의 대상이 아니었던 중복 시각장애 아동과 저시력 아동에게도 그들의 특성에 맞는 보행교육을 실시하고 있다. 특히 중복 시각장애 학생을 위한 보행교사와 저시력 학생을 위한 보행교사를 별도로 양성함으로써 이 분야에도 큰 발전을 가져왔다.

그동안 컴퓨터로 대표되는 첨단 과학기술의 발달로 시각장애 학생이 보다 쉽게 묵자 책을 읽을 수 있게 되었고, 자료를 점자나 음성, 무지점자, 큰문자 등으로 전환시켜 학습할 수 있게 되었다.

시각장애 학생을 발견하고 선별하여 아동의 시각적 능력뿐만 아니라 학업 능력, 지능, 적성 등을 평가할 수 있는 도구와 방법이 개발되어 시각장애 학생의 요구에 따른 개별화 교육이 가능하도록 지식과 기술 역시 발전해 왔다.

따라서 이 책은 선진국의 시각장애 교육의 동향을 소개하면서 우리나라 시각장애아 교육의 특성을 반영하려고 노력하였다.

끝으로 이 책이 시각장애 교육의 발전에 조금이나마 이바지할 수 있기를 바라며, 이 책이 나오기까지 협조해 주신 모든 분들께 심심한 감사의 말씀을 드린다.

2008년 7월

임안수

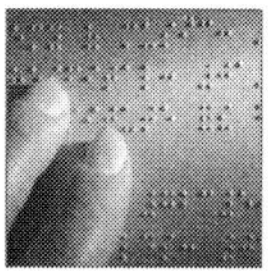

| 차 례 |

제 1 장

시각장애아 교육의 발달

1 서양의 시각장애아 교육의 발달

1) 역사적 개관

Lowenfeld(1973)는 서양 시각장애인의 역사를 신분사적 측면에서 분석하고, 분리에서 통합에 이르는 과정을 분리시대, 수용 · 보호시대, 자아해방자시대, 통합시대의 네 단계로 나누어 설명하였다.

(1) 분리시대

원시 씨족사회에서 자신을 부양할 수 없거나 스스로 방어할 수 없는 개인은 일반적으로 종족이나 집단에게 부담을 주었고, 그 집단으로부터 분리되었으며, 이 분리 상태는 다시 절멸(絶滅)과 숭배의 두 가지 형태로 분류되었다.

스파르타, 아테네, 로마 등과 같은 고대 서구 문명의 중심지에서는 맹아동을 비롯한 장애 아동을 여러 가지 방법으로 살해하였다. 플라톤(Platon), 아리스토텔레스(Aristoteles), 세네카(Seneca)와 같은 고대 철학자들은 장애 아동의 살해를 학문적으로 뒷받침했고, 리쿠르구스법과 로마의 십이동판법은 이를 합법화함으로써 대부분의 장애인들은 그들의 가족이나 종족으로부터 생존권을 인정받지 못하고 살해되었다.

반면에, 호머(Homer)와 예언자 티레시아스(Tiresias), 피네우스(Phineus)와 같은 맹인은 고대사회에서 존경을 받았으나 일반인들과는 분리되어 살았다.

(2) 수용·보호시대

일신교의 출현은 맹인을 수용 · 보호하려는 제2의 단계로 변화시켰다. 구약성경에는 맹인을 보호해야 한다는 기록들이 많이 있으며, 초대 기독교 사회에서는 고아와 노인 그리고 맹인을 보호 대상자로 생각하였다. 369년에 카파도키아 지방의 카에사리아(Caesarea) 시에는 교회의 관리하에 수용소와 병원이 설립되었다. 카에사리아 시는 지하 도시로 그곳의 한 지역을 맹인들이 살도록 허용하였다. 1254년 루이 9세는 실명한 십자군 용사 300명을 위하여 깽즈 뱅(Quinze-Vingts, 300을 의미함)이란 수용소를 설립하였다. 이 시대의 맹인들은 생존권을 거부당하는 대신 걸인이나 수용소 생활을 할 수 있었으며, 이러한 수용소는 이탈리아, 스페인, 독일, 스칸디나비아 등에도 설립되었다.

(3) 자아해방자시대

17~18세기 서구에서는 맹인들이 전통적인 인습과 관념을 깨뜨리고 스스로의 노력으로 교육을 받았을 뿐만 아니라 여러 분야에 걸쳐 탁월한 업적을 남겼는데, 이들을 '맹인 자아해방자'라고 부른다. 이 맹인 자아해방자들 가운데는 케임브리지 대학교의 수학교수가 된 영국인 사운더슨(Nicholas Saunderson, 1682~1739), 도로와 교량의 건설기사였던 영국인 메트칼프(John Metcalf, 1717~1810), 스코틀랜드의 시인이며 목사였던 블랙록(Thomas Blacklock, 1721~1791), 꿀벌의 생활을 연구한 스위스의 곤충학자 후버(François Huber, 1750~1831), 오스트리아의 유명한 성악가이자 피아니스트였던 파라디스(Maria Theresia von Paradis, 1759~1824) 등이 있었다. 또한 문자를 기록하고 수학, 특히 고등수학을 배우기 위하여 여러 가지 방법을 고안했으며, 양각지도와 기구를 개발한 사람도 있었다.

세계적인 프랑스인 학자 디드로(Denis Diderot, 1713~1784)는 자아해방자들의 업적을 기록한 『맹인에 관한 편지(letres sur les aveugles)』라는 저서를 남김으로써 맹교육의 가능성을 입증했다.

(4) 통합시대

통합이란 인종적, 종교적, 신체적, 경제적 또는 다른 중요한 특징에서 차이가 있는 집단과 개인 사이에 기회의 균등과 법률적 평등에 바탕을 둔 상호적인 포용을 말한다. 이러한 통합에는 두 가지 조건이 요구된다. 하나는 장애인에 대한 차별대우를 금하는 것이고, 다른 하나는 접근성을 확보하는 것이다. 이 접근성에는 물리적 환경의 접근과 정보와 커뮤니케이션의 접근이 포함된다.

선진국에서는 1970년대 이후 장애인에 대한 차별대우를 금하는 법률을 제정하였다. 미국의 경우, 1973년에 「재활법(rehabilitation act of 1973)」이 제정되었고, 동법 제504조에는 '유자격 장애인이 연방정부의 재정 지원을 받는 활동이나 프로그램에서 장애인이란 이유만으로 참가하지 못하거나, 혜택을 거부당하거나, 차별대우를 받지 아니한다.'고 규정되어 있다. 이 재활법 제504조를 모법으로 1974년에 시행령을 제정하여 모든 분야에서 장애인이 차별대우를 받지 않도록 규정했다.

1990년에는 「미국 장애인법(Americans with disabilities act of 1990)」을 제정하여 고용에서 차별을 금하고 접근성을 가능하게 했다. 접근성은 장애인이 건축물과 시설에 접근하는 것은 물론 시각장애인이 문자에 접근하는 정보 접근과 청각장애인이 전화를 사용할 수 있는 것과 같은 커뮤니케이션에의 접근을 포함한다.

2) 아우이와 파리 맹학교

아우이(Valentin Haüy, 1745~1822)는 당시 프랑스 혁명을 이끈 정신적 · 사회적 영향이 지배하던 파리에서 교육을 받았다. 아우이가 맹교육을 시작하게 된 동기는 첫째, 농교육의 선구자인 레뻬(Abbe de l'Epee)의 교육사업에 깊은 감명을 받았고, 둘째, 26세 때 시장에서 파리의 군중들이 맹인 걸인을 잔인하고 비인도적으로 조롱하는 것을 보고 맹인을 위하여 헌신할 것을 결심했으며, 셋째, 프랑스 사회를 열광시켰던 맹인 여류 성악가이자 피아니스트인 파라디스와의 개인적인 만남 때문이었다.

아우이는 처음으로 프랑수아 르쥐외르(François Lesueur)를 개인적으로 가르치기 시작했다. 과거에도 맹인을 가르쳤던 교육자들이 없었던 것은 아니었으나 그들은 개인적으로 한 명의 학생만을 가르쳤을 뿐 공식적으로 맹학교를 설립하여 가르치지 않았다. 그러나 아우이는 1784년에 14명의 학생을 데리고 최초의 맹학교(l'Institution Nationale des Jeunes Aveugles, 후에 파리맹학교라고 하였음)를 설립했다.

아우이는 맹교육은 정안 아동의 교육 형태를 따라야 한다는 신념으로 일반학교의 교육방법과 교육과정을 그대로 따랐다. 아우이는 르쥐외르가 부고(obituary)에 인쇄된 'o' 자를 손가락으로 식별하는 것을 보고 양각 글자를 만드는 음각 주형활자를 개발했다. 그 후 그는 손으로 쉽게 읽을 수 있는 간단한 글자를 실험했으나, 이 문자는 '시각적인 언어를 손가락에 하는 대화'라는 비판을 받았다(Villey, 1930).

아우이는 자신의 저서 『맹교육 소론(Essai sur l'Education des Aveugles)』에 파리 맹학교의 교육에 관하여 기록했다. 파리 맹학교에서는 쓰기, 수학, 지리, 음악, 그리고 직업교육을 가르쳤다. 직업교육으로 가르친 수공예에는 방적, 직조, 뜨개질, 바구니, 제본, 등의자, 인쇄술 등이 포함되었다. 또한 아우이는 맹인인 파라디스, 사운더슨, 바이센부르크(Weissenburg)의 경험과 업적에 대해서도 기록했는데, 맹인과 일반인을 교육하는 방법 사이에 유사성을 찾기 위하여 그들의 업적을 조금도 과장하지 않았다.

아우이는 나폴레옹 정부에 미움을 사서 1806년 파리를 떠나 존느(August Zeune)를 도와 베를린 맹학교를 설립했고, 황제 알렉산더 1세의 초청을 받아 러시아에서 상트페테르부르크(Sankt Peterburg) 맹학교의 설계를 도왔다. 그리고 1817년 파리로 돌아와 1822년에 세상을 떠났다. 아우이가 세운 파리 맹학교를 본보기로 하여 1791년 리버풀에, 1793년 브리스틀과 에든버러에, 그리고 1804년 빈에 각각 맹학교가 설립되었고, 점차 유럽의 대도시에도 맹학교가 설립되었다.

3) 하우와 퍼킨스 맹학교

미국에서도 세 개의 사립 맹학교가 거의 같은 시기에 설립되었다. 뉴잉글랜드 맹인원(The New England Asylum for the Blind: 후에 Perkins School for the Blind로 개칭됨)이 1829년에 인가를 받아 1832년 7월에 보스턴에서 개교했고, 뉴욕 맹학교(New York Institution for the Education of the Blind: 현재는 New York Institution for Special Education)가 1831년에 인가를 받아 1832년 3월에 개교했으며, 펜실베이니아 맹학교(Pennsylvania Institution for the Instruction of the Blind)가 1833년에 필라델피아에 설립되었다가 1899년 오버브룩으로 옮겨가 오버브룩 맹학교(The Overbrook School for the Blind)로 개칭되었다.

하우(Samuel Gridley Howe, 1801~1876)는 보스턴에서 태어나 브라운 대학을 졸업하고 하버드 대학에서 의학을 전공했으며, 병원을 개업하기 전에 그리스로 건너가 독립운동에 참가한 뒤, 1831년에 보스턴으로 돌아왔다. 퍼킨스 맹학교에서는 하우에게 맹교육을 맡아 줄 것을 요청했고, 그는 유럽의 맹학교를 시찰하고, 그 결과를 다음과 같이 요약했다.

> 각 맹아는 개인으로 존중되어야 하고, 개인의 능력에 따라 훈련하여 지역사회에서 배운 기술을 사용할 수 있어야 한다. 맹학교 교육과정은 잘 구성되어야 하고 가능한 한 일반학교의 교육과정과 일치해야 한다. 그러나 음악과 수공은 더 강조되어야 하며, 중요한 목표는 맹아동을 그 지역사회의 사회적 · 경제적 생활에 공헌하는 일원으로 훈련시키는 것이다(Farrell, 1956, p. 45).

하우는 영리한 카터 자매(Abbe Carter, Sophia Carter)를 데리고 교육을 시작했다. 그는 맹아동의 교육에 관하여, 조기부터 맹아동을 생산적인 성인으로 성장하도록 돕는 것은 세금으로 맹인을 부양하는 책임에서 국민을 해방시키는 것이고, 체육은 신체의 비능동적인 경향 때문에 맹아동의 교육에서 가장 중요한 부분이며, 무관심은 맹아동의 과도한 호기심을 위축시키지 않아 지나친 관심을 기울이거나 응석을 받아 주는 것보다 낫다고 했다. 그리고 그는 맹학교와 같은 기숙학교에 대하여 다음과 같은 진보적인 견해를 갖고 있었다.

> 기숙학교에서는 형식이 존중되고 개성이 억제되며 참된 가족 관계가 형성되기 어렵고, 이러한 기관은 부자연스럽고 바람직하지 못하며 악습에 물들기 쉽다. 따라서 기숙학교의 수는 가능한 한 적어야 하고 소규모로 유지되어야 한다(Howe, 1965, p. 182).

하우는 퍼킨스 맹학교를 발전시킨 것 외에 두 가지 교육사업에 중점을 두었다. 첫째로, 퍼킨스 맹학교 학생들의 교육과정을 다른 주 의회 의원들에게 보여 줌으로써 맹학교의 설립을 도왔다. 그는 1837년에 맹농아 로라 브리지먼(Laura Bridgman)의 교육을 시작했고, 로라의 발달과 교육에 관한 기록은 맹농아 교육에 귀중한 자료로 전해지고 있다. 로라의 교육을 기초로 1887년에는 헬렌 켈러(Helen Adams Keller)를 학교에 입학시켜 교육할 수 있게 되었다. 하우가 세상을 떠날 무렵에는 20개 이상의 맹학교가 설립되었다. 그러나 하우는 보스턴 선문자(Boston Line Type)를 개발하여 사용하면서 점자를 사용하지 못하게 함으로써 '위대한 인물의 위대한 과오'를 범했다는 혹평을 받기도 했다.

4) 클라인과 빈 맹학교

클라인(Wilhelm Klein)은 1804년에 빈 맹학교를 설립하고, 맹아동을 일반 공립학교에서 공부하도록 해야 한다고 주장했다. 그러나 일반학교 교사들이 맹교육을 위한 교사용 전문서적도 없고, 맹아동을 가르치는 방법도 모른다는 이유로 이 주장에 반대하자, 클라인은 1819년에 『맹교육을 위한 교재』를 집필하고, 1836년에는 『지역사회 학교와 가정에서 맹아동에게 필요한 교육을 제공하기 위한 지도서』를 출판했다. 또한 1842년 12월 30일자 공문에는 다음과 같은 내용이 기록되어 있다.

> 경험에 따르면 현존하는 맹학교들은 교육을 필요로 하는 모든 맹아동을 입학시키기에 불충분하다. 입학한 학생은 대개 그의 가정에서 분리되어 낯선 환경으로 옮겨 가곤 한다. 하지만 그곳에서는 만족할 수 없는 욕망과 습관에 물들기 쉽기 때문에 부모가 사는 집과 지역사회 학교에서 교육을 받아야 하고, 맹교육은 가능한 한 언제나 일반 국민 교육기관, 즉 공립학교에서 이루어져야 한다(Klein, 1845, p. 238).

이와 같이 하우나 클라인은 통합교육을 실시할 것을 주장했으나 그 당시에는 성공을 거두지 못했다.

5) 통합교육

시각장애 학생의 통합교육은 유럽의 스코틀랜드와 런던에서 실험적으로 맹아동을 일반학교에 입학시키기 시작하면서 1900년 미국 시카고에서 세계 최초로 통합교육이 실시되었다. 이 학급을 점자학급(braille class)이라 했고, 당시 교사는 맹인인 커티스(John Curtis)였다. 그 후 시카고 공립학교 점자학급을 시초로 하여 통합교육이 확대되어 갔다.

1948년에 점자학급과 학생의 수는 미국의 모든 시각장애 학생의 10%에 불과했으나 2003년에는 일반학교에 재학 중인 시각장애 학생이 84%, 맹학교에 재학 중인 학생은 8%에 불과했다(American Printing House for the Blind, 2003). 특히 1975년 「전장애아교육법(Education of All Handicapped Children's Act)」이 통과된 후 시각장애 학생은 의무적으로 일반 공립학교에서 통합교육을 받도록 했다. 즉 모든 장애 아동은 통합교육을 받는 것을 원칙으로 하되, 일반학교에서 통합교육을 받을 수 없는 상황을 객관적으로 입증할 경우에만 맹학교나 특수학급에서 교육할 수 있도록 했다. 그러나 매년 재평가하여 가능한 한 통합교육을 받도록 하고 있다.

6) 저시력 아동의 교육

20세기 초에 미국과 영국의 교육자들은 저시력 아동에 관하여 관심을 갖기 시작했다. 1902년 런던의 안과의사 하만(Harman)은 맹학교에 많은 저시력 아동이 있다는 것을 발견하고, 런던 시 교육위원회 의료감이었던 커(James Kerr)에게 이 사실을 보고했다. 그 후 커 박사는 1908년에 런던 남부의 캠버웰에 저시력 아동을 대상으로 하는 학교를 설립했다. 이 학교는 한 초등학교 운동장에 세웠는데, 하만은 이 학교를 근시학교(Myope School)라 불렀다. 저시력 아동들은 정안 아동들과 함께 공부했으나 문자를 사용하지 않고 거의 구어만을 사용했다. 이에 대하여 Hathaway(1959)는 교실 문 위에 '읽기와 쓰기는 여기에 들어오지 못한다.'라는 글이 붙어 있었다고 했다. 그리고 스트라스부르크에서는 고도근시 아동만을 입학시켰으나 점차 모든 시각장애 아동을 입학시키게 되었고, 독일의 다른 도시는 물론 유럽의 여러 나라에서도 저시력 아동의 교육이 시작되었다.

1892년에 퍼킨스 맹학교 3대 교장인 알렌(Edward Allen)은 맹학교에 저시력 아동이 입학하는 것을 반대했으나 1909년에 런던의 저시력 학급을 방문하고 돌아온 그는 1913년 보스턴 근교 록스버리에 저시력 학급을 설립하도록 했다. 그러나 저시력 아동만을 위한 학급은 옳지 않다고 생각하여, 모든 시각장애 아동에게 입학 기회를 주었다.

같은 해에 오하이오 주 클리블랜드 시에 두 번째 저시력 학급이 설립되었다. 이 학급의 교사 어윈(Robert Irwin)은 저시력 아동과 맹아동을 구분하지 않았고, 저시력 아동이나 맹아동이 수업시간과 특별활동 시간에 자료실과 일반학급을 오가면서 학습하는 협력계획을 세워 자료실교육을 발전시켰다.

1964년에 Barraga는 「저시력 아동의 시각적 행동 증가(Increased visual behavior in low vision children)」라는 논문을 발표했다. 이전까지는 시력을 많이 사용하면 눈이 나빠진다고 믿어 왔으나 그의 연구에 의하면 눈을 많이 사용하면 오히려 시기능이 향상된다는 것이었다. 그 후 Barraga(1970)는 시력보존 이론을 반대하고 잔존시력을 활용해야 한다는 점을 강조하면서, 이때부터 시각장애아 교육과정에 시기능 훈련을 포함시켰다. 이후 1980년대 중반부터 저시력 아동의 교육에 중점을 둔 시각장애아 교사를 양성하게 되었고, 관련 서비스 전문가로 저시력 치료사를 양성하게 되었다. 현재는 광학기구의 활용, 시각장애의 원인이 교육에 미치는 영향, 조명 수준, 시기능의 평가 등 많은 지식과 기술이 발전하여 저시력 교육에 크게 기여하고 있다.

7) 브라유와 점자

(1) 점자의 창안

루이 브라유(Louis Braille, 1809~1852)는 파리 근교의 자그마한 고장인 꾸브레이(Coupvray)에서 마구사의 아들로 태어났다. 브라유는 세 살 때 아버지의 공방에서 칼을 가지고 놀다가 한쪽 눈을 다쳤고, 그 후 한쪽 눈마저 시력을 상실했다. 그가 초등학교에 다닐 무렵에, 그의 아버지는 판자에 못을 박아 알파벳을 만들어 주었다.

브라유는 10세 때 파리 맹학교에 입학하였고, 졸업 후 그곳에서 교사로 근무하다가 1852년에 폐병으로 세상을 떠났다. 브라유가 죽은 지 100년 후인 1952년에 프랑스 정부는 그의 공적을 인정하여 프랑스 역사상 불후의 명성을 남긴 위인들 가운데 한 사람으로 파리에 있는 판테옹 국립묘지에 이장시켰다.

브라유가 점자를 창안하게 된 것은 당시 프랑스의 군 장교였던 바르비에(Charles Barbier)가 발명한 야간문자(Ecriture Nocturne)에 기초를 두었다. 바르비에는 밤에 군사용 메시지를 전달할 목적으로 손가락으로 읽을 수 있는 점으로 된 문자를 창안했다. 그의 야간문자는 세로 6점, 가로 2점, 모두 12점으로 구성되었고, 이때 사용했던 점자 필기도구는 오늘날 사용되고 있는 점자판, 점필과 비슷했다. 바르비에는 맹인이 야간문자를 사용할 수 있을 것이라고 생각하고, 1821년 파리 맹학교에서 그 문자를 시범해 보였다. 당시 파리 맹학교에 재학 중이던 브라유는 야간문자를 보고 세로 6점을 한번에 지각하기에 너무 길다는 것을 발견하고, 점칸을 반으로 줄여 세로 3

점, 가로 2점, 모두 6점으로 구성했다. 그리고 이후의 연구에서 6점의 배열이 촉독에 가장 적합하다는 것이 입증되었다.

브라유는 1824년에 점자를 창안했고, 1829년에 이에 대한 논문을 발표했으며, 1837년에 다시 수정하였으나 아무도 그의 점자를 인정하지 않았다. 그러나 맹인이 스스로 읽고 쓸 수 있다는 장점 때문에 맹학생들은 필기를 하거나 책을 만들 때 점자를 계속 사용했다. 결국 점자는 브라유가 죽은 지 2년 뒤인 1854년에 파리 맹학교에서 공식 맹인용 문자로 인정받게 되었고, 세월이 흐르면서 점차 거의 모든 나라에서 점자를 제정하여 사용하게 되었다.

(2) 점자에 대한 논쟁과 발전

점자 발달과정에서 점전쟁(The War of Dots)과 약자전쟁(The War of Contraction)은 다소 주목할 만한 가치가 있다. 점전쟁이란 6점 점자인 브라유식 점자와 4점 점자인 뉴욕점자(New York Point) 그리고 빈도수가 높은 글자에 점의 수가 적은 점형(點型)을 배정한 미국점자(American Braille) 사이에 있었던 논쟁을 말한다.

뉴욕점자는 뉴욕 맹학교 교장이었던 웨이트(William Bell Wait)가 고안했는데, 세로 2점, 가로 2점, 모두 4점으로 구성되었으며, 알파벳에 따라서 두 칸을 사용하기도 한다. 그 후 퍼킨스 맹학교 음악교사인 스미스(Joel Smith)가 미국점자를 개발함에 따라 미국의 맹학생들은 뉴욕점자, 미국점자, 브라유식 점자, 보스턴 선문자 등을 사용하게 되었다. 그러나 1882년 유럽회의에서 가장 체계적인 브라유식 점자([그림 1-1] 참조)를 통일 점자로 채택하였다.

약자전쟁은 미국과 영국이 서로 다른 약점자를 사용한 데서 비롯된 논쟁이었다. 즉 미국에서는 $1\frac{1}{2}$종 점자(41개의 약자 포함)를 사용했고, 영국에서는 2종 점자(189개의 약자 포함)를 사용했다. 미국은 영국의 2종 점자에 약자가 많아 배우기 어렵다는 입장이었고, 영국은 2종 점자에 약자가 많이 포함되어 있으므로 사용하는 데 훨씬 더 편리하다는 입장이었다. 이처럼 길고 지루한 논쟁 끝에, 결국 영국의 2종 점자를 표준 영어점자로 채택함으로써 영어점자가 통일되었다.

제1행의 부호는 점칸 상단의 1, 2, 4, 5점으로 구성되어 있다.

⠁	⠃	⠉	⠙	⠑	⠋	⠛	⠓	⠊	⠚
a	b	c	d	e	f	g	h	i	j

제2행은 제1행의 각 부호에 3점을 추가하였다.

⠅	⠇	⠍	⠝	⠕	⠏	⠟	⠗	⠎	⠞
k	l	m	n	o	p	q	r	s	t

제3행은 제1행의 각 부호에 3, 6점을 추가하였다.
주의: 당시 프랑스어에는 'W'가 없었으므로 후에 추가되었다.

⠥	⠧	⠭	⠽	⠵	⠯	⠿	⠷	⠮	⠾
u	v	x	y	z	and	for	of	the	with

제4행은 제1행의 각 부호에 6점을 추가하였다.

⠡	⠣	⠩	⠹	⠱	⠫	⠻	⠳	⠪	⠺
ch	gh	sh	th	wh	ed	er	ou	ow	w

제5행은 제1행의 부호를 하단, 즉 2, 3, 5, 6점으로 이동한 것이다.

⠂	⠆	⠒	⠲	⠢	⠖	⠶	⠦	⠔	⠴
ea	be	con	dis	en	to	were	his	in	was

제6행과 제7행은 나머지 점형과 빈칸을 활용한 것인데, 이 부호들은 문장부호, 접두사 등으로 사용하고 있다.

6행	⠌	⠬	⠼	⠜	⠄	⠤
	st	ing	ble	ar	apostrophe	com
7행	⠈	⠘	⠸	⠐	⠨	⠰
	4점	4-5점	4-5-6점	5점	4-6점	5-6점

[그림 1-1] 브라유식 점자

출처: Rex, E. J., Koenig, A. J., Wormsley, D. P., & Baker, R. L. (1995). *Foundations of braille literacy.* New York, NY: AFB Press, p. 23.

(3) 점자의 기계화

점전쟁이 치열하게 전개되는 동안, 1892년에 일리노이 맹학교 교장 홀(Frank Hall)은 최초로 점자타자기를 개발했는데, 이 점자타자기는 아래에서 위로 올라가면서 찍기 때문에 점자를 찍으면서 읽을 수 있었다. 1908년에는 영국의 스테인스비(Henry Stainsby)가 점자판과 같이 점자를 위에서 아래로 찍는 점자타자기를 개발했다. 이 두 점자타자기를 사용하다가 1951년에 퍼킨스 점자타자기(아래에서 위로 찍음)가 개발되어 오늘날까지 널리 사용되고 있다.

또한 홀은 아연판에 점자를 찍어 인쇄하는 점자제판기와 점자인쇄기도 개발했다. 1920년 미국맹인재단은 점간제판기를 개발함으로써 40%의 경비와 부피를 줄일 수 있게 되었고, 최근에는 컴퓨터 소프트웨어와 하드웨어가 개발되어 맹인의 문자 생활이 보다 편리해졌다.

서양의 맹교육 역사를 간략하게 요약하면, 디드로가 맹교육을 점화시키고, 아우이는 맹교육을 실천했으며, 브라유는 맹교육의 수단을 제공했다고 할 수 있다.

2 우리나라 시각장애아 교육의 발달

1) 역사적 개관

(1) 삼국시대

삼국시대에는 맹인을 도와준 선행이나 종교의 포교를 목적으로 한 맹인에 관한 기록이 몇 편 전하고 있는데, 그 예를 보면 다음과 같다.

> 도미는 백제인으로 비록 벽촌의 소민이었지만 자못 의리를 아는 사람이고, 그의 아내는 아름답고 절행이 있어 당시 사람들의 칭찬을 받았다. 개루왕(128~166)이 이를 듣고 도미의 아내를 차지하기 위하여 도미의 두 눈을 빼어 맹인으로 만들었다. 그러나 도미의 아내는 왕의 요구를 거절하고 도미와 고구려로 도망하여 그를 돕고 살았다(삼국사기 권 제48, 열전 제8, 도미전).

> 신라 진흥왕(540~576) 때 백운과 제후는 같은 마을에서 태어나 부모에 의하여

혼약된 사이였다. 그러나 백운이 맹인이 되자 제후의 부모는 무진 태수 이교평에게 시집보내려 하였으나, 제후는 부모의 반대를 무릅쓰고 백운과 결혼하여 살았으므로 왕의 칭찬을 받았다(동사강목 권 제3 상, 신라 진흥왕 27년 춘 2월조).

진성여왕(887~897) 때 20여 세 된 지은(智恩)이 곡식 300석에 자신의 몸을 팔아 앞 못 보는 어머니를 극진히 봉양했다. 이 일이 알려지자, 진성여왕은 곡식 500석과 집 한 채를 하사하고 군사를 보내어 그 집을 호위하여 도적을 막게 하며, 그 마을에 정문(旌門)을 세우고 '효양리'라 했다(삼국유사 권 제5, 효선 제9, 빈녀양모조).

이상에서 살펴본 바와 같이 삼국시대의 맹인들에게 직업은 없었으나 사회의 동정과 가족의 도움으로 생활하였음을 알 수 있다.

(2) 고려시대

고려시대에는 맹인들이 점복업에 종사하기 시작했다. 이에 대한 기록으로, 제23대 원종(1259~1274) 때 맹격(盲覡) 백랑(伯浪)이 국가 음모사건을 점쳐 주었다가 이 일이 발각되어 죽음을 당했다(고려사 제130권 열전 제43, 반역 4 김준조)고 전해 오고 있다. 또한 충렬왕 2년 5월에는 맹승(盲僧)을 모아 기우제를 지내게 하였고, 동왕 6년 5월에도 우박이 내려서 맹인과 승려들을 모아 기우제를 지내게 하였으며(고려사 제29권 세가 제29, 충렬왕 2 충렬왕 6년 5월 임자일), 충렬왕 3년 7월에 맹승 종동(終同)이 왕을 저주하였다가 발각되어 귀양을 갔다(고려사 제28권 세가 제28, 충렬왕 1 충렬왕 3년 7월 병진일). 충혜왕 4년에 신궁루에서 한가위 잔치를 할 때 임금에게 미녀를 구하려면 남의 집 실가(室家)를 잘 아는 맹인과 무녀에게 물으라고 했다(고려사 제36권 세가 36, 충혜왕 계미 후 4년 8월 무신일).

이와 같이 맹승은 길흉화복을 점쳤고, 한발 때는 기우제를 지냈으며, 주저압승(呪咀壓勝: 주술로서 사람을 굴복시킴)의 술을 행하였다. 이러한 맹승은 불교의 승려가 아니라 도교의 도류승이었다.

또한 공양왕 원년(1389)에 십학(十學)을 설치함에 따라 풍수음양학이 관학(官學)으로 확립되었고, 고려시대에는 점복이 복업(卜業)으로 과거제도에 포함되었으며, 점복 맹인들이 강안전시위호군(정4품), 자섬부사(종5품) 등의 벼슬을 받기도 했다(세종실록 제75권, 18년 10월 정묘조).

(3) 조선시대

① 조선 초의 맹인 점복업

조선시대에는 숭유배불 정책으로 유교를 숭상하고 불교(도교 포함)를 배척하였기 때문에 맹승들은 천인의 신분으로 전락하였다. 또한 고려 때의 십학이 육학으로 축소됨에 따라 풍수음양학이 관학에서 제외되었다. 그러나 태종 6년(1406)에 육학이 십학으로 확대되면서 음양풍수학이 다시 포함되었다.

세종 20년(1438)에는 음양풍수학을 천문학 · 풍수학 · 음양학으로 분화시켰고(세종실록 제83권, 20년 10월 22일), 세조 12년(1466)에 풍수학은 지리학으로, 음양학은 명과학(命課學)으로 개칭하였다(세조실록 제38권, 12년 1월 15일). 이 명과학은 맹인들만이 할 수 있는 학문인 동시에 직업이었다.

세종 27년(1445)에는 젊고 영리한 맹인 10명을 선발하고 훈도 4~5명을 두어 삼일에 한 번씩 서운관(書雲觀: 후에 관상감이라 함)에 모여 그 업을 익히게 하였다(세종실록 제107권, 27년 3월 15일). 이로써 맹인들에게 점복교육이 시작되었고, 이 제도는 갑오경장(1894) 때까지 계속되었다. 이때의 교과목은 원천강(袁天綱), 서자평(徐子平), 응천가(應天歌), 범위수(範圍數), 극택통서(剋擇通書), 삼진통재(三辰通載), 대정수(大定數), 육임(六壬), 오행정기(五行精記), 자미수(紫微數), 현여자평(玄輿子平), 난대묘선(蘭臺妙選), 성명총화(星命摠話)였는데(경국대전 권 제3, 예전 취재조), 이들은 모두 명과학에 관한 서적이었다.

맹인들은 과거를 통해 일월식술자(日月蝕術者) 한 명, 명과맹인(命課盲人) 두 명이 관상감에서 근무하였다. 조선시대에는 많은 맹인 점복자들이 벼슬을 받았는데, 그 중 유담(柳湛)은 정3품인 호조전서를(태종실록 제9권, 5년 1월 11일), 지화(池和)는 종3품인 중훈 검교 첨지내시부사의 벼슬을 받았다(세종실록 제75권, 18년 10월 5일).

민간인 맹인 점복자로는 홍계관(洪繼官)이 가장 유명했는데, 그의 이름이 온 나라에 알려져 그의 집을 찾는 사람들이 많아 그가 사는 마을을 '홍계관 리'라고 하였다(민족문화추진회편, 1985).

② 조선 중기 이후의 맹인 점복업

조선 중기 이후 많은 양반 계급의 맹인들이 점복업에 진출하면서 매복맹인(賣卜

盲人)의 신분제도에 문제점이 제기되었다. 맹인 신경달(申敬達)이 중심이 되어 노력한 결과, 양반 맹인들이 매복업(賣卜業)에 종사할 경우에 그들 본래의 양반 신분을 유지할 수 있게 되었다.

또한 맹인들은 도가(道家)에서 유가(儒家)로 전향함으로써, 신분 상승을 도모하였는데, 도교의 쇠퇴, 매복맹인에 대한 사회적 천시, 도교의 총본산인 소격서의 철폐, 유교의 학문적 영향 등이 그 이유였다(임안수, 1986).

조선 초에 맹인들이 모이던 집회소로는 명통사(明通寺)가 있었다. 이곳에는 한양 오부의 맹인들이 모여 나라를 위하여 기우제를 올리고, 그 대가로 매년 쌀 30섬과 콩 20섬을 받았다. 조선 중기 이후에는 영희전 근처(현재 서울시 중구 저동)에 맹청(盲廳)이 설립, 나라에서는 맹청의 책임자에게 '지중추'라는 벼슬을 주었으며, 이곳에서 맹인들이 점복교육을 받았다. 그러나 1907년에 폐지되었다.

③ 관현맹인

세종(1418~1450) 초에는 관습도감에 맹인 18명을 입속시키고 음악교육을 실시하였다. 나라에서는 관현맹인(管絃盲人) 제도를 설치했는데, 이 관현맹인은 궁중 내연(內宴)에서 관현악(管絃樂)이나 가무반주(歌舞伴奏)를 맡았던 특수한 맹인 음악인들이다(장사훈, 1982). 이러한 맹인 음악인을 두었던 이유로는 첫째, 내외법이 엄격했던 그 당시 여성들만 있는 궁중 내연에 일반 악공(樂工)들이 들어갈 수 없었으므로 앞을 보지 못하는 맹인들에게 궁중에서 연주하게 했고, 둘째, 관습도감의 창기가 사죽(絲竹)과 장고를 배우지 못한 경우, 궁중의 잔치와 제향 때 관현맹인에게 임시로 반주를 하게 했다. 이러한 관현맹인 제도는 계속 이어지다가 갑오경장 때 폐지되었다.

이때의 훌륭한 맹인 음악인으로는 이반, 이마지, 김복산 등이 있는데, 특히 이마지의 음악은 참으로 절예(絶藝)였기 때문에 그가 죽은 후에도 많은 사람들이 그의 유법에 따라 거문고를 연주했다.

2) 홀 여사와 맹교육

우리나라에서 처음으로 근대 맹교육을 시작한 사람은 미국 감리교 선교사였던 홀(Rosetta Sherwood Hall) 여사였다. 홀 여사([그림 1-2] 참조)는 1865년 9월 19일 뉴욕 주 설리번 카운티의 리버티(Liberty)에서 출생했다. 그녀는 리버티에서 초등교육을 받은 후 사범학교를 졸업하고 초등교사 자격증을 받았다. 이후 뉴욕 주립 사범학교를 졸업하고 중등교사 자격증을 받아 체스트넛 리지 학교(Chestnut Ridge School)에서 1년간 교사로 근무했다. 그 후 1889년에 펜실베이니아 의과대학(Women's Medical College of Pennsylvania)을 졸업하고 뉴욕 시료소에서 의료 봉사 활동을 하다가 1890년 10월 13일 의료 선교사로 내한하여 1892년 같은 의료 선교사인 홀(William J. Hall)과 결혼했다.

홀 부부는 1894년 5월 8일 평양에 도착하여 의료 활동을 하던 중에 기독교 신자였던 오석형의 딸인 맹소녀 오봉래([그림 1-3] 참조)를 만나 맹교육에 관심을 갖게 되었다. 그러나 홀 여사는 평양에서 기독교 박해로 온갖 수난을 겪다가 그해 6월 6일 서울로 돌아왔다. 청일전쟁으로 많은 부상자가 속출하자 남편 닥터 홀은 다시 평양으로 건너가서 부상병들을 치료하다가 열병에 걸려 서울로 돌아왔으나 11월 24일에 세상을 떠났다. 남편을 잃은 홀 여사는 12월 7일 미국으로 돌아갔다.

홀 여사는 뉴욕에 있으면서 다른 선교사로 하여금 평양에 기독교 홀 병원(Hall Memorial Hospital)을 설립하도록 하여 1897년 2월에 완공하였다. 그리고 그해 가을에 뉴욕 맹학교를 방문하여 웨이트(William B. Wait) 교장으로부터 뉴욕점자를 배우고 맹교육에 필요한 자문을 받은 후, 11월에 한국에 도착하여 보구여관(保救女館)에

[그림 1-2] 홀 여사와 맹여학생들

[그림 1-3] 맹소녀 오봉래

출처: 김정권, 김병하(2002). 사진으로 보는 한국 특수교육의 역사 p. 36. 서울: 도서출판 특수교육.

서 환자를 치료하다가 1898년 5월 1일 마침내 평양에 도착했다. 1898년 5월 23일 홀 여사의 딸 마거릿(Edith Margaret)이 사망하였으나 이러한 슬픔 속에서도 그녀는 뉴욕점자를 응용하여 우리나라 최초의 한글점자인 평양점자(4점 점자)를 완성하고, 학습 교재를 직접 점역하여 1898년 여름에 첫 수업을 시작했는데(김동열, 2003), 이것이 우리나라 근대 특수교육의 효시이다.

홀 여사는 1900년 정진소학교에 4명의 맹여학생을 입학시켜 통합교육을 실시했고, 1907년에는 점자교과서를 만들었으며, 1913년에는 점자 성경을 출판하여 맹교육에 힘썼다(김동열, 2003).

이러한 맹교육 외에도 1914년에는 제1회 동양맹농아교육회의를 개최했고, 1917년에는 서울 동대문 부인 병원으로 자리를 옮겨 의료사업에 전념했다. 1928년에는 서울에 여자의전(이화여자대학교 부속병원 전신)을 설립했고, 1934년 1월에 은퇴하여 고향에서 개업했다가 78세 때인 1943년 뉴저지 주 오션 글로브에 있는 감리교 선교사들의 전문 여성 양로원에 들어갔다. 1951년 양로원에서 유행병을 치료하다가 병에 걸려 86세를 일기로 세상을 떠나자 화장되어 남편과 딸이 있는 화진포 외인묘지에 안장되었다(김동열, 2003).

3) 일제시대의 맹교육

일본은 한반도를 강점하고 조선을 식민지화하는 데 적합한 교육정책과 원칙을 정하고, 합병통치 이념으로 내선일체(內鮮一體), 일시동인(一視同仁), 공존공영(共存共榮) 등을 내세웠다. 조선총독부의 기본 방침은 첫째, 교육의 단연한(短年限), 둘째, 경비의 절약, 셋째, 실용성이었다(이만규, 1988). 즉 조선에서의 식민지 교육은 교육연한을 짧게 하고, 경비(예산)를 최대로 절약하며, 일본 통치에 필요한 실용적인 교육 내용으로 구성하여 실시한다는 것이었다.

한일합병 직후인 1912년 3월 27일에 조선총독부는 제생원 관제를 공포하였다. 제생원 관제 제1조에 '조선총독부 제생원은 조선총독의 관리에 속하며, 고아의 양육과 맹아자(盲啞者)의 교육, 그리고 정신병자의 구료에 관한 사무를 관장한다.'라고 규정되어 있다. 이 제생원 관제에 따라 맹아부는 1913년 4월 1일 경성부 서부 이판동 숭의묘에서 맹생 16명, 농아생 11명, 모두 27명을 대상으로 교육을 시작했다(조선총독부, 1923, [그림 1-4] 참조).

초대 제생원 원장은 조선총독부 내무국장인 우사미(宇佐美)였고, 맹아부장은 오츠카 요네조(大塚米藏)였으며, 훈도는 네모토 가이조(根本介藏)와 박두성 선생이었다.

맹아부의 교육목적은 맹자 및 음아자에게 보통교육을 실시하고 생활에 적당한 기능을 익히게 하는 것이었다. 맹학생의 교과목은 수신, 국어(일본어), 조선어, 산술, 침안(鍼按) 및 체조 등이었다. 제생원 맹학생의 교육과정은 일본에 충량한 신민을 육성하는 데 필요한 수신을 일반 보통학교와 같이 편성하였고, 국어(일본어)를 강조했으나 보통학교보다 큰 폭으로 줄였으며, 이과와 도화 및 습자 등은 삭제했다. 또한 침안교육에 강조점을 두면서, 특히 안마 실습을 매일 2시간으로 배정하였다(조선총독부, 1923, [그림 1-5] 참조). 수업연한은 맹생과 3년, 농아생과 5년, 맹생 속성과는 1년이었다(조선총독부, 1923).

조선총독부는 1914년 10월 29일 경령(警令) 제10호로 '안마술 · 침술 · 구술 영업 취체 규칙'을 공포하여 졸업생에게 무시험으로 침 · 구 · 안마 면허를 주어 생업에 종사하도록 했다. 제생원 맹아부의 학생 수가 꾸준히 증가하여 운동장이 협소해지자 1931년 4월 19일 맹아부를 북부 신교동 선희궁 터로 이전하였다(조선총독부 제생원 맹아부, 1938).

일제시대에는 제생원 맹아부 외에 1935년 평양에 맹남학생을 위한 평양 광명맹아학교, 1938년에 원산 맹학교와 함흥 맹학교, 그리고 부산에 경남 맹학교가 각각 설립되었으며, 이들의 교육 내용은 제생원의 교육과정에 준하였다.

[그림 1-4] 제생원 맹아부 정문

[그림 1-5] 맹학생의 안마실습 시간

출처: 조선총독부(1923). 조선총독부 제생원사업요람. 동경: 조선총독부.

4) 박두성과 훈맹정음

박두성은 1888년 3월 16일 경기도 강화군 교동도에서 태어나 1899년 강화도 보창학교를 거쳐 한성 사범학교를 졸업하고, 어의동 보통학교 교사로 취임했다. 그 후 1913년 제생원 교사로 임명되어 맹교육과 인연을 맺었다. 당시 평양에는 홀 여사가 만든 4점형 한글점자(이후 평양점자라 함)가 사용되었고, 제생원에서는 일본점자(6점 점자)가 사용되었다. 6점 점자가 4점 점자보다 우수하다는 것을 인식한 맹학생들은 1920년 일본점자 30주년 기념일을 맞이하여 박두성 선생에게 한글점자를 6점 점자로 제정하여 줄 것을 요청했다(이종화, 1973). 평양점자는 하나의 자음이나 모음을 표기하는 데 두 칸을 사용하는 경우가 많고, 초성 자음과 종성 자음이 구별되지 않는 큰 결함이 있었기에, 박두성은 홀 여사에게 한글점자를 6점 점자로 제정할 것을 건의했다. 그러나 홀 여사는 일본어 점자까지 4점 점자로 제정하면서 4점 점자를 사용해야 한다는 입장을 굽히지 않았다. 이에 박두성은 1920년 제자들과 함께 '조선어점자연구위원회'를 조직하고, 한글점자를 제정하기 위한 연구를 시작했다. 1923년에는 3 · 2점자(자음은 3점으로, 모음은 2점으로 제자 한 점자)를 제정하였으나, 초성과 종성이 구별되지 않아 다시 연구를 계속했다. 그 결과 1926년 8월에 한글점자를 제정하였고, 사용해 본 결과 그 우수성이 인정되어 1926년 11월 4일에 '훈맹정음'이란 이름으로 발표하였다.

또한 『조선어 독본』, 『천자문』, 『명심보감』, 『편지틀』, 『불쌍한 동무』 등 많은 도서를 점역하여([그림 1-6] 참조) 도서관 사업을 했고, 점자를 모르는 맹인들에게는 점자판과 점자 해설서, 『조선어 독본』을 보내어 통신교육을 실시함으로써 문맹퇴치에 심혈을 기울였다.

[그림 1-6] 점역하는 박두성 선생(오른쪽)

박두성은 1935년 2월 48세로 제생원을 은퇴한 후에도 자택에 점자 인쇄 시설을 갖추고 성경을 비롯한 다른 점자도서를 출판하여 맹인들에게 대출했다. 이와 같이 우리나라 맹교육에 가장 빛나는 업적을 남긴 박두성은 1963년 8월 25일 76세를 일기로 세상을 떠났다. 시인 노산(鷺山) 이은상은 그를 가리켜 '맹인의 세종대왕'이라고 칭송했다.

5) 광복 이후의 맹교육

1945년 해방이 되자 제생원 맹아부는 미 군정청 보건후생부로 이관되고, 교명도 국립맹아학교로 개칭되었으며, 학제도 6년 과정의 초등교육으로 바뀌었다. 1947년 9월 1일 국립맹아학교에 중등과가 설치되고, 1948년 2월에 보건사회부에서 문교부로 이관되었으며, 1950년 6월 1일에 인가를 받지 못한 채 3년제 사범과를 신설하여 교육을 시작했다. 1950년 12월 국립맹아학교는 6 · 25전쟁으로 제주도로 피난하여 전쟁 중에도 학교의 명맥을 이어 갔으며, 1951년 9월에는 부산으로 이전하여 교육을 계속하였다. 그 결과 1953년 제주도에 분교가 설립되었고, 1955년 8월에는 부산맹학교가 설립되었다.

1952년 6월 국립맹아학교는 서울 맹아학교로 교명을 개칭하고, 1953년 8월 24일 서울에서 교육을 계속했다. 1954년에는 그동안 인가를 받지 못했던 사범과(3년제)의 설립인가를 받았고, 더불어 보통 사범과(1년제)의 설립인가도 받았다.

1954년 9월 이종덕은 서울 맹아학교 교장으로 취임했다. 그는 1906년 12월 13일 경기도 평택시 진위면 봉남리에서 태어나 5세 때 실명한 후 1923년에 제생원 맹아부를 졸업했다. 1928년 4월 동경 맹학교 중등부에 입학하여 1933년 3월에 동교 맹고등 사범학교를 졸업한 후 귀국하여 안마업에 종사하다가, 1944년에 제생원 맹아부 이료교사로 발령받았다. 이종덕 선생이 교장으로 취임한 후 일본어 이료 교과서를 우리말로 다시 집필했다. 그는 해부학, 생리학, 병리학 총론과 각론, 침술학, 안마학, 위생학 등을 차례로 집필했고, 비록 적은 분량이기는 하지만 맹교육사도 저술했다.

1956년 6월 18일에는 맹농아교육분리위원회를 발족시켜 꾸준히 노력한 결과 1959년 1월 14일, 맹농아 교육 분리에 관한 대통령령이 공포되고, 동년 4월 1일, 서울 맹아학교는 서울 맹학교와 서울 농아학교로 분리되었다(서울 맹학교, 2003).

이종덕은 1959년 7월에 한국점자연구위원회를 조직하고 점자를 새로운 한글 체제에 맞게 수정하는 한편 많은 약자를 제정하였고, 수학점자, 과학점자, 악보를 수집하였다. 그는 제자들을 격려하여 대학에 진학하도록 하고 졸업한 후에 교사로 임명했다. 1964년에는 대학 수준에서 교사를 양성하는 사회적 추세에 따라 사범과를 폐지하고 고등부를 설치했다.

제생원 맹아부를 졸업한 맹인들은 침 · 구 · 안마업으로 안정된 생활을 할 수 있었으나, 미 군정청이 1946년에 경령 제10호의 효력을 정지하고, 1951년에는 그 법령마저 폐지했다. 이에 서울 맹학교 졸업생들과 재학생들은 침술면허를 부활시켜 줄 것을 요구하면서 대정부 투쟁을 계속했다. 문교부는 맹학생들의 소요를 막지 못한 책임을 물어 1966년 7월 15일 이종덕 교장의 사표를 수리했다. 이종덕 교장은 그 이듬해인 1967년 2월 13일 지병이 악화되어 세상을 떠났다. 그는 신생 대한민국의 수난기에 시각장애아 교육의 튼튼한 기초를 닦는 데 가장 큰 업적을 남긴 교육자였다.

광복 이후의 맹학교로는 1946년에 이영식 목사에 의해서 대구 맹아학원(대구 광명학교와 대구 영화학교로 분리됨)이 설립되었고, 1950년대에는 제주 영지학교를 비롯하여 5개교가, 1960년대에는 인천 혜광학교를 비롯한 5개교가, 1970년 초에는 한빛맹학교가 각각 설립되었다. 2008년에 울산 혜인학교가 설립되어 현재 전국에 14개의 시각장애 학교가 있는데, 그중 5개교는 국 · 공립학교이고, 9개교는 사립학교이다. 제주 영지학교는 시각장애뿐만 아니라 청각장애, 정신지체, 지체부자유, 정서장애 학교이며, 울산 혜인학교는 시각장애와 정신지체 학교를 겸하고 있다.

6) 통합교육

이미 앞에서 설명한 바와 같이 홀 여사는 우리나라에서 통합교육으로 맹교육을 시작했다. 1900년에는 4명의 맹소녀를 정진소학교에 입학시켜 통합교육을 받도록 했다. 그 후 오봉래를 특수교사로 채용하여 새로 입학하는 맹소녀들에게 예비학급(preparatory grade)에서 점자와 뜨개질을 가르치게 하고, 일반학급에서 정안 학생들과 함께 통합교육을 받도록 했다. 홀 여사는 통합교육에 관하여 “나는 지금 10명의 맹학생들과 함께 즐겁게 살아가고 있다. 그러나 그들이 곧 10명의 정안 학생과 함께 공부하게 될 것을 생각하면 더욱 기쁘다.”(안병즙, 1995)고 했다.

그 후 1950~1960년대에 청주 맹학교에서도 통합교육이 이루어졌다. 청주 맹학교 초대 교장 허마리아(Mary Hill)는 평양에서 통합교육을 받았던 양정신과 함께 맹학교를 설립하고, 1955년 이 맹학교를 졸업한 여학생 최정진을 신라여자중학교에 입학시켰다. 당시 신라여자중학교의 교사들은 맹학생을 입학시키는 데 반대했다. 허마리아 교장은 청주시 장학사와 신라여자중학교 교직원을 청주 맹학교에 초청하여 맹학생의 학습 장면을 보여 주면서, 미국을 비롯한 선진국에서는 맹학생이 맹학교에서 공부하기보다 일반 공립학교에서 정안 학생과 함께 통합교육을 받고 있다고 설명함으로써, 맹학생을 신라여자중학교에 입학시킬 수 있었다(문교부, 1981). 청주 맹학교는 맹학생의 학비와 숙식비를 부담하고, 조력자를 두어 안내는 물론 책을 읽어 주도록 했다. 신라여자중학교는 처음 6개월 동안 맹학생을 청강생으로 받아 교육했으나, 맹학생의 우수한 성적에 감탄하여 정식 학생으로 받아 주었고, 그 후에도 7명의 맹여학생에게 통합교육을 실시했다. 신라여자중학교를 졸업한 맹여학생들은 선교사가 운영하는 전주 기전여자고등학교에 진학했다. 청주 맹학교 초등부를 졸업한 남학생 유형목과 엄호진은 청주사범학교 병설 중학교에 입학했고, 중학교를 졸업 한 후에는 경주문화고등학교에 입학했다. 그러나 청주 맹학교의 제3대 교장 도민희 선교사가 은퇴하여 미국으로 돌아가게 되자 통합교육의 성공적인 선례만을 남겨 둔 채 중단되었다.

7) 저시력 아동의 교육

우리나라에서 최초로 저시력 아동의 교육에 관심을 기울인 사람은 안과의사 이철제 박사이다. 그는 공병우 안과병원에 근무하다가 1967년에는 일본에서, 1968년에는 미국에서 소아안과를 공부하고 귀국하여, 맹학교에 무료진료를 다녔다. 그러던 중 우연히 교실에서 저시력 학생이 수건으로 눈을 가리고 공부하는 것을 보았다. 이철제 박사가 그 이유를 묻자 교사는 "학생이 점자는 배우려 하지 않고 계속 눈으로만 보려고 해서 걱정입니다."라고 대답했다. 그가 "글씨를 조금 크게 써 주면 잘 보는데 왜 점자만을 가르치려 하십니까?"라고 묻자, 교사는 "당신은 의사이지 교사는 아니지 않습니까?"라고 반문하면서 그의 말을 일축했다.

그가 병원에서 진료하는 도중 광운전자대학교 조광운 이사장을 만나 저시력 아동의 교육에 관하여 설명하자, 조광운은 "우리 재단에 월계국민학교가 있으니 그곳에서 저시력 아동의 교육을 하도록 하자."고 했다. 그 결과 당시 월계국민학교 박봉업 교장과 협의하여 1969년 3월 13일에 저시력 학급(당시에는 약시학급)을 설치하게 되었다.

이 학급은 특수학급의 형태로 운영되었다. 즉, 저시력 학생은 대부분의 과목을 저시력 학급에서 공부하고, 음악 · 체육 등의 일부 과목만 일반학급에서 공부했다. 당시 학생 수는 1학년 4명, 3학년 4명으로 모두 8명이었다. 입학 자격은 교정시력이 0.1~0.3인 아동으로 묵자에 의한 학습이 가능한 아동이었다. 저시력 학급은 정부의 행정적 · 재정적 지원이 없었고, 시각장애 전공 교사가 담당하지 않았으며, 부모와 일반학급 교사의 인식 부족 등으로 제1회 졸업생을 배출한 후 1975년에 폐지되었다. 이후 저시력 교육 관계자들은 국 · 공립학교에 저시력 학급을 설치해 줄 것을 문교부에 건의하여 서울 맹학교에 저시력 학급을 설치하게 되었다. 1972년 6월 19일 서울 맹학교는 학칙의 일부를 개정하고, 1973년 3월 1일 초등부에 한 개의 학급을 설치하도록 인가받아, 학생 7명으로 교육을 시작했다. 1978년에는 초등부 전학년에 한 학급씩 6학급이 설치되어 1979년 2월에 첫 졸업생을 배출하였다. 그러나 이들 졸업생들이 입학할 수 있는 중학교 저시력 학급이 없었기 때문에 서울시 약시재활협회에서 서울시 교육위원회에 중학교 저시력 학급을 설치해 줄 것을 건의하여, 1979년 3월 1일 여의도중학교와 1982년 3월 여의도고등학교에 저시력 학급이 각각 설치되었다. 1986년에는 여의도초등학교에도 저시력 학급 3학급이 설치되어 오늘에 이르고 있다. 그러나 저시력 학급은 시각장애아 교사를 배치하거나 저시력 학생을 체계적으로 평가하는 등 독특한 요구를 충족시키기 위한 교육적 노력이 보이지 않는다. 따라서 여의도 저시력 학급에 시각장애 전공 순회교사를 배정하여 시각장애 학생들의 교육적 요구를 충족시킬 수 있는 교육으로 전환되어야 한다.

학·습·문·제

1. Lowenfeld는 시각장애인의 역사를 네 가지 시대로 분류했다. 각 시대의 특징을 설명하고, 현재에 그 시대의 잔재가 남아 있는 예를 찾아 제시하시오.

2. 시각장애 교육사의 초기 선각자인 디드로, 아우이 그리고 브라유의 업적과 그들이 시각장애 교육에 미친 영향을 설명하시오.

3. 루이 브라유의 전기를 읽고, 그의 생애와 점자를 발명한 과정을 요약하시오. 서양의 점자 발달사에서 브라유식 점자가 뉴욕점자와 미국점자를 누르고 승리한 이유를 설명하시오.

4. 고려시대와 조선시대에는 국가의 학문, 즉 십학이 있었다. 그중 맹인이 전담했던 학문이 무엇인지 적고, 그 변천과정을 설명하시오. 그리고 우리나라의 맹교육이 서양의 맹교육보다 얼마나 일찍 시작되었는가를 조사하시오.

5. 『조선회상』을 읽고 홀 여사가 우리나라에서 맹교육을 하게 된 동기와 1894년에 교육을 시작하지 못하고 1898년에 교육을 시작하게 된 배경을 조사하시오.

6. 조선총독부는 교육의 기본 방침을 마련하고 그에 따라 제생원을 설립·운영하였다. 그 방침을 설명하고, 맹학생은 3년 과정을, 농아학생은 5년 과정을 설치하여 교육한 이유를 조사하시오.

7. '훈맹정음'이 평양점자나 3·2점자보다 우수한 점을 설명하시오.

제2장

시각장애의 이해

1 시각장애의 정의

시각장애는 목적에 따라 의학적 · 법적 · 교육적 정의로 나눌 수 있다. 제2장에서는 법적 및 교육적 정의에 관하여 설명하기로 한다.

1) 법적 정의

미국의 법적 맹의 정의는 두 눈 중 좋은 눈을 교정하고 시력이 20/200(0.1) 이하이거나, 20/200 이상일 경우에 시야가 20도 이하인 경우를 말한다.

또한 법적 저시력이란 교정시력이 20/200(0.1) 이상 20/70(0.3) 이하를 말한다(Koestler, 1976). 유럽의 일부 국가에서는 시력이 0.05~0.3이고, 시야가 10도 미만일 때 저시력이라 한다.

우리나라는 2008년에 개정된 장애인복지법 시행규칙 별표 1에 시각장애인의 등급을 다음과 같이 정하고 있다.

- 제1급: 좋은 눈의 시력(만국식 시력표에 의하여 측정한 것을 말하며, 굴절 이상이 있는 사람에 대하여는 교정시력을 기준으로 한다. 이하 같다.)이 0.02 이하인 사람

- 제2급: 좋은 눈의 시력이 0.04 이하인 사람
- 제3급: ① 좋은 눈의 시력이 0.08 이하인 사람
  ② 두 눈의 시야가 각각 주시점에서 5도 이하로 남은 사람
- 제4급: ① 좋은 눈의 시력이 0.1 이하인 사람
  ② 두 눈의 시야가 각각 주시점에서 10도 이하로 남은 사람
- 제5급: ① 좋은 눈의 시력이 0.2 이하인 사람
  ② 두 눈에 의한 시야를 1/2 이상 잃은 사람
- 제6급: 나쁜 눈의 시력이 0.02 이하인 사람

그러나 위의 정의는 다음과 같은 문제점을 갖고 있다.

첫째, 제1급에서 시력을 '만국식 시력표에 의하여 측정한 것을 말하며'라는 표현은 잘못된 것이다. 실제로 만국식 시력표는 존재하지 않는다.

둘째, 제3급 ②에서 '두 눈의 시야가 각각 주시점에서 5도 이하로 남은 사람'이란 규정에서 두 눈의 시야 중 넓은 쪽 눈의 시야를 측정하는 것이기 때문에 '두 눈'이란 말은 잘못된 것이다. 또한 다른 나라에서는 최하 10도를 기준으로 하기 때문에 '5도'는 적절하지 않다.

셋째, 제4급 ②에서 '두 눈의 시야가 각각 주시점에서 10도 이하로 남은 사람'이란 규정도 위와 같은 이유로 부적절하다.

넷째, 제5급 ②에서 '두 눈의 시야를 1/2 이상 잃은 사람'으로 규정하고 있는데, 이 역시 부적절하다. 미국에서는 가장 넓은 쪽의 시야가 20도 미만을, 유럽의 여러 나라들은 10도 미만을 기준으로 정하고 있는데, 1/2과 같이 넓은 시야를 장애로 보는 것은 잘못된 판단이다.

다섯째, 제6급에서 '나쁜 눈의 시력이 0.02 이하인 사람'이라고 규정하고 있다. 이 규정에 의하면 다른 한쪽 눈이 정상인 사람도 시각장애인에 해당된다. 그러나 미국이나 다른 나라에서는 '좋은 쪽 눈의 교정시력이 0.3 미만인 자'를 저시력인으로 정의하고 있다. 따라서 제6급은 우리나라에서만 시각장애인으로 규정하고 있어 타당성이 떨어지므로 시정해야 한다.

여섯째, 시각장애의 정의를 여섯 등급으로 나누어 규정함으로써 매우 복잡하고 이해하기 어렵다.

2) 교육적 정의

교육적 맹의 정의는 학생이 시력을 학습의 주된 수단으로 사용하는 능력에 초점을 두고 내린 것이다. 따라서 시력을 사용하지 않고 청각과 촉각 등 다른 감각으로 학습하는 아동은 교육적 맹에 해당한다.

교육적 저시력은 시력을 학습의 주된 수단으로 사용하는 경우를 말한다. Barraga(1983)도 학습, 학습자료, 학습 환경 등을 변형하지 않으면 시력을 통한 학습에 어려움을 겪는 아동을 시각장애 아동이라고 정의했다.

호주의 경우에는 시각장애 교육 대상아를 선정하는 데 '시력이 0.25 미만인 자로 하되, 안진이 있을 때는 0.3까지로 한다.'고 규정하고 있다(Kelley & Gale, 1999).

국립특수교육원(1999)에서는 이와 관련한 교육적 정의를 시각장애, 맹, 저시력으로 나누어 다음과 같이 제시했다.

- 시각장애: 두 눈 중 좋은 쪽 눈의 교정시력이 0.3 미만이거나 교정한 상태에서 학습 활동에 어려움을 겪는 자를 말한다.
- 맹: 두 눈 중 좋은 쪽 눈의 교정시력이 0.05 미만이거나 두 눈 중 좋은 쪽 눈의 시야가 20도 이하인 자 또는 학습에 시각을 주된 수단으로 사용하지 못하고 촉각이나 청각을 주된 수단으로 사용하는 자를 말한다.
- 저시력: 두 눈의 교정시력이 0.05 이상 0.3 미만인 자 또는 저시력 기구나 시각적 환경이나 방법의 수정 및 개선을 통하여 시각적 과제를 학습할 수 있는 자를 말한다.

2 시각장애인의 통계

1) 시각장애인의 수

전 세계에는 약 1억 8천만 명의 시각장애인이 있는데, 이들 중 약 4천 5백만 명은 맹인이고, 약 1억 3천 5백만 명은 저시력인이다. 더욱 우려되는 것은 이후 25년 동안 시각장애인이 두 배로 증가할 것으로 예상된다는 점이다. 이 시각장애인의 약 2/3 이상은 적절한 치료를 받으면 시각장애를 예방할 수 있다(WHO, 1997). 세계 각국 시각장애인의 90%는 아시아, 아프리카, 남아메리카의 개발도상국가에 살고 있고, 그중 60%는 아프리카의 사하라 지역과 중국 및 인도에 거주하고 있다(임안수, 1996). 아프리카와 아시아는 가장 출현율이 높은 지역으로 세계 시각장애인의 53%에 달한다(World Blind Union, 1999; WHO, 1992).

세계 시각장애인의 연령 분포는 0~14세가 3.9%, 15~44세가 6.5%, 45~59세가 31.6%, 60세 이상이 58%이다(Thylefors et al., 1995). 더욱이 16세 이하의 약 150만 명의 아동들은 좋은 쪽 눈의 교정시력이 0.05 미만으로 3m의 거리에서 수지(Finger Count)의 시력을 갖고 있고, 시야가 10도를 넘지 않는다(WHO, 1992). 세계 시각장애인의 인구는 매년 최고 200만 명까지 증가하고 있다. 이대로 가면 2020년에는 60세 이상의 인구가 현재의 두 배인 12억 명에 달하게 되고, 그들 중 3/4 이상이 개발도상국가에 살게 된다(WHO, 1993).

유럽 연합의 15개 회원국들에 살고 있는 약 3억 7천만 명의 인구의 2%인 7백 40만 명이 심한 시각장애를 갖고 있다(Royal National Institute for the Blind, 1999). 약 110만 명의 미국인이 법적 맹인이고(1만 명당 44명), 그중 5~19세가 4%, 20~44세가 15%, 45~64세가 16%, 65~74세가 12%, 75~84세가 19%, 85세 이상이 34%이다(Chaing et al., 1992). 뉴욕 라이트하우스(1995)의 연구에 따르면 12만 명의 미국인이 전맹이거나 광각 수준이고, 3백만 명이 신문을 읽지 못한다. 그리고 45세 이상의 성인 중에 1,350만 명이 어떤 형태로든 시각장애를 갖고 있다. 시각장애인의 비율은 연령이 올라갈수록 크게 급증한다. 다시 말해서 고령이 될수록 더 많은 사람들이 시각장애가 된다.

2009년 12월 보건복지가족부에 등록된 우리나라 시각장애인은 228,126명이고, 그중 남자가 139,144명이고, 여자가 88,982명이다. 이 중 1~5급이 84,602명으로 전체 시각장애인의 37.09%이고, 6급이 143,524명으로 62.91%다(보건복지가족부, 2009).

2) 시각장애 아동의 수

일반적으로 출현율(prevalence)은 5년 동안 발생하는 새로운 사례 수를 말하고, 발생률(incidence)은 1년 내에 발생하는 새로운 사례 수를 말한다. 출현율과 발생률은 절대수나 비율로 보고되는데, 출현율은 발생률보다 시간 간격이 더 길다(Kirchner, 1999).

Ferrell(1998)은 출생에서 5세까지의 시각장애 아동 202명을 대상으로 연구한 결과 59.9%가 중복 시각장애 아동인 것으로 나타났다. 특수교육을 받는 아동들은 한 가지 장애 아동으로만 등록되기 때문에 중복 시각장애 아동들 중에 상당수가 시각장애 아동으로 등록되지 않는다.

미국맹인인쇄소(American Printing House for the Blind: APH)는 중복 시각장애 아동이 다른 장애 아동으로 등록될 경우 그 아동을 등록시켜 교육자료를 공급하기 때문에 연방정부가 발표하는 시각장애 아동의 수(26,070)보다 미국맹인인쇄소에 등록된 시각장애 아동의 수(57,425명)가 더 많다(Huebner, 2000).

우리나라의 경우 2009년에 등록된 228,126명의 시각장애인 중 19세 이하는 4,461명이다(보건가족복지부, 2009).

미국에서는 5세 미만의 아동 2,561명(0.01%) 및 5~19세의 아동과 청소년 5만 699명(0.9%)이 법적 맹인이라고 보고했다(Chaing, Bassi, & Javitt, 1992). 또한 18세 이하의 아동과 청소년 95,410명(0.2%)은 중증 시각장애 아동으로 이들이 렌즈로 교정한 후에도 신문의 보통 크기의 글자를 읽는 데 어려움을 겪는다고 했다(Nelson & Dimitrova, 1993).

3) 시각장애의 원인

전 세계적으로 실명의 중요한 원인은 백내장이 42%, 퇴행성 및 대사 이상의 질병이 23%, 트라코마가 16%, 녹내장이 14%, 회선사상충증(onchocerciasis 또는 river blindness)과 건성안(비타민 A 결핍)이 5%이다(Thylefors et al., 1995). 세계적으로 노인성 시각장애의 원인은 백내장이 약 1,600만 명, 녹내장이 520만 명, 당뇨망막병증이 200만 명, 노인성 황반변성(Age Related Macular Degeneration: ARMD)이 300만 명이다. 출생에서 19세까지 법적 맹인의 대표적인 원인은 선천성 백내장, 시신경 위축, 백색증, 미숙아망막병증, 간체세포 이영양증 등이다(Brilliant & Graboyes, 1999).

Ferrell(1998)은 202명의 유아를 대상으로 연구한 결과 피질 시각장애가 20.6%, 미숙아망막병증이 19.1%, 시신경 발육부전(optic nerve hypoplasia)이 16.6%라고 했다. 시각장애의 빈도는 다른 장애의 중증 정도에 따라 다르고, 중복장애가 없는 아동들은 시신경 발육부전과 백색증이 가장 빈번한 시각장애의 원인이었다. 경증 중복장애 아동의 경우 미숙아망막병증과 시신경 발육부전이 가장 빈도수가 높았고, 중증 중복장애 아동의 경우에는 피질 시각장애와 미숙아망막병증이 가장 빈도수가 높았다.

3 인지 기능에 미치는 영향

실명은 경험의 범위와 다양성의 제한성, 보행 능력의 제한성, 그리고 환경과의 상호작용의 제한성을 준다(Lowenfeld, 1950).

1) 경험의 범위와 다양성의 제한성

정안 아동은 시력을 포함한 모든 감각을 사용하여 주위에 대한 개념을 발달시키고, 맹아동은 시력을 제외한 다른 잔존감각을 사용하여 주위에 대한 개념을 발달시킨다.

(1) 청각

청각은 물체가 소리를 낼 때 거리와 방향에 대한 단서를 제공하지만 사물에 대한 구체적인 정보를 제공하지 못한다. 예를 들면, 맹아동은 새소리만 듣고는 새가 어느 방향에 있고 대략 얼마나 떨어진 곳에서 울고 있는지 알 수 있으나, 새의 특징은 알 수 없다.

시각과 청각은 중요한 거리 감각이다. 시력은 모양과 색깔 그리고 다른 물체와의 공간 관계를 알게 하지만 청각은 막연한 단서만을 제공한다. 청각의 중요한 기능은 의사소통이며, 많은 지식은 언어를 통하여 전달되기 때문에 맹아동은 이 분야에서 불리하지 않다.

(2) 촉각

맹아동은 촉각 관찰로 물체의 공간적 특징에 관한 지식을 얻는다. 이러한 촉각 관찰에는 장단점이 있다.

먼저 촉각에 대한 장점은 물체의 형태뿐만 아니라 표면의 질, 촉감, 탄력성, 온도, 무게, 유연성 등을 전달하고, 빛과 관계없이 작용하므로 여러 면에서 시각 관찰을 능가하기도 한다는 점이다. 단점은 해, 달, 별, 지평선과 같은 원거리 물체, 건물이나 산과 같은 큰 물체, 개미와 같이 작은 것, 비누거품이나 눈송이와 같이 부서지기 쉬운 것, 하늘을 나는 비행기와 같이 일정한 상태에 있는 것, 불에 타고 있는 물건이나 끓는 물과 같이 위험한 것, 온도계의 수은과 같이 용기에 담겨 있는 것 등을 관찰하기 어렵다는 것이다.

촉각 관찰은 물체와 직접 접촉해야 하기 때문에 전체를 관찰할 수 없는 경우, 맹아동은 물체에 대한 부분적인 지식만을 갖게 된다. 어쨌든 맹아동은 지적 발달을 위하여 촉각을 적극적으로 사용하여 대상을 관찰해야 한다.

시력은 모든 사물을 통합하고 구조화할 수 있다(Witkin et al., 1968). 그러나 맹아동은 시력의 결여로 청각 및 촉각 활동에만 의존함으로써 환경을 구조화하고 통합하기 어렵다(Rubin, 1964).

(3) 후각

후각도 물체의 존재와 거리 또는 특징에 관하여 중요한 단서를 제공하지만 구체성이 떨어진다. 예를 들면, 집 앞에 아카시아 꽃이 활짝 피어 꽃향기가 나면, 외출했다 돌아올 때 그 냄새로 자신의 위치를 알 수 있다. 하지만 그 꽃이 어떤 색깔로 어떻게 피어 있는가는 알 수 없다.

(4) 광학법칙

교사는 볼 수 있는 물리적 과정과 광학법칙을 맹아동에게 설명할 수는 있지만 맹아동이 관찰하기 어려운 시각적 현상이 있다. 그 예로 거울의 반사와 영상의 원근법을 들 수 있다. 전자는 메아리와 비교하여 설명하고, 후자는 점차 거리가 멀어짐에 따라 소리가 작아지는 원리와 비교하여 설명할 수 있다.

(5) 색각

색각은 망막의 고유한 기능이므로 어떤 다른 감각기관으로 대신할 수 없다. 그러므로 전맹 아동은 색깔에 대한 실제 경험이나 개념을 가질 수 없다. 색깔에 대한 용어는 사회에서 널리 사용되고 있으므로 맹아동은 언어와 감각 그리고 정서적인 측면에서 색깔을 연상하게 된다. 흰색은 눈, 푸른색은 차가움, 건조함, 청결 등으로 연상하게 되는데, 이러한 색깔에 대한 연상은 시간과 사람에 따라 다르다. 그런데 맹아동 역시 보는 사회에 살기 때문에 색깔의 가장 보편적인 시각적 연상을 잘 알아야 한다. 일반인들은 맹인과 이야기할 때, '이것 봐!'와 같은 표현 등 시각적 어휘를 사용하는 것을 주저해서는 안 되고, 맹인은 이러한 어휘의 의미를 알고 그 시각적 용어를 사용할 줄 알아야 한다.

(6) 보상

시력 상실은 다른 감각의 효율화로 자동적으로 보상된다고 믿어 왔으나 이와 관련한 연구에서 그 가정을 뒷받침해 주지 못했다(Hayes, 1941). 이러한 믿음은 개인의 죄악감과 사회적 책임을 뒤로 하려는 희망적인 가정 때문에 수용되었을 것이다. 그러나 잔존 감각에 의존하는 맹아동이 다른 감각을 더 잘 활용하는 방법을 배운다는 것은 의심할 여지가 없다. 이것은 사용과 필요에 따라 숙달되는 특수한 직업에 종사하는 정안인에게서도 발견된다. 심장병 전문의는 심장박동 소리를 듣고 진찰하며, 사냥꾼은 가랑잎이 바스락거리는 소리를 듣고 다람쥐나 노루의 위치를 알 수 있다. 그러므로 감각적 자료를 해석하는 맹인의 뛰어난 능력은 주의력, 실천, 적용, 잔존 감각의 사용 증가 등의 결과이다(Lowenfeld, 1971).

(7) 꿈

맹인의 꿈에 관한 연구를 한 학자들은 청각이 그들의 꿈속에서 지배적인 역할을 하고, 촉각 및 운동 감각이 그다음으로 중요하다고 했다. Blank(1958)는 맹인의 꿈에 관한 연구에서 맹인과 정안인의 꿈 사이에 꿈에 관한 정신분석학적 학설의 수정을 요구할 만한 본질적인 차이가 발견되지 않았다고 보고했다.

2) 보행 능력의 제한성

많은 전문가들은 보행 능력의 제한성이 실명의 가장 큰 영향 가운데 하나라고 생각한다. 보행 능력의 제한성은 경험의 기회와 사회적 관계에 영향을 준다. 맹아동은 스스로 새로운 경험에 접할 수 없을 때, 자극과 정보를 받는 중요한 통로를 상실하게 되고, 지식을 습득하는 데 어려움을 겪게 된다.

정안 아동은 거리의 상점에 진열된 물건을 관찰하거나, 오가는 사람과 자동차를 구경하고, 개울에 들어가고, 들과 숲으로 가서 자연을 관찰할 수 있다. 그러나 맹아동은 이러한 기회가 적을 뿐만 아니라 친구와 함께 이동하여 관찰할 경우에도 맹아동의 촉각과 다른 감각 관찰을 통하여 얻는 지식은 정안 아동이 얻는 지식과 비교하여 턱없이 부족하다.

맹아동이 보행 기술을 습득한다 해도 다른 사람의 도움을 어느 정도 필요로 하게 된다. 이러한 도움이 자발적이건 요청에 의한 것이건 그것은 자기표현의 감소를 의미하고, 정서적으로 마음에 새겨진다. 따라서 지나가는 사람에게 다가오는 버스 번호를 묻는 행동은 보상이 따르는 열등감의 인정이다. 친절한 사람이 복잡한 차량 사이를 안내해 줄 때 즐거운 마음으로 그의 도움에 감사해야 한다.

맹아동은 도움을 청하기보다 먼저 활동에 참가할 것을 결정하거나 극단적인 경우, 퇴행 상태에 빠지게 된다. 그러므로 교사는 맹아동이 도움을 청할 때와 거절할 때를 잘 분별하도록 지도하는 것이 바람직하다.

3) 환경과 상호작용의 제한성

시력의 상실은 환경과의 상호작용을 제한한다.

(1) 정보 확인의 곤란

맹아동은 정안 아동과 같이 주어진 상황에서 눈으로 환경에 대한 정보를 확인하기 어렵다. 예를 들면, '쾅 소리'가 나거나 '타는 냄새'가 날 때, 정안 아동은 즉시 소리나 냄새의 원인을 알고 대처할 수 있으나, 맹아동은 그렇지 못하다. 이러한 상황은 정안 아동으로부터 정보를 얻을 때까지 맹아동을 불안한 상태에 머물러 있게 한다.

(2) 환경과의 일탈

일상생활 활동은 시각적 모방에 의하여 습득되고, 이 모방 행동은 걷고, 말하고,

놀고, 학습하고, 표현하는 데 중요한 역할을 한다. 맹아동이 식사하는 기술을 배우는 것은 힘들고 시간이 걸리는 활동이다. 음식물을 집어 올리는 단순하고 기계적인 동작에서부터 사회가 기대하고 받아들이는 식사 예절을 학습하기까지 맹아동은 큰 어려움과 좌절감을 극복해야 한다. 이것은 물건을 사고, 옷을 입고, 집안일과 같은 활동에서도 마찬가지이다.

(3) 표현 동작

얼굴 표정이나 제스처는 시각적 모방에 의하여 습득되므로, 맹아동은 기본적인 의사소통을 할 수 있으나 표현 동작에는 어려움이 있다. 이러한 표현 동작을 시각 외에 다른 감각을 통하여 배우는 것은 많은 노력을 필요로 한다. 그러나 그 결과는 다소 인위적일 수 있다. 맹아동은 상대방의 표정을 관찰할 수 없지만 목소리에 나타나는 섬세한 변화를 해석하는 방법을 배우고, 정안 아동이 다른 사람의 외모를 보고 판단하는 것과 같이 목소리의 특징으로 사람을 판단하는 능력을 기르게 된다.

(4) 관찰 대상

맹아동은 다른 사람에게 자신이 관찰되고 있는지 알 수 없으므로 관찰되는 것을 싫어하고, 두려워하며, 다른 사람이 긴장을 풀 수 있는 상황에서도 스스로 조심해야 한다고 느낀다.

지금까지 실명의 부정적인 측면을 설명했으나 이 모든 어려움에도 불구하고 맹아동은 그들의 문제를 극복하는 방법을 배우고, 지적 · 사회적 · 경제적으로 성공할 수 있다.

4 시각장애에 대한 태도

1) 태도의 일반적 의미

태도란 어떤 사물에 대하여 품고 있는 감정이나 생각이 겉으로 드러난 모습을 말한다. 사람들은 맹인에 대하여 긍정적이든 부정적이든 어떤 태도를 갖고 있다. 이러한 태도는 쉽게 변하지 않을 뿐만 아니라 맹인의 통합을 방해하는 강력한 요인 중의 하나이다.

많은 사람들은 맹인이 암흑 속에서 산다고 생각한다(Schultz, 1980). 캄캄한 곳에서 물건을 더듬어 찾거나 가구에 부딪혀 본 경험이 있는 사람은 맹인이 그와 유사한 어둠 속에 살고 있다고 믿는다. 그러나 실제로는 모든 시각장애인의 약 10%만이 시력이 전혀 없는 전맹이고(Kahn & Moorhead, 1973), 대부분의 시각장애인은 잔존시력을 사용한다.

또한 사람들은 맹인이 음악을 잘하고, 의존적이고, 절망적이며, 걸인일 것이라고 생각한다. 물론 일부 맹인은 음악적 재능을 갖고 있으나, 역시 일부 맹인은 음악적 재능을 갖고 있지 않다. 어떤 맹인은 의존적일 수 있으나 대부분의 맹인은 독립적이다. 또한 일부 맹인은 걸인일 수 있다. 그러나 일부 정안인도 걸인일 수 있다. 따라서 맹인의 공통된 특징을 찾아서 일반화하기는 어렵다.

맹인을 포함한 장애인에 대한 일반인의 태도는 부정적이고(Tuttle, 1984), 장애인이 할 수 있는 것보다 할 수 없는 것에 초점을 둔다. 맹인은 이러한 부정적인 태도를 극복하는 것이 장애 자체를 극복하는 것보다 더 어렵다(Smith, 1984). 그러므로 교사는 맹학생들이 부정적인 태도를 극복하도록 돕고, 학생, 부모, 지역사회 구성원들이 시각장애 아동에 대한 긍정적인 태도를 갖도록 도와야 한다.

태도의 변화는 복잡한 과정이고, 태도를 바꾸는 데는 많은 도움이 필요하다(Monbeck, 1973). 이 과정에는 행동 변화를 가져오기 위하여 계획된 역할, 반대 태도의 제시, 가치관의 대립과 같은 활동 등이 포함된다.

2) 맹인에 대한 일반적 태도

Lowenfeld(1975)는 맹인에 대한 태도를 부정적 태도와 긍정적 태도로 나누어 설명하였다.

(1) 부정적 태도

실명에 대한 첫 번째 반응은 연민이다. 사람들은 시력을 인간의 활동에 지배적인 역할을 하는 감각으로 생각하기 때문에 시력 상실을 개인에게 고난을 주는 장애로 보며, 연민을 불러일으킨다.

실명에 대한 두 번째 반응은 공포이다. '내가 맹인이라면 어떻게 살아갈 것인가?'와 같은 생각은 공포심을 일으킨다. 따라서 사람들은 강한 부정적 정서를 주는 맹인을 기피하려 하고, 실명의 의미와 문제가 무엇인가를 생각하려고 하지 않으며, 실명의 부담과 책임을 지려고 하지 않는다.

실명에 대한 세 번째 반응은 죄악감이다. '나는 볼 수 있는데 그는 왜 맹인이 되었을까, 신의 은총이 아니었다면 나도 맹인이 되었을지 모른다.'와 같은 생각이 죄악감의 원인이 된다. 사람들은 이러한 죄악감으로부터 도피하기 위해 맹인과 관계를 맺으려 하지 않는다. 반대로 죄악감을 올바른 방향에서 활용한다면 생산적이고 도움을 줄 수 있는 속죄 행동의 동기가 될 수 있다.

실명에 대한 네 번째 반응은 불안이다. 사람들은 익숙하지 않은 것에 직면할 때, 불안감을 갖게 된다. 정안인은 맹인을 만날 때 악수를 해야 하는지, 시각적인 이야기를 해도 되는지, 시각적 경험에 관한 말을 피해야 하는지, 어떻게 행동해야 할지 모르기 때문에 불안해한다. 그러나 맹인과의 사회관계에서 가장 먼저 극복해야 할 것은 바로 '맹'에 대한 싫어하는 감정이다.

(2) 긍정적 태도

맹인에 대하여 긍정적인 태도를 갖고 있는 사람들도 있다.

이들의 첫 번째 반응은 동조와 감정이입이다. 일부 사람들은 맹인을 진심으로 동정하고 이해하며 함께 느낀다. 그들은 연민이나 공포 또는 죄악감을 경험하기도 하고, 경험하지 못하기도 한다. 맹인은 자신을 열등한 위치에 놓게 하는 연민에 분개하는 반면, 동조와 감정이입에는 감사한다.

두 번째 반응은 친절이다. 일부 사람들은 맹인에게 친절하게 대한다. 은혜를 베푸는 듯한 태도가 아닌 참된 친절은 따뜻한 인간관계를 형성시킨다.

세 번째 반응은 이해이다. 일부 정안인들은 실명의 결과, 맹인의 사회적 문제, 맹인의 정서적 반응 등에 대하여 이해하고 맹인들과 좋은 관계를 유지한다.

네 번째 반응은 존경심이다. 보는 사회에서 실명은 생활을 더 어렵게 한다. 그 예의 하나로 맹인은 과제를 수행하는 데 더 많은 시간을 필요로 한다. 즉 맹학생은 더 오래 공부해야 하고, 맹인 근로자는 더 오래 집중적으로 일해야 한다. 이러한 점을 감안할 때, 맹인의 높은 성취도에 대한 존경심은 정당한 인간적 반응이다. 이러한 존경심이 긍정적이고 확신을 가지고 표현될 때, 맹인은 존경을 고맙게 받아들인다.

다섯 번째 반응은 좋아함이다. 인간은 누군가를 좋아하느냐 싫어하느냐에 따라 친구를 선택한다. 장애를 좋아한다는 것은 어려운 일 가운데 하나지만 사람에 따라서 맹인을 좋아하고 기꺼이 친구로 사귀는 사람들도 있다.

3) 가족의 태도

(1) 부모의 태도

부모의 태도는 시각장애 아동에게 가장 큰 영향을 준다. 부모는 자녀가 시각장애 아동이라는 것을 알았을 때, 큰 충격과 불안 그리고 절망에 빠진다.

Sommers(1944)는 장애아 부모의 태도를 자녀와 장애의 수용, 장애의 결과에 대한 부정, 과잉보호, 위장거부, 공공연한 거부 등 다섯 가지로 분류했다. 이 중 자녀와 장애의 수용, 장애의 결과에 대한 부정 반응은 아동에게 기회를 주고 활동에 참가하게 하기 때문에 긍정적인 태도로 보았고, 과잉보호와 위장거부, 공공연한 거부는 아동의 성장과 발달을 저해하고 기회를 박탈하기 때문에 부정적인 태도로 보았다. 부모들이 자녀에 대한 부정적인 태도를 갖게 되는 것은 다음과 같은 이유 때문이다.

① 실명을 처벌의 상징으로 생각하여 자녀의 실명을 신의 저주에 의한 처벌의 결과로 생각한다.
② 질병을 가진 것으로 오인받지 않을까 하는 공포심이다.
③ 도덕적 또는 사회적 관습의 위반이나 부주의(임신에 대한 불만, 의도적인 유산, 부부간의 불화)에 대한 죄악감이다.
④ 불명예로 생각한다.

이러한 부모의 태도는 서로 중복되므로 그 태도 사이에 명확한 선을 그어 분리할 수 없다. 자녀의 장애가 부모에게 주는 의미, 부모의 정서적 반응과 강도, 부모가 할 수 있는 적응 등은 주로 부모의 심리 상태, 결혼 관계, 개인적 · 사회적 적응에 달려 있다. 부모의 사랑과 표현은 아동의 성장 발달과 성격 형성에 있어 중요한 요인 중의 하나이다. 부모가 맹아동을 이해하고 사랑한다면 맹아동의 건전한 성격 발달의 기회가 증대될 것이다(Cowen, Underberg, Verillo, & Benham, 1961). 교사는 장애 자녀에 대한 부모의 정신적 부담을 가볍게 해 주고, 부모의 죄악감, 양심의 가책, 불안을 해소시키며, 맹아동을 돌보고 치료하는 어려움을 이해하고 돕도록 한다(Raid, 1958).

(2) 형제자매의 태도

맹아동의 형이나 언니가 맹아동의 활동을 억제하지 않는 선에서의 도움은 바람직하다. 그러나 형제자매에게 너무 많은 것을 돕도록 기대해서는 안 된다. 예를 들면, 누나나 형이 동생인 맹아동을 학교에 데리고 가는 것은 자연스러운 일이다. 그러나 동생 때문에 친구들과 함께 어울리지 못한다면 동생을 돕는 일을 싫어하게 되고, 이러한 감정은 맹아동에 대한 적의로 변할 수 있다. 부모는 다른 자녀의 욕구를 이해하고, 맹인 형제를 도와줄 수 있는 한계를 정하도록 한다. 또한 맹아동이 더 주의를 끄는 것은 많은 상황에서 다른 자녀들의 시기를 사게 되므로 부모는 맹아동만을 자주 칭찬하거나 더 위하는 것처럼 보이지 않도록 세심한 주의를 기울여야 한다. 이러한 태도는 일반 아동과 맹아동이 함께 학습하는 통합교육 시설의 교사에게도 적용된다.

4) 문학 작품에 나타난 태도

Monbeck(1973)는 150여 편의 동화, 전설, 소설, 설화 등을 분석하여, 맹인에 대한 태도를 열다섯 가지로 분류했다.

① 연민과 동정의 대상으로서의 맹인
② 비참한 사람으로서의 맹인
③ 암흑세계에 사는 사람으로서의 맹인
④ 무기력한 사람으로서의 맹인
⑤ 어리석은 사람으로서의 맹인
⑥ 쓸모없는 사람으로서의 맹인
⑦ 걸인으로서의 맹인
⑧ 기능을 발휘할 수 있는 사람으로서의 맹인
⑨ 시력의 결여로 보상적 능력을 가진 사람으로서의 맹인

⑩ 과거의 죄에 대한 처벌을 받은 사람으로서의 맹인
⑪ 두렵고 기피되고 거부되는 사람으로서의 맹인
⑫ 부적응의 대상으로서의 맹인
⑬ 부도덕하고 악한 사람으로서의 맹인
⑭ 정안인보다 좋은 이상적인 사람으로서의 맹인
⑮ 신비스러운 존재로서의 맹인

Kirtley(1975)는 문학에 묘사된 맹인 주인공들을 분석하여 두 가지 원형으로 나누었다. 하나는 맹을 밤과 연상시켜 맹인은 절망적이고, 거세되고, 산 죽음이며, 악한 것과 관계가 있다고 생각하는 오이디푸스의 원형이고, 다른 하나는 맹과 밤의 관계에서 어둠은 초자연적인 능력과 관계되는 티레시아스의 원형이다. 이 두 가지 고정된 태도가 사람들의 의식 속에 자리를 잡고 있어서 맹인의 실제 능력을 인정하려 하지 않는다. 왜냐하면 사람들은 사실이 선입견을 위배할 때, 그 사실을 믿으려 하지 않는 경향이 있기 때문이다.

5) 태도에 관한 연구

(1) Siller의 연구

Siller와 그의 동료들(1967)은 시각장애인에 대한 부정적인 태도 일곱 가지와 긍정적인 태도 세 가지를 설명했다.

부정적인 태도

① 접촉 시 긴장감: 맹인을 처음 만날 때, 어떻게 대해야 할지 모르기 때문에 긴장하게 된다.
② 친교의 거부: 자신이 맹인과 친교를 거부하는 것은 물론 맹인과 친구 관계, 특히 가족 관계를 맺는 사람을 비정상적이라고 생각한다.
③ 일반화된 거부: 맹인에 대한 어떠한 지식도 없으면서 통합을 반대하고 분리를 주장한다.
④ 권위주의적 미덕: 실명 때문에 맹인은 이상한 성격을 가졌거나, 특정 분야에서는 천재적인 재능이나 마력을 가졌다고 믿는다.

⑤ 정서적 결과의 추론: 맹인의 성격은 좋지 않다고 보고, 맹인은 우울하고 동정을 바라며, 심술궂고 예민한 사람이라고 추측한다.

⑥ 불행과의 동일시: 실명을 '죄'나 '처벌'과 동일시하며 왜곡시킨다.

⑦ 기능적 제한성: 맹인은 기능적 제한성을 갖고 있어서 훌륭한 부모, 남편, 아내, 전문적인 직업인이 될 수 없다고 믿는다.

긍정적인 태도

① 친절: 중립적인 입장에서 과장되고 호의적인 입장에 이르기까지 친절한 태도를 말한다.

② 동정: 장애인의 고통을 감소시키려는 희망을 가지고 좋은 결과를 위하여 노력하는 태도를 말한다.

③ 장애를 인간적이고 동등한 입장에서 보려는 태도: 일반인들이 우월감을 갖지 않고, 장애인도 인간으로서 동일한 욕구와 능력을 갖고 있다고 믿는 태도를 말한다.

(2) 적응과정에 대한 태도

실명의 적응과정에는 두 가지 태도가 나타난다. 즉 실명을 재난으로 보는 입장과 신체적 불편성으로 보는 입장이다. 재난의 입장으로 보는 학자는 Carroll(1961)과 Cutsforth(1951)가 있고, 신체적 불편성으로 보는 학자로는 tenBroke이 있다.

Carroll(1961)은 정안인이 중도에 실명하면, 정안인으로는 죽고, 맹인으로 다시 태어나는 것이라고 보았다. 천주교 신부였던 Carroll은 예수의 사망과 부활설을 적용하여, 정안인으로 죽는 것은 20가지 기능(예: 문자, 보행 능력 등)을 상실하는 것이고, 맹인으로 다시 태어나는 것은 대상 기능의 습득(예: 점자, 지팡이 사용 등)을 통하여 상실한 기능을 회복하는 것으로서, 이 회복과정을 재활로 보았다. Cutsforth(1951)도 실명을 모든 인간 기능의 재체제화(reorganization)를 요구하는 것으로 보고, 이 재체제화는 실명의 제한성에 대한 적응과정에서 나타나는 본질적인 것이라고 했다.

반면에 tenBroke은 실명을 단지 신체의 불편성으로 보았으며, 실명이 죽음보다 더 나쁜 것도 아니고, 그렇다고 인생을 완전히 재체제화할 만큼 비극적인 것도 아니며, 신체적 불편성은 사회적 편견과 차별대우에서 비롯되는 것이라고 했다(Matson, 1990). 양자는 극단적으로 반대되는 견해를 보이는 것 같지만 그 내용을 분석해 보면 적응과정에서 발생하는 것으로 유사성을 발견할 수 있다.

(3) 장애에 대한 극복과 굴복

장애를 극복하거나 장애에 굴복하는 것은 장애인을 평가하는 데 중요한 기준이 된다. 장애의 극복과 굴복의 두 가지 측면은 〈표 2-1〉과 같다(Wright, 1960).

〈표 2-1〉 장애의 극복과 굴복의 특징

극 복	굴 복
개인이 할 수 있는 것을 강조한다.	개인이 할 수 없는 것을 강조한다.
개인이 참가할 수 있는 생활의 장을 중요시한다.	개인이 참가할 수 있는 생활의 장에 별로 중요성을 두지 않는다.
자신의 생활을 건설적으로 만드는 데 능동적인 역할을 한다.	고난을 극복하지 못하고 실망함으로써 수동적으로 행동한다.
성취에 대한 가치를 이해하고, 표준에 미달된 것을 가치 없다고 생각하지 않는다.	자신이 성취한 것을 최소화함으로써 자신의 부족함이 정상적인 수준 이하라고 생각한다.
고통이나 어려움과 같은 개인 생활의 부정적인 측면을 관리할 수 있다고 생각한다.	고통이나 어려움과 같은 개인 생활의 부정적인 측면을 조절할 수 없다고 생각한다.
불편한 점을 의학적 절차(의수, 의족 등), 기타 기구의 사용, 새로운 기술의 습득, 시설 등을 통하여 극복하거나 개선한다.	장애를 숨기고 부정하려 하며, 부적응하는 것처럼 행동함으로써 포기하려고 한다.
장애를 비하하여 생각하지 않고 자신의 재능에 대한 만족을 찾는다.	장애를 숨기거나, 숨기지 않거나 어느 경우에도 동정을 받으려 한다.

출처: Wright, B. A. (1960). *Physical disability-A psychological approach*. New York, NY: Harper.

학·습·문·제

1. 미국의 맹의 법적 정의와 우리나라 장애인복지법 시행규칙의 법적 정의를 비교하고, 우리나라의 맹의 법적 정의가 갖고 있는 문제점을 열거하시오.

2. 광역시나 도 가운데 한 지역을 선정하여 그 지역의 유치원, 초·중등학교에 재학하고 있는 일반 학생의 수를 알아내어, 시각장애 학생의 출현율인 0.1로 계산한 뒤 그중 얼마의 시각장애 학생이 특수교육을 받고 있는가를 조사하시오. 그리고 특수교육을 받지 못하고 있는 시각장애 학생에게 어떻게 특수교육 서비스를 제공할 것인가를 고민하여 서술하시오.

3. 실명은 인지기능에 제한성을 준다. 실생활에서 이에 해당하는 예들을 찾아 적으시오.

4. Sommers의 부모의 태도 다섯 가지 중 과잉보호가 시각장애 학생의 발달에 미치는 영향을 설명하시오.

5. Monbeck가 정리한 문학에 나타난 시각장애인에 관한 열다섯 가지 태도를 적고, 우리나라 시각장애인에 관한 태도와 같은 점이나 다른 점을 설명하시오.

제3장

눈의 구조와 기능

눈은 안구와 눈 부속기관 그리고 시신경과 시로로 구성되어 있다.

1 안구

안구([그림 3-1] 참조)는 외막, 중막, 내막 그리고 안 내용물로 구성되어 있다. 안구의 모양은 구형으로, 전극과 후극이 있는데 이 두 극을 잇는 가상의 선을 안축이라 한다. 성인의 안축 길이는 약 24mm이고, 안구의 부피는 약 6.5cc이다.

1) 외막

외막(outer coat)은 안구의 가장 겉면을 이루는 무혈관성 섬유층으로, 각막과 공막으로 되어 있다(윤동호 외, 2004).

(1) 각막

각막(cornea)은 외막의 앞쪽 1/6을 차지하고, 각막윤부에서 공막과 연결된다. 성인 각막의 평균 두께는 주변부가 0.7mm이고, 중심부는 0.5mm이다. 우리나라 성인의 각막 직경은 가로가 11.4mm이고, 세로가 10.8mm이다.

각막은 다섯 층으로 되어 있는데, 표면에서부터 상피(epitnelium), 보우만층(bowman's layer), 각막간질(corneal stroma), 데스메막(descemet's membrane), 내피(endotnolium)의 순으로 되어 있다([그림 3-2] 참조). 각막의 굴절력은 +43디옵터의 렌즈와 같다. 각막이 투명한 것은 그 구조가 균일하고 혈관이 없으며, 조직이 상대적으로 건조하기 때문이다(윤동호 외, 2002).

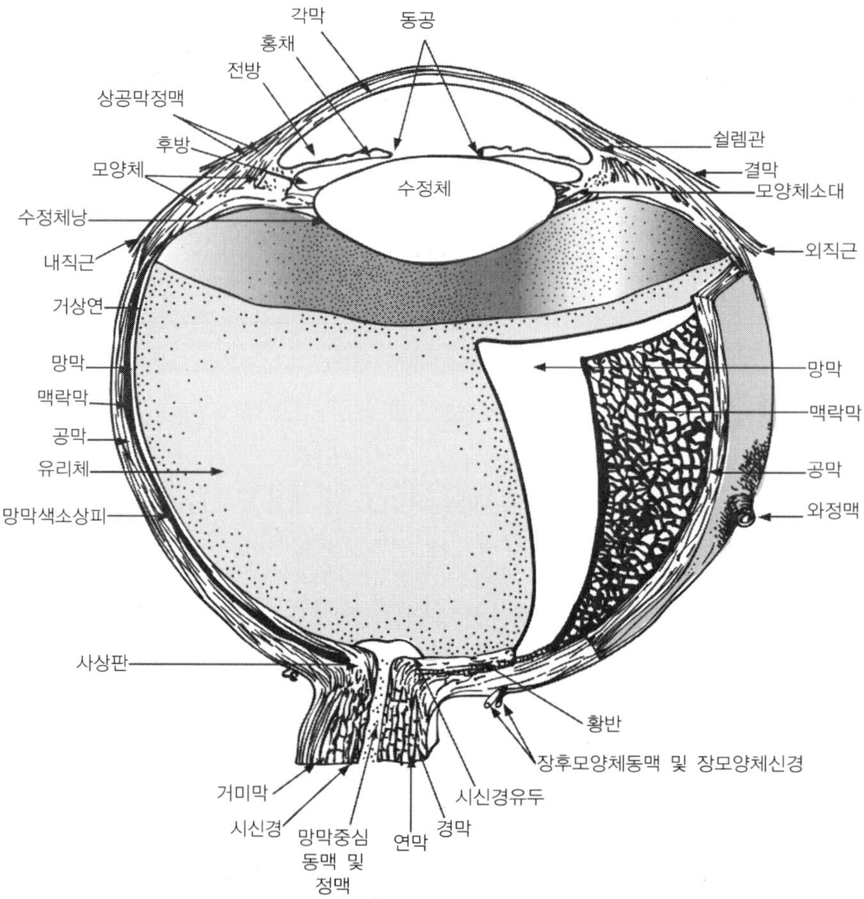

[그림 3-1] 안구의 내면 구조

각막의 감각은 제5 뇌신경의 제1분지인 안신경의 지배를 받는다. 각막상피는 신경섬유가 풍부한 망을 형성하고 있으며, 이 신경섬유는 수초가 없는 자율신경 말초로 외부의 자극에 매우 민감하게 작용한다. 각막의 영양 공급은 방수와 눈물에서 받고, 각막윤부는 모세혈관으로부터 받는다. 그러나 각막 자체에는 혈관이 없으므로 투과에 의해 영양이 공급된다. 각막의 주요 기능은 안구를 보호하는 방어막의 역할과 광선을 굴절시켜 망막에 도달시키는 창으로서의 역할이다.

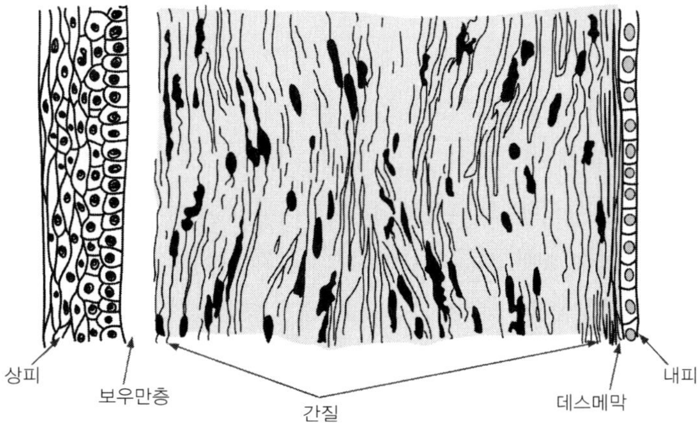

[그림 3-2] 각막의 단면도

(2) 공막

공막(sclera)은 외막의 뒷부분 5/6를 차지하는 백색의 불투명한 조직으로, 앞으로는 각막과 뒤로는 시신경의 초(sheath)와 연결되어 있다. 시신경의 섬유들이 여러 개의 다발로 나뉘어 공막을 통과하기 때문에 공막이 얇아지고, 많은 작은 체 같은 모양(사상판, 篩狀板)을 이룬다. 공막의 두께는 후부가 1mm이고, 중앙부는 0.5mm이며, 외안근이 부착되는 부분은 0.3mm이다.

공막의 외층은 상공막으로 공막에 영양을 공급하는 많은 혈관이 있으며, 내층은 맥락막과 연결되어 있어 영양을 공급받는다. 공막의 간질은 교원섬유로 이루어져 있으며, 공막이 불투명한 이유는 크기가 서로 다른 교원섬유가 여러 방향으로 불규칙하게 배열되어 있고, 각막보다 수분의 함량이 많기 때문이다.

공막의 신경은 모양체 신경이 지배하며, 공막에는 지각 신경이 풍부하게 발달되어 있어 염증이 생기거나 조직에 손상이 있을 때 쉽게 통증을 느낀다. 공막의 기능은 안구의 형태를 유지하고, 외안근이 부착되므로 안구 운동의 지주 역할을 하는 것이다.

2) 중막

중막(middle coat)은 홍채, 모양체, 맥락막으로 구성되어 있으며, 혈관과 색소가 풍부하여 포도막이라고도 한다.

(1) 홍채

홍채(iris)는 중막의 가장 앞 부분에 있는 얇은 원반 모양의 조직으로, 각막과 수정체 사이에 있으며, 홍채 가운데에 있는 구멍을 동공이라 한다. 각막 후면과 동공의 사이를 전방이라 하고, 동공과 수정체 전면 사이를 후방이라 한다. 홍채의 주변부를 홍채근부(iris root)라고 하며, 홍채의 앞면은 불규칙하고 동공연(pupillary margin)의 가까이에 원형의 불규칙한 융기선이 보이는데, 이를 권축륜(collarette)이라 하며, 혈관에 의하여 잘 나타난다.

홍채의 색깔은 인종이나 개인에 따라 차이가 많고, 한 사람의 두 눈에도 차이가 있을 수 있으며, 한쪽 눈에서도 홍채 부위에 따라 다르다. 홍채의 색소는 태어날 때는 비교적 적어 유아기에는 푸른색을 띤다. 일반적으로 동양인은 갈색이고, 서양인은 푸른색인데, 유전적으로 갈색이 우성이고, 푸른색은 열성이다. 홍채의 혈액 공급은 모양체에서 만들어진 대홍채동맥륜(major arterial circle of iris)에서 홍채간질로 나오는 방사상의 작은 혈관에 의해서 이루어진다.

신경은 감각신경, 운동신경, 자율신경섬유를 모두 가지는 장 · 단 모양체신경(long and shot ciliary nerve)이 분포되어 있다. 동공산대근은 교감신경의 지배를 받고, 동공괄약근은 부교감신경의 지배를 받는다.

홍채 중심에 있는 동공은 빛의 양에 따라서 눈으로 들어오는 광선의 양을 조절한다. 즉 빛이 강하면 동공괄약근의 작용으로 축동되고, 빛이 약하면 동공산대근이 산동되어 빛의 양을 조절한다.

(2) 모양체

모양체(ciliary body)는 망막의 거상연(ora serrata) 전방에 위치하고, 맥락막과 홍채를 연결해 주며, 맥락막의 전방 끝에서부터 홍채근부까지 걸쳐 있는 직삼각형 모양의 조직으로 평활근과 혈관으로 구성되어 있다([그림 3-3] 참조).

모양체는 모양체관과 평면부로 구성된다. 모양체관은 수정체의 전방 약 2mm의 폭을 가진 부분으로 주름이 많고, 평면부는 공막 쪽의 후반 약 4mm의 폭을 가진 부분이다. 모양체관은 약 70개의 모양체돌기가 안구의 내면에 돌출되어 있으며, 이 돌기 사이의 함몰부에서 모양체소대가 시작되면서 수정체에 부착되어 있다.

모양체소대는 수정체를 고정시키고, 수정체의 두께를 조절하며, 모양체근육은 불수의 근육인 평활근 섬유로서 많은 혈관을 동반하고 있다. 모양체근육이 수축했을 때, 모양체는 앞쪽으로 움직이며 이때 수정체의 중심부는 거의 앞쪽으로 굴곡되고 눈은 대상물에 초점이 모아지는데, 이러한 현상을 '조절'이라 한다.

모양체는 대홍채동맥륜에서 혈액을 공급받으며 와정맥으로 유출된다. 모양체의 기능은 홍채의 지붕을 형성하고, 그곳의 근섬유들이 조절을 통하여 수정체의 크기를 자동으로 조절하며, 방수를 생산하여 공급하는 것이다.

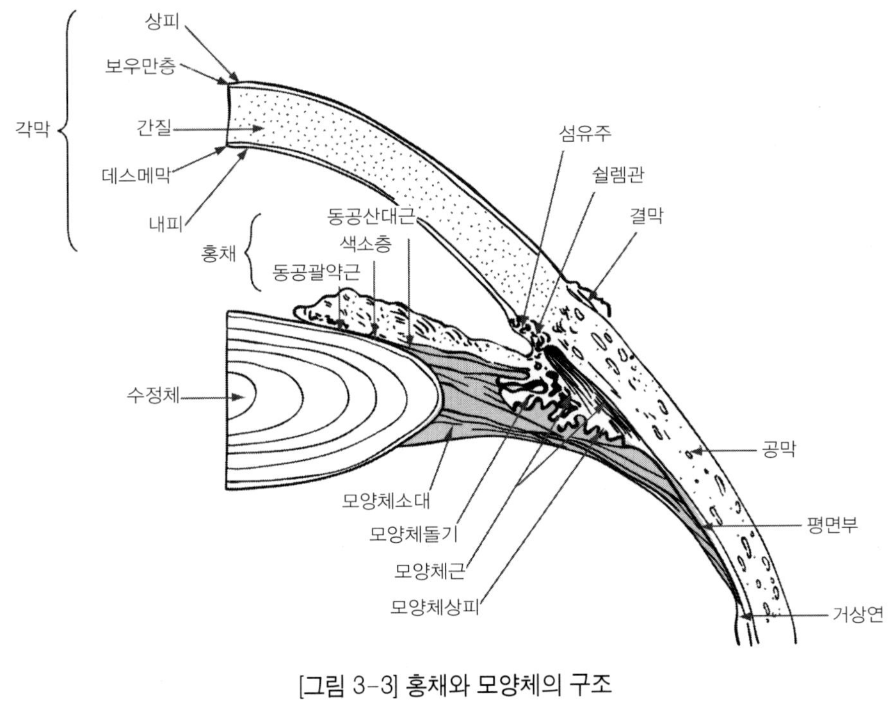

[그림 3-3] 홍채와 모양체의 구조

(3) 맥락막

맥락막(choroid)은 망막과 공막 사이에 위치하고, 두께는 0.1~0.2mm로 얇고 부드럽다. 갈색을 띠는 맥락막은 시신경유두연에서부터 망막의 주변부 끝인 거상연에서 모양체로 바뀐다.

맥락막 혈관층은 안으로는 브루크막(bruch's membrane), 밖으로는 맥락막 상강(suprachoroid)과 접하고 있다. 브루크막은 망막색소상피의 외벽면에 놓여 있으며, 브루크막 바로 바깥에는 망막의 색소상피세포와 시세포의 영양 공급원인 맥락막모세혈관이 위치해 있다. 혈관층은 망막 쪽으로 갈수록 혈관의 굵기가 가늘어져서 가장 안쪽에서 하나의 모세혈관층을 형성한다. 맥락막의 혈액은 여러 개의 단후모양체동맥, 두 개의 장후모양체동맥 그리고 일곱 개의 전모양체동맥으로부터 공급된다.

맥락막은 망막의 바깥 1/3 부분의 대사 작용을 주관하고, 공막을 통하여 들어오는 광선을 풍부한 색소로 차단한다. 따라서 광선을 흡수하여 광선의 반사에 따른 시력 결손을 방지한다.

3) 내막

내막(inner coat)은 안구벽의 가장 안쪽에 있는 투명한 신경조직인 망막이다.

(1) 망막

망막(retina)은 안구 후면에 있고, 맥락막의 내면 2/3를 덮고 있는 얇고 투명한 신경조직이다. 망막의 앞쪽은 거상연, 뒤쪽은 시신경유두와 단단히 붙어 있고, 그 두께가 거상연에서는 0.1mm, 후극부에서는 0.23mm이다.

망막은 색소상피, 시세포층(추체 및 간체), 외경계막, 외과립층, 외망상층, 내과립층, 내망상층, 신경절세포층, 신경섬유층 그리고 내경계막의 10개 층으로 되어 있다([그림 3-4] 참조). 이 중 시세포층은 추체세포와 간체세포가 있어 빛, 색깔, 물체의 형태를 지각한다. 망막 전체에는 약 600만 개의 추체세포와 약 1억 개의 간체세포가 있다(윤동호 외, 2004).

망막의 중심부에 타원형의 함몰부가 있는데 이를 황반부(macula, [그림 3-5] 참조)

라 하며, 황반부의 중앙에 가장 함몰된 부위를 중심와(fovea centralis)라 한다. 이 중심와에 추체세포가 집중되어 있으며, 간체세포는 안저 주변부에 많고 중심부에는 적다. 추체세포는 높은 조명하에서 기능을 발휘하고 색각의 기능을 가지고 있으며, 간체세포는 낮은 조명하에서 기능을 발휘한다.

시력은 중심시력과 주변시력으로 나뉜다. 주변시력은 주변 망막의 자극에 의해 나타나며 국지적인 공간에 관한 정보를 제공한다. 중심시력은 주로 중심와의 자극에 의해 나타나며 형태 인지, 인식, 색상 주시 등을 보조한다.

망막의 바깥 1/3 부분은 맥락막 모세혈관층에 의해 혈액을 공급받고, 나머지 2/3은 망막중심동맥의 분지로부터 혈액을 공급받으며, 내부 부위는 중심동맥에 의해서 영양을 공급받는다. 그러나 중심와는 맥락막 모세혈관에서만 혈액 공급을 받기 때문에 망막박리가 되었을 때 손상을 입는다. 망막에는 교감신경섬유가 분포되어 있으나 지각신경이 없어 어떤 손상이나 질환에도 쉽게 통증을 느끼지 못한다.

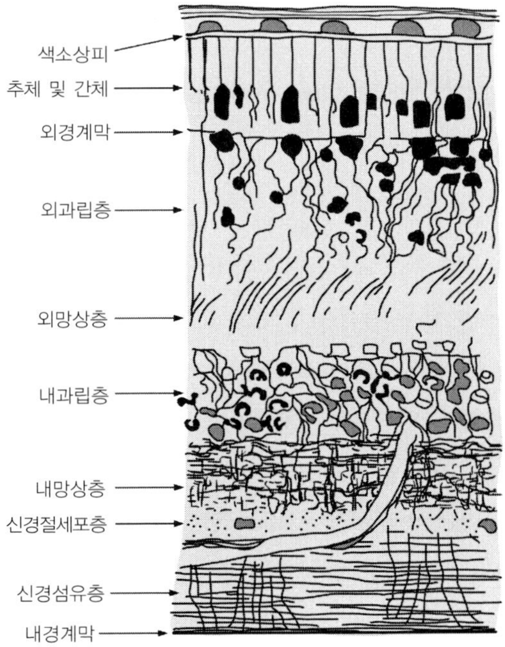

[그림 3-4] 망막의 층

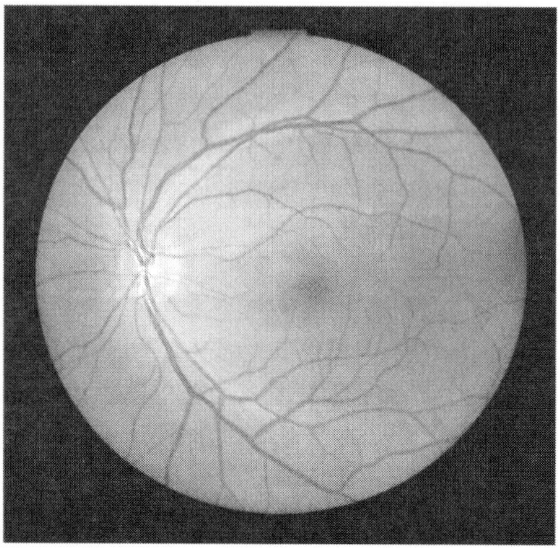

[그림 3-5] 황반부

출처: 윤동호 외(2002). 안과학. p. 10. 서울: 일조각.

4) 안 내용물

안 내용물에는 수정체, 모양체소대, 유리체, 방수 등이 있다.

(1) 수정체

수정체(lens)는 동공의 바로 뒤에 위치하고, 양면이 볼록한 원반 모양의 무혈관성으로 무색이다. 어른의 경우 지름이 약 9mm이며, 두께는 4mm인 투명한 조직이다. 수정체는 모양체와 연결된 모양체소대에 의해 홍채에 부착되어 있으며, 앞쪽에는 방수, 뒤쪽에는 유리체가 있다. 수정체 전면의 중앙을 전극이라 하고, 후면의 중앙을 후극이라 하며, 전·후극을 연결하는 선을 축이라 한다. 전·후면의 이행부는 적도라 하는데 면이 평활하지 못하고 다수의 함몰부가 있다. 적도부와 모양체 사이에는 모양체소대가 있어 수정체를 고정시키고 있다.

수정체는 수정체낭, 전면상피, 수정체섬유로 구성되어 있다. 수정체낭은 반투과성 막으로서 수분과 전해질을 투과시키는데 주변부는 두툼하고 중심부는 얇으며, 전면이 후면보다 두껍다. 전면상피는 수정체 앞면(전낭)에만 있으며, 낭의 바로 밑에 있는 입방체 모양의 단층 세포이다. 이것이 적도부에서 점차 전후 방향으로 길어져서 수정체섬유가 된다.

수정체는 약 65%의 수분과 35%의 단백질로 구성되어 있으며, 소량의 광물질을 함유하고 있는데, 특히 칼륨은 신체의 어느 부위보다 많다. 수정체는 나이가 들면 서서히 황색이 되고, 점점 단단해지며, 조절력이 약해진다. 따라서 40세 이상이 되면 수정체의 굴절력이 급격히 줄어서 대체로 노안이 된다. 그 결과 모양체근이 수축되어도 수정체의 굴절력은 증가하지 않아 가까운 사물을 잘 보지 못하는 원시가 된다.

수정체에는 혈관이 없으므로 방수와 유리체로부터 대사에 필요한 영양을 공급받는다. 수정체는 다른 조직과 같이 염증은 잘 발생하지 않고, 가장 보편적인 변화는 수정체의 혼탁, 즉 백내장이다.

수정체의 굴절률은 약 20디옵터의 렌즈와 같고, 그 기능은 망막에 광선의 초점을 맞추기 위하여 각막 다음으로 큰 굴절을 일으키는 것이다. 부교감신경에 의한 모양체근의 수축으로 모양체소대가 이완되면 이것이 수정체의 두께를 높여서 굴절력을 증가시키는데 이를 조절이라 한다.

(2) 모양체소대

수정체낭의 외층과 연결된 모양체소대(zonule of zinn) 섬유는 모양체와 수정체 적도부를 연결하는 섬유속으로서 조절에 관여한다.

(3) 유리체

유리체(vitreous body)는 수정체와 망막 사이의 공간을 채우고 있는 투명한 겔(gel) 상태의 무혈관성조직으로, 안구의 2/3를 차지하며, 부피는 약 4.5cc이다. 유리체 앞쪽에는 수정체, 모양체소대, 모양체가 닿아 있고, 뒤로는 망막과 시신경유두가 맞닿아 있어서 이들 조직에 병변이 있을 때, 유리체는 영향을 받게 된다.

유리체의 구성 성분은 약 99%가 수분이고, 1%는 콜라겐이다. 영양 공급은 모양체, 맥락막, 망막에서 받고, 액체의 배출은 클로케관(cloquet's canal)이나 망막중심혈관 주위의 공간을 통하여 이루어진다. 유리체는 그 내압으로 안구의 외형을 유지하고, 망막을 안구 내면에 밀착시키는 작용을 한다.

(4) 방수

방수(aqueous humor)는 전방과 후방에 차 있는 무색의 투명한 액체로 부피는 약 0.2ml이며, 이 중 80%는 전방에 20%는 후방에 있다. 방수는 모양체돌기의 상피세포에서 생산되어 후방으로 나가 동공을 통해 전방을 거쳐 전방각(anterior chamber angle)의 섬유주와 쉴렘관을 통과하여 방수정맥으로 배출된다([그림 3-6] 참조).

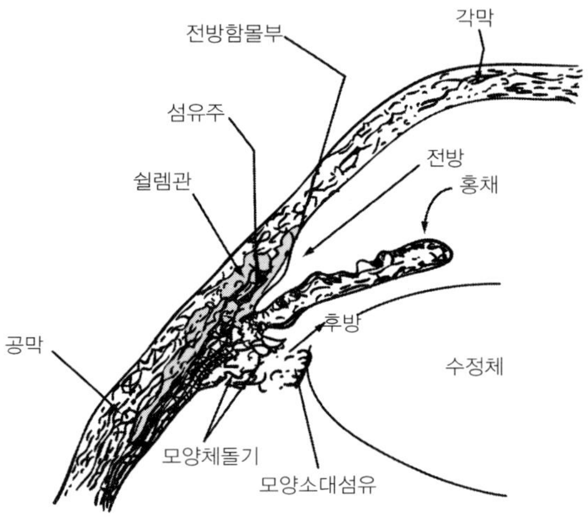

[그림 3-6] 방수의 경로

방수의 생산량은 개인에 따라 다르나 1분에 평균 2~3mm^3 정도이다. 1분 동안 배출되는 양은 생산량과 같으며 약 50분 만에 완전히 바뀌게 된다. 이 배출 능력도 나이가 많아지면서 조금씩 줄어든다.

방수의 주요 기능은 일정한 안압을 유지하고, 각막후면과 수정체, 섬유주의 대사에 필요한 영양을 공급하는 것이다.

2 눈 부속기관

눈 부속기관(accessory organ)에는 안와, 눈꺼풀(안검), 결막, 눈물기관(누기), 외안근 등이 있다.

1) 안와

안와(orbit)는 얼굴의 정중선 양측에 있는 7개의 뼈(전두골, 관골, 상악골, 누골, 접형골, 사골, 구개골)로 둘러싸인 앞면을 기저로 한 피라미드형의 공간으로, 가로 40mm, 세로 35mm, 깊이 40mm이며, 부피는 약 30ml이다.

안와의 기능은 안구를 보호하는 것이다.

2) 눈꺼풀

눈꺼풀(eyelid)은 안구와 안와를 덮고 있으며, 그 조직은 제일 바깥층인 피부층, 근육층, 눈꺼풀판(검판)과 결막의 네 층으로 구성되어 있다. 눈꺼풀의 피부는 피부층 중에서 가장 얇고, 피하조직이 느슨하기 때문에 쉽게 부어오르나 빨리 회복된다.

눈꺼풀에는 위눈꺼풀과 아래눈꺼풀이 있고, 눈을 뜨면 위눈꺼풀과 아래눈꺼풀 사이에 타원형의 공간이 생기는데 이것을 검열(palpebral fissure)이라 하며, 검열 주위에 첩모가 있다. 검열의 내측을 내안각, 외측을 외안각이라 하며, 검열을 이루는 위눈꺼풀과 아래눈꺼풀의 끝을 검연이라 한다.

눈꺼풀은 외부의 자극으로부터 눈을 보호하고, 눈으로 들어가는 광선을 차단하거나 양을 제한하며, 안구 표면 위로 눈물을 고르게 퍼지게 하고, 수면 중에 안구를 보호하고 눈물의 증발을 막는 역할을 한다.

3) 결막

결막(conjunctiva)은 눈꺼풀의 뒷면과 안구의 앞면에 있는 투명한 점막으로, 눈꺼풀판 뒷면에 붙어 있는 검결막, 안구 앞의 공막을 덮고 있는 구결막 그리고 이 두 부분을 연결하는 원개결막의 세 부분으로 되어 있다.

검결막은 붉고 혈관이 풍부하며 부종이 잘 일어나고, 구결막은 투명하며 원개결막은 하부조직과 느슨히 붙어 있고 많은 주름이 있어 잘 움직이는데, 이 주름은 각막에 외부 물질을 들어오지 못하도록 하며, 이물질을 눈물언덕(caruncle) 쪽으로 보낸다.

결막에 있는 덧눈물샘에서 분비되는 점액과 눈물은 결막과 각막의 표면을 매끄럽게 만들어 눈꺼풀과 안구의 운동이 잘 이루어지게 한다.

결막은 안신경의 지배를 받고, 림프샘이 풍부하며, 통증섬유는 적게 분포되어 있다.

4) 눈물기관

눈물기관(lacrimal apparatus)은 눈물을 생산하는 눈물샘(누선)과 눈물을 배출하는 눈물길(누도)로 구성되어 있다.

눈물샘에는 주눈물샘과 덧눈물샘이 있는데, 여기에서 눈물이 분비되며, 분비된 눈물의 50%는 증발되고 50%는 눈물주머니(누낭)로 들어간다. 눈물은 표면의 지방층, 중간의 수성층, 심층의 점액층으로 이루어져 있으며, 눈을 감거나 수면 중에는 눈물이 분비되지 않는다.

눈물길은 눈물이 흐르는 길을 말하는 것으로, 눈물샘에서 분비되는 눈물은 눈물점, 눈물소관, 눈물주머니, 코눈물관을 차례로 거쳐 하비강으로 배출된다([그림 3-7] 참조).

눈물의 기능은 결막 내의 습기를 보존하여 건조를 방지하고, 각막의 건조 역시 방지하며, 각막에 산소를 공급한다. 그리고 눈물 속에는 리소자임(lysozyme) 효소가 있어 결막 내의 세균을 분해하거나 증식을 억제하며, 눈꺼풀과 안구 사이의 마찰을 감소시키기도 한다.

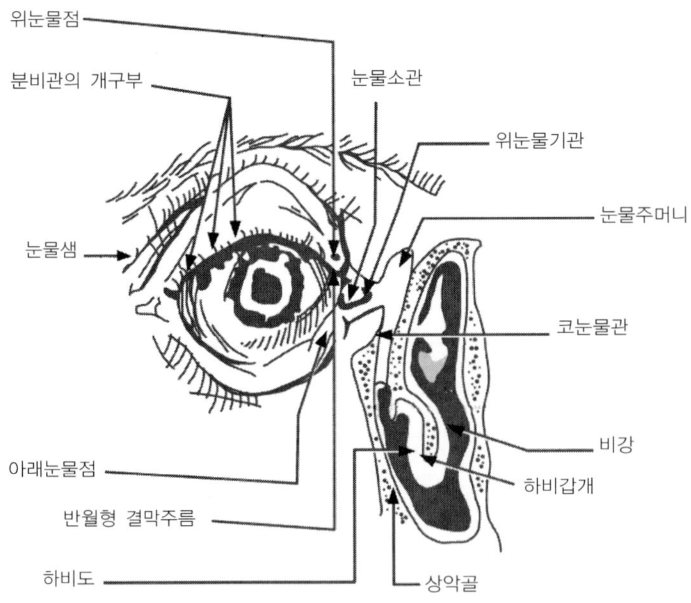

[그림 3-7] 눈물기관

5) 외안근

안구를 움직이는 근육은 모두 여섯 개의 외안근(extraocular muscle)으로, 네 개의 직근과 두 개의 사근이 있다. 직근에는 내직근, 외직근, 상직근, 하직근이 있고, 사근에는 상사근과 하사근이 있다. 직근의 길이는 약 40mm이고, 각막윤부로부터 5~8mm에 붙어 있으며, 붙어 있는 부위의 너비는 약 10mm이다.

외안근의 신경 지배를 보면 제3 뇌신경인 동안신경은 내직근, 상직근, 하직근, 하사근을 지배하고, 제6 뇌신경인 외향신경은 외직근을, 제4 뇌신경인 활차신경은 상사근을 지배한다. 외안근의 혈액 공급은 안동맥이 담당하며, 내직근, 상직근, 하직근에는 두 개의 전모양체동맥이 있고, 외직근에는 한 개의 전모양체동맥이 분포되어 있다.

외안근의 직근은 안구의 수직운동과 수평운동, 폭주와 개산운동을 하고, 사근은 안구의 회전운동을 하며, 내직근과 외직근의 안쪽에 있는 제어인대가 안구의 과도한 운동을 제어하는 역할을 한다.

3 시신경과 시로

1) 시신경

눈을 통하여 사물을 보게 되는 과정은 망막에 맺힌 상이 시신경(optic nerve)을 통하여 뇌로 전달됨으로써 이루어진다. 망막에 도달한 빛은 시세포를 통해 전기자극으로 바뀌고 이 자극은 망막의 신경절세포로 전달된다. 신경절세포의 축색돌기들은 신경섬유층을 형성하고, 시각에 관여하는 감각신경인 시신경은 약 100만 개의 신경절세포의 축색돌기로 이루어진다.

또한 망막의 신경섬유층이 모여 시신경유두를 형성한 후, 안구를 빠져나오게 된다. 안구를 둘러싸는 안와의 뒤쪽 끝에는 시신경이 지나가는 시신경공이 있으며, 이곳을 지난 시신경은 시신경관을 지나 두개강 안으로 들어가게 되고 양쪽 눈에서 빠져나온 시신경이 만나 시신경교차부를 형성한다.

시신경은 눈의 후극에서 코 쪽 약 3mm와 아래쪽 약 1mm의 공막에 열리는데 고리 모양으로 짧게 되어 안구의 후방 표면에 이르며, 시신경이 지나가는 위치에 따라 공막 내부, 안와 내부, 시신경관 내부, 두개강 내부의 네 부분으로 분류할 수 있다.

공막 내부는 0.7mm의 길이로 사상판 내에서는 수초가 없어서 시신경의 직경이 1.5mm이고, 사상판을 통과한 후부터는 시신경이 수초에 싸여 있기 때문에 직경이 약 3mm가 된다. 안와 내부의 시신경은 S자 모양이며, 길이는 25~30mm로, 공막에서 시신경공까지의 거리 18mm보다 길어 안구가 움직일 때 시신경도 여유 있게 움직일 수 있다. 시신경관 내부는 약 4~9mm의 부위로서 시신경을 싸고 있는 경막은 골막과 단단히 붙어 있다(윤동호 외, 2002; 김덕훈 외, 1996). 두개강 내부는 약 10mm의 길이로 하부에는 안격막과 해면정동맥이 있으며, 상부에는 전대뇌동맥과 취신경이 있고, 외측에는 내경동맥이 있다.

시신경초는 뇌막의 연장으로서 경막은 시신경관에서 골막과 유착되어 있고, 안구에서는 공막으로 이행한다. 거미막은 섬세한 섬유주로 시신경공의 두개강 끝부분에서 시신경과 만난다. 연막은 시신경과 밀착되며 혈관이 가장 풍부하다.

시신경섬유는 중추신경계이므로 schwann 초가 없어서 재생 능력이 없으며, 시신경섬유 중 80%는 시섬유이고 20%는 동공섬유로 되어 있다.

2) 시로

시로(visual pathway)란 망막에서부터 대뇌 후두엽에 있는 시각중추에 이르기까지 신경섬유의 경로를 말하는 것으로 시신경, 시신경교차, 외측슬상체, 시방선, 시각중추로 구성되어 있다([그림 3-8] 참조).

양쪽 눈에서 나온 시신경은 두개강 내에서 서로 만나 시신경교차를 이루는데 그 위치는 중두개강에서 시상하부의 앞쪽 끝 중간에 있으며, 제3 뇌실의 앞쪽 벽을 형성한다. 시신경교차의 아래쪽에는 뇌하수체가 있으며, 둘레에는 willis 동맥륜이 있는데, 전대뇌동맥은 상부에, 후교통동맥은 시삭의 하부에 있다. 망막의 비측부에서 온 시신경섬유는 시신경교차에서 반대쪽 시삭으로 교차하고, 이측부에서 온 섬유는 동측 시삭으로 진행한다.

시신경교차를 지난 시신경섬유는 양쪽 시삭을 이루어 후외방으로 주행하여 이 중 80%는 외측슬상체에 이르고, 나머지 20%는 외측슬상체를 거치지 않고 중뇌로 가서 동공대광반사에 관여한다. 시방선은 외측슬상체에서 시작하여 후두엽 내면에서 부채같이 퍼져서 끝나는데, 이 후두엽 부위를 시피질이라 하여 brodmann 영역 제17야에 해당된다. 만약 시로가 손상되면 시력장애로 연결된다(윤동호 외, 2004).

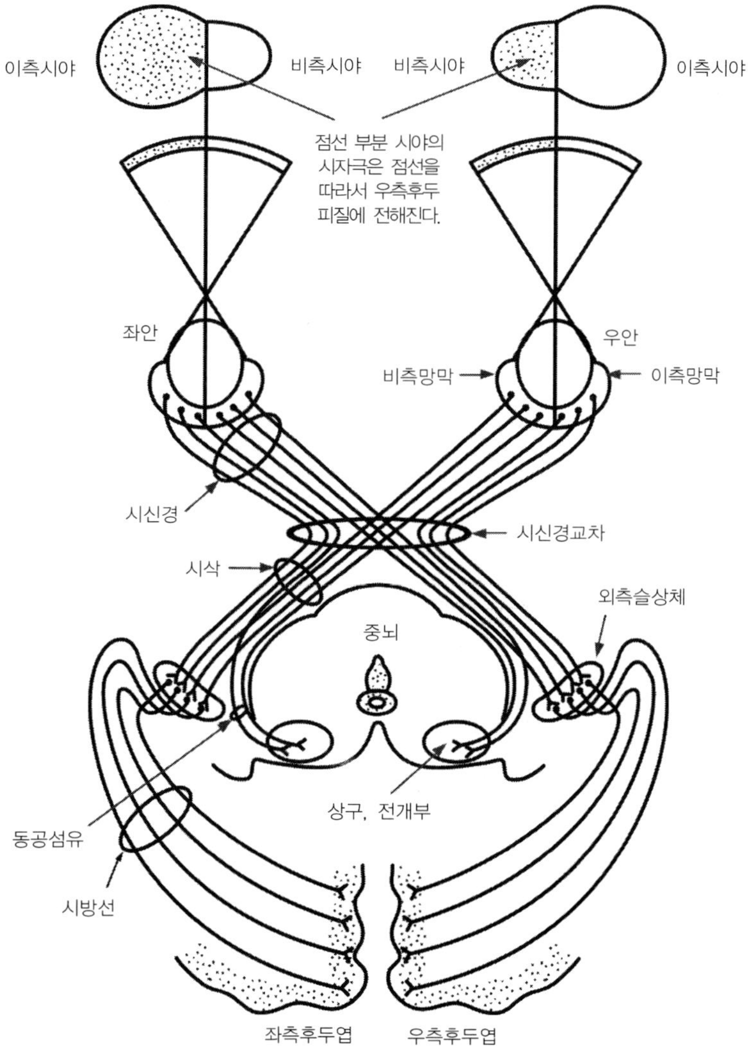

[그림 3-8] 시로

학·습·문·제

1. 빛이 망막에 이르는 경로를 그림으로 그리고, 정상안에서 굴절력이 있는 부위와 굴절력의 수치를 적으시오.

2. 안구의 세 개의 막을 열거하고, 각각의 위치와 기능을 구체적으로 설명하시오.

3. 망막의 구조를 그림으로 그린 뒤, 각 부위별로 추체세포와 간체세포의 수치를 적고, 그 기능을 설명하시오.

4. 굴절 이상 세 가지를 적고, 그 교정방법에 대하여 설명하시오.

5. 시로의 경로를 그림으로 그리고, 시신경교차부에서 직진하는 시신경과 교차하는 시신경을 설명하시오.

제 4 장

안질환과 교육적 조치

1 각막 질환

1) 각막염

각막염(keratitis)에는 세균이나 바이러스 또는 진균 등이 침입하여 발생하는 감염성 염증이 가장 많다. 최근에는 세균성 염증은 감소되었으나, 일상생활이나 업무 중에 작은 손상을 입은 후 병원균 때문에 각막이 깊이 파이고, 심한 염증이 생기는 경우가 많다. 이렇게 각막간질까지 파이게 되는 것을 각막궤양(corneal ulcer)이라 하는데, 더 심해지면 각막이 뚫리는 각막 천공도 생길 수 있다.

각막염은 손상된 각막에 세균의 침입을 받은 후 24~48시간 이내에 발병하며, 심한 통증, 충혈과 함께 노랗고 끈적거리는 눈곱이 생긴다. 처음 증상은 눈의 자극감, 눈부심, 눈물 등 일반적인 안질환의 증상이 나타나며 발병 초기부터 각막의 지각이 저하되기 때문에 증상이 잦은 것처럼 느껴질 수 있다.

그러나 각막염이나 각막궤양 모두 치료를 받고 염증이 치유되어도 백색 혼탁이 남게 되고, 정도가 심하면 눈이 아프고 두통이 생기며, 각막 전체가 곪기도 하고, 눈 전체에 염증이 생기면 실명까지 이르게 된다. 그 밖에도 매독성 각막염, 임균성 각막염, 결핵성 각막염 등이 있다.

2) 각막외상

각막외상은 학령기 아동의 중요한 시각장애 원인 중의 하나로 가장 흔한 눈의 외상은 상해, 타박상, 이물질, 화상 등이다.

공장에서 철편, 탄가루 또는 화공약품이 눈에 들어가 외상을 입을 수 있고, 장난감을 가지고 놀다가 상처를 입을 수도 있으며, 교통사고로 각막이 손상될 수도 있다. 용접하는 것을 오래 구경한 후, 갑자기 눈이 떠지지 않고 눈물이 많이 나며 통증이 심할 때가 있는데, 이것은 다량의 자외선이 각막과 결막의 표층을 손상시켰기 때문이다. 겉으로 보기에 표층의 상처가 나았다고 생각하여 내부의 이상을 지나쳐 버리면 치료 시기를 놓쳐 시력을 상실하는 경우도 있다.

3) 원추각막

원추각막(keratoconus)은 각막 중심부가 서서히 얇아져서 원뿔 모양으로 돌출되는 질환으로, 주로 사춘기 여성에게 열성유전에 의해 많이 발생한다. 20~60세 사이에서 서서히 진행되지만 진행이 정지되는 경우도 있으며, 다운증후군, 아토피 피부염, 망막색소변성, 무홍채증, 마르판증후군 등에 합병되는 경우가 많다.

주된 증상으로는 각막의 돌출로 인해 난시가 심해지고, 원거리 시력이 점차 떨어진다. 증세가 심해지거나 치료를 받지 않으면 반흔이 생기거나 각막이 파열되어 시력을 잃게 되는데, 이때 각막을 이식함으로써 나빠진 시력을 회복할 수 있다.

오스트리아에서는 원추각막의 발병률이 증가하고 있으며, 아카시아 꽃가루를 만진 손으로 눈을 비벼도 발병할 수 있다(Kingsley, 1997).

2 중막 관련 질환

1) 무홍채증

무홍채증(aniridia)은 선천적인 유전성 질환으로 홍채의 일부만 있거나 홍채가 자라지 않은 경우를 말한다. 실제로 검은 홍채가 나타나는 것은 동공이 확대된 것이다. 무홍채증은 주로 양쪽 눈에 모두 나타나고, 보통 안구진탕, 수명, 수정체 탈구 그리고 백내장과 같은 다른 질환을 수반하기도 한다. 무홍채증 아동에게는 녹내장이 자주 나타나며 이로 인해 아동은 불안해하며 눈에 통증을 느끼기도 한다.

무홍채증에 대한 교육적 조치는 다음과 같다.

교육적 조치

① 근거리 작업을 하는 동안 눈의 피로, 두통 또는 불쾌감이 나타나므로 약 40~50분 동안 작업을 한 후에 10분 정도 쉬도록 한다.
② 글자와 종이의 대비가 잘되도록 학습자료를 제작한다.
③ 무홍채증 학생에게 맞는 저시력 기구(핀홀, 콘택트렌즈, 색안경 등)를 사용하도록 지도한다.
④ 안구진탕이 있으면 의사에게 진료를 받도록 한다.
⑤ 차양이 있는 모자와 색안경을 착용하도록 한다.
⑥ 창문을 통해 들어오는 빛을 등지고 앉게 한다.
⑦ 밝은 조명보다 약간 어두운 조명이 좋다.
⑧ 유전성 질환으로 유전 상담이 필요하다.

2) 베세트병

베세트병(behcet's disease)은 전체 포도막염 중 발생률이 가장 높다. 실명률이 높은 안질환으로 눈뿐만 아니라 전신의 여러 장기 조직을 침범하는 만성질환이다. 이 질환은 20~30세에 주로 발병하며, 여성보다 남성에게 많다.

주요 증상으로는 구강점막궤양, 피하결절성 정맥염, 홍채모양체염, 맥락망막염, 외음부궤양이 있고, 그 밖의 증상으로는 관절염, 부고환염, 혈관계 · 신경계 · 소화계 증상 등이 나타날 수 있다. 눈의 증상이 가장 심하며, 전방에 염증세포가 많이 나타나고 안저에 출혈과 혈관염, 모세혈관폐색 등이 나타난다. 병이 오래 지속됨에 따라 망막 기능이 저하되어 결국 실명하게 되는 경우가 많다(윤동호 외, 2004).

[그림 4-1]은 정상안으로 볼 때의 모습이고, [그림 4-2]는 베세트병 아동이 볼 때의 모습이다. 베세트병 아동은 부분적으로 보지 못하는 증상을 보인다.

[그림 4-1] 정상안으로 볼 때의 모습

[그림 4-2] 베세트병 아동이 볼 때의 모습

③ 수정체 질환

수정체가 혼탁해지는 질환을 백내장이라 한다. 백내장은 분류방법에 따라 여러 가지로 나눌 수 있으나 백내장의 출현 시기에 따라 선천성 백내장과 후천성 백내장으로 나눌 수 있다.

1) 선천성 백내장

선천성 백내장(congenital cataract)은 대부분이 원인 불명인데 유전성인 경우, 임신기의 감염(풍진), 중독, 대사 이상, 태아의 산소 결핍 등으로 발생되며, 한쪽 눈이나 양쪽 눈 모두에 생기고 안구진탕이나 사시를 동반하기도 한다.

대부분의 선천성 백내장은 진행되지 않고 정지성이나 수정체 혼탁이 심하여 안저가 보이지 않으면 가능한 한 빨리 수술하는 것이 바람직하다. 너무 늦게 수술할 경우, 중심와 기능이 발달되지 않으므로 수술 시기가 매우 중요하다.

교육적 조치

① 직사광선이나 광택이 있는 표면으로부터 눈부심을 피하게 한다.
② 글자와 종이의 색깔이 적절한 대비를 이룬 학습자료를 사용한다.
③ 각 아동에게 알맞은 글자의 크기나 대비를 파악하기 위하여 학습매체 평가를 실시한다.
④ 근거리 · 원거리 활동에 저시력 기구를 제공하고 적절한 훈련을 실시한다.
⑤ 책을 읽을 때 독서대를 사용하도록 한다.
⑥ 시력은 백내장의 위치, 크기, 정도에 따라 다르므로 백내장이 수정체 가장자리에 있는 아동에게는 고도 조명을, 중심부에 혼탁이 있는 아동에게는 낮은 조명을 사용하도록 한다.
⑦ 안경을 착용하면 일반적으로 중심시력이 향상되지만 주변시력은 감소되어 보행에 영향을 주므로 보행교육을 실시한다.
⑧ 선천성 백내장의 약 1/3은 유전성이므로 유전 상담이 필요하다.

2) 후천성 백내장

후천성 백내장(acquired cataract)에는 나이가 들면서 발병하는 노인성 백내장이 가장 많으며, 외상에 의한 경우도 있다.

노인성 백내장(senile cataract)은 연령이 증가함에 따라 조직의 노화로 수정체섬유 단백질의 양이 많아지면서 수정체가 혼탁해지고, 점차적으로 진행되며, 시력 저하 증상이 나타나는데, 동통이나 염증은 없다. 이른 경우에는 40세부터 시작되기도 하며, 대부분 60대에 나타나는데, 80세 이상의 고령에서는 거의 모든 사람에게 약간씩 수정체 혼탁이 생기게 된다.

외상성 백내장은 외상이나 타박상으로 수정체가 파열되거나 혼탁해지는 경우에 발생한다. 사회가 복잡해짐에 따라 외상성 백내장에 의한 시각장애인의 수가 증가하고 있다.

모든 백내장의 치료법은 수술인데 백내장의 종류와 상태에 따라 수술 시기와 방법이 다르다. 백내장이 심하면 수정체 적출술을 시행하고 인공 수정체를 삽입한다. 수정체 적출술만 시행한 경우에는 볼록렌즈 또는 무수정체 소프트렌즈를 착용하게 한다. 백내장이 있는 아동은 [그림 4-3]과 같이 전체가 흐릿하게 보이며, 수정체 적출술을 시행하여 무수정체안으로 보게 되면 [그림 4-4]와 같이 보인다.

[그림 4-3] 백내장 아동이 볼 때의 모습

[그림 4-4] 무수정체안으로 볼 때의 모습

4 방수에 의한 질환

방수의 유출 장애로 안압이 높아져 생기는 질병을 녹내장이라고 한다. 일반적으로 녹내장은 녹내장의 증후나 시기에 따라 원발성 · 속발성 · 선천성 녹내장으로 분류한다.

1) 원발성 녹내장

원발성 녹내장(primary glaucoma)은 다시 개방각 녹내장(open angle glaucoma)과 폐쇄각 녹내장(closed angle glaucoma)의 두 가지 종류로 나눈다.

개방각 녹내장의 경우, 전방각의 넓이는 정상이지만 섬유주의 장애로 방수 유출이 잘 이루어지지 않아 안압이 상승하는 것을 말한다. 대개 만성으로 초기에는 자각 증상이 없이 정상보다 약간 높게 안압이 지속되면서 서서히 시력이 저하되고, 시야가 좁아지는데, 시야가 좁아질수록 야맹 증세가 나타난다. 또한 실외 활동이나 낯선 장소에서 보행에 어려움을 느끼며, 마지막으로 실명에 이르게 된다. 녹내장 환자의 90% 이상이 개방각 녹내장이다. 치료에는 약물치료와 수술법이 있으나 조기 진단으로 적절한 치료를 하는 것이 가장 중요하다.

폐쇄각 녹내장은 홍채근부가 각막과 접촉되고 전방각이 폐쇄되어 방수의 유출이 잘 되지 않아 발생한다. 평소에 전방각이 좁은 사람이 전방각 유출로가 막혀서 갑자기 안압이 상승하게 되면, 심한 안통이나 두통이 생기고, 구역질과 구토를 하기도 한다. 안압이 급상승하면 바로 약물치료로 억제하고, 수술로 안압이 오르지 않도록 한다. 24~48시간 내에 치료하지 않으면 시신경이 손상되어 실명하게 되므로 특별히 주의한다.

2) 속발성 녹내장

속발성 녹내장(secondary glaucoma)은 홍채염, 모양체염, 수정체 이상, 안저 출혈, 안종양 등이 원인이 되어 2차적으로 발생하는 것을 말한다. 주로 전방각이나 섬유주의 폐쇄로 방수 유출에 장애가 발생한다.

3) 선천성 녹내장

선천성 녹내장(congenital glaucoma)은 전방각 조직의 형성 이상으로 방수가 유출되지 않아 안압이 상승되는 것으로, 각막과 공막이 충분히 발육되지 않은 출생 시 또는 생후 1년 이내에 발생된다. 안구가 늘어나고 확장되어 8~9mm 여야 할 각막의 직경이 12mm 이상으로 커지게 되는데, 이를 거대각막이라고도 한다. 이와 같이 커진 눈은 마치 소의 눈과 같다 하여 우안(牛眼)이라고도 한다. 진행이 되면 각막이 붓고 혼탁이 생기며, 데스메막이 파열되고(內藤慶蒹, 1994), 시신경이 위축되어 시력을 상실한다. 때로는 망막박리와 안구가 파열되기도 한다. 녹내장 아동이 볼 때는 [그림 4-5]와 같이 중앙부 외에는 보이지 않게 된다.

교육적 조치

① 정상 안압을 유지하기 위하여 안약을 사용하도록 한다. 그러나 동공이 팽창되어 심한 수명을 느낄 수도 있으므로 세심한 관찰이 필요하다.

② 정확한 시간에 안약을 넣어야 하므로 교사는 수업 중에도 약을 넣도록 지도한다.

③ 약물을 복용하는 아동은 감각이 둔해질 수 있으므로 감각훈련을 실시한다.

④ 녹내장이 진행되어 시야가 좁아진 아동은 독서할 때, 읽는 줄을 자주 잃으므로 타이포스코프를 사용하도록 한다.
⑤ 시야가 좁은 경우, 보행에 어려움이 있으므로 보행지도를 실시한다.
⑥ 특히 밝은 빛에는 눈부심을 호소하므로 책을 읽을 때 아동에게 맞게 빛의 양을 조절한다.
⑦ 피로와 스트레스로 안압이 상승할 수 있으므로 스트레스를 받지 않도록 주의시킨다.

[그림 4-5] 녹내장 아동이 볼 때의 모습

5 망막 질환

1) 당뇨망막병증

당뇨망막병증(diabetic retinopathy)은 서구에서 가장 많은 실명 원인 중 하나이며, 인슐린의 보급으로 당뇨병 치료법이 향상되어 환자의 수명이 연장되면서 당뇨망막병증의 환자 수가 증가하고 있다. 초기에는 소출혈이 망막 중심부에 나타나고, 점차 망막에 널리 나타나면서 대출혈이 생겨 유리체 내부로 들어가 시력 저하는 물론 합병증으로 녹내장이 될 수도 있다.

당뇨망막병증의 발생은 당뇨병의 중증 정도보다 이환 기간과 치료와의 관계가 더 중요하다. 20년 이상 된 당뇨병 환자의 대부분은 시력을 상실하게 된다(허갑범, 2002).

교육적 조치

① 인슐린 의존형일 경우에는 매일 인슐린을 맞도록 격려한다.
② 점차 촉각이 둔해지므로 듣기 교재를 사용하도록 한다.
③ 화면읽기 프로그램을 익혀 사용할 수 있도록 지도한다.
④ 의사와 상의하여 신장병과 말초혈관장애로 합병증이 있는가를 관찰 · 지도한다.
⑤ 발에 감각이 없을 경우, 신발을 신을 때 이물질(모래 등)이 없는지를 살펴본 후 신도록 한다.

2) 미숙아망막병증

미숙아망막병증(Retinopathy of Prematurity: ROP)은 신생아의 망막에서 혈관을 형성하게 될 전구조직이 산소를 매개로 하는 세포의 독성 반응으로 손상되어 발생하는 것으로, 과거에는 산소만이 유일한 유발인자로 알려졌으나 현재는 저체중, 임신기간, 이산화탄소의 혈액 내 분압 등의 여러 요소가 관여하는 것으로 보고 있다. 미숙아는 주변부 망막에 정상적으로 혈관이 발생되지 않은 상태로 출생하기 때문에, 이때 고농도의 산소를 호흡하게 되면 계속적인 혈관 형성이 억제되고, 미성숙된 혈관도 수축되어 폐쇄된다. 신생아가 보육기에서 나와 외기를 호흡하면 조직 산소 결핍의 결과로 혈관이 확장되고 증식되어 신생혈관이 형성되는데, 이 신생혈관은 육아조직을 동반하고 견인하여 망막박리를 일으켜 수정체 뒤(유리체 내)에 후수정체섬유증식(Retrolental Fibroplasia: RLF)을 형성한다. 이 질환은 보육기가 처음 소개되었을 당시 빈번히 발견되었으나 요즘은 산소의 농도를 생존에 지장이 없을 정도로 낮추고(40% 이하), 보육기에서 나올 때도 서서히 외기에 순응시키기 때문에 이러한 질환은 많이 감소되는 추세였다. 그러나 저체중(약 1,000g) 신생아를 생존시킬 수 있는 확률이 높아짐으로써 미숙아망막병증의 빈도가 다시 증가하는 추세이다(윤동호 외, 2004).

미숙아망막병증이 심한 경우에는 전맹이 되고, 시력이 매우 약해지며, 근시, 녹내장, 망막박리 또는 안구진탕을 수반하게 된다.

교육적 조치

① 미숙아망막병증 학생에게는 작은 근육운동과 큰 근육운동, 시지각 기술, 보행 기술을 지도한다.
② 미숙아망막병증은 예후가 매우 좋지 않고, 20대 이후에 망막박리가 일어날 가능성이 높으므로 사전 지도가 필요하다.
③ 시각장애의 정도는 전맹에서 저시력까지 다양하며, 진행성의 경우와 정지성의 경우가 있으므로 세심한 관찰을 해야 한다.
④ 망막박리가 예상되는 아동은 얼굴이나 머리에 충격을 주지 않도록 한다.

3) 망막박리

망막박리(retinal detachment)는 망막이 색소상피층을 남기고 유리체가 있는 안쪽으로 떨어지는 병적 상태이다. 망막의 일부분이 찢어지면(이를 열공이라 함) 그곳이 시발점이 되어 주변의 망막이 들뜨고, 떨어지게 된다. 이때 떨어진 부위에 해당되는 시야가 결손되면 그 부분만 보이지 않게 되지만, 망막 중심부까지 떨어지면 실명하게 된다.

그 외에 망막박리는 고도근시와 백내장 수술 후에 생기기 쉬우며, 다른 합병증으로도 생길 수 있다.

교육적 조치

① 학생이 고도근시일 경우 충격을 주는 체육 활동을 피하게 하고, 의사와 상의하여 안정을 취하도록 한다.
② 시야검사를 실시하여 남은 시야로 학습할 수 있도록 지도한다.
③ 학습매체 평가를 실시하여 학생에게 적합한 읽기매체를 선정한다.

4) 망막모세포종

망막모세포종(retinoblastoma)은 망막에 발생하는 악성 종양으로, 눈 안의 조직에 생기는 악성 종양 가운데 우리나라에서 가장 많이 발생하는 질병이다. 망막모세포종은 유아, 특히 3세 이전에 편안성으로 오는 경우가 많고, 25~35%는 양안성으로 오며, 유전성인 경우가 더 많다.

종양의 크기가 작을 때는 광응고술과 냉동법으로 치료가 가능하나, 이 시기를 놓치면 동공을 통해 백색 또는 황백색으로 반사되는 빛을 볼 수 있게 된다. 이러한 경우를 흑암시 고양이눈(猫眼, amaurotic cat's eye)이라 하는데, 밤에 고양이 눈에서 반사되는 광택과 같은 현상이다. 현재의 치료법으로는 안구적출술을 시행한다.

교육적 조치

① 안구를 적출한 학생에게는 그에 맞는 의안을 맞추어 사용하도록 하고, 의안을 잘 관리하도록 지도한다.

② 안구를 적출한 학생에게는 점자를 익히게 하고 컴퓨터, 점자 정보 단말기, 화면 읽기 프로그램 등을 배우도록 지도한다.

5) 망막색소변성

망막색소변성(retinitis pigmentosa)은 유전성으로, 병소는 망막의 시세포 중 간체이지만 결국 모든 시세포에 장애를 일으킨다. 그 결과 터널 시야와 야맹증이 나타난다. 발병 연령은 10~20세경으로 남자에게 많이 나타나며 어셔 증후군(Usher syndrome), 레베르 선천성 흑내장(Leber's Congenital amaurosis), 로렌스 문 비들 증후군(Laurence Moon Biedl syndrome)과 함께 나타난다. 이 질환은 진행성으로 청소년기에 매우 빠르게 진행될 수 있고, 일부 학생은 시력을 사용하여 학습할 수 없을 정도로 나빠지며, 시야협착과 야맹증을 자각하게 된다.

망막 주변에 흑색의 색소가 많이 발생하고, 점차 진행됨에 따라 시야검사에 변동이 나타나게 된다. 처음에는 주변시력만 저하되지만 점차 중심시력까지 저하되어, 안경 교정으로도 교정이 되지 않는다.

교육적 조치

① 학생의 시력을 검사하여 시력의 변화를 기록하고, 책을 읽을 때 주사와 추시 기술을 가르친다.

② 필기를 할 때는 굵고 진한 선이 그려진 종이와 검정색 사인펜을 사용하도록 한다.

③ 볼 수 있는 글자 중 가장 작은 글자보다 한 단계 큰 글자를 사용하여 독서를 보다 효율적으로 할 수 있도록 한다.
④ 책을 잘 읽을 수 있도록 글자 위에 노란색 아세테이트지를 덮어 대비가 잘 되도록 한다.
⑤ 시야를 확장시키기 위하여 CCTV와 저시력 기구를 사용하도록 한다.
⑥ 밝은 곳에서 어두운 곳으로 이동하면 암순응이 잘 이루어지지 않으므로 학생이 어두운 곳에 갈 때나 밤에는 야맹증이 있다는 것을 이해하고 지도한다.
⑦ 밝은 곳에서 눈부심을 피할 수 있도록 색안경이나 차양이 달린 모자를 착용하도록 한다.
⑧ 보행에 어려움을 느끼므로 지팡이를 사용하도록 한다.
⑨ 망막색소변성은 진행성이므로 점자를 학습시키도록 한다.
⑩ 학생과 가족에게 유전 상담을 실시한다.

6) 황반변성

황반변성(macular degeneration)은 유전성과 노인성으로 중심와와 황반부에 나타나고, 근거리 시력과 원거리 시력이 나빠지며, 망막 중심부에 발병하여 암점이 나타난다.

황반변성의 초기에는 직선이 흔들려 보이고, 글자를 읽을 때 군데군데 보이지 않거나([그림 4-6] ① 참조), 그림을 볼 때 특정 부분이 지워진 것처럼 보인다. 또한 진행성 질병으로 심한 시각장애를 초래하여 중앙부가 보이지 않게 되며([그림 4-6] ② 참조), 색각, 대비, 민감도 등에 영향을 미친다.

이 질환을 비교적 초기에 발견하면 레이저 시술 등으로 진행을 막을 수 있으므로 조기진단이 중요하다. 많이 진행된 경우에는 유리체 절제술로 약간의 시력을 되찾을 수 있으므로 꾸준한 정기검진과 함께 근거리 · 원거리 시력을 정기적으로 검사하는 것이 바람직하다.

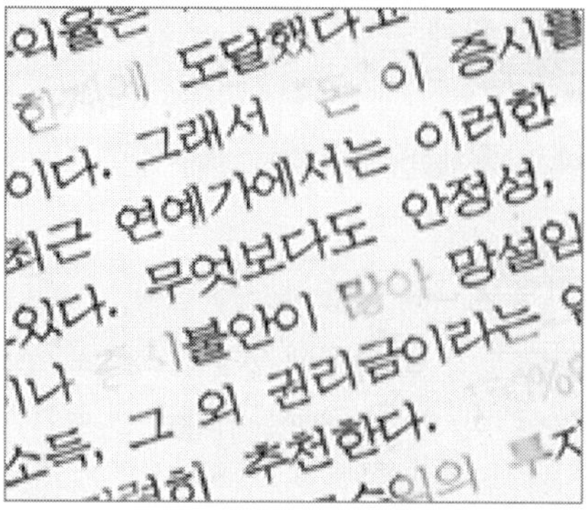

①

②

[그림 4-6] 황반변성 아동이 볼 때의 모습

교육적 조치

① 손잡이형 확대경 또는 CCTV를 사용하는 것이 좋다.

② 모든 과제 수행 시 적절한 조명이 필요하다.

③ 독서할 때, 줄을 잃지 않도록 타이포스코프를 사용하도록 한다.

④ 글자와 종이의 대비가 선명한 자료를 사용하도록 한다.

⑤ 필기할 때, 굵고 진한 선이 있는 종이와 검정색 사인펜을 사용하도록 한다.

⑥ 교실 환경을 눈부시지 않도록 한다.

⑦ 삽화 위에 글씨가 쓰인 교과서나 책을 사용하지 않도록 한다.

⑧ 암점이 발달하고 확대되므로 중심외 보기 방법을 지도한다.

7) 백색증

백색증(albinism)은 모든 인종에게 나타나는 것으로, 색소 결핍 또는 멜라닌 색소의 감소가 함께 나타나는 열성유전 질환이다. 백색증 아동은 머리나 피부가 희고, 홍채, 동공, 안저는 적색을 띤다.

안증상으로는 만성 안검경련, 눈부심, 안진, 시력장애 등이 나타난다. 특히 눈부심이 심한 경우에는 [그림 4-7]과 같이 보인다. 또한 피부가 매우 흰 백색증 아동은 강한 햇빛이나 자외선에 노출되었을 때 심한 화상을 입기 쉽다. 백색증 아동은 시력장애의 정도가 심하고, 시력이 0.15 이상이 되기가 어려우며, 저시력 기구 또는 CCTV를 사용하면 도움이 된다.

[그림 4-7] 백색증 아동이 볼 때의 모습

교육적 조치

① 햇빛이 비치는 실외로 나갈 때, 빛을 흡수하여 여과시키는 안경을 착용하고 차양이 있는 모자를 쓰도록 한다.
② 교실의 자연 조명도 조절해야 한다. 예를 들면, 직사광선을 차단하기 위하여 커튼이나 블라인드를 설치한다.
③ 광택이 있는 표면은 반사되어 눈이 부시므로 교실의 전체 조명보다 낮은 조명을 선택해야 한다.
④ 백색증 학생은 원거리 활동을 가까운 거리에서 하는 것을 좋아하므로 독서대 또는 높이를 조절할 수 있는 책상을 제공하고, 저시력 기구를 사용하도록 한다.

8) 추체 이영양증

추체 이영양증(cone dystrophy)은 망막의 중심부가 발달하지 못하여 색맹이 되거나 원거리 시력이 감퇴되는 질환이다. 추체세포의 기능이 상실되고 간체세포는 밝은 곳에서 기능을 잘하지 못하므로 이 질환이 있는 아동은 심한 수명과 안구진탕을 일으킨다. 교육적 조치는 백색증과 같다.

6 시신경 질환

1) 시신경염

과거에는 시신경 질환을 모두 시신경염이라 했으나, 시신경 질환 중에는 변성에 속하는 것도 있다. 시신경염(optic neuritis)은 대부분 전신적인 질병의 합병증으로 오는데, 다발성 경화증, 시신경 척수염 등 탈수 질환, 메틸알코올과 니코틴 등에 의한 비타민 B_1 결핍으로 각기병, 뇌염, 뇌막염, 부비강염 등에 의하여 발생하기도 한다.

시신경염은 급격한 고도의 시력장애와 시야장애로 중심 암점이 나타나는데 안저 변화에 따라 유두염(papillitis)과 구후(救後)시신경염의 두 종류로 나눈다.

유두염은 유두 부분의 시신경에 장애가 있는 것으로, 안구 운동을 하면 심부(深部) 통증을 일으키는 경우가 많다. 대부분은 양쪽 눈에 함께 오지만 한쪽 눈에 오는 경우도 적지 않다.

구후시신경염은 급성과 만성이 있는데, 급성인 경우는 급격한 시력 저하, 중심 암점, 심부 통증 등이 나타난다. 만성인 경우는 서서히 시력이 저하되어 중심 암점과 마리오트(mariotte) 암점이 연결된 테니스 라켓 모양의 암점이나 큰 중심 암점을 볼 수 있다. 만성인 경우는 시력 회복이 느리고 중도에 멈추는 경우도 많지만, 어느 쪽이나 시신경 위축이 온다(内藤慶兼, 1994).

2) 시신경 위축

시신경 위축(optic atrophy)이란 시신경 섬유가 파괴되어 시신경 유두가 창백하고 시야 결손 및 시력장애를 일으키는 질환이다. 이는 원발성 시신경 위축, 속발성 시신경 위축, 안질환으로 인한 시신경 위축, 중독 시신경 위축, 녹내장 시신경 위축, 레베르(leber) 시신경 위축 등으로 나뉜다(윤동호 외, 2004).

시신경은 망막에 맺힌 상을 뇌의 시피질로 전달하는데 이러한 시신경이 나빠지는 것을 시신경 위축이라 한다. 그 결과 시력, 시야, 대비가 감퇴되어 주변이 어두워지면 적응하기 어렵다. 이것은 진행성 또는 비진행성으로 다른 질환과 함께 나타나기도 한다.

시신경 축색돌기가 손상되면 재생되지 않는데, 축색돌기를 재생시키는 schwann

세포가 없기 때문이다. 앞에서 설명한 시신경염이 심하여 치유되지 않을 경우, 시신경이 위축되어 시력 저하가 일어나며 이는 회복되지 않는다. 그 원인으로는 뇌막염 후유증, 태생기의 뇌질환으로 인한 선천성 시신경 위축, 뇌의 외상, 녹내장 등이 있다.

교육적 조치

① 눈부심을 피하고 스탠드와 같은 부분 조명을 설치한다.
② 조명장치가 있는 손잡이형 확대경, CCTV, 망원렌즈를 사용하도록 한다.

3) 시로장애

시로장애(disease of the visual pathway)로 반맹(hemianopsia)과 시력장애가 나타난다. 반맹은 한쪽 눈의 시야 절반이나 양쪽 눈의 시야 절반이 각각 시력을 상실한 상태를 말하며, [그림 4-8]과 같이 반쪽만 볼 수 있다.

시신경에 장애가 오면 손상당한 눈에 전맹과 대광반사가 나타나지 않고, 흑내장성 동공강직이 나타난다.

[그림 4-8] 반맹 아동이 볼 때의 모습

시신경 교차에 장애가 있으면 양이측 반맹이 나타날 수도 있으며, 시신경 교차의 중앙부에 장애가 있으면 양쪽 눈의 시신경 안쪽의 반, 즉 양쪽 눈의 코 쪽 섬유에 장애가 오기 때문에 시야는 양쪽 눈의 바깥쪽의 반이 결손된다. 시신경 교차는 하수체의 상부에 있기 때문에 하수체 종양인 경우에 압박을 받아서 양이측 반맹이 되기 쉽다. 시신경 교차 주변에는 동맥이 둘러싸고 있기 때문에 동맥경화증으로 경화된 동맥에 의하여 시신경 교차로가 압박을 받아 양비측 반맹이 나타나기도 한다. 동공은 반맹성 동공강직이 나타난다.

시삭, 외측슬상체, 시방선, 대뇌 후두엽에 장애가 있으면 동측 반맹을 일으킨다. 예를 들면, 왼쪽 시삭이 침범을 받으면 왼쪽 눈 망막의 바깥쪽 반과 오른쪽 눈 망막의 안쪽 반으로부터 나오는 시신경섬유에 장애가 오기 때문에 시야에서는 모두 오른쪽의 반이 결손된다. 이것을 우동측 반맹이라고 한다. 뇌종양이나 뇌출혈 등에 의한 혈관장애 또는 외상 등에 의하여 반맹이 나타나기도 한다. 시방선, 후두엽장애에서 동공 반응은 정상이다.

반맹의 경우, 보통 망막은 손상되지 않고, 시로에 원인이 있으며, 중심시력은 같고, 잘 보기 위하여 머리를 돌린다.

교육적 조치

① 각 눈 시야의 반쪽의 결함으로 추시와 주사가 어렵고 독서에 영향을 미치므로 저시력 기구를 사용하도록 한다.
② 교실의 좌석 배치가 매우 중요하므로 학생이 가능한 한 시야를 넓게 사용할 수 있는 곳에 자리를 배치한다.
③ 어린 아동에게는 시지각 훈련을 실시한다.

4) 피질 시각장애

피질 시각장애(Cortical Visual Impairment: CVI)는 시로 또는 후두부 돌출부의 장애로 일시적 또는 영구적인 시력 상실이 나타난다. 이 장애는 조산아에게 산소를 과다 공급하였을 때 뇌 기형, 머리 외상(사고로 인한 외상도 포함), 뇌수종을 포함한 여러 가지 원인에 의해 발생한다. 이 질환을 앓는 아동의 망막은 정상이지만 다음과 같은 시각적 행동 특성을 나타낸다.

① 보는 시간이 매우 짧다.
② 매우 작은 것을 볼 수 있고, 보는 기술에 아주 미세한 변화가 있다.
③ 선과 형태를 볼 수 있으나 그것을 인식하지 못한다.
④ 색깔을 구별할 수 있다. 특히 검정색과 흰색 물체보다 노란색과 빨간색의 물체를 더 쉽게 식별한다.
⑤ 주변시력이 중심시력보다 더 좋아서 대상을 볼 때, 머리를 돌린다.
⑥ 태양 빛 또는 다른 빛을 바라본다(매우 위험함).
⑦ 움직이는 대상을 흐릿하게 인식한다.
⑧ 보행에 별 문제가 없다.
⑨ 매우 가까운 거리에 있는 대상을 볼 수 있다.
⑩ 정지된 대상만을 볼 수 있다.
⑪ 비정상적인 안구 운동(안구진탕은 아님)을 나타낸다.
⑫ 낮은 시기능과 협응 능력을 보인다.

7 외안근 이상

1) 사시

짝을 이룬 외안근이 여섯 개의 주시 방향에서 동일한 안구 운동을 함으로써 명료한 양안 단일시가 가능해진다. 두 눈에 비친 상을 하나로 보는 능력을 융합(fusion)이라고 한다. 사시는 좌안과 우안의 시축이 동일점을 향하지 않는 상태를 말하며, 마비성 사시와 비마비성 사시가 있다.

양안 시기능은 대개 6세 전후에 거의 완성되기 때문에 그 전에 사시를 치료하면 기능을 회복하기 쉬우나 이후에는 치료하기 어렵다. 특히 12세 이후에는 양안시의 회복이 거의 불가능하다. 사시 아동은 돌아간 쪽의 눈을 사용하지 않아서 시력이 나빠지기 때문에 정상적인 눈을 가리면 시력이 좋아진다. 아동에게 마비성 사시가 있는 경우에는 주시하는 물체의 상이 양안 망막의 대응점에 결상되지 못하고 어긋나게 맺혀 물체가 이중으로 보이는 복시(diplopia) 증상이 나타난다(이상욱, 1992).

사시는 특정 시기에 나타날 수 있지만 대부분의 경우 선천적이고, 1~4세 때 결정적으로 발생하는 질환으로서 학교에 입학하기 전에 치료해야 한다.

사시는 시력 사용을 방해하며, 시력과 시야를 감퇴시키고, 백내장과 같은 다른 안질환을 수반하여 나타나므로, 사시와 함께 발병할 수 있는 일련의 질환들을 주의 깊게 관찰해야 한다.

교육적 조치

① 일부 아동들에게는 눈이 고정되지 않을 때 복시현상이 나타나므로 게임, 화학 실험, 식품 다루기, 단안 시력을 사용하는 활동 등을 할 때는 아동을 관찰하면서 지도한다.
② 시력을 잘 사용할 수 있도록 좌석을 배치한다.

2) 안구진탕

안구진탕(nystagmus)이란 안구가 규칙적이고, 반복적이며, 불수의적으로 움직이는 것을 말한다. 안구진탕은 단독으로 나타날 수 있고 백색증, 무홍채증, 선천성 백내장과 같은 다른 질환을 수반하기도 한다. 아동이 스트레스를 받으면 안구진탕이 더 악화된다. 특히 고시 능력에 문제가 많으며, 어떤 자세를 취해도 안구를 고정시키기 어렵다.

교육적 조치

① 책을 읽을 때 읽는 줄을 표시하면서 읽도록 한다.
② 글씨가 깨끗하고 대비가 선명한 자료를 사용하도록 한다.
③ 한 지점을 주시하는 훈련을 실시한다.
④ 근거리 과제는 눈을 피로하게 하므로 오랜 시간 계속하지 않도록 한다.
⑤ 초점을 맞추기 위하여 머리를 돌리거나 몸을 기울일 때, 꾸중을 하거나 자세를 교정시켜서는 안 된다.

8 굴절 이상

물체를 똑똑히 보기 위해서는 외부에서 들어오는 광선이 각막, 동공, 수정체, 유리체를 통과하여 망막 위에 초점이 맺혀야 한다. 이처럼 망막 위에 초점을 맺는 것을 정시([그림 4-9] 참조)라고 한다. 때로는 망막 앞이나 망막 뒤에 초점을 맺게 되는데 이를 비정시라고 하며, 이러한 상태를 굴절 이상이라고 한다. 굴절 이상에는 근시([그림 4-10] 참조), 원시([그림 4-11] 참조), 난시 등이 있다.

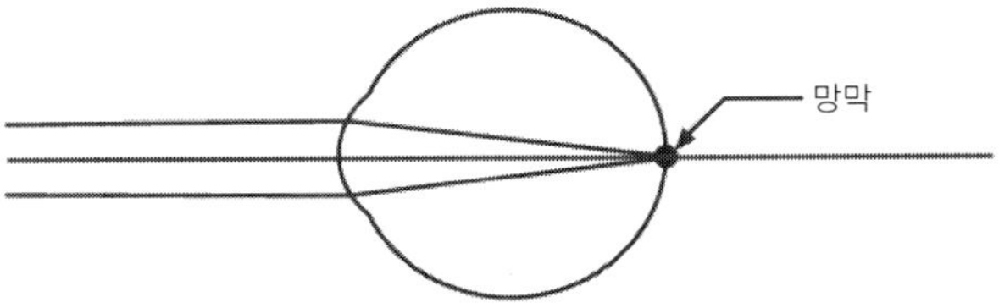

[그림 4-9] 정시

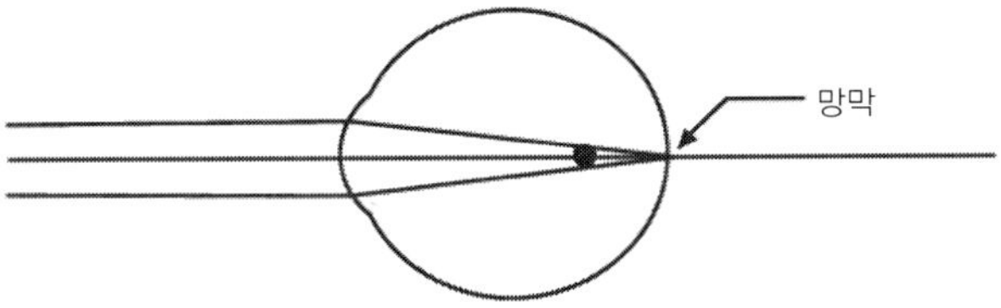

[그림 4-10] 근시

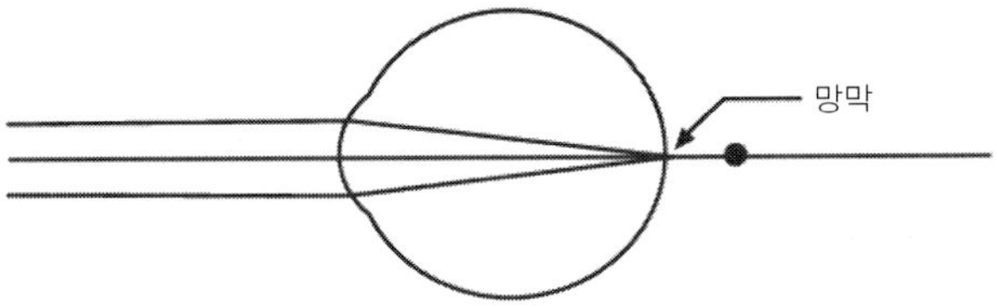

[그림 4-11] 원시

1) 근시

근시(myopia)란 가까운 곳이 잘 보이고 먼 곳이 잘 보이지 않는 것을 말한다. 즉, 눈에 들어오는 평행광선이 각막이나 수정체를 통과하여 망막까지 도달하지 못하고 바로 앞의 유리체 내에 초점을 맺는 것이다.

근시에는 축성 근시와 굴절성 근시가 있으며, 근시의 정도에 따라서 경도, 중등도, 고도근시로 분류한다. 축성 근시란 안축의 길이가 정상적인 눈의 길이보다 길어서 발생하는 경우를 말하며, 굴절성 근시란 각막이나 수정체의 굴절력이 강해서 생기는 경우를 말한다. 경도 근시는 -2.0D 이하이고, 중등도 근시는 -2.0~-6.0D, 고도 근시는 -6.0D 이상을 말한다.

근시는 10세경에 시작되어 서서히 진행되다가 25세경에 정지되는 것이 보통이다. 이와 같이 진행되거나 큰 변동이 없는 대부분의 근시를 단성 근시라 하며, 눈의 정상적인 변동으로 볼 수 있다. 그러나 계속적으로 진행되는 근시는 진행성 근시 또는 악성 근시라 하고, 고도 근시에 해당되며 안경이나 콘택트렌즈를 사용하여도 정상 시력을 얻기 어렵다. 이 경우, 안구의 계속적인 성장이 원인이 되어 망막 주변부 또는 중심부에 열공과 같은 망막박리가 발생하기 쉽다.

가성 근시는 모양근의 긴장으로 수정체가 과도하게 조절된 상태를 말하며, 초등학교의 상급반에서 많이 발견되는 굴절 이상으로서 약물치료로 회복할 수 있다. 근시 아동이 보이는 모습은 [그림 4-12]와 같다.

[그림 4-12] 근시 아동이 볼 때의 모습

교육적 조치

① 책을 읽을 때 오목렌즈를 사용하도록 한다.

② 일정 시간 동안 책을 읽은 후에는 5~10분 정도 눈을 쉬게 하는 것이 좋다.

③ 근시 아동은 칠판의 글씨를 잘 보지 못하기 때문에 앞좌석에 앉게 한다.

④ 높이를 조절할 수 있는 책상을 사용하여 읽거나 쓸 때, 바른 자세를 유지하도록 한다.
⑤ 학생에게 주는 인쇄물은 글자 크기가 적당하고 선명한 대비가 이루어진 것이어야 한다. 각 아동에게 알맞은 글자의 크기나 대비를 파악하기 위하여 학습매체 평가를 실시한다.
⑥ 고도근시 아동의 경우 신체적 운동, 즉 권투나 레슬링과 같은 운동에 참가하기 전에 안과의사에게 문의한다.

2) 원시

원시(hyperopia)는 평행광선이 망막 뒤에 결상되는 것으로([그림 4-11] 참조), 망막 뒤에 맺은 초점을 망막 위에 맺게 하려면 볼록렌즈를 사용한다. 원시에는 축성 원시와 굴절성 원시가 있다.

축성 원시란 안축의 길이가 정상적인 눈보다 짧은 경우에 나타나는 것으로 일반적으로 원시는 축성 원시에 해당된다. 굴절성 원시란 각막이나 수정체의 굴절력이 정상적인 눈보다 약한 경우를 말한다. 굴절성 원시는 선천성 또는 후천성 염증으로 일어나는 편평각막, 무수정체 및 수정체 탈구로 나타나며, 그 외에 노안이 진행되면 노인성 원시가 생긴다.

원시의 정도에 따라서 경도, 중등도 및 고도 원시로 분류하는데, 경도 원시는 +3.0D 이하이고, 중등도 원시는 +3.25~+5.0D이며, 고도 원시는 +5.0D 이상을 말한다. 출생 시의 눈은 +2.0~+3.0D 정도의 원시안이다. 원시 아동이 오랫동안 책을 읽으면 눈이 피로해지고, 시력 감퇴, 두통, 안통, 충혈, 건조감 등의 증상이 나타난다. 고도 원시일 때는 먼 곳도 희미하게 보인다.

단순한 원시는 빛이 중심와에 맺히게 하기 위해서 볼록렌즈를 사용하면 정상 시력으로 교정된다. 원시가 백내장과 함께 나타날 때 문제가 발생하며, 이러한 경우 안경을 처방하더라도 시력이 감퇴되고, 사시를 수반하게 된다.

원시 아동이 볼 때의 모습은 [그림 4-13]과 같다.

[그림 4-13] 원시 아동이 볼 때의 모습

교육적 조치

① 원시 학생이 오랫동안 책을 읽으면 눈의 피로, 두통 등을 느끼므로 장시간 독서하지 않도록 한다.
② 일부 학생은 확대경, 망원경, CCTV와 같은 저시력 기구를 사용하도록 지도한다.

3) 난시

난시(astigmatism)는 모든 방향으로 각막을 통과한 빛의 굴절력이 균일하지 않고 눈의 경선에 따라 차이를 보이는 상태로, 굴절면이 정구형이 아니어서 평행광선이 점으로 맺히지 않고 두 점 혹은 그 이상의 초점을 갖는데, 정 난시(규칙 난시)와 부정 난시(불규칙 난시)로 나뉜다.

정 난시는 평행광선이 한 점으로 모아지지 않고, 두 초선(focal line)이 생기는 상태를 말하며, 각막 또는 수정체의 만곡면이 선천적으로 올바른 구면을 이루지 못하거나 수정체의 편위가 원인이 되어 나타난다. 이때는 원주렌즈 또는 원주렌즈와 구면렌즈를 함께 사용하여 교정하기도 한다.

고도 난시의 교정에는 콘택트렌즈가 효과적일 수 있다. 부정 난시는 규칙성이 없이 각 경선의 굴절력이 다르고, 동일 경선 내에서도 굴절력이 다른 것을 말하며, 주로 각막의 표면이 고르지 못한 것이 원인이 된다. 각막반흔, 원추각막, 각막염, 각막궤양, 각막외상 등에 의하여 각막 표면이 고르지 못하고 불규칙하게 되기 때문이다. 부정 난시는 시력장애가 있고, 원주렌즈로도 교정되지 않으며, 자주 피로를 느낀다.

교육적 조치

원시와 유사한 점이 있으나 다음과 같은 점에 유의하는 것이 좋다.

① 어린 학생은 글자와 숫자를 혼동할 수 있다.
② 시각적 활동을 한 이후에 또는 오후에 눈의 피로를 느끼므로 충분히 쉬도록 한다.

9 기타 질환

1) 결손증

눈의 구조 중 일부가 결손되어 있는 선천적 · 병리적 · 수술적으로 비정상적인 상태를 말한다. 예를 들면, 맥락막 결손, 안검 결손, 홍채 결손, 수정체 결손 등이다. 이는 안구진탕, 사시, 눈부심을 수반하고 시력이 감퇴된다. 결손증 아동 중에는 소안구증(작고 발달하지 못한 눈)이 나타나는 경우도 있다. 망막과 관계될 경우 결손증이 눈의 망막 아래쪽에 나타나기 때문에 시야 상실이 초래된다. 일반적으로 결손증은 양안성이며, 소안구증, 머리나 얼굴의 이상, 다지증이나 정신지체와 같은 다른 질환과 관계된다.

교육적 조치

① 아동이 가장 잘 볼 수 있는 좌석에 앉게 한다.
② 교실의 직사광선이나 눈부심을 피할 수 있도록 색안경을 착용하도록 하거나 블라인드를 설치한다.
③ 미관상 아름답지 않으면 동공이 정상으로 보이는 콘택트렌즈를 착용하도록 하는 것이 좋다.
④ 시야 상실이 학생의 보행 기술에 크게 영향을 주지 않을 경우에도 학생이 나뭇가지와 같은 장해물을 발견하기 어려우므로 보행지도를 해야 한다.

2) 풍진

풍진(rubella)은 태아가 풍진 바이러스에 감염되어 발생하는 질환이다. 풍진은 임신 3개월까지가 가장 위험하며, 눈, 귀, 머리, 심장, 폐의 발달에 영향을 미칠 수 있다. 시각장애, 청각장애, 심장병 그리고 정신지체를 수반하기도 한다.

시각장애로는 백내장, 각막혼탁, 녹내장 그리고 소안구증이 나타날 수 있다. 풍진에 감염된 아동은 빛에 매우 민감하고, 바이러스에 감염되면 백내장 수술이 어렵다.

교육적 조치

① 부모와 교사는 의사에게 정신지체, 청각장애의 상태를 진찰하도록 의뢰한다.
② 정신지체와 청각장애에 시각장애를 겸하는 경우에 맹농아 교육을 할 수 있도록 준비하는 것이 좋다.

3) 다운증후군

다운증후군(Down's syndrome)은 염색체의 이상으로 발생하며, 약 95%는 21번째 염색체가 3개(정상은 2개임)여서 전체 염색체가 47개(정상은 46개임)인 기형이다. 나이가 많은 초산부(35세 이상)에게서 다운증후군 아이가 태어날 확률이 높으며, 600~700명 중 1명꼴로 나타나며 감염에 대한 저항력이 약하기 때문에 병에 걸리기 쉽다.

다운증후군은 정신지체의 원인이 되고, 그 밖에 백내장, 안구진탕, 굴절 이상, 사시를 포함한 시각장애를 수반할 가능성이 높다.

교육적 조치

- 교사는 기능시력을 평가하고 그에 적합한 훈련을 실시하며 정신지체를 감안하여 협력하여 지도계획을 세우는 것이 좋다.

4) 마르판증후군

마르판증후군(Marfan's syndrome)은 상염색체 우성유전으로, 비정상적으로 길고 가는 골격과 선천성 심장질환이 있고, 일반적으로 근육이 발달하지 않으며, 수정체 탈구가 빈번하고, 굴절 이상, 거대각막, 백내장, 포도막결손, 속발성 녹내장 등이 나타난다. 특히 원거리 시력과제와 근거리 시력과제에서 초점을 맞추기 어렵다.

교육적 조치

① 교사는 의사와 면담하여 의학적 자료를 검토하고 내과의사에게 검사를 의뢰한다.
② 수정체가 탈구된 경우, 수정체의 수술 여부를 검토하고 조언한다.
③ 심장의 건강에 주의하여 과격한 운동을 하지 않도록 한다.
④ 초점을 맞추기 어렵기 때문에 학습 상황을 주의 깊게 관찰하여 지도한다.

5) 어셔증후군

어셔증후군(Usher's syndrome)은 출생 직후부터 발병하며 망막색소변성에 의한 점진적인 시력 상실과 함께 청각장애를 수반하는 유전성 질환이다.

어셔증후군은 다음의 세 가지 형태로 분류된다.

- 형태 1: 심각한 청각장애로 태어나고 평형감각에 문제가 있다. 사춘기 때 대개 망막색소변성의 징후인 야맹증과 시야협착 증세가 나타난다.
- 형태 2: 태어날 때부터 보통 심한 청각장애로 고통을 겪지만 평형 문제는 없고, 망막색소변성은 사춘기 때부터 심해진다.
- 형태 3: 망막색소변성 때문에 청각장애와 시각장애가 점점 심해진다.

교육적 조치

① 청각장애의 주된 원인이 되고, 망막색소변성을 수반하여 전맹이 될 수 있으므로, 이 질환을 앓는 어린 학생에게는 주의가 필요하고 유전 상담을 하는 것이 좋다.
② 교사는 맹농아 교육에 관심을 갖고, 의사에게 의뢰하여 시각과 청각의 이상 여부를 진찰하도록 한다.

학·습·문·제

1. 선천성 백내장에 관하여 설명하고, 백내장이 수정체 중심에 있을 경우와 수정체 가장자리에 있을 경우 각각 어떤 조명을 해야 하는가를 설명하시오.

2. 방수의 경로를 그림으로 그리고, 개방각 녹내장과 폐쇄각 녹내장을 설명하시오. 녹내장으로 시야를 잃은 학생의 읽기지도와 보행지도에 관하여 설명하시오.

3. 망막색소변성의 특징을 설명하고, 가장 중요한 교육적 조치 두 가지를 적으시오.

4. 백색증의 특징을 적고, 교육적 조치에 대하여 설명하시오.

5. 다운증후군, 마르팡증후군, 어셔증후군의 특징을 적고, 이 질환이 있는 학생들에 대한 교육적 조치에 관하여 설명하시오.

제5장

시력평가

1 시각장애아의 발견

1) 의뢰와 발견

일반 아동은 일정한 연령이 되면 교육 대상아가 된다. 그런데 우리나라 특수교육에서는 장애아에 대한 별도의 발견 프로그램이 없기 때문에 많은 장애 아동을 발견하지 못하고 있다. 따라서 교육 당국은 시각장애 아동의 발견을 위하여 발견 프로그램을 갖추어야 한다.

미국에서는 부모가 자녀의 출생 시 또는 생후 5개월 이내에 아동의 시력에 이상이 있는가를 관찰하고, 시각장애가 있는 것으로 의심되면 안과의사에게 의뢰한다. 안과의사의 검진 결과, 시각장애가 있는 것으로 진단되면 교육청에 의뢰한다. 간혹 아동이 상당한 시력을 갖고 있는 경우 학교에 입학하기 전에 시각장애를 발견하지 못하는 경우가 있으나, 학교에 입학하여 정기적인 신체검사를 받으면 시각장애를 발견할 수 있다.

또한 교사와 부모는 아동의 눈의 외모 관찰, 행동 관찰, 학업성취도 등을 관찰하여 시력에 장애가 있는 것으로 의심되면, 교육청에 의뢰한다. 그러면 교육청은 30일 이내에 평가팀을 구성하여 시각장애 교육 대상아의 여부를 결정한다.

2) 눈의 외모 관찰

교사는 아동의 눈의 외모를 관찰하여 시력장애를 발견할 수 있다. 일반적으로 정상적인 눈은 깨끗하고, 앞을 똑바로 응시하며, 두 눈이 안정여 함께 움직여 물체를 바로 볼 수 있다. 그러나 시력에 장애가 있는 눈은 다음과 같은 증상을 보인다.

① 사물을 볼 때 눈을 자주 깜박거린다.
② 눈을 자주 비빈다.
③ 눈-손 협응이 잘 이루어지지 않는다.
④ 사시일 때는 외측 또는 내측으로 본다. 특히 피로할 때 물건을 똑바로 보지 못한다.
⑤ 눈이나 눈꺼풀(안검)이 충혈되고 눈물이 난다.
⑥ 다래끼가 자주 생긴다.
⑦ 동공이 흐려지거나 열린다.
⑧ 눈동자가 계속 움직인다.
⑨ 눈꺼풀이 처지거나 부어 있다.
⑩ 밝은 곳에서 두 눈을 계속 깜박거리고 문지르며, 눈을 가늘게 뜨고 눈에 먼지가 있는 것과 같은 느낌을 갖는다.
⑪ 각막이 혼탁하다.

3) 행동 관찰

교사는 학교에서 다음과 같은 아동의 행동을 통해 시력장애를 발견할 수 있다.

① 책을 읽거나 원거리 물체를 볼 때 자세가 굳어진다.
② 책을 읽을 때, 눈을 움직이는 대신 머리를 앞뒤로 움직이거나 기울인다.
③ 근거리 작업을 하려고 하지 않는다.
④ 주의 집중력이 짧고, 멍한 표정을 자주 짓는다.
⑤ 한쪽 눈만을 사용하기 때문에 머리를 돌린다.
⑥ 머리를 한쪽으로 기울인다.
⑦ 무엇인가를 읽고 쓸 때, 눈과 책(공책)의 거리가 매우 가깝거나 멀다.

⑧ 글씨를 쓰거나 읽을 때 얼굴을 찡그린다.

⑨ 눈을 자주 깜박인다.

⑩ 한쪽 눈을 가리거나 감는다.

⑪ 현기증, 두통, 눈의 불쾌감 등을 느낀다고 말한다.

⑫ 책을 읽기 싫어하고, 읽을 때 주의가 산만하다.

⑬ 책을 오래 읽으면 피로를 느끼고, 읽기 능력이 떨어진다.

⑭ 책을 읽을 때 줄을 잃어버린다.

⑮ 손가락으로 줄을 짚으면서 읽는다.

⑯ 매우 큰 소리로 읽는다.

⑰ 책을 읽을 때 머리를 몹시 움직인다.

⑱ 책상에서 허리를 구부리고 앉거나 부자연스러운 학습 자세를 취한다.

⑲ 읽기에 곤란을 느낀다.

- 글자나 단어를 거꾸로 읽거나 모양이 비슷한 글자를 혼동하여 읽는다.
- 소리 내어 읽을 때 단어를 자주 빠뜨리거나 잘못 읽는 부분을 반복해서 읽는다.

⑳ 자주 물건에 걸려 넘어진다.

글씨를 쓸 때 줄을 맞추지 못하고 간격이 일정치 않다.

- 줄을 따라 글씨 쓰기가 어렵다.
- 글씨를 좌우로 쓰거나 거꾸로 쓰기도 한다.

학업 성적이나 운동 능력이 많이 떨어진다.

독서보다 놀이나 운동을 좋아한다.

이름을 부르지 않으면 질문에 대답하지 않거나 지시에 따르지 않기 때문에 무례하거나 비협력적인 아동으로 오해받기 쉽다.

체육시간에 체육활동을 하기 싫어한다.

고소공포증이 있다.

4) 학업 성취에 관한 관찰

교사는 아동이 다음과 같은 행동을 할 때도 시력에 장애가 있는 것으로 예측할 수 있다.

① 학업 성적과 학습량이 일정하지 않다.
② 장시간에 걸쳐 독서할 때는 읽는 속도가 떨어진다.
③ 학습 시간에 주의 집중 시간이 짧다.
④ 눈-손 협응이 잘 이루어지지 않는다.
⑤ TV나 컴퓨터 모니터에 매우 가깝게 앉는다.
⑥ 긴 문장을 읽는 데 어려움을 느낀다.
⑦ 필기할 때 공책의 줄을 잘 보지 못하여 매우 작게 쓰거나 비뚤비뚤하게 쓴다.
⑧ 자신이 쓴 글씨를 읽지 못한다.
⑨ 칠판, 교과서, 참고서 등의 내용을 보고 정확하게 쓰기 어렵다.
⑩ 구두시험과 필기시험 점수의 차이가 크다.
⑪ 사전에 기록된 글씨를 읽기 어렵다.
⑫ 그래프에서 특정 정보를 찾기 어렵다.
⑬ 종이의 질이 좋지 않거나, 책자에 글자가 일렬로 제시되어 있지 않으면 읽기 어렵다.
⑭ 말하기 능력보다 쓰기 능력이 훨씬 떨어진다(Jose, 1983; Mason, 1997).
⑮ 'ㅈ'과 'ㅊ', '오'와 '으', '에'와 '애', '판'과 '관', '회'와 '희' 등과 같은 글자를 혼동한다.

2 시력검사

아동의 시력검사에는 객관적 검사, 주관적 검사 그리고 기능시력 검사의 세 가지가 있다.

1) 객관적 검사

유아나 어린 아동은 자신의 생각을 잘 표현하지 못하므로 신체적 반응이나 뇌파검사와 같은 객관적 검사를 통해 시력 기능을 측정한다. 객관적 검사는 고도의 전문성을 필요로 하며, 시력에 대한 기본적이고 중요한 정보를 제공하므로 반드시 안과의사가 실시하도록 한다. 객관적 검사는 다음과 같은 검사를 통하여 아동의 시력 상태를 파악한다.

① 눈의 외모와 안저 반응
② 양안의 위치 및 안구 운동
③ 광선을 눈에 비출 때 동공의 모양 및 크기의 변화
④ 안진검사에 대한 반응
⑤ 전기 · 생리학적 검사에 대한 반응

- 망막전위도(electroretinogram: ERG) 검사: 망막을 광선으로 자극했을 때, 전기적인 변화를 기록하여 망막의 기능을 관찰하는 검사이다.
- 시유발전위(Visual Evoked Potential: VEP): 눈을 빛으로 자극하면 망막이 흥분하게 되는데, 이 흥분은 시로를 통하여 후두엽에 도달하여 전위 변화를 일으킨다. 이러한 전위 변화로 망막에서 대뇌의 시피질의 기능 검사를 하는 것이다(內藤慶兼, 1994).

2) 주관적 검사

주관적 검사는 아동이 검사자의 지시에 따라 반응하기 위하여 청각, 운동근육, 언어 등을 사용하는 형태로 이루어지며, 일반적으로 의료 전문가나 시각장애아 교사에 의해 수행된다.

주관적 검사는 두 명의 검사자가 함께 실시하는 것이 좋다. 이때 한 사람은 아동을 검사하고, 다른 한 사람은 아동의 반응을 기록한다. 비디오로 아동의 반응을 찍어 두면 아동의 시력 상태를 과거와 비교할 수 있기 때문에 귀중한 자료로 사용할 수 있다.

검사자는 검사 절차 중에 일어날 수 있는 모든 상황에 적절히 대처할 수 있어야 하고, 정확한 검사의 수행을 위해 검사 방법을 잘 익혀 두어야 한다.

(1) 원거리 시력검사

원거리 시력검사로는 안질환의 종류, 시기능, 굴절 이상, 조명과 눈부심의 효과, 지각이나 지적 상태 등에 관한 정보를 얻기 어렵다. 그러나 법적 맹의 여부, 처방할 저시력 기구의 배율 등을 알 수 있다.

① 시력의 단위와 시표

1909년에 국제안과학회에서는 직경이 7.5mm, 폭이 1.5mm인 란돌트고리([그림 5-1] 참조)에 1.5mm의 간격을 둔 것을 표준시표로 하고, 5m 거리에서 그 간격의 방향을 알아맞히도록 하여 이보다 작은 시표를 식별하지 못하는 눈의 시력을 1.0으로 하였다. 5m 거리에서 1.5mm의 간격은 1분의 시각이 된다. 5m에서 최소 시각이 2분이 되면 시표의 시력은 0.5, 최소 시각이 10분이 되면 0.1, 최소 시각이 30초이면 2.0이 된다. 즉, 시력은 최소 시각에 반비례한다(윤동호 외, 2004).

스넬렌시표([그림 5-2] 참조)는 여러 가지 크기의 영문 알파벳을 사용한 것으로 측정 거리는 20피트(약 6m)로 되어 있다. 시력의 표시는 '검사거리/시표번호'와 같이 분수로 표시한다.

시표는 정사각형 내에 한 변의 길이의 1/5에 해당하는 폭으로 글씨를 쓴 것인데, 각 시표의 글씨 폭이 1분이 되는 거리를 피트로 표시하고, 이를 시표번호로 하여 20피트에서 번호 20의 시표를 읽을 수 있으면 시력은 20/20(1.0), 20피트에서 100의 시표를 읽을 수 있으면 20/100(0.2)으로 표시한다. 즉 시표번호가 100이라면 100피트에서 1분이 되는 크기이다(윤동호 외, 2004).

시표는 각국의 글자를 사용한 시표나 그림을 사용하기도 한다. 이러한 여러 가지 크기의 시표를 배열하여 여러 단계의 시력을 측정할 수 있게 한 표를 시력표라 한다.

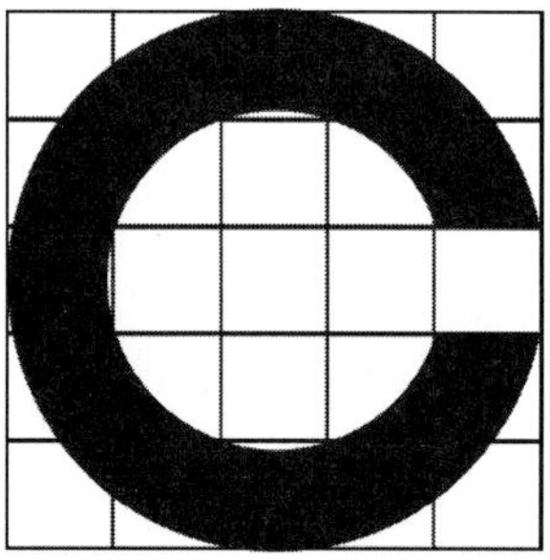

[그림 5-1] 란돌트고리

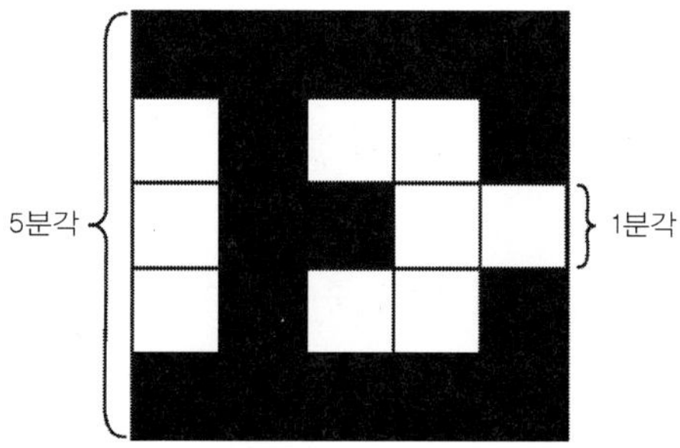

[그림 5-2] 스넬렌 E

② 우리나라 원거리 시력표

우리나라에서 사용되는 대표적인 원거리 시력표에는 한식표준 시시력표(한식표준 5m 시시력표, 한식표준 3m 시시력표 등), 청산 시력표, 진용한 시력표([그림 5-3] 참조) 등이 있다. 과거에 만들어진 시력표의 측정 거리는 5~6m였으나, 한식표준 5m

시시력표는 5m이고, 한식표준 3m 시시력표는 3m이며, 진용한 시력표의 측정 거리는 4m이다.

시력 측정 방법은 시력표에 따라 약간의 차이가 있다. 진용한 시력표의 측정 방법은 다음과 같다.

- 검사 장소에는 조명이 고르게 되어 있어야 하며, 300~500럭스가 적당하다.
- 시력표를 눈높이와 비슷한 위치에 고정시키고, 4m 거리에서 측정한다.
- 오른쪽 눈부터 측정하고 다음에 왼쪽 눈을 측정한다. 반대 눈을 가릴 때 너무 세게 누르면 다음에 잘 보이지 않으므로 가리개를 눈에 닿지 않게 살짝 가리게 한다.
- 큰 시표부터 차차 작은 시표를 읽게 하여 읽을 수 있는 최소 시표가 무엇인지를 측정한다. 피검자로 하여금 최대한의 노력을 기울여 읽도록 하되 시간은 한 글자에 3초이면 충분하다.
- 어린이의 경우, 그림 시력표를 사용하기 전에 미리 앞에 와서 보고 그림 하나하나의 이름을 아는가를 확인시키거나 알려 준 후에 실시한다.
- 시표 양 옆에 있는 숫자가 시력을 나타낸다. 한 줄에 있는 5개의 시표 중 3개 이상을 맞추면 해당 시력으로 간주된다. 0.8의 줄에서 2개밖에 읽지 못하였다면 시력은 0.63으로, 3개를 읽었다면 0.8로 한다.
- 시력이 좋지 않아 0.1 시표도 읽지 못하는 경우에는 가까이 다가가게 하여 보게 한다. 2m 앞에 와서 0.1의 시표를 읽을 수 있다면 0.1의 1/2의 시력에 해당하므로 시력은 0.05가 된다.
- 1m 거리에서도 맨 위의 글자를 읽을 수 없다면 검사자의 손가락 수를 세게 한다. 50cm 거리에서 검사자의 손가락 수를 셀 수 있다면 시력은 '안전지수(Finger Count: FC) 50cm'라고 한다. 30cm 거리에서 셀 수 있다면 '안전지수 30cm'이다.
- 손가락 수도 셀 수 없고 다만 30cm 거리에서 눈앞에서 흔드는 손의 움직임만 알 수 있으면 '안전수동(Hand Movement: HM) 30cm'이라고 한다. 10cm 거리이면 '안전수동 10cm'라고 한다.
- 손의 움직임도 보지 못하는 경우에는 빛을 비추어서 빛의 유무를 아는가를 본다. 어두운지 밝은지를 구별할 수 있다면 이를 '광각(Light Perception: LP) 유(有)'라고 표시하고, 그렇지 못한 경우는 '광각 무(無)'라고 표시한다(진용한 시력표: http://www.jvinstitute.net).

③ 저시력인용 원거리 시력표

한국 시각장애연구회(현재는 한국 시각장애교육 · 재활학회임)가 저시력인의 원거리 시력을 검사하기 위하여 개발한 것으로, 숫자로만 구성되어 있다. 저시력 학생을 평가하기 위하여 검사 범위를 넓게 정했으며, 시표번호는 700~10까지 다양하다.

시력 측정은 시력표로부터 6m 떨어진 거리에서 시표번호 700을 볼 수 있다면 시력은 20/700(약 0.03)이 된다. 이때 700의 시표번호는 정상인이 700피트(약 210m) 떨어진 곳에서 볼 수 있는 크기의 글자이다.

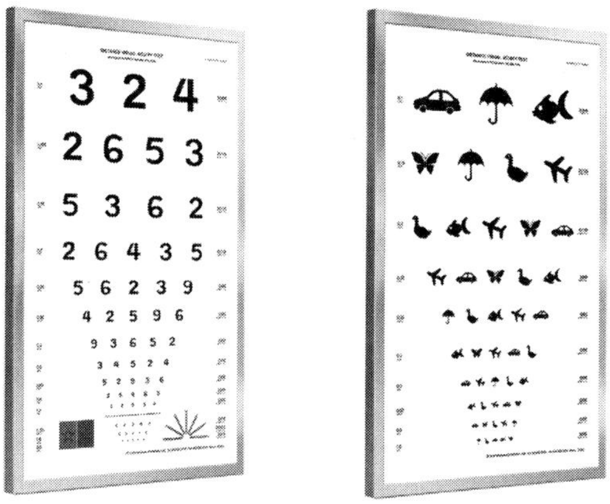

[그림 5-3] 진용한 원거리 시력표

출처: 진용한 시력표. http://www.jvinstitute.net/

④ 유아용 원거리 시력표

한국 시각장애연구회가 글자를 읽지 못하는 저시력 유아를 위하여 개발한 것으로, 글자나 숫자 대신 그림을 이용하여 만든 것이다. 각 그림은 시표의 크기와 같이 700~10까지 다양하다. 유아에게 놀이를 통하여 그림을 미리 익히게 한 후 검사를 실시한다.

⑤ 유아와 정신지체아용 쉐리던 검사

시력, 시야, 형태 지각을 평가하는 검사로, 소형 장난감 검사, 공 검사 그리고 글자 검사의 세 가지 하위검사로 구성되어 있다.

소형 장난감 검사는 5cm 크기의 자동차, 비행기, 인형, 의자, 칼, 수저, 포크 두 세트와 8cm 크기의 칼, 포크와 스푼 두 세트 그리고 12cm 크기의 인형으로 구성되어 있다. 이 검사는 3m 거리에서 장난감을 제시한 후, 아동으로 하여금 각 장난감을 짝짓거나 장난감의 이름을 말하게 하는 것이다. 거리가 멀어서 물건을 보지 못하여 이름을 말하지 못할 경우에는 검사자가 유아 쪽으로 가까이 가서 유아가 물건을 보고 이름을 말할 수 있는 거리를 기록한다. 유아에게 가까이 가도 유아가 장난감의 이름을 말하지 못할 경우에는 다른 물건으로 재검사한다.

공 검사는 아동의 시력과 시야 정도를 알기 위한 검사로, 여러 크기의 공을 굴리거나 막대에 공을 매다는 방법이다. 공굴리기 검사는 검은색 마루 위에서 여러 가지 크기의 흰색 공을 6m 거리에서 아동의 시선과 수평으로 굴려서 아동에게 공을 잡게 하는 것이다. 이때 아동의 시각적 행동을 주의 깊게 관찰해야 하며, 아동이 공을 잡아 바구니에 넣는 검사로 바꾸어 실시해도 좋다. 공을 매다는 검사는 검사자가 검은색 칸막이 뒤의 여러 위치에서 중앙으로 막대기에 매어 놓은 흰 공을 굴리거나 검사자가 아동의 뒤에 서서 아동의 앞이나 다양한 방향으로 공을 굴리는 등 변형시킬 수 있다. 어느 경우나 관찰자는 아동이 공을 인식하는 위치를 통하여 시야 결손 정도를 확인할 수 있다.

글자 검사는 1.5m 거리에서 글자 카드를 서로 짝짓도록 하는 것이다. 이때 아동은 카드의 글자 이름을 말할 필요는 없고 짝지을 글자를 가리키면 된다.

(2) 근거리 시력검사

근거리 시력은 35cm 거리에서 시력을 측정한다. 근거리 시표에도 란돌트고리, 스넬렌 문자, 숫자 등이 사용된다. 스넬렌시표에서는 14인치(35cm)가 측정 거리로 되어 있다. 따라서 14/14는 정상 근거리 시력을 나타낸다.

근거리 시력을 측정하는 데 Jaeger 방식을 사용하기도 한다. 이는 글자의 크기로 근거리 시력을 측정하는 것인데 J1, J2…… 등으로 나타내며, 이를 소수로 환산하면 〈표 5-1〉과 같다.

〈표 5-1〉 Jaeger 시력 환산표

Jaeger	J1	J2	J4	J5	J6	J8	J9	J10	J12	J13	J14
소수	1.0	0.8	0.63	0.5	0.4	0.32	0.25	0.2	0.16	0.125	0.1

우리나라에서 개발된 근거리 시력표에는 한식표준 소아용 시력표와 진용환의 근거리 시력표([그림 5-4] 참조)가 있다. 근거리 시력검사는 학령기 아동에게 적합한 글자 크기(큰문자)와 저시력 기구를 처방할 때 매우 중요한 검사이다.

[그림 5-4] 진용한 근거리 시력표의 앞과 뒤

출처: 진용한 시력표. http://www.jvinstitute.net/

(3) 시야검사

시야란 눈을 움직이지 않고 한 점을 주시하고 있을 때 볼 수 있는 외계의 범위를 말한다. 정상적인 시야의 범위는 코 쪽에서 귀 쪽으로 약 150도, 위쪽에서 아래쪽으로 약 120도이다. 시야검사에는 대면법, 탄젠트스크린법, 주변시야계법, 암슬러 격자검사(amsler grid test), 평면시야계법 등이 있다.

안질환에 따라 암점이 있을 수 있는데, 이 암점은 기능시력을 저하시킨다. 암점은 완전한 퍼즐에서 한 조각의 퍼즐이 없는 것에 비유할 수 있다. 시야에서 암점을 찾기 위하여 암슬러 격자검사를 사용한다. [그림 5-5]의 ①은 총괄적인 검사용 차트로, 특히 시야장애를 검사하는 데 사용된다. ①에는 검은 바탕에 흰 선으로 구성된 사각형들과 한가운데에 중앙점이 있는데, 이 점을 고시(固視)하도록 한다. 그리고 [그림 5-5]의 ②를 아동에게 보여 주고 가운데 점이 보이는지 물어본다. 이 점이 보이지 않으면 양성 암점(또는 인식 암점)이 있다고 할 수 있다. 따라서 암점에 의한 장애를 예상할 수 있다. 이 검사는 적절한 조명하에서 고시점을 확인하도록 한다.

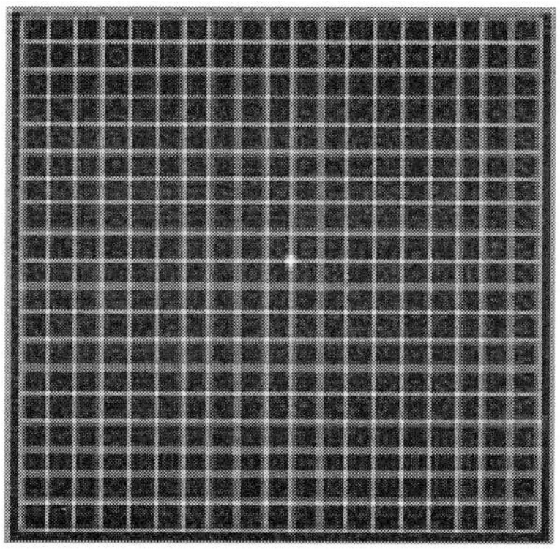

①

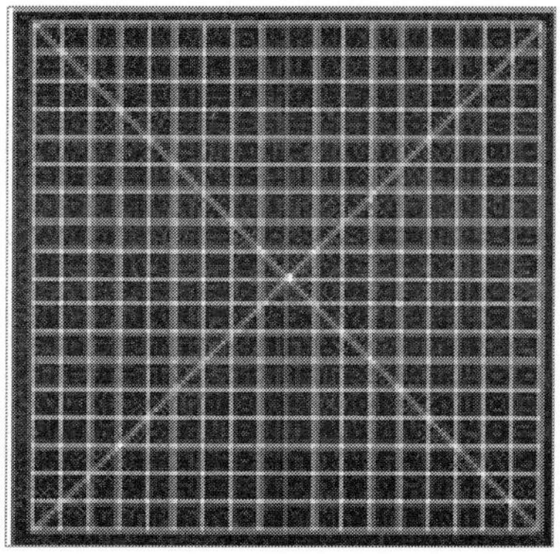

②

[그림 5-5] 암슬러 격자검사

(4) 색각검사

색각이란 가시광선 중 파장의 차이에 따르는 물체의 색채를 구별하여 인식하는 능력을 말한다. 이는 망막의 추체세포의 기능에 속하는 것으로, 명순응 상태에서만 볼 수 있다. 색각 이상(color blindness)은 정도에 따라 색맹과 색약으로 나눌 수 있는데 색맹이 색약을 포함하기도 하고 때로는 색약과 구별하여 색약보다 더 정도가 심하다는 의미로 사용되기도 한다. 색각 이상에는 선천성 색각 이상과 후천성 색각 이상이 있다.

선천성 색각 이상은 태어날 때부터 색깔을 구별하지 못하고 혼동하는 것으로, 선천적으로 망막의 추체세포 내에 감광물질의 이상으로 발생되며, 삼색형 색각자, 이색형 색각자, 단색형 색각자로 분류된다. 삼색형 색각자는 적색약(제1 색약), 녹색약(제2 색약), 청색약(제3 색약)으로, 이색형 색각자는 적색맹(제1 색맹), 녹색맹(제2 색맹), 청색맹(제3 색맹)으로 분류한다. 단색형 색각자는 한 가지 종류의 추체세포만을 가지고 있어 한 가지 색깔의 명암으로만 보이는 추체 단색형 색각과 추체가 완전히 결손되어 색각을 전혀 인식하지 못하고 흑백으로만 인지되는 전색맹인 간체 단색형 색각으로 나뉜다. 이들 모두 선천성으로, 시력이 매우 떨어져(0.1 이하) 안진, 눈부심, 주맹이 있고, 시야에 중심 암점이 있다(윤동호 외, 2002).

후천성 색각 이상은 망막의 염증이나 이탈의 원인으로 색깔을 혼동하는 것을 말한다. 색각 이상의 빈도는 〈표 5-2〉와 같다.

〈표 5-2〉 색각 이상의 빈도(%)

유럽		아시아		아프리카 인디언		한국	
남	여	남	여	남	여	남	여
6.0	0.26	4.9	0.64	3.1	0.7	5.9	0.44

교사는 아동에게 필요한 교육과정의 수정과 개작(검사의 일부만을 사용하거나 다른 자료로 대치하는 것)을 위하여 아동이 어떤 색각 이상이 있는지 알아야 하며, 색각 이상의 종류에 대한 지식은 아동의 잔존시력을 훈련시키기 위하여 중요하다. 색각검사의 종류에는 물체의 색을 이용하는 방법과 색광을 사용하는 방법이 있다. 물체의 색을 이용하는 방법에는 가성동색표와 색상분별방법이 사용되고, 색광을 사용하는 방법에는 색각경과 색각등이 사용된다.

가성동색표를 사용하면 빠르고 간편하게 이상과 정상을 구별할 수 있고, 색상분별법은 후천성 색각 이상 판별에 좋다.

(5) 대비감도 검사

대비감도(contrast sensitivity)란 서로 다른 대비를 갖는 대상을 얼마나 잘 구별하는가를 말하는 것으로, 밝음과 어두움의 비율을 의미하며, 완전 흰색과 완전 검은색 사이의 대비감도가 1(100%)이 된다.

유아의 대비감도는 줄무늬를 이용하여 주시선호 검사법으로 측정한다([그림 5-6] 참조). 6개월 된 유아는 성인에 비하여 대비감도가 약간 떨어지지만 5~8세가 되면 성인과 같아진다. 유아는 크고 대비가 잘되는 물체만을 인식할 수 있고, 얼굴과 머리를 구별할 수 있으나 얼굴의 표정은 잘 구별하지 못한다(진용한, 1997; Bradley & Freeman, 1982). 그러므로 대비감도가 낮은 유아는 안면 정보(얼굴의 특징이나 표정)에 반응할 수 있는 시각적 범위를 계속 평가하도록 한다(Hyvarinen, 1995). 이를 위한 검사 중 하나로 Hyvarinen의 저대비검사(Low Contrast Face Test: Hiding Heidi)([그림 5-7] 참조)가 있다.

일반적으로 대비감도 검사에서 중·하위에 해당하는 저시력 학생은 최적의 조명 조건에서 흰색 종이에 검은색 글씨로 쓰여 있지 않으면 읽기 어렵고, 어두운 곳에서 보행할 때도 어려움을 느낄 수 있다.

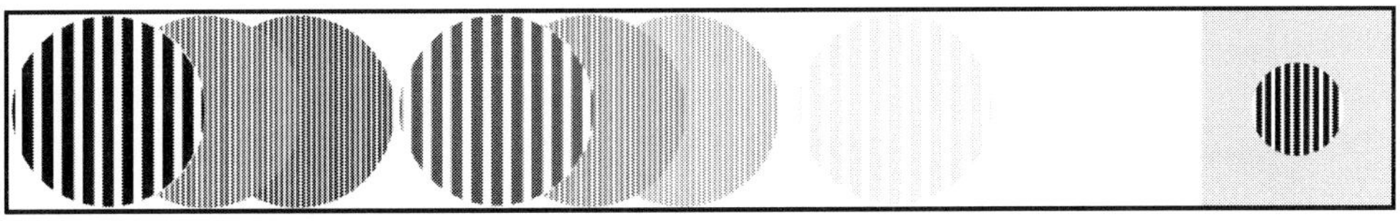

[그림 5-6] 주시선호 검사법

출처: Hyvarinen, L. (1995). *Assessment of low vision for educational purposes.* Orando, FL: Vision Associates.

[그림 5-7] 저대비검사(Hiding Heidi)

출처: Hyvarinen, L. (1995). *Assessment of low vision for educational purposes.* Orando, FL: Vision Associates.

3) 기능시력 평가

기능시력이란 원하는 과제를 수행하기 위하여 시력을 사용하는 능력을 말한다. 기능시력 평가는 일상생활 활동이나 특수한 조건에서 각 학생이 기능시력을 활용하는 방법을 알기 위하여 실시한다. 기능시력을 평가할 때는 먼저 원거리 시력검사, 근거리 시력검사, 대비감도 검사, 색각검사, 시야검사, 내외부 안검사, 망막전위도 검사를 실시한다.

기능시력을 평가하기 위하여 준거지향 검목표(criterion referenced checklist), 관찰 보고서, 형식적 검사도구 등이 개발되었으나 형식적 검사로 평가할 수 없는 아동은 비형식적 검사로 평가한다. 비형식적 검사도구는 다음과 같은 경우에 사용한다.

① 아동이 전맹으로 판정이 났으나 교사나 부모는 아동의 시력이 있다고 느낄 때
② 교사가 학습과제와 관계되는 특수한 시각적 행동을 문서화할 필요가 있을 때
③ 교사가 가장 적합한 시환경을 결정함으로써 학생을 도와야 할 때
④ 아동이 시기능의 변화를 경험할 때

(1) 시기능 효율성 개발 프로그램

시기능 효율성 개발 프로그램(program to develop efficiency in visual function; Barraga & Morris, 1980)은 두 개의 범주로 구성되어 있다. 첫 번째 범주는 진단 평가 절차와 저시력 관찰 검목표로 구성되어 있는데, 진단평가 절차는 저시력 아동의 시기능을 평가하기 위하여 사용되고, 저시력 관찰 검목표는 시력 활용에 관한 정보를 제공한다. 두 번째 범주는 수업설계와 저시력 훈련에 관한 것으로 구성되어 있다.

교사는 평가 절차에 기초를 두고, 교수학습의 수준을 결정하기 위하여 교수학습 계획지수(instructional planning index)를 사용한다.

(2) 교사용 시기능 평가

교사용 시기능 평가(teacher's guide for evaluating visual function; Efron & Duboff, 1975)는 맹농아나 지능이 낮은 중복장애아를 위한 검사도구이다. 이 검사는 감각, 안구 운동, 시지각의 세 부분으로 구성되어 있고, 학습의 모든 영역에 쉽게 적용할 수 있다.

(3) 중복 · 중도 장애아의 기능시력 검사

중복 · 중도 장애아의 기능시력 검사(functional vision inventory for the multiply and severely handicapped; Langley, 1980)는 기능시력 선별검사(the functional vision screening test)와 기능시력 목록 프로파일(the functional vision inventory profile)로 구성되어 있는데, 피보디 대학에서 개발하였다. 기능시력 선별검사는 시각장애아를 선별하는 데 사용되고, 시력에 문제가 있을 때 기능시력 목록 프로파일 검사를 사용한다.

기능시력 검사는 6개의 영역, 즉 구조적 결함과 행동 이상, 반사적 반응, 안구 운동, 근거리 시력, 원거리 시력 그리고 시야로 구성되어 있다.

(4) 기능시력 검목표

기능시력 검목표(the functional vision checklist summary sheet; Roessing, 1982)는 일반학교에 다니는 시각장애아의 학습에 적합하게 제작되었다. 이것은 임상적 정보와 학급의 수정, 학습을 위한 검목표, 보행, 체육, 일상생활 기능의 평가 등으로 구성되어 있다. 학습을 위한 기능시력 검목표는 〈표 5-3〉과 같다.

〈표 5-3〉 기능시력 검목표(학습 영역)

학생은	예	아니요
1. 18포인트 글자를 읽을 수 있습니까? 읽을 수 있다면 독서 거리(cm) 독서 속도(글자 수/분)	____	____
2. 14포인트 글자를 읽을 수 있습니까? 읽을 수 있다면 독서 거리(cm) 독서 속도(글자 수/분)	____	____
3. 10포인트 글자를 읽을 수 있습니까? 읽을 수 있다면 독서 거리(cm) 독서 속도(글자 수/분)	____	____
4. 신문을 읽을 수 있습니까? 읽을 수 있다면 독서 거리(cm) 독서 속도(글자 수/분)	____	____
5. 전화번호부를 읽을 수 있습니까?	____	____
6. 사전을 읽을 수 있습니까?	____	____
7. 지도를 보고 지명을 읽을 수 있습니까?	____	____
8. 악보를 읽을 수 있습니까?	____	____
9. 그래프를 보고 읽을 수 있습니까?	____	____
10. 학생이 좋아하는 책의 편집 내용		
• 단의 수(1단, 2단, 3단)	________	
• 자간	________	
• 행간	________	
• 서체	________	
• 서체의 진하기 정도	________	
• 서체 크기	________	
• 바탕과 서체의 대비색	________	
11. CCTV 사용 능력		
• 가장 알맞은 서체 색깔	________	
• 가장 알맞은 바탕 색깔	________	

- 독서 거리 ____________
- 독서 속도(글자수/분) ____________

12. 근거리 작업: 독서

- 보통 자세로 읽습니까? ______ ______
- 한쪽 눈을 감거나 찡그립니까? ______ ______
- 책을 눈 가까이에 가져갑니까? ______ ______

추시 능력

소리내어 책을 읽을 때

- 책의 양끝을 잡고 읽습니까? ______ ______
- 페이지를 넘길 때를 압니까? ______ ______
- 책의 페이지를 읽을 수 있습니까? ______ ______
- 책의 첫 줄부터 읽을 수 있습니까? ______ ______
- 한 줄에서 단어를 따라가면서 읽을 수 있습니까? ______ ______

추시하기 위하여

- 머리를 사용합니까? ______ ______
- 손가락을 사용합니까? ______ ______
- 한 눈을 사용합니까? ______ ______
- 두 눈을 사용합니까? ______ ______
- 한 줄에서 읽던 부분을 자주 잃어버립니까? ______ ______
- 한 줄의 끝에서 다음 줄 처음으로 가는 데 어려움을 겪습니까? ______ ______
- 책을 읽으면서 내용을 이해합니까? ______ ______
- 다른 광학기구를 사용하여 읽습니까? ______ ______

13. 조 명

- 책을 읽을 때나 글씨를 쓸 때 특별한 조명을 필요로 합니까? ______ ______
- 스탠드를 필요로 합니까? ______ ______
- 어떤 조명을 사용합니까?
  - –높은 조명 ____________
  - –중간 조명 ____________
  - –낮은 조명 ____________
- 빛을 피하기 위하여 눈을 찡그리거나 가립니까? ______ ______
- 책 표면의 번쩍임으로 인해 어려움을 느낍니까? ______ ______
- 수명(눈부심)을 나타냅니까? ______ ______

출처: Roessing, L. J. (1982). Functional vision criterion-referenced checklists. In S. S. Mangold (Ed.). *A teacher's guide to educational needs of blind and visually handicapped children.* New York, NY: American Foundation for the Blind.

학·습·문·제

1. 일반학급 교사를 만나 면담하고, 그 교사가 담당하고 있는 학급에 시각장애 학생이 있는가를 알아보기 위하여 눈의 외모, 행동 그리고 학업성취에 관하여 관찰하시오.

2. 우리나라에서는 시각장애 교육 대상아를 원거리 시력과 시야만으로 판정한다. 그러나 미국에서는 시각장애아 교사가 중심이 되어 팀을 구성하여 여러 영역을 평가한다. 우리나라와 미국의 시력검사의 차이점을 비교하시오.

3. 원거리 시력이 같은 저시력 학생 2명을 선정하여 그들의 근거리 시력을 비교하시오.

4. 외국에서는 시각장애 교육 대상아를 결정하는 데 안과의사의 시력검사 외에 시각장애아 교사의 기능시력 평가를 실시한다. 그 이유를 설명하시오.

제 6 장

저시력 기구

1 저시력 기구의 발달과 확대법

1) 저시력 기구의 발달

안경은 13세기경 이탈리아 베니스의 유리공이 우연히 발명하였다. 유럽에서 만들어진 안경이 무역상을 통하여 원나라 때부터 중국에 전래되었다. 탐험가 마르코 폴로(Marco Polo)는 1270년대 중국에서 노인들이 돋보기를 사용하여 작은 글씨를 읽는 것을 보았고, 영국의 성 프란체스코 수도사인 베이컨(Roser Bacon)은 노인이나 저시력인에게 볼록렌즈가 좋다고 주장했다(Stein & Slatt, 1983). 그 후 1784년에 벤저민 프랭클린(Benjamin Franklin)은 이중초점렌즈를 발명했고, 20세기 초 Von Rohr (1918)는 자이스(Zeiss) 광학회사에서 망원렌즈를 설계 · 제작했으며, 미국의학협회는 1924년에 망원렌즈의 유용성에 관한 논문을 발표하여 많은 사람들의 주목을 받았다(Koestler, 1976).

저시력 치료의 아버지인 알프레드 케스텐바움(Alfred Kestenbaum)은 오스트리아 빈에서 개업하고 있을 때, 황반변성 환자가 편지를 읽는다는 이야기를 듣고 그 환자의 독서 방법에 흥미를 갖게 되었으며, 미국으로 망명한 후 저시력 기구에 관하여 연구했다(Safir, 1983).

1920년대에 저시력인용 프리즘이 소개되었고(Baunschwig, 1922), 1930년대에 저시력 기구가 체계를 갖추고 발전하기 시작했으나 널리 보급되지 못했으며, 20여 년이 지난 후 마이크로렌즈가 소개되었다(Kestenbaum, 1953). 1954년에는 국제안과학회가 최초의 저시력 기구 전시회를 개최했고(Goodrich & Arditi, 2000), 1960년대 중반에 랜드회사가 처음으로 CCTV를 개발하여 보급했다(Genensky, Baran, Moshin, & Steingold, 1969). 그 후 저시력 기구가 놀라운 속도로 발전하기 시작했으나 학교에서 시력 사용을 둘러싼 잘못된 견해 때문에 20세기 중반 이후에야 저시력 학생이 광학 기구를 사용할 수 있게 되었다.

2) 확대법

확대법에는 상대적 거리 확대법(relativedistance magnification), 상대적 크기 확대법(relative size magnification), 각도 확대법(angle magnification) 그리고 투사 확대법(projection magnification)이 있다(Noakowski, 1994).

상대적 거리 확대법은 물체와 눈의 거리를 가깝게 하는 것이다. 물체를 눈에 더 가까이 가져가면 망막의 상은 더 커진다. 그러므로 상을 크게 확대하려면 물체와 눈의 거리를 가깝게 해야 한다. 예를 들면, 장난감을 6m 거리에서 3m 앞으로 가까이 가져오면 장난감의 상은 망막에 2배로 확대된다. 상대적 거리 확대법은 보려는 물건을 눈에 가까이 가져가면 되기 때문에 가장 간단한 확대법이다. 저시력 학생이 독서 거리를 가깝게 하여 읽는 것도 상대적 거리 확대법의 하나이다.

상대적 크기 확대법은 물체의 실제 크기를 확대하는 방법이다. 교과서와 교육자료를 큰문자로 인쇄하거나 확대 복사함으로써 독서매체를 저시력 학생의 독서에 보다 효과적으로 사용할 수 있다(이해균, 1995). 그러나 독서매체가 무거워지고, 부피가 커지는 단점이 있으며(Jose, 1983), 모든 독서매체를 확대 편집하여 인쇄하거나 복사하는 데 어려움이 많다.

각도 확대법은 여러 종류의 렌즈를 사용하여 물체의 크기를 확대하는 것이다. 광학기구는 각도 확대법의 예이다.

투사 확대법은 필름, 슬라이드 등을 스크린에 투영하는 확대법이다. 텔레비전, 컴퓨터, CCTV 등은 투사 확대법의 원리를 사용한 예이다.

3) 렌즈의 배율

평행광선이 구면렌즈를 통과할 때 광선이 초점이나 상점(像點)이라고 하는 광축에 모인다. 렌즈의 상점은 렌즈의 뒤 표면으로부터 광선이 모이는 점까지의 거리를 측정함으로써 정해지는데 이것을 초점거리라고 한다. 초점거리와 렌즈의 굴절력은 렌즈의 도수를 결정한다. 도수가 높고 만곡도가 높은 구면렌즈는 평평한 구면렌즈보다 초점거리가 더 짧고 광선을 렌즈에 더 가깝게 모아 준다. 렌즈의 도수는 디옵터(Diopter: D)로 표시하고 다음과 같이 계산한다.

$$\text{디옵터(D)} = \frac{100(\text{cm})}{\text{초점거리(cm)}}$$

예를 들면, 초점거리가 4cm인 볼록렌즈의 도수는 +25D이고, 초점거리가 25cm인 볼록렌즈의 도수는 +4D이다. 즉 초점거리가 짧은 렌즈의 도수는 초점거리가 긴 렌즈의 도수보다 더 높다. 이 원리는 오목렌즈에도 적용된다. 초점거리가 더 짧으면 렌즈의 도수는 더 높다. 그러나 오목렌즈의 경우에는 마이너스(-)를 붙인다. 예를 들면, 초점거리가 4cm인 오목렌즈의 도수는 -25D가 된다. 디옵터는 안경, 콘택트렌즈 또는 다른 광학기구를 맞출 때 사용된다. 학생의 시력이 10D라면 이 학생의 초점거리는 10cm이다. 이 경우 2.5배의 배율을 가진 렌즈를 제공하는 것이 효과적이다. 마찬가지로 -12D의 근시 학생의 경우 눈으로부터의 작업 거리는 8cm이므로 3배율의 렌즈가 효과적이다. 흔히 렌즈의 도수를 X로 표시하는데 1X는 4D이다. 따라서 12D는 3X가 된다. 또한 1X는 1배율을 나타낸다.

② 저시력 기구의 종류

저시력 기구는 광학기구와 비광학기구의 두 종류로 나눈다. 광학기구는 눈과 물체 사이에 있는 렌즈로 망막에 나타난 '상'의 폭을 변경시킨다. 망막에는 언제나 실물과 같은 '상'을 맺지 않는다. 색안경도 기능시력을 향상시키기 위하여 사용되기 때문에 광학기구로 간주되며, 전자공학기기(예: CCTV)도 광학기기에 포함된다. 비광학기구에는 렌즈가 포함되지 않으며, 독서대, 조명장치, 대비, 타이포스코프([그림 6-12] 참조), 바이서 등이 포함된다. 이러한 비광학기구는 상의 크기를 변경시키지 않으나 시기능을 향상시킬 수 있다.

1) 광학기구

(1) 볼록렌즈와 오목렌즈

렌즈는 광선의 굴절 상태에 따라 볼록렌즈와 오목렌즈로 나눈다. 볼록렌즈는 광선을 폭주시키고, 오목렌즈는 광선을 발산시킨다.

렌즈를 안경에 끼울 때 직경과 무게를 감소시키기 위하여 렌티큘러렌즈(lenticular lens)를 사용한다. 이 렌즈는 둘레에 도수를 넣지 않고 가운데만 도수를 넣어 사용하는데, 안경의 한쪽에만 끼우는 경우가 많다. 렌즈가 더해지면 도수는 증가된다. 이중렌즈(doublet lens)는 두 개의 렌즈가 겹쳐진 것이다. 하나의 렌즈가 +16D이고, 다른 하나의 렌즈가 +12D일 때, 이중렌즈는 +28D의 렌즈가 된다.

아동이 착용하는 안경의 도수가 +12D 이상이면 무수정체안일 가능성이 많으므로, 교사는 안과 보고서를 참고하여 아동이 무수정체안인가를 조사하는 것이 좋다. 또한 -6D 이상의 안경을 착용한 아동은 고도근시에 해당되므로 고도근시의 교육적 조치를 참고하여 지도한다.

오목렌즈의 도수도 볼록렌즈의 경우와 같이 도수가 합해진다. 예를 들면, -6D 렌즈와 -8D 렌즈는 -14D가 된다(두 렌즈 사이에 공간이 없음). 오목렌즈는 물체를 축소시켜 실물보다 더 작게 보이도록 만들지만 렌즈를 통하여 더 많은 물체들을 볼 수 있어 시야는 넓어진다.

(2) 확대경

확대경은 원거리 시력을 사용하는 저시력 학생과 중심 암점이 있는 학생에게 도움이 된다. 멀리 떨어져 있는 물체는 작게 보이므로 물체에 다가가거나 확대경을 사용하면 상이 확대된다. 중심 암점이 있는 학생은 원거리에 있는 물체를 가깝게 가져오거나 확대하기를 원한다. 이러한 학생은 시력을 사용하는 데 조도 역시 중요한 요인이 되므로 알맞은 조도를 유지할 수 있도록 조명시설을 설치하고, 중심외 보기(eccentric viewing) 방법을 가르친다(Goodrich & Quillman, 1977).

주변시야를 상실한 아동이 확대경을 사용하면 아동의 시야보다 더 좁은 시야를 갖게 된다. 또한 중심시력을 상실하지 않았을 경우에는 굳이 확대경을 사용할 필요가 없다. 주변시야를 상실한 아동은 원거리 물체나 축소된 물체를 좋아하기 때문에 시야 협착 아동은 머리와 눈의 운동을 통하여 책을 읽도록 한다. 다음은 확대경의 종류이다.

① 손잡이형 확대경

손잡이형 확대경([그림 6-1] 참조)은 저시력 학생이 가장 많이 사용하는 확대경의 하나로, 조명이 부착된 것과 조명이 부착되지 않은 것이 있으며, 굴절률에 따라 여러 가지 종류가 있다. 이 확대경은 눈에서 확대경까지의 거리를 자유롭게 움직일 수 있어 사용하기 편리하다. 그러나 배율이 높은 확대경의 경우에는 물체가 확대되어 시야가 좁아지는 단점이 있다. 손잡이형 확대경의 배율(M)은 제조 회사에 따라 다르며, 배율을 계산하는 공식은 다음과 같다.

$$\text{배율(M)} = \frac{\text{초점거리}}{4} + 1$$

대부분의 확대경 제조 회사는 제품 설명서에 확대경의 굴절률을 표시하여 배율 정보를 제공한다. 손잡이형 확대경의 경우는 +4D(1X)~+60D(15X)의 배율로 이루어져 있다. 또한 손잡이형 확대경에는 플라스틱 테로 둘러싸인 단순한 평면 볼록렌즈(plano-convex lens)와 양면 볼록렌즈(bi-convex lens)가 있다.

손잡이형 확대경을 사용할 때는 물체와 초점거리를 맞추고, 눈과의 거리를 일정하게 유지해야 한다. 예를 들면, 확대경의 배율이 +12D(3X)라면, 눈과 확대경의 거리는 8cm를 유지해야 한다. 또한 아동이 안경을 쓰고 있다면, 눈과 확대경의 거리를 일정하게 유지하고, 물체와의 초점이 맞을 때까지 거리를 조절한다.

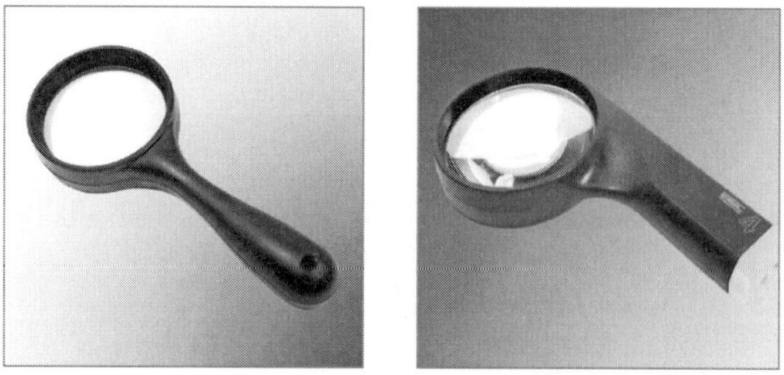

[그림 6-1] 손잡이형 확대경

② 스탠드 확대경

스탠드 확대경([그림 6-2] 참조)도 손잡이형 확대경과 같이 널리 사용되는 저시력 기구이다. 책에 올려놓고 밀면서 읽는 확대경으로, 확대경과 자료의 거리가 일정하게 유지되는 장점이 있고, 굴절률이 높다. 수전증이나 근육운동 장애가 있는 학생에게 유용하며(Jose, 1983), 독서용 안경과 함께 사용할 수 있다. 아동이 +4D 안경과 스탠드 확대경을 함께 사용할 때, 물체의 상이 선명하게 잘 보이면 두 가지 저시력 기구를 함께 사용하는 것이 좋다. 만약 흐릿하게 잘 보이지 않는다면 초점거리를 조절해야 한다.

스탠드 확대경의 배율은 8D(2X)~80D(20X)이며, 일반적으로 조명 램프가 달려 있다. 고도 조명이 필요한 고배율의 확대경은 전기, 충전지 또는 두 가지를 사용할 수 있는데, 일반적으로 충전지를 먼저 사용하고, 이것이 모두 소모되면 전원을 사용한다.

받침대와 함께 조명이 있는 스탠드 확대경은 초기 광학기구 훈련에 매우 유용하다. 그러나 시야가 매우 좁은 학생은 사용하지 않는 것이 좋다(Whitten, 1986). 교사는 시각장애 아동에게 처음에는 단순한 스탠드 확대경을 사용하게 하고, 아동이 물체를 어느 정도 변별할 수 있게 되면, 아동에게 맞는 배율의 확대경을 사용하도록 한다. 저시력 아동이 정확한 위치에 스탠드 확대경을 놓고, 자료 전체를 훑어본 다음 자세히 읽기 위하여 확대경을 옮기도록 한다. 이때 교사는 사용 방법을 시범으로 보여 준다.

[그림 6-2] 스탠드 확대경으로 책을 읽고 있는 모습

③ 플랫베드 확대경

플랫베드 확대경([그림 6-3] 참조)은 반구형이고, 초점이 고정된 확대경으로 렌즈 표면이 손상되지 않도록 플라스틱 테에 둘러싸여 있는 것도 있으며, 읽기자료 위에 놓고 사용하기도 한다. 이 확대경의 지름은 20~90mm로 다양하고, 배율은 1.75~2X인데 비구면렌즈 생산 기술의 발전으로 더 높은 배율까지 확대할 수 있게 되었다.

플랫베드 확대경의 장점은 첫째, 빛을 모으는 것이다. 따라서 스포트라이트와 같은 직접 조명은 눈을 부시게 하므로 형광등과 같은 조명하에서 사용하는 것이 좋다. 둘째, 상이 일그러지지 않는다. 그러나 시야가 좁고, 손잡이형 확대경이나 스탠드 확대경보다 무겁다는 단점이 있다.

저시력 학생은 이 확대경을 독서용 안경과 함께 사용할 수 있으며, 만약 아동이 작업 면으로부터 플랫베드 확대경을 4~5mm 간격을 두고 사용하면 더 높은 배율의 확대경을 필요로 하거나 안경 도수를 더 높여야 한다는 것을 의미하므로, 교사는 플랫베드 확대경을 사용하는 학생을 관찰한 후 지도하는 것이 바람직하다.

[그림 6-3] 플랫베드 확대경

④ 막대 확대경

막대 확대경([그림 6-4] 참조)은 긴 막대 모양의 확대경으로, 확대 배율은 6D(1.5X)~8D(2X)로 낮은 편이지만 확대경을 글씨 위에 놓고 읽기 때문에 편리하다.

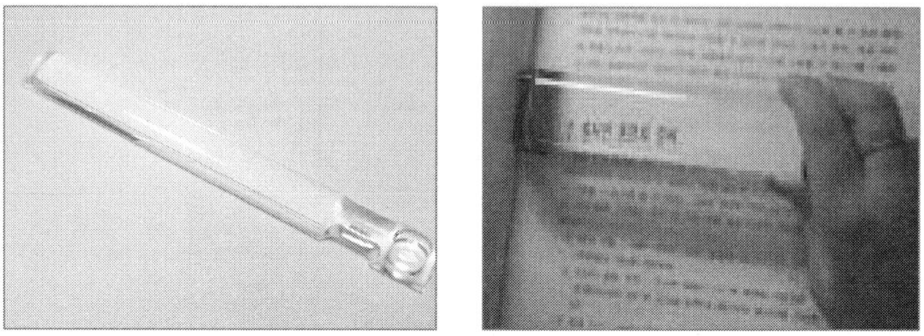

[그림 6-4] 막대 확대경으로 책을 읽고 있는 모습

⑤ 안경 장착형 확대경

안경 장착형 확대경([그림 6-5] 참조)은 안경에 확대경을 부착시킨 것으로, 확대 배율은 8D(2X)~36D(9X)로 다양하며, 모든 렌즈들이 플라스틱으로 되어 있어 가볍다.

저시력 학생이 두 손을 자유롭게 사용할 수 있으므로, 읽기와 쓰기를 동시에 할 수 있고, 이중초점렌즈와 함께 사용할 수 있으며, 확대경과 책의 거리를 일정하게 유지하면서 사용할 수 있다.

[그림 6-5] 안경 장착형 확대경

(3) 망원경

망원경은 일반적으로 6m 이상 떨어진 물체를 볼 때 사용되고 때로는 60cm 이내의 물체를 볼 때도 사용된다. 시각장애 학생은 대부분 신호등이나 버스 번호를 보는 데 손잡이형 망원경을 사용하고, 텔레비전 시청, 스포츠 관람을 할 때는 안경 장착형 망원경을 사용한다.

망원경에는 갈릴레이식 망원경(galileau telescope)과 케플러식 망원경(keplerian telescope)의 두 가지가 있다([그림 6-6] 참조). 이 두 망원경은 볼록 대물렌즈를 사용하나, 접안렌즈의 굴절력은 서로 다르다. 갈릴레이식 망원경은 접안렌즈를 오목렌즈로 사용하고, 케플러식 망원경은 고배율의 볼록렌즈를 사용한다. 안경에 부착하는 것이 갈릴레이식으로, 독서용으로 사용되고 손잡이형 망원경([그림 6-7] 참조)으로도 생산되고 있지만 일반적으로 원거리용으로 사용된다.

가변 초점 망원경(variable focus telescope)은 초점 범위를 조절하기 위하여 대물렌즈와 접안렌즈 사이의 거리를 조절할 수 있다. 먼지를 차단하기 위하여 렌즈를 금속테 안에 끼워 넣고, 이 금속테를 회전시켜 원거리와 근거리의 초점을 맞춘다. 가변 초점 망원경으로는 근거리 초점 단안용과 케플러식 8X 단안용 망원경이 널리 사용된다. 시각장애 학생의 양안 시력이 비슷하다면 안경에 망원경을 부착하여 사용할 수도 있다.

근래에는 일본과 미국에서 자동초점 망원렌즈([그림 6-8] 참조)도 보급하여 사용하고 있다. 이 망원경은 안경테에 장착하는 형태로 원거리 및 근거리 초점을 자동으로 맺게 한다. 이것이 보급되면 많은 경도 저시력 학생이 일반학교에서 칠판을 보거나 책을 읽는 데 도움을 받을 수 있다.

[그림 6-6] 갈릴레이식 망원경(왼쪽)과 케플러식 망원경(오른쪽)으로 책을 읽는 모습

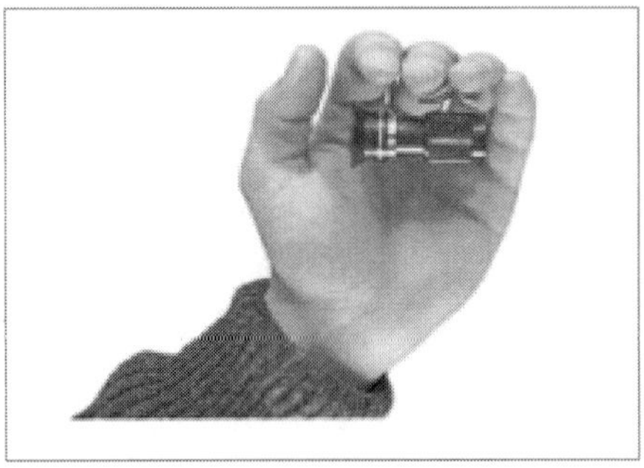

[그림 6-7] 손잡이형 망원경

[그림 6-8] 자동초점 망원렌즈

(4) CCTV

저시력 학생이 사용할 수 있는 독서 확대기의 대표적인 것이 CCTV이다. CCTV는 비디오 카메라를 통해 화면의 상을 100배까지 확대할 수 있고, 컬러, 흑백, 역상 모드를 지원하며 자동 및 수동 초점 조절장치가 있어 사용자가 작동하기 쉬우며, 컴퓨터 모니터 및 TV에 연결하여 사용할 수도 있다.

보다 선명한 대비로 많은 과제를 수행해야 하고, 오랫동안 쓰거나 읽어야 할 경우에 CCTV를 사용하는 것이 좋다(DeWitt, Schreier, & Leventhal, 1988).

[그림 6-9] CCTV

[그림 6-10] 휴대용 CCTV

배율을 5배 이상 확대하여 CCTV를 사용하면, 확대경을 사용할 때보다 피로를 덜 느끼며, 시각장애가 심한 경우에도 CCTV를 사용하면 읽기, 쓰기, 일상생활 및 직장생활을 수행하는 데 도움이 된다. CCTV는 휴대하기 어렵고, 가격이 비싸다는 단점이 있으나 점차 가격이 저렴하고 휴대가 가능한 CCTV도 개발 · 보급되고 있다.

우리나라에서 개발한 센스뷰 듀오는 휴대용 독서 확대기로, 무게가 261g으로 가벼워 휴대하기가 편리하다. 4.3인치 LCD에 7가지 색상 모드와 4가지 밝기 모드로 사용자에 맞게 환경을 설정할 수 있어 뚜렷하고 선명하게 확대된 이미지를 볼 수 있다.

이것은 두 개의 확대 카메라가 내장되어 있어 근거리 확대, 쓰기 모드, 원거리 확대 등의 다양한 기능을 활용할 수 있으며, 특히 원거리 카메라의 경우 1m에서 무한대까지 사물을 확대해 볼 수 있기 때문에 도로 표지판, 지하철 노선도 등을 쉽게 확인할 수 있다. 20장까지 이미지를 저장하는 기능도 있어 자주 사용하는 지하철 노선도 등은 저장하여 사용할 수 있다.

황반변성 아동에게는 컬러 CCTV보다 흑백 CCTV가 더 유용하고, 망막색소변성 아동은 검은색 배경에 흰색 글자를 사용할 때 더 편안함을 느낀다.

CCTV의 가장 큰 장점은 밝기를 조절하고 대비를 높일 수 있는 것이다. 시각장애 아동은 실제 자료보다 더 높은 대비를 필요로 하는 경우가 있으며, 진행성 황반 질환이 있는 시각장애 아동은 훨씬 더 높은 조명과 대비가 필요하다. 또한 CCTV를 컴퓨터와 연결하고 원거리 카메라를 장착하여 칠판의 글씨를 읽을 수도 있다. 이 경우 CCTV 화면의 반으로는 원거리 자료를 보고, 나머지 화면 반으로는 근거리 자료를 볼 수 있다.

2) 비광학 기구

(1) 독서대

많은 광학기구들은 근거리 과제를 수행하는 데 사용된다. 이때 독서대([그림 6-11] 참조)를 사용하면 더욱 편리하게 과제를 수행할 수 있으므로 다양한 형태의 독서대를 저시력 기구와 함께 사용하면 좋다. 독서대는 높이와 각도를 조절할 수 있고, 눈과 읽을 자료의 거리를 조절하여 피로를 줄여 줌으로써 저시력 학생이 오랫동안 과제를 하는 데 도움을 준다.

[그림 6-11] 독서대

(2) 조명장치

조명은 보고자 하는 목표물의 표면에서 눈까지 들어오는 빛의 양을 좌우하는 요인으로 시감도에 실질적인 영향을 준다. 일반적으로 어느 정도 조명이 밝아지면 시감도도 증가한다. 시각장애의 원인에 따라 조명의 조건이 다르므로 교사는 조명의 적절성을 평가하여 그에 맞는 조명을 설치해야 한다.

눈부심을 없애려면 광원의 각도를 조절하거나, 물체가 빛을 덜 반사하는 위치로 옮기거나, 빛을 잘 흡수하는 표면색을 선택해야 한다(Carter, 1983). 눈부심이 있는 학생에게는 고도 조명이 시효율성을 떨어뜨릴 수 있으므로 색안경을 착용하거나 차양이 있는 모자를 쓰도록 한다. 교실에는 블라인드나 커튼을 설치하여 자연광을 조절하고, 밝기 조절 스위치를 사용하여 조명을 조절한다. 한 줄만 보기 위하여 타이포스코프(typoscope, [그림 6-12] 참조)를 사용하면 흰색 종이에서 반사되는 빛의 양을 줄일 수 있다.

[그림 6-12] 타이포스코프

(3) 대비

물체와 배경 색의 차이를 대비(contrast)라고 한다. 물체와 배경과의 대비가 높을수록 시감도는 증가하고, 눈부심이 있으면 물체와 배경이 유사한 색으로 보여 시감도는 떨어진다. 적은 노력과 비용만으로도 대비를 증가시켜 저시력 학생에게 도움을 줄 수 있다. 대비를 증가시키려면 보려는 물체의 밑이나 뒤에 물체와 대비가 잘 되는 색깔의 물체를 놓으면 된다. 예를 들면, 유리잔 밑에 짙은 색깔의 컵 받침을 놓아 선명한 대비를 이루도록 한다.

또한 노란색 선글라스를 착용하면 대비를 높일 수 있다. 노란색 필터는 청색과 회색 및 자주색을 검정으로 보이게 하는 경향이 있어 대비를 증가시킨다. 이러한 방법은 책을 읽는 데도 많은 도움을 준다. 책 페이지 위에 노란색 아세테이트 종이를 올려놓으면 흐릿하거나 컬러로 인쇄된 것이 검은색으로 보여 대비를 증가시킨다 (Watson & Berg, 1983).

타이포스코프는 대비를 높이고, 반사로 인한 눈부심을 막아 주며, 읽을 줄을 제시하므로 도중에 읽던 줄을 잃는 수고를 덜어 준다.

3 저시력 기구의 사용 훈련

1) 저시력 기구의 수용

저시력 학생이 항상 저시력 기구를 좋아하고 수용하는 것은 아니다. 그러므로 교사는 학생이 저시력 기구를 수용하고 효과적으로 사용하도록 하기 위하여 이 기구가 학습하는 데 매우 중요하고 꼭 필요하다는 것을 인식하도록 설명한다.

저시력 학생은 다음과 같은 경우에 저시력 기구를 더 잘 수용한다.

① 저시력 기구를 사용하여 원하는 활동을 할 수 있을 때
② 저시력 기구의 휴대가 간편하여 어디서나 쉽게 사용할 수 있을 때
③ 저시력 학생 자신이 저시력 기구로 잘 볼 수 있다고 느낄 때
④ 저시력 기구 사용 훈련을 받았을 때

2) 적응 단계

교사는 적응 단계에서 학생과 저시력 기구의 작업 거리, 시야, 초점 깊이, 확대경의 무게, 확대경의 선택, 저시력 기구의 모양 등에 관하여 함께 이야기하고 조언한다.

작업 거리는 학습에 매우 중요한 영향을 미친다. 특히 확대 배율이 높고 작업 거리가 짧으면 쓰기와 같은 과제는 더 어려워지므로, 교사는 작업 거리가 적합한가를 관찰한다. 광학기구를 눈에 더 가까이 대면 렌즈를 통하여 보는 영역이 더 넓어진다. 따라서 저시력 학생은 눈과 광학기구 간의 거리를 조절해 보면서 자신에게 적합한

기구를 선택하도록 한다. 초점 깊이가 가장 낮은 확대경은 뇌종양이나 다른 신체장애가 있는 저시력 학생에게는 부적합하므로, 이러한 학생은 처음에 도수가 낮은 확대경으로 시작하여 점차 배율이 높은 확대경을 사용하도록 한다.

저시력 학생이 확대경을 잠깐 사용할 때는 그 무게를 의식하지 못하지만 오랫동안 책을 읽을 때에는 확대경의 무게가 매우 중요하다. 따라서 학생에게 적합한 무게가 어느 정도인지 알아보고, 일정 기간 동안 사용해 본 후에 구입한다. 교사는 저시력 학생이 확대경을 구입할 때 안경, 손잡이형 확대경, 스탠드 확대경, 안경 장착형 확대경 등의 장단점을 설명한 후에 선택하도록 한다.

많은 저시력 학생들은 저시력 기구의 모양을 중요하게 생각하며, 마음에 들지 않을 경우 책상 속에 넣어 두고 사용하지 않을 수도 있다. 따라서 교사는 저시력 학생이 저시력 기구를 얼마나 사용하는가를 관찰하여 사용하지 않거나 사용 빈도가 매우 낮으면 학생과 상의하여 다른 기구를 사용하도록 한다.

3) 지도 방법

저시력 기구에 대한 지도 방법은 다음과 같다.

① 저시력 기구를 일상생활에서 사용하도록 한다. 일상생활에서 과제를 반복하여 작업 거리나 초점 깊이를 기억하도록 한다.

② 성공 지향적 훈련을 한다. 학생이 저시력 기구를 사용하는 데 긍정적인 태도를 갖도록 동기를 유발시킨다. 저시력 학생이 광학기구를 사용하는 데 여러 번 실패하여 별 도움이 되지 않는다고 생각하면 사용법을 자세히 지도하여 성공적인 경험을 갖도록 한다.

③ 처음에는 짧은 시간 동안 연습하도록 하고 점차 시간을 연장한다. 학생이 지금까지 사용하지 않던 근육을 사용하기 때문에 과제를 수행하는 데 지루하고 불편할 수 있다. 그러므로 한 번에 오랫동안 연습하도록 하는 것보다 여러 차례로 나누어 짧은 시간 동안 연습하는 것이 좋다. 이러한 방법으로 저시력 기구를 사용하는 데 익숙해지고 피로에 대하여 내성을 기르도록 한다.

④ 자료와의 관련성을 갖게 한다. 과제를 결과와 연계시킬 수 없을 때, 저시력 학생의 동기를 유발시킬 수 없다. 예를 들면, 저시력 학생이 동화책을 읽고 싶어

할 때, 다른 자료로 읽는 연습을 시키는 것은 동기를 유발하기 어렵다. 그러므로 아동이 흥미 있어 하는 자료로 연습하도록 한다.

4) 훈련과정

저시력 기구를 사용하는 데 장점보다 단점이 더 많다면 저시력 학생은 어떤 기구도 사용하려 하지 않을 것이다. 따라서 각 학생의 요구에 맞는 훈련을 함으로써 학생의 목적에 부합하도록 적합하고 효과적인 방법을 개발한다. 저시력 기구에 따른 일반적인 훈련과정은 다음과 같다.

(1) 확대경

① 읽을 자료의 위치를 찾는다.
② 편안함을 느낄 수 있도록 불빛의 각도를 조절한다.
③ 피로를 덜 느끼도록 편안한 자세로, 확대경과 자료의 위치를 바르게 한다.
④ 변이를 최소화하기 위하여 렌즈의 중심을 통하여 보는 연습을 한다.
⑤ 머리나 자료 또는 두 가지 모두를 움직임으로써 읽거나 조사하는 방법을 배운다. 예를 들면, 타이포스코프를 사용하거나 각 줄의 맨 처음을 손가락으로 짚어 줄을 잃지 않도록 한다.

(2) 망원경

① 저시력 학생이 정지된 상태에 있는 동안 정지된 물체의 위치를 파악하는 방법을 배운다.
② 저시력 학생이 정지된 상태에 있는 동안 움직이는 물체의 위치를 파악하는 방법을 배운다.
③ 저시력 학생이 움직이는 동안 움직이는 물체의 위치를 파악하는 방법을 배운다.
④ 저시력 학생이 심도지각이나 망원경으로 물체를 서로 다른 두 지점에서 보았을 때 나타나는 방향의 차와 같은 특수한 문제를 극복하기 위하여 시각적 변별, 시기억, 시각적 연상 기술을 발달시킨다.

(3) CCTV나 그 밖의 전자 확대기

① 저시력 학생이 이들 기기에 적응하도록 한다.

② 저시력 학생에게 사용 방법을 가르친 후 학생에게 시범하도록 한다.

③ 읽고 쓰기 위하여 자료의 움직임을 따라가는 방법을 배운다.

④ 확대, 대비, 초점 등을 조절하는 방법을 배운다.

학·습·문·제

1. 확대법을 열거하고 각 확대법의 예를 한 가지씩 제시하시오.

2. 렌즈의 도수를 나타내는 단위로는 디옵터(D)와 X가 있다. 두 단위의 차이를 설명하고, 다음의 초점거리를 구하시오.
(가) 8D (나) 12D (다) 25D (라) 1.5X (마) 8X

3. 막대 확대경과 스탠드 확대경의 장점을 쓰시오.

4. 갈릴레이식 망원경과 케플러식 망원경의 차이점을 설명하시오.

5. 비광학 기구를 열거하고, 그 사용법을 설명하시오.

6. 저시력 학생에게 적합한 저시력 기구를 선정하고, 학생을 훈련시킨 후 효과적인 방법을 기록하시오.

제7장

교수학습 방법

교사가 효과적인 교수학습을 진행하기 위해서는 수업을 설계하고 전달하는 과정이 중요하다. 이 과정에는 연간 목적의 상세화, 단기 목표의 상세화, 과제분석, 교수방법의 선정, 교수전략의 선정, 교수학습 자료의 선정, 능력 수준의 향상 그리고 교수학습 평가계획의 여덟 가지가 포함된다. 그 밖에 시각장애 학생의 특수학습 방법이 있다.

1 연간 목적의 상세화

연간 목적은 1년 동안 예상되는 아동의 성취 수준으로, 특정 아동이 계획된 교수과정을 완전히 이행한 경우의 학년 말 도달점을 교육적으로 추측 또는 추정하는 것이다(김정권, 1991). 연간 목적이 없이는 교사가 무엇을 가르치고, 어떤 교육자료를 사용하며, 어떤 준거에 의하여 평가할 것인가를 결정하기 어렵다. 따라서 수업설계의 첫 단계는 연간 목적을 상세화하는 것이다. 여기에는 ① 바람직한 성취 방향(예: 증가시키기, 감소시키기, 유지하기) ② 학생의 결손 분야(예: 읽기, 쓰기, 사회적 기술) ③ 수업의 출발점 행동(학생의 현재 수행 능력 수준) ④ 수업의 종착점 행동(학생이 1년 동안 성취해야 할 수행 능력 수준) ⑤ 학생이 도움받을 교수학습 방법이 포함된다(Rosenberg, O'Shea, & O'Shea, 1998).

다음은 시각장애 학생의 교육과정 영역을 측정할 수 있는 연간 목적의 예이다.

① 교사의 언어 프롬프트(알려 주기)로 성인들과 상호작용하던 것에서 같은 또래와 상호작용하는 것으로 이행하는 의사소통 기술을 증가시킬 수 있다.
② 교사의 직접교수와 부모의 도움으로 과제를 수행하던 것을 혼자 수행할 수 있다.
③ 교사의 직접교수로 더하기와 빼기를 할 수 있다.
④ 교사의 간접적인 언어 프롬프트와 강화제를 바탕으로, 5분 동안 지속적으로 과제를 수행하던 것에서 20분 동안 지속적으로 수행할 수 있다.

시각장애 학생의 연간 교육 목적은 국민 공통 기본 교육과정(national core curriculum)보다 시각장애와 관련된 독특한 요구를 나타내는 확대 기본 교육과정(expanded core curriculum)에 강조점을 두어야 한다. 국민 공통 기본 교육과정은 국어, 수학, 사회, 과학, 체육, 음악 등과 같이 모든 학생들이 공통적으로 배우는 교육과정이고, 시각장애 학생만이 배우는 확대 기본 교육과정은 의사소통 기술, 보행 기술, 일상생활 기술, 사회적 기술, 오락과 여가선용 기술, 진로교육, 보조공학의 사용, 시효율성(시기능) 기술로 구성된다.

우리나라 시각장애아의 교육과정은 이미 개발된 국민 공통 기본 교육과정을 제외한 확대 기본 교육과정에 초점을 맞추어 종류와 범위를 정하여 개발해야 한다.

또한 앞으로 통합교육을 실시할 때, 일반교사는 국민 공통 기본 교육과정을 교수하고, 시각장애아 교사는 확대 기본 교육과정을 교수하는 방향으로 나아가야 한다. 시각장애 학생에게 가르치는 특정 기술이 과외 학습이나 심화 학습이 아니라 기본 교육과정의 통합적이고 필수적인 요소라는 점을 강조하기 위하여 Hatlen(1996)이 확대 기본 교육과정이라는 용어를 사용하기 시작했고, 그 후 많은 나라들이 그의 주장을 따라 이 용어를 사용하고 있다. 따라서 연간 교육 목적을 상세화할 때 시각장애아 교사는 확대 기본 교육과정 영역에 강조점을 두고 준비하는 것이 바람직하다.

2 단기 목표의 상세화

단기 목표는 장애인교육법(Individuals with Disabilities Education Act: IDEA)에서는 '벤치마크'라고도 하는데 연간 목적을 달성하는 데 중요한 틀을 제공하며, 관찰과 측정이 가능한 용어로 진술되기 때문에 중요한 평가의 준거가 된다.

단기 목표에는 학습자, 조건, 행동, 준거의 네 가지 요소가 포함된다(홍성윤 외, 1999).

1) 학습자

수업은 학습자의 행동에 변화를 가져오는 것을 목표로 하기 때문에 그 목표는 학습자에게 기대되는 구체적이고 외현적인 행동 형태로 진술된다. 수업목표가 '뺄셈을 할 수 있게 한다.'라고 진술된 경우와 '뺄셈을 할 수 있다.'라고 진술된 경우를 비교해 볼 때, 전자는 '할 수 있게 한다.'와 같이 교사의 행동으로 진술되어 있으며, 후자는 '할 수 있다.'와 같이 학습자의 행동으로 진술되어 있다. 이때 교사가 수업을 통해 학생이 어떻게 할 수 있도록 지도하는 것도 중요하지만 수업 활동의 목적은 학생이 무엇을 어떻게 '한다' 또는 '할 수 있다.'와 같이 학습자의 행동으로 진술해야 한다.

2) 조건

조건은 수용할 수 있는 행동의 준거를 기술하는 것이다. 즉 수업목표를 진술할 때 교수과제를 수행하는 데 필요한 전제 조건을 구체화하는 것이다(Alberto & Troutman, 1995).

3) 행동

행동이란 용어는 활동을 관찰할 수 있고, 측정할 수 있으므로 개별화 교육 프로그램(Individualized Education Program: IEP)에 진술된 단기 목표를 흔히 수업목표 또는 행동 목표라고 한다. 행동적 진술과 비행동적 진술 간의 구별은 동사의 선택에 달려 있다. '구별한다, 열거한다, 계산한다, 표시한다, 말한다, 소리 내어 읽는다.' 등은 관찰할 수 있는 행동이지만 '안다, 인식한다, 생각한다, 느낀다, 지각한다, 이해한다' 등은 관찰할 수 없는 행동을 표현하는 동사에 해당한다.

점자에서 'ㅏ 빼기 법칙을 안다.'라고 하면 'ㅏ 빼기 법칙'을 개념적으로 안다는 것인지 'ㅏ 빼기 법칙'을 알고 실제로 사용할 수 있는 것인지를 알 수 없다. 그 이유는 '안다'와 같이 직접 관찰할 수 없는 내재적 행동을 묘사하는 동사를 사용하였기 때문이다.

시각장애 학생의 확대 기본 교육과정의 영역은 지식 중심이기보다 기술 중심 영역이기 때문에 일반적으로 관찰할 수 있는 행동 목표로 진술할 수 있다. 즉 '안내법을 사용한다. 혼자 옷을 입고 벗는다. 머리를 빗는다. 점자의 줄을 자연스럽게 따라가며 읽는다.' 등은 그 좋은 예이다.

4) 준거

수업목표의 준거는 수업목표가 성취되었다고 결론을 내리기 위하여 학생에게 요구되는 정확성이나 습득 수준을 명확하게 진술하는 것이다. 보통 준거는 행동의 정확한 백분율, 수, 비율, 기간 등으로 나타낸다.

준거 수준을 정할 때 시각장애아 교사는 행동을 적절한 척도와 짝 지운다. 만약 학생에게 반복적인 답을 요구하는 과제는 가능한 전체의 답 중 정답의 백분율이나 정답의 수를 제시한다. 예를 들면, '학생이 90%의 정확성으로 샌드위치를 만들 수 있다.'라고 하는 것보다 '학생이 다섯 번 중 네 번 먹을 수 있는 샌드위치를 만들 수 있다.' 또는 '과제분석의 90%의 단계를 순서대로 진행할 수 있다.'라고 구체적으로 진술하는 것이 좋다.

정확한 백분율이나 수와 같은 준거는 처음 학습 단계에서 학습 수준을 평가하는 데 유용하다. 이 수준에서 시각장애아 교사는 해당 과제를 일정한 시간 내에 성취할 수 있다는 것보다 학생이 해당 과제를 성취할 수 있다는 점에 관심을 가져야 한다. 그러나 학생이 기술을 습득한 후에는 효율성과 능숙성에 더 관심을 가져야 한다. 이러한 측면에서 준거 항목에 비율, 기간, 능숙성을 추가하는 것이 때로는 적절하다. 다음은 단기 목표의 예이다.

① 두 자릿수 덧셈 문제 10개를 과제로 내주었을 때, 영수는 이 중 8개를 정확하게 계산할 수 있다.

② 수지는 어른이 말로 환기시킬 때, 다섯 번 중 네 번은 자신에게 말하는 사람과 눈맞춤을 할 수 있다.

③ 건욱이는 물건 값을 카드로 계산한 후, 다섯 번 중 네 번은 영수증에 서명할 수 있다.

④ 주판 덧셈 문제를 점자로 써 주었을 때, 명희는 주판을 사용하여 90%의 정확성으로 답을 계산할 수 있다.

⑤ 영민이는 둘째 시간의 종이 울린 후, 5초 이내에 자신의 자리로 가서 앉을 수 있다.

위의 단기 목표에 대한 각 요소는 〈표 7-1〉과 같다.

〈표 7-1〉 단기 목표의 각 요소

- 학습자와 조건
  1. 영수: 두 자릿수 덧셈 문제 10개를 주었을 때
  2. 수지: 어른이 말로 환기시킬 때
  3. 건욱: 물건 값을 카드로 계산한 후
  4. 명희: 주판 덧셈 문제를 점자로 **써 주었을** 때
  5. 영민: 둘째 시간의 종이 울린 후
- 행동
  1. 영수: 정확하게 계산할 수 있다.
  2. 수지: 자신에게 말하는 사람과 눈맞춤을 할 수 있다.
  3. 건욱: 영수증에 서명할 수 있다.
  4. 명희: 답을 계산할 수 있다.
  5. 영민: 자신의 자리로 가서 앉을 수 있다.
- 준거
  1. 영수: 10개의 문제 가운데 8개
  2. 수지: 다섯 번 중 네 번
  3. 건욱: 다섯 번 중 네 번
  4. 명희: 주판을 사용하여 90%의 정확성
  5. 영민: 5초 이내

3 과제분석

1) 종래의 과제분석

수업설계에서 단기 목표의 상세화 이후의 단계는 과제분석이다. 과제분석은 학생이 성취할 지식이나 기술의 과제를 적절한 순서로 수행하는 단계를 정하는 것이다. 이 단계의 내용은 서로 위계를 형성하는 구조로 조작할 수 있다. 빵 굽기, 세탁하기, 학교 식당에서 줄 서기, 119에 전화하기와 같은 위계적 과제에서 과제분석은 효과적인 방법이다. 정확한 순서대로 따르게 하기 위하여 교사가 분석한 과제를 실제로 수행해 보면서 각 단계를 정하는 것이 바람직하다. 과제분석을 하면 성취 목표의 확인이 가능하고, 계열화 및 조직화가 가능하며, 의사소통이 원활해진다.

과제분석의 특징적인 측면은 단계의 상세화이다. 예를 들면, 이 닦기의 과제분석은 약 10단계를 거친다. 그러나 같은 과제에 대한 상세한 과제분석은 30단계를 거칠 수도 있다. 일반적으로 과제를 얼마나 상세하게 분석할 것인가는 학생의 특성에 따라 다르다. 중복장애가 없는 단순 시각장애 학생의 경우에는 간결한 과제분석이 적합할 수 있으나 중복 시각장애 학생의 경우에는 그 정도가 심할수록 과제분석을 상세화해야 한다. 〈표 7-2〉는 간결 과제분석과 상세 과제분석의 예를 제시한 것이다.

〈표 7-2〉 과제분석: 샌드위치 만들기

간결 과제분석	상세 과제분석
1. 필요한 재료와 접시를 가져온다.	1. 식빵 봉지를 가져다 조리대 위에 놓는다. 2. 냉장고에서 햄 통조림을 꺼내어 조리대 위에 놓는다. 3. 치즈통을 꺼내어 조리대 위에 놓는다. 4. 냉장고에서 마요네즈를 꺼내어 조리대 위에 놓는다. 5. 수납장에서 접시를 꺼내어 조리대 위에 놓는다.
2. 식빵 한 조각을 접시에 놓는다.	6. 식빵 봉지를 연다. 7. 식빵 한 조각을 집는다. 8. 식빵을 접시에 놓는다.

3. 햄 한 조각을 식빵 위에 놓는다.	9. 햄 통조림을 연다. 10. 햄 한 조각을 집는다. 11. 햄을 식빵 위에 놓는다.
4. 햄 위에 치즈 한 조각을 놓는다.	12. 치즈통을 연다. 13. 치즈 조각을 집는다. 14. 치즈 한 조각을 햄 위에 놓는다.
5. 마요네즈를 두 번째 식빵 위에 바른다.	15. 마요네즈 뚜껑을 연다. 16. 두 번째 식빵을 집어 접시의 첫 번째 식빵 옆에 놓는다. 17. 마요네즈를 두 번째 식빵 위에 바른다.
6. 마요네즈를 바른 두 번째 식빵을 치즈 위에 놓는다.	18. 두 번째 식빵을 집는다. 19. 마요네즈를 바른 두 번째 식빵을 치즈 위에 놓는다.

2) 요소분석

시각장애 학생이 성취할 과제 중에 위계적 과제가 아닌 것은 과제분석을 하지 않아도 된다. 이러한 과제의 예로는 다른 사람과 의사소통하기, 자신을 옹호하기, 정보를 얻기 위하여 기능적 문식성 도구를 사용하기 등이 있다. 이러한 과제들도 출발점 행동과 종착점 행동이 있으나 많은 경우에 순서를 따르지 않으며 대신에 과제의 중요한 요소가 보다 도움이 될 수 있다. 한 예로 파티에서 대화할 때 다음과 같은 과제요소를 고려한다.

① 대화 상대를 찾기 위하여 다른 사람들과 어울리기
② 이미 진행되고 있는 대화에 동참하기
③ 대화를 하지 않고 있는 사람에게 다가가기
④ 자기소개하기
⑤ 대화를 시작하면서 다른 사람을 인정하기
⑥ 필요할 경우 악수하기
⑦ 대화 상대방과 눈맞추기

⑧ 혼자만 말하지 말고 대화의 주도를 넘겨주기
⑨ 적절하고 새로운 주제를 소개하기
⑩ 대화 상대방을 바꾸기
⑪ 두 명 이상의 참가자들과 대화하다가 중지하기

시각장애아 교사는 수업시간이나 실제 생활 장면에서 이처럼 모든 요소를 결합하여 지도하고, 이러한 요소(예: 자기소개하기, 악수하기 등)를 다른 상황과 연계시켜 지도하는 것이 바람직하다.

4 교수학습 방법의 선정

장기 목적과 단기 목표가 정해지고 과제분석을 한 후, 교사는 새로운 과제나 기술을 가르치기 위하여 교수학습 방법을 선정한다. 교수학습 방법에는 강의법, 시범, 질문과 토론, 경험학습, 직접교수, 진단적 교수법 등이 있다. 교사는 여러 교수학습 방법 중에서 학습과제와 특징 그리고 학생의 요구에 따라 교수학습 방법을 선정한다.

1) 강의법

강의법(lecture method)은 교사의 주도하에 일방적으로 학습자에게 학습 정보를 전달하고 이해시키는 형태로 고대 희랍의 웅변술에서 그 기원을 찾을 수 있으며, 헤르바르트(Herbart)의 이론을 토대로 구체화되었다(이성호, 1999). 이 방법은 주로 교사가 제시하는 글과 언어를 통하여 학습자와 의사소통이 이루어지므로, 학습자는 수동적인 학습 자세를 가질 수 있다.

강의법은 단순한 정보와 지식을 전달하기 쉽고, 교사의 의도에 따라 학습 내용의 보충, 첨가, 삭제가 가능하며, 학습 분량, 학습 시간, 학습 환경을 융통성 있게 조절할 수 있다. 그러나 모든 학습자의 개인적인 특성을 고려하기 어렵기 때문에 학생들을 참여시켜 그들의 생각을 표현하고, 토론할 수 있는 분위기를 조성하며, 질문하도록 한다. 즉 효과적인 강의법이 되기 위하여 다른 방법과 병행하는 것이 좋다.

그러나 시각장애 학생의 확대 기본 교육과정은 지식보다 기술로 구성되어 있기 때문에 이러한 영역을 가르칠 때는 강의법을 잘 사용하지 않는다. 예를 들면, 일상생활 기술 중 김치 담그기를 가르칠 때는 강의법보다 직접 김치를 담그는 방법을 지도하는 것이 바람직하다. 이때 시범은 보다 효과적이고 흥미로울 수 있다.

2) 시범

시범(model)은 교사의 안내로 시행하는 교수학습의 일종으로 방법이나 절차를 이해하기 쉽게 토론 전 단계에서 이루어지는 것이 보통이다. 시범에서는 시각적인 동작과 관찰이 중요하므로 공간이 확보되어야 하고, 슬라이드나 다른 시각교재를 사용할 수 있다(서울대학교 교육연구소, 1998).

일부 저시력 학생들은 시범을 통해 시각적 정보를 수집하고 그 내용을 모방할 수 있다. 기능시력 평가는 학생이 시범학습을 할 수 있는가를 아는 데 필요하다. 그러나 일부 저시력 학생과 맹학생에게는 다른 교수학습 방법을 사용하는 것이 더 효과적일 수 있다.

3) 질문과 토론

토론식 교수법(argumentative teaching)은 학습자와 학습자, 학습자와 교사 사이의 상호작용을 전제로 하여 정보나 아이디어, 의견 등을 나누며 함께 문제를 해결해 나가는 탐구과정으로서(김신자, 2000; 이성호, 1999), 교과교육에서 가장 많이 활용되고 있는 학습의 한 형태이다.

토론법은 여러 다양한 교수 방법과 상호 연계하에 활용될 수 있고, 집단의 참여를 촉진하거나 문제에 대한 안목의 확장, 타인의 입장이나 견해를 이해하는 데 활용되며, 학습자의 능동적인 참여와 지식과 경험을 자연스럽게 이끌어 낼 수 있고, 불명확한 부분을 명확하게 하며, 상호 이해를 촉진할 수 있는 유용한 방법이다.

질문법과 토론법에서 교사는 지시자나 지배자의 역할을 하는 것이 아니라 안내자의 역할을 함으로써 학생 스스로 주제를 탐구하도록 질문과 토론을 한다. 이 교수방법은 맹학생과 저시력 학생이 문제해결, 자기 옹호 및 다른 사회적 기술을 포함한 영역들을 탐구하도록 함으로써 첫째, 사고력을 높이고 스스로 판단하는 태도, 둘째, 자신의 의견을 주장하고 상대방에게 전달하는 태도, 셋째, 타인의 의견을 존중하고 관대하게 수용하는 태도, 넷째, 자기 발언의 중요성을 이해하고 타인의 의견을 논리적으로 비판하는 태도, 다섯째, 자기주장이 부당한 경우 집단의 의견에 따르고 협력하는 태도, 여섯째, 회의를 민주적으로 운영하는 태도, 일곱째, 다른 사람의 의견을 듣고 자신의 의식을 확대시키며 심화하려는 탐구적인 태도 등을 기를 수 있다.

4) 경험학습

경험학습(learning by experience)에서는 학생이 스스로 지식의 개념을 학습할 수 있도록 아동이 탐구하고, 조사하고, 사고하며 질문하도록 동기를 유발할 수 있는 환경을 조성한다. 이 방법은 '발견학습'이라고도 하며, 교사가 학습의 지시자이기보다 학습의 촉진자가 된다.

경험학습의 중요한 요소는 시각적 동기, 관찰, 모방 등이다. 교사가 특정 기술을 가르치기 위하여 실질적인 경험을 사용할 때 경험학습은 시각장애 학생에게 주위에 대한 현실감을 준다는 점에서 매우 중요하다.

5) 직접교수

시각장애가 모델링, 관찰, 모방을 통하여 이루어지는 자연스러운 학습을 제한시키기 때문에 직접교수(direct instruction)는 시각장애 학생을 가르치는 유용한 교수학습 방법이 될 수 있다. 즉 시각장애 학생이 우발학습을 통하여 일상생활 기술을 학습하기 어려우므로 직접교수는 이러한 기술을 가르치는 데 매우 효과적이다. 직접교수는 다음에 제시할 특수 방법 원리를 통합하여 지도하는 것이 좋다. 또한 시각장애 학생의 수업에서 필요할 경우, 자료와 수업 내용을 수정하여 적용하는 것이 바람직하다. 예를 들면, 빵을 똑같은 크기로 자르도록 가르칠 때, 교사는 학습 활동에 들어가기 전에 간단한 양각 선도형을 사용하여 그 과정을 연습하게 한다. 물론 직접교수에서도 다양한 교수학습 전략을 병행할 수 있다.

6) 진단적 교수법

진단적 교수법(diagnostic teaching)은 직접교수의 한 변형으로 볼 수 있다. 이 교수학습 방법은 학습장애나 다른 학습 문제를 가진 학생을 가르치기 위해 처음 시도되었다. 학습장애 학생의 행동이 매우 복잡하므로 이러한 요구를 평가하는 유일한 방법은 학생을 수업에 참여시켜 특별한 교수학습 방법의 전략적 변화에 대한 학생의 반응을 평가하는 것이다. 진단적 교수법은 수업과 평가를 결합한 것으로 수업시간에 학생의 요구와 능력을 관찰할 수 있기 때문에 수업시간을 최대로 활용하게 된다.

특별히 어떤 교수 방법이 효과적이라는 것을 발견하지 못할 경우, 교사는 진단적 교수법을 사용하여 비효과적인 요소를 빨리 알아내서 교수학습 방법을 바꾸어야 한다. 전통적인 교수학습 방법에서는 과제나 기술을 가르친 후에 평가하기 때문에 학생을 그때그때 평가하여 학습 문제를 파악하는 데 오랜 시간이 걸린다. 그러나 진단적 교수학습 방법에서는 수업과 함께 계속해서 평가하기 때문에 즉시 학생의 학습 문제에 대처할 수 있다.

5 교수학습 전략의 선정

교사는 시각장애 학생에게 새로운 기술을 가르치고 그 기술을 사용하도록 하기 위하여 여러 가지 교수학습 전략을 선정하여 사용한다. 교수학습 전략에는 모델링과 가이던스, 프롬프팅, 조성 및 연쇄 등이 있다.

교사는 학생에게 가장 적합한 교수학습 전략을 선정하여 학생의 과제 수행을 돕는다. 예를 들면, 학생이 의복을 세탁하는 것을 학습한다면, 교사는 여러 단계를 통하여 처음에는 신체적 가이던스로 성취할 과제의 위계적 단계를 가르친다. 학생이 기초적인 능력을 습득하면, 최소한의 언어적 프롬프트를 사용하고, 교수과제나 기술에 맞는 전략을 신중하게 선정한다.

1) 모델링과 가이던스

시각장애아 교사는 과제나 기술에 대한 모델링(modeling)이나 시범을 하고, 학생은 과제나 기술을 수행하는 데 모형을 사용한다. 교사는 학생의 뒤에 서거나 앉아서 학생의 손을 잡거나 학생이 교사의 손을 잡은 상태에서 해당 과제의 여러 단계를 직접 접촉하게 함으로써 보여 준다.

신체적 모델링이나 지도는 새로운 기술을 가르치는 데 매우 효과적인 방법이다. 예를 들면, 버터를 빵에 바르는 방법을 가르칠 때, 신체적 모델링을 사용하면 빨리 배울 수 있다. 이 경우 언어적 가이던스(guidance)는 신체적 모델링에 비해 비효율적이고 성공의 가능성이 떨어질 수 있다.

시각적 모델링은 일부 저시력 학생에게도 사용할 수 있으나 신체적 · 언어적 지도와 함께 병행해야 한다.

2) 프롬프팅

프롬프트(Prompt)란 연극을 공연할 때 관객이 볼 수 없는 곳에서 배우에게 대사나 동작 따위를 일러 주는 일을 말하는 것이다. 한편 학습에서는 학생이 지금까지 습득하지 못한 과제를 완성할 수 있도록 시각적, 촉각적, 신체적, 청각적으로 도움을 주는 것을 말한다.

언어 프롬프트는 학생이 과제를 완수하도록 교사가 언어로 힌트를 주어 환기시키거나 자극하는 것이다. 프롬프트는 직접적인 알려 주기로 시작하여 점차 일반적인 알려 주기로 진행한다. 예를 들면, 학생이 판자를 자를 경우, 교사는 '톱이 필요한가, 망치가 필요한가?'와 같은 언어 프롬프트를 사용하여 학생이 필요한 도구가 무엇인지 알게 한다.

맹학생은 청각을 잘 사용하기 때문에 언어 프롬프트가 효과적이다. 반대로 저시력 학생에게는 작업 거리, 시효율성, 시력, 시야 등에 따라 시각적 프롬프트가 효과적일 수 있다. 예를 들면, 교실 벽에 걸려 있는 시계를 가리키는 것은 저시력 학생에게 효과적인 시력 프롬프트이다. 이때 기능시력 평가는 어떤 시력 프롬프트가 어떤 조건에서 저시력 학생에게 효과적인지 알게 한다.

여러 가지 프롬프트를 서로 결합하여 사용할 수 있는데 신체적 프롬프트와 시력 프롬프트, 시력 프롬프트와 언어 프롬프트가 주로 함께 사용된다. 예를 들면, 학생이 자동판매기에서 좋아하는 음료수를 선택하는 학습을 할 경우, 교사는 학생의 손을 잡고 버튼의 윗줄을 만져 보여 주면서 "오른쪽 위 버튼을 찾아라."라고 말한다.

저시력 학생이 시각적 기술을 사용하여 이 과제를 수행할 경우, 교사는 원하는 버튼에 회중전등을 비추면서 언어 단서를 사용할 수 있다. 학생이 특정 기술을 습득하기 시작하면, 사용하던 프롬프트 중 한 가지씩 제거해 간다. 소거 프롬프트(fading prompt)에는 네 가지 방법이 있다(Alberto & Troutman, 1995).

① 학생이 한 가지 이상의 과제를 혼자 완성할 수 있을 때, 프롬프트를 더 적게 제공하면서 지원을 줄인다.
② 신체적 프롬프트를 제공할 때, 신체적 힘을 점진적으로 줄인다. 예를 들면, 손을 꼭 잡고 지도하던 것을 차츰 손을 건드리는 것만으로 신호를 준다.
③ 프롬프트를 제공하는 시간의 간격을 점점 증가시킨다.
④ 학생이 과제를 완성하는 데 필요한 최소한의 프롬프트를 제공한다.

3) 조성

조성(shaping)이란 보상받는 수준을 낮게 시작해서 점진적으로 높임으로써 교사가 학생으로 하여금 과제를 습득하도록 하는 교수학습 전략이다. 학생에게 빵에 버터를 바르도록 가르칠 때 다음과 같이 사용할 수 있다.

① 학생이 빵 위에 한 수저의 버터를 올려놓으면 교사는 강화한다.
② 학생이 빵의 한 가운데서부터 버터를 바르면 교사는 강화한다.
③ 학생이 버터를 골고루 펴 바르면 교사는 강화한다.
④ 학생이 버터를 점차 빵 전체에 골고루 펴 바르면 교사는 강화한다.

4) 연쇄

연쇄(chaining)는 조건-반사 학습을 계열적으로 연결하는 것을 말한다. 따라서 학습자가 이전에 습득한 자극-반응 학습과 결합하게 된다. 시각장애아 교사는 특정 과제의 학습, 즉 샌드위치 만들기, 세탁하기, 셔츠 입기와 같은 위계적 과제에서 시각장애아 교사는 특정과제를 학습하는 데 필요한 수업을 구조화하기 위해 연쇄를 사용한다. 연쇄는 수업의 위계적 과제의 특정 단계에 목표를 두고, 학생이 그 단계를 습득할 때까지 가르치고 이후에 다음 단계를 가르치는 방법이다. 연쇄를 위계적

과제와 함께 사용하기 때문에 교사는 수업을 실시하기 전에 과제분석을 시행한다.

연쇄에는 전진연쇄와 후진연쇄의 두 가지가 있다. 전진연쇄는 순서의 처음부터 시작하여 수업의 첫 단계에 목표를 두고, 학생에게 그 나머지 단계들을 완성하도록 한다. 예를 들면, 〈표 7-2〉의 샌드위치를 만드는 간결 과제분석에서 전진연쇄를 사용하는 교사는 먼저 수업을 위하여 재료를 수집하는 것에 목적을 둔다. 학생이 이 단계를 습득하면 교사는 접시에 식빵을 놓는 것에 목표를 두고 학생이 각 단계를 마칠 때까지 혼자 계속하도록 한다. 위계적 과제에서 첫 단계부터 시작하는 것이 타당하지만 때로는 마지막 단계에서 시작하는 것이 더 효과적일 수 있다.

수업의 위계적 과제의 마지막 단계부터 목표를 두는 것을 후진연쇄라고 한다. 교사는 특정 학생에게 후진연쇄가 전진연쇄보다 더 도움이 되는지를 알아보기 위하여 각 위계적 과제를 평가해야 한다.

6 교수학습 자료의 선정

시각장애아 교사는 수업계획 과정에서 필요한 교수학습 자료를 검토한다. 만약 이러한 자료가 학습목표에 적합하지 않을 경우, 자료의 사용은 교수학습 과정에 불필요하다. 많은 교수학습 자료를 시각장애 학생들이 반복적으로 만져 보기 때문에 일반적인 자료들보다 더 튼튼해야 하므로 교수학습 자료의 질과 내구성도 고려해야 한다. 예를 들면, 얇고 투명한 종이로 만든 눈송이 모형은 손으로 만져 보는 어린 아동에게 필요한 촉각 단서를 주지 못한다. 이러한 경우에는 두꺼운 종이로 만든 모형이 촉각적으로 더 효과적이다.

수업에서 사용하는 일부 자료들은 특별히 설계·제작되어 판매되고 있는 것도 있다. 그 예로는 점자판, 주판, 점자나 큰문자로 된 자, 오락이나 체육시간에 사용되는 방울 공, 조리 시간에 사용하는 점자 타이머 등이 있다. 시각장애아 교사는 수업 시간 전에 자료를 수정할 수 있다. 교수학습을 향상시키는 교수학습 자료의 선정 시에 일반학급에서 통합교육을 받는 시각장애 학생에 대하여도 고려하는 것이 바람직하다. 예를 들면, 저시력 학생에게 굵은 줄이 그어진 공책을 사용하도록 하여 글씨 쓰기에 도움을 준다.

시각장애아 교사는 학생의 IEP에 있는 특정 목표의 성취를 위하여 기기와 자료를 준비한다. 예를 들면, 중복 시각장애 학생이 재활용 물건을 분류할 때, 교사는 여러 개의 용기에 점자나 묵자로 라벨을 써 붙여 정확하게 분류하도록 한다.

7 능력 수준의 향상

1) 능력 수준의 단계

수업설계 과정의 모든 측면을 통하여 과제를 완수하기 위해서는 능력 수준을 향상시켜야 한다. 여기에는 습득, 능숙성, 유지, 일반화의 네 단계가 포함된다(Alberto & Troutman, 1995).

(1) 습득

교사는 적당한 교수학습 방법과 전략을 사용하여 학생이 새로운 기술을 습득하거나 새로운 과제를 학습하도록 한다. 이때 특정 기술을 능숙한 수준까지 끌어올리거나 다른 환경이나 조건에서 유지하고 전이할 수 있도록 연습시키는 것이 중요하다.

(2) 능숙성

수업에서 기술이나 과제를 능숙하게 잘하는 것은 매우 중요하다. 이렇게 하기 위하여 습득한 기술을 반복적으로 연습해야 한다. 일상생활에서 흔히 하는 세탁하기, 커피 끓이기, 가스레인지 사용하기, 공과금 지불하기, 머리 감기 등과 같은 과제는 어른들에게는 일상적인 것이어서 거의 집중하지 않고도 잘 수행한다. 겉으로 보기에는 특별한 노력이 요구되지 않을 것 같은 이러한 과제들은 그러나 많은 연습이 있었기 때문에 쉽게 할 수 있는 것이다. 예를 들면, 우리들이 젓가락을 잘 사용하는 것은 어려서부터 많은 연습을 했기 때문이고, 외국인이 젓가락을 잘 사용하지 못하는 것은 젓가락을 사용하는 연습을 하지 않았기 때문이다.

이처럼 아동에게 이미 알고 있는 기술을 연습하도록 함으로써 그 기술을 발달시키게 한다. 과제 수행에 필요한 적절한 연습을 하지 않으면 학생에게 이 기술은 더 어렵고 더 비효율적이 된다. 학생이 실수하지 않고 특정 단계에 집중하지 않고도 과제를 수행할 수 있을 때 해당 과제를 충분히 연습했다고 할 수 있으며, 능숙하다고 볼 수 있다.

(3) 유지

학생이 매일 연습을 통하여 특정 기술을 능숙하게 잘할 수 있게 되면 그 기술을 유지할 수 있도록 정기적으로 연습 시간을 주어야 한다. 학생이 기술을 유지하지 못한다면 교사는 다시 가르치고 자주 연습 시간을 제공한다. 이때 학생이 기술을 유지하기 위하여 연습을 하되, 그 수업에 싫증을 느끼지 않도록 하는 것이 중요하다.

(4) 일반화

궁극적인 학습 수준은 일반화이다. 즉 여러 가지 자료를 가지고 새로운 환경이나 조건에서 기술이나 과제를 적용하는 것이 바람직하다. 예를 들면, 학생이 낯선 사람을 만나 인사하고, 악수하는 과제를 학습하고 이것을 유지한다면, 학생은 부모와 함께 있을 때 낯선 이웃에게 인사하고, 마지막으로 혼자 있을 때 이 기술을 일반화할 수 있을 것이다.

시각장애아 교사가 과제를 일반화하기 전에 충족해야 할 기본 조건은 학생이 해당 과제를 습득하고, 연습하며 유지하는 것이다. 이러한 조건이 충족될 경우, 교사는 과제의 일반화를 위하여 필요한 단계를 밟아야 한다.

2) 일반화 전략

일반화 전략은 다음의 일곱 가지로 구성된다(Mastropieri & Scruggs, 1994).

(1) 충분한 훈련

수업시간에 여러 가지 충분한 예를 사용하는 것을 말한다. 예를 들면, 냉동된 음식물을 오븐으로 데우는 학습을 할 경우, 학생에게 학교에서 사용하는 한 가지 오븐

외에 여러 가지 형태의 오븐을 보여 준다. 이때 집에서 사용하는 오븐도 반드시 포함시켜야 한다.

(2) 다양한 훈련

수업시간에 학생이 여러 가지 조건에서 다양한 방법으로 반응하도록 훈련시키는 것을 말한다. 예를 들면, 친구에게 인사하는 것을 가르칠 경우, 교사는 학생에게 '오랜만이다, 잘 있었어? 무슨 일 있었니?' 등과 같은 여러 가지 인사말을 사용하도록 한다.

(3) 우연성

학생의 행동을 가르치고 강화하는 데 매우 구조화된 방법의 일부로 사용되는 것으로 학생이 잘한 일에 관하여 강화받을 수 있는 여러 가지 학습 상황을 마련하는 것을 말한다. 예를 들면, 학생이 차례를 기다리고 있는 동안 우연히 교사로부터 칭찬을 받을 때, 예상하지 못한 우연한 강화는 일반화를 촉진시킨다.

(4) 역할놀이

교사는 학생이 특정 상황에서 하는 행동을 그대로 할 수 있도록 '실제 생활' 환경과 같은 상황을 마련한다. 예를 들면, 교사는 가상적으로 비상 상황을 조성하여 학생이 119에 전화하는 연습을 하도록 한다. 이러한 역할놀이는 일반화에 도움을 준다.

(5) 자기관리

학생이 여러 장면에서 자신의 행동을 관찰하고 관리하도록 가르치는 것을 말한다. 예를 들면, 다른 사람과 눈맞춤을 증가시키기 위하여 노력하는 학생에게 매일마다 눈맞춤을 할 때마다 수첩에 표시하도록 하고 수업이 끝나면 모두 몇 번의 눈맞춤을 했는지 알게 한다.

(6) 강화

다른 상황이나 조건에서 특정 행동을 할 때 확실한 강화를 하는 것을 말한다. 예를 들면, 학생이 수업시간에 해당 과제를 학습하던 것을 쉬는 시간이나 가정에 돌아와서도 계속한다면 교사나 부모가 강화한다.

(7) 재훈련

다른 장면이나 조건에서 목표 행동이나 기술을 가르치는 것을 말한다. 예를 들면, 학생이 점심시간에 식사하기 기술을 학습하였을 경우, 근처 일반 식당, 가정의 저녁 식사시간, 소풍 등의 상황에도 같은 교수 방법을 사용한다.

3) 응용행동분석

대부분의 학생들은 '우연히' 강화하는 수업에 즐겁게 반응한다. 그러므로 교사는 강화하기에 적합하다고 판단되는 경우, 학생을 칭찬한다. 그러나 구체적인 절차에 따라 형식적으로 강화하면 안 된다.

학생이 더 체계적인 학습 방법을 필요로 할 경우, 교사는 응용행동분석(applied behavior analysis) 전략의 사용을 고려해 본다. 응용행동분석은 학생의 바람직한 행동을 증가시키기 위하여 행동수정 원리와 구조화된 강화 절차를 통합하는 것으로 그 특징은 다음과 같다.

① 외현적 행동에 초점을 둔다.
② 사회적 상황에서 행동에 초점을 맞춘다.
③ 시간 간격을 두고 학생의 행동 변화에 초점을 맞춘다.
④ 행동을 직접 관찰한 후 평가한다.
⑤ 오랜 시간 동안 간격을 두고 평가를 계속한다.
⑥ 행동의 빈도에 영향을 주는 관찰 가능한 사건을 활용한다.
⑦ 행동의 변화에 영향을 주는 요인을 평가한다.

8 교수학습 평가계획

수업이 끝난 후에는 학생이 어느 정도 학습했는가를 평가한다. 매일매일의 평가는 행동 목표와 직접적인 관계를 갖는다. 수업목표가 적절하게 진술되면, 수업 내용을 어떻게 평가하고 습득하는 기준이 무엇인지 알 수 있다.

예를 들면, 〈표 7-1〉에 제시된 예에서 수지는 눈맞춤을 유지하는 수업을 필요로 한다. 그 조건으로 '어른이 언어로 수지를 환기시킬 때, 수지는 다섯 번 중 네 번의 눈맞춤을 한다.'고 되어 있다. 따라서 교사는 수업시간에 수지가 최소한 네 번 눈맞춤을 하도록 환기시키는 것과 함께 눈맞춤의 중요성에 대하여 가르친다. 그리고 교사는 수지의 눈맞추기 성공 여부를 빈도수로 기록하고, 다섯 번 중 네 번의 눈맞춤이 성공하면 준거에 도달한 것으로 평가한다. 눈맞춤을 하지 못하는 상황에서는 교사가 신체적 프롬프트(예: 수지의 팔을 가볍게 건드림)와 같은 보다 직접적인 프롬프트 방법을 사용한다.

일반적으로 매일의 평가는 이미 제시한 예에서 설명한 바와 같이 체계적인 방법으로 행동을 표로 작성하거나 차트화하는 것을 포함한다. 그러나 검목표를 사용하고, 학생이나 다른 사람들과 면접하고, 관찰하는 것과 같은 비형식적 평가도 도움이 될 수 있다.

수업의 적절한 계획과 준비를 한 후 교수학습의 다음 단계는 수업을 진행하는 것이다. 즉, 올바른 내용을 전달하고, 학생을 능동적으로 학습에 참가시켜, 학생으로 하여금 수업목표를 달성하도록 한다. 이때 다음과 같은 지침을 고려해야 한다.

① 수업의 목적과 중요성을 명확하게 설명한다. 학생이 수업의 핵심을 알고 무엇을 배울 것인가를 정확하게 알게 한다.

② 사용한 자료나 수업이 적절했는가를 검토한다. 수업이 계속되는 것이라면 어제 사용한 자료를 가지고 다시 시작할 수도 있다.

③ 수업을 학생의 경험과 연계시킨다. 학생의 경험을 학습 내용과 연계하여 교수할 때 더 의미 있고, 효율적인 반면 이러한 연계가 없으면 수업 내용에 대하여 이해하거나 개념적 지식을 얻기 어렵다.

④ 연습과 적절한 프롬프트를 제공하면서 수업을 진행한다. 수업 중에 학생에게 질문하고 정기적으로 중요한 요점을 검토하여 학생이 이해하고 있는지 조사한

다. 만약 잘 알고 있으면 적절하게 칭찬하되, 지나치게 칭찬해서는 안 된다.

⑤ 학생에게 혼자서 연습할 기회를 준다. 단, 연습 시간에 학생에게 지나친 힌트를 주지 않도록 한다.

⑥ 평가로 수업의 결론을 내리고 학생의 수행 능력에 대한 피드백을 준다. 학생에게 다음 날 배울 내용을 요약해 알려 주고, 오늘의 수업을 다음의 수업과 연계시킨다.

9 특수 방법의 원리

학생이 학습에서 사용하는 정보의 60~80%가 시력과 관계되기 때문에(MacCuspie, 1996), 맹학생이나 저시력 학생을 효과적으로 가르치는 데는 특수 방법이 필요하다. Lowenfeld(1973)는 실명이 부과하는 세 가지 제한성을 제시하고, 그 제한성을 최소화하거나 제거하기 위하여 다음과 같은 특수 방법의 원리를 제안했다.

1) 구체적 경험

시각장애 아동은 주위 환경에 대한 지식을 얻고 의미 있는 개념을 발달시키기 위하여 사물에 대한 풍부하고 다양하며 일관성 있는 구체적 경험이 필요하다. 이러한 경험은 경험의 범위와 다양성에서의 제한성을 어느 정도 극복할 수 있도록 한다. 구체적인 경험을 제공하기 위하여 다음과 같은 방법을 적용한다(Lowenfeld, 1973).

① 가능하다면 자연적인 환경에서 실물을 사용한다.

② 자연적인 환경에서 실물을 구할 수 없을 때는 모형을 사용한다.

③ 매우 큰 건물이나 별과 같은 실물을 사용할 수 없을 때는 모형을 사용한다.

그 밖에 구체적 경험을 제공하는 전략은 다음과 같다.

① 충분한 시간을 주어 실물을 탐구하도록 하고 시력을 포함한 모든 감각을 사용하도록 한다. 예를 들면, 박물관에 가서 전시장을 돌아다니며 구경하고, 손으로 충분히 만져 볼 수 있는 시간을 준다.

② 촉각 도형은 물건의 실제를 정확하게 나타내지 못하기 때문에 개념적 이해를 발달시키는 데 실물을 대신하는 촉각 도형을 지나치게 사용해서는 안 된다. 동물의 양각 선 도형은 맹학생이 특정 동물의 특징을 정확히 이해하는 데 도움을 주지 못하기 때문이다.
③ 아동이 공간적 배열과 전체를 알 수 있도록 실제 생활 경험을 하게 한 후 물건에 대한 모형을 사용하게 한다.
④ 시각적 관찰이나 모방을 통하여 우연히 학습된 기술을 직접 가르친다.
⑤ 일상생활에서 흔한 활동의 공통점을 충분히 경험하게 한다. 그 후 아동의 경험 영역을 계속해서 확대한다.

풍부하고 구체적인 경험을 제공하는 것은 시각장애 아동이 언어유희(verbalisms)를 피하도록 돕는다. 언어유희란 시각장애 아동에게 의미를 주는 경험적 기초가 없는 상태에서 그 단어를 사용하는 것을 말한다. 맹아동에게 주위의 현실에 대한 직접적인 경험 기회를 제공하는 것은 아동의 어휘를 풍부하게 하고(Lowenfeld, 1973), 이러한 지식과 경험은 환경에 대한 현실감을 발달시킨다.

2) 실천학습

실천학습(learning by doing)은 단순히 강의나 토론을 하는 것보다 수업과제를 완성하는 데 보다 적극적으로 학생을 참가시켜 성취하도록 한다. 구두끈을 매거나 김밥을 만드는 방법에 대하여 강의만 하는 것은 아동에게 아무런 의미를 주지 못한다.

Lowenfeld(1973)는 어떤 일을 시각장애 아동 스스로 하게 하기보다 시간을 절약하기 위하여 대신 해 주는 것을 경계해야 한다고 했다. '내가 해 주는 것을 받는 사람이 되지 말고 그가 직접 해 보는 사람이 되게 해 주세요.'라는 말은 시각장애 분야의 공통된 지침으로 교사가 따라야 할 기본 원리이다. 특정 기술을 가르치고 아동이 그 기술을 혼자 해 보도록 하는 것은 체계적인 수업과 실천 그리고 적용에 시간을 요구하는 과정이다.

실천학습에서 중요한 것은 시각장애 학생에게 생활에 필요한 기술을 가르치는 데 충분한 시간을 배정하는 것이다. 충분한 시간을 배정하기 위하여 정규 수업시간 외에 교수학습 시간을 연장하거나(예: 수업 전이나 후 또는 주말에 아동에게 일상생활 기술을 가르치기), 정상적인 수업시수를 초과할 수도 있다.

그러나 이러한 방법은 기본 교육과정에서 중요한 영역을 배제시키는 것이므로, 교육과정의 우선순위를 정하고, 학기마다 기술 수업계획을 세워 이를 위한 가외 시간을 배정해야 한다.

3) 통합경험

통합경험(unifying experience)을 제공하는 것은 시각장애 학생이 물체나 환경에 대한 전체성 또는 통일성을 얻을 기회를 주는 것이다. 시각장애가 사물을 총체적으로 경험할 기회를 제한시키기 때문에 이러한 제한성을 보상하기 위하여 특수한 전략을 사용하는 것이 좋다. Lowenfeld(1973)는 이와 관련하여 다음과 같은 전략을 제안했다.

① 학습 단원에서 각각의 수업과 수업이 연계되도록 가르친다.
② 교실에서 배운 기술과 개념을 실제 생활에 적용한다(예: 학급 파티를 위해 과일과 과자를 살 때 전체 비용 계산하기).

통합경험을 제공하는 것은 매우 중요하지만 이러한 경험은 흔히 지나쳐 버리기 쉽기 때문에 수업시간에 두 가지 측면의 생활을 통합하는 것이 도움이 된다.

교사는 수업 단원에서 학생이 혼자 할 수 없는 단계를 지도할 경우, 첫 단계에서 마지막 단계까지 위계적 과제를 완성하도록 한다. 이러한 방법은 과제 전체에 대한 견해와 현실감을 준다. 예를 들어, 아동이 과자 굽기를 두 단계에 걸쳐 완성한다면, 그 아동은 과자 굽기는 밀가루의 성질과 측정하는 방법 그리고 반죽한 것으로 모양을 만드는 방법을 거치지 않고, 밀가루를 반죽하여 쟁반에 놓고 그 쟁반을 오븐에 넣는 것으로 생각할 수 있다. 교사는 학생이 일반 교육과정의 여러 단계 중 하나를 배울 때, 순차적으로 각 단계를 완성할 수 있도록 돕는다.

수업을 통합하는 또 하나의 측면은 촉각을 비롯한 다른 감각을 사용하는 것이다. 시각장애 아동은 모든 감각을 사용하여 사물의 특징을 체계적으로 탐구하는 방법을 배워야 하고, 저시력 아동은 시각과 촉각을 함께 사용하여야 한다.

학·습·문·제

1. 시각장애 학생의 국민 공통 기본 교육과정과 확대 기본 교육과정의 영역을 열거하고, 그 차이점을 설명하시오.

2. 학습자, 조건, 행동, 준거의 요소를 갖춘 단기 목표 5개를 만들어 보시오.

3. 과제분석의 개념을 설명하고 일상생활 기술 영역에서 2개의 단기 목표를 선정한 후 과제분석하시오.

4. 직접 교수법과 진단적 교수법에 관하여 설명하시오.

5. 교사는 학생의 능력 수준을 향상시키기 위하여 많은 경우 네 단계를 사용한다. 이 네 단계를 간단히 설명하시오.

6. 특수 방법의 원리를 열거하고 이에 관한 특징을 간단히 설명하시오.

제 8 장

영·유아 지도

1 조기교육과 개별화 가족 서비스 계획

1) 조기교육의 중요성

시각장애 영 · 유아 교육은 시각장애아의 학습에 기초이고, 이 시기의 교육 기회와 경험은 시각장애 영 · 유아의 성장발달에 매우 중요하다. 그리고 시력은 시각장애 영 · 유아 교육에 중요한 역할을 한다.

시력은 인간의 일차적 정보의 통로로서 원 · 근거리의 정보를 제공하고, 모든 정보를 통합하는 역할을 한다. 다른 감각들은 시력과 같은 정보를 뇌에 전달하지 못하지만(Gesell, Ilg, & Bullis, 1949) 시각적 정보는 뇌에서 인식된다. 두 눈은 단순히 자료를 수집하여 뇌로 보내고, 뇌는 그 정보를 처리한다. 즉, 눈과 뇌는 상호작용을 통하여 시각적 정보를 인식한다. 또한 시력은 사용하지 않고 '보존'하는 것이 아니라 효율적으로 활용하는 것이 중요하며, 눈을 사용하는 가장 중요한 시기는 눈과 뇌의 연합이 이루어지는 출생 후 2~3년간이다. 시각장애가 된 연령이나 시기는 시각장애 영 · 유아의 발달에 중요한 요인이 된다. 선천성 시각장애 영 · 유아는 후천성 시각장애 영 · 유아에 비해 더 많은 발달지체를 보인다.

한편 청각은 유아가 관심 있는 사물로의 접근 동기를 유발시키는 데 시각만 못하다. 정안 유아는 생후 약 5개월이 되면 관심 있는 사물에 손을 뻗을 수 있게 된다. 시각장애 유아 역시 관심 있는 사물에 손을 뻗는 것은 환경을 탐색하고 주위 세계를 이해하는 중요한 요인이며, 이들에게 두 손을 함께 사용하는 것은 정안 유아가 시력을 사용하는 것보다 더 중요하다. 성장발달은 연속적이고 위계적인 단계를 거치지만 그 시기는 유아에 따라 다르고, 정안 유아나 시각장애 유아의 성장발달은 조직적이고 예상할 수 있는 방법으로 진행된다.

출생에서 6세까지는 시각장애 영 · 유아의 성장발달에 가장 중요한 시기이다. 정안 유아는 이 시기에 여러 가지 우발학습을 할 수 있으나, 시각장애 유아는 장애로 인해 사물과 행동 사이의 관계를 관찰하고, 모방하며, 이해하는 능력에 제한을 받게 된다. 생후 6~8주는 망막의 기능을 자극하는 중요한 시기이고, 대부분의 다른 기술을 학습하는 중요한 시기이기도 하다. 조기교육을 받지 않은 시각장애 유아는 지식과 경험 그리고 환경에 대한 이해에 많은 차이를 보이므로 조기교육을 실시하여 시각장애 영 · 유아의 발달을 촉진시키는 것이 중요하다.

2) 시각장애아 교사의 역할

우리나라에서는 시각장애아 교사 자격증과 같은 특수교육 교사의 자격증을 영역별로 세분화하여 별도로 취득하거나 발급하지 않는다. 그러나 미국과 같은 선진국들은 시각장애아 교사 자격증을 발급하고 있으며, 초등학교 교사와 중등학교 교사로 나누어져 있다. 유아교육 분야에서도 시각장애아 교사를 양성하는 경우가 있으나 대부분은 초등학교 시각장애아 교사가 시각장애 유아교육에 순회교사로 지원한다. 시각장애아 교사는 부모, 일반 유아교육 교사 및 다른 전문가들과 협력하고 팀을 구성하여 시각장애 유아교육의 독특한 요구를 충족시킨다. 이처럼 시각장애아 교사는 시각장애 유아교육에 중요한 역할을 하며, 그 역할은 다음과 같다.

① 조기 선별, 종합적 · 계속적 평가에 참여하여 주도적인 역할을 한다.
② 유아의 개별화 가족 서비스 계획(Individualized Family Service Plan: IFSP)을 개발하는 데 참여한다.
③ 부모, 일반 유아교육 교사, 의료진 및 기타 전문가들과 협력한다.
④ 가족과 유아교육 전문가에게 교재, 필요한 정보 등을 제공한다.

⑤ 시각장애 유아에게 개념발달 또는 점자전(prebraille) 기술과 같은 확대 기본 교육과정을 직접 교수한다.

⑥ 가정에서 학교교육으로 즉 유치원, 초등학교로의 전환교육을 담당한다.

⑦ 중복 시각장애 유아의 교육 활동을 계획하고, 일반 유아교육 교사의 자문에 응한다.

3) 영 · 유아 교육에 관한 법률

유아 특수교육은 단순히 특수교육의 하향적 확대만을 의미하는 것은 아니다. 특수교육은 수정과 교정(remediation) 그리고 재활을 고려하는 데 반하여, 유아 특수교육은 발달지체를 예방하거나 장애의 영향을 최소화하려는 데 목적이 있다.

미국에서는 1975년에 「전장애아교육법(education for all handicapped children's act)」이 제정되어 1986년에 이 법을 개정하여 출생에서 3세까지 장애 영 · 유아에게 특수교육을 실시하도록 하고, 각 주에 많은 재량권을 주었다. 이 조기교육은 다학문적 평가와 IFSP에 기록된 모든 서비스를 적기에 제공하도록 했으며, 사례 관리자(case manager)가 조기교육을 조정하도록 했다. 3~5세의 취학 전 유아에게 교육을 할 때는 개별화 교육 프로그램(IEP)을 개발하여 실시하도록 했다.

1990년에 「전장애아교육법」을 「장애인교육법(Individuals with Disabilities Education Act: IDEA)」으로 개칭하고, 1997년에 개정된 「장애인교육법」에서는 IDEA의 Part C로 장애 영 · 유아 조기중재 프로그램을 상세화했다. 'Part C 프로그램'이라고도 부르는 조기중재 프로그램은 발달지체아가 될 가능성이 높은 장애 영 · 유아를 위해 규정되었다(20 U. S. C. 1432). IFSP에는 영 · 유아와 가족을 대상으로 서비스를 제공하는데, 이 서비스에는 보조공학 서비스 또는 기기의 제공, 청각학 서비스, 가족 훈련 상담과 가정방문, 보건 서비스, 의료 서비스, 간호 서비스, 영양 서비스, 작업치료, 물리치료, 심리학적 서비스, 수용 · 보호 서비스, 사회사업 서비스, 특별 교수, 언어치료, 교통 서비스, 시력 서비스, 기타 조기중재 서비스 등이 포함된다. 출생에서 2세까지의 영 · 유아의 요구에 따른 서비스를 제공하면서 중재 프로그램의 필요성, 중재의 종류, 교육 담당 전문가, 중재 횟수, 교육 환경에 대한 기록 등을 구체적으로 제시해야 한다. IFSP에 관한 법률 규정의 일부는 다음과 같다.

① 객관적 준거에 기초한 영 · 유아의 신체발달, 인지발달, 의사소통발달, 사회적 · 정서적 발달 및 적응발달에 대한 현재의 수준에 관한 진술
② 장애 영 · 유아의 발달을 향상시킬 수 있는 가족, 발달의 우선순위, 관심에 관한 진술
③ 영 · 유아 및 가족이 성취한 결과와 서비스의 수정에 필요한 준거, 절차, 일정 등에 관한 진술
④ 서비스 전달의 빈도, 강도, 방법과 영 · 유아와 가족의 요구를 충족시키는 데 필요한 조기중재 서비스에 관한 진술
⑤ 자연스러운 환경에서 서비스를 제공하는 범위의 정당성과 조기중재 서비스가 제공될 수 있는 자연스러운 환경에 관한 진술
⑥ 서비스의 시작 일자와 서비스의 기간
⑦ 영 · 유아 및 가족의 요구와 관계되는 전문가 중에서 서비스 조정자로 계획을 시행하는 사례관리자의 선정
⑧ 장애 유아를 유치원이나 다른 적절한 서비스로 전환할 때의 지원(20 U. S. C. 1436, §636(d))

우리나라 「장애인 등에 대한 특수교육법」 제18조에는 장애 영아의 교육 지원에 관하여 다음과 같이 규정되어 있다.

> 만 3세 미만의 장애 영아의 보호자는 조기교육이 필요한 경우 교육장에게 교육을 요구할 수 있고, 이 요구를 받은 교육장은 특수교육 지원센터의 진단 · 평가 결과를 기초로 만 3세 미만의 장애 영아를 특수학교의 유치원 과정, 영아학급 또는 특수교육 지원센터에 배치할 수 있도록 했다. 또한 배치된 장애 영아가 의료기관, 복지시설 또는 가정 등에 있을 경우에는 특수교육 교원 및 특수교육 관련 서비스 담당 인력 등으로 하여금 순회교육을 제공하도록 할 수 있다.

그 밖에도 제26조에서는 종일제를 운영하는 유치원 과정의 교육기관에 특수교육 대상자가 배치되는 경우 해당 각급 학교의 장은 특수교육 대상자에 대한 종일제 운영을 담당할 인력을 학급당 1인 이상 추가로 배치할 수 있다고 규정하고 있다.

2 유아교육의 실시

1) 조기 발견

장애 아동에게 서비스를 제공하기 위하여 대상아를 찾아내는 것을 아동 발견(child find)이라 한다. 미국의 각 주는 모든 장애 영 · 유아를 발견하여 계획을 세우고, 진단 · 평가하며, 서비스를 받도록 의뢰하고, 출생에서 21세까지 교육 기회를 제공한다. 즉 교육청은 장애가 의심되는 아동을 발견하고, 진단 · 평가를 실시하여, 조기교육 대상아를 결정하며, 적절한 교육 프로그램을 개발하여 제공한다. 대상아가 장애 영 · 유아인 경우에는 가족에게도 지원 서비스를 제공한다.

일단 유아가 장애아로 의심되면, 그 유아를 조기교육 기관에 의뢰한다. 이때 시각장애아 교사는 사례관리자로 유아와 가족의 병력이나 다른 기록 사항을 검토하고, 시각장애의 가능성을 조사한다. 시각장애아의 선별은 전문가가 수행하도록 하고, 만일 시각장애로 의심되면, 안과의사(가능하면 소아 안과의사)가 정밀검사를 하고, 그 후 시각장애아 교사는 기능시력 평가와 학습매체 평가를 실시한다. 이와 같이 여러 단계의 선별과정을 거쳐 조기중재 서비스 대상아를 결정한다(Bishop, 2000, [그림 8-1] 참조).

특히 조기중재 서비스 대상아를 결정하는 과정에서 최초의 의뢰서와 비형식적 선별 사이의 어느 시점에 시각장애가 의심될 경우에는 안과의사에게 검진을 의뢰하는 것이 매우 중요하다. 이 의뢰는 선별과정을 마친 후에도 발생할 수 있다. 또한 시각장애아 교사는 기능시력 평가와 학습매체 평가를 실시하기 전에 안과 보고서를 검토해야 한다. 이러한 절차는 자료 수집과정으로, 중재계획을 세우거나 시행하기 전에, 또는 IFSP를 작성하기 전에 이루어져야 한다.

우리나라에서는 장애 영 · 유아의 조기 발견에 관하여 「장애인 등에 대한 특수교육법」 제14조 제1항에 '교육장 또는 교육감은 영 · 유아의 장애 및 장애 가능성을 조기에 발견하기 위하여 지역주민과 관련 기관을 대상으로 홍보를 실시하고, 해당 지역 내 보건소와 병원 또는 의원에서 선별검사를 무상으로 실시하도록 하고 있다. 또한 제1항에 따른 선별검사를 효율적으로 실시하기 위하여 지방자치단체 및 보건소와 병원, 의원 간에 긴밀한 협조 체제를 구축해야 하며, 보호자 또는 각급 학교의 장은 제15조 제1항 각 호에 따른 장애를 가지고 있거나 장애를 가지고 있다고 의심되는 영 · 유아 및 학생을 발견한 경우에 교육장 또는 교육감에게 진단 · 평가를 의뢰하여야 한다. 그리고 교육장 또는 교육감은 제3항에 따라 진단 · 평가를 의뢰받은 경우 즉시 특수교육 지원센터에 회부하여 진단 · 평가를 실시하고, 그 결과를 해당 영 · 유아 및 학생의 보호자에게 통보하여야 한다.'라고 명시하고 있다.

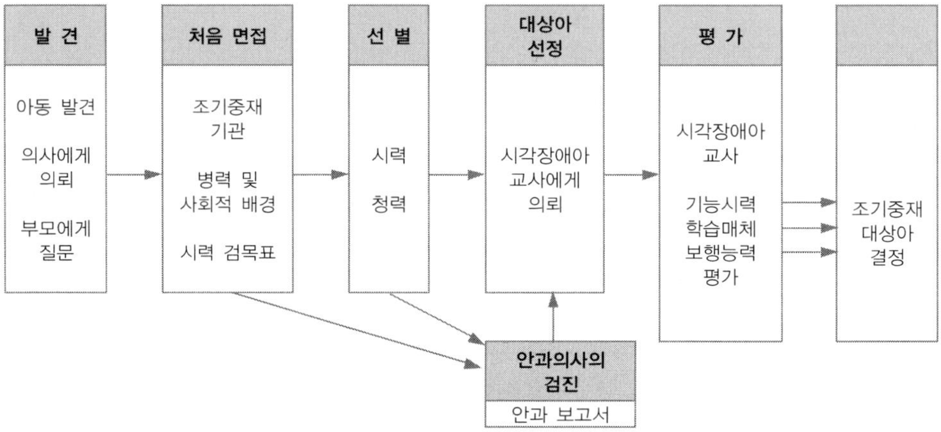

[그림 8-1] 조기중재 대상아의 결정과정

출처: Bishop, V. E. (2000). Early Childhood. In A. J. Koenig, & M. C. Holbrook (Eds.), *Foundation of education: Instructional strategies for teaching children and youths with visual impairments*, p. 232. New York, NY: AFB Press.

2) 시각장애 유아의 배치

1997년에 개정된 「장애인교육법(IDEA)」에 장애 영 · 유아는 정안 영 · 유아와 같이 가정이나 지역사회, 즉 '자연스러운 환경'에서 교육을 받도록 규정되어 있다. 또한 조기교육은 계속적 배치 선택을 가능하도록 하고, 부모가 배치를 선택하며, 개별화 교육 프로그램(IEP)의 결과에 따라 결정된다. 부모가 여러 가지 사항 중에서 영 · 유아의 교육 장소로 가정을 선택하면, 유아교육 교사가 직접 가정을 방문하여 지도한다. 더불어 시각장애 유아를 맹학교나 일반학교 유치부에 배치할 수 있다. 유아가 일반학교 유치부에 배치되면, 시각장애아 교사는 독특한 시각적 기술, 교재, 조기 학습용 교구를 제공한다.

시각장애 유아에게 이상적인 환경을 마련해 주기 위하여 부모의 요구는 물론 유아의 독특한 요구에 따라 결정한다. 부모는 시각장애 유아가 가장 좋은 학습 환경에서 학습하기를 원한다.

학습 환경을 선정할 때는 시각장애와 관련된 요인을 고려하는 것이 바람직하다. 시각장애 유아는 다른 사람의 행동을 모방하기 어렵고 공간적 방향정위에 어려움을 겪게 된다. 따라서 일관성 있고 안전한 교실이 가장 좋은 학습 환경이라 할 수 있다. 그러므로 시각장애 영·유아에게 가장 적합하고, 자연스러운 환경을 IFSP에 포함시킨다.

만약 시각장애 유아로 결정되면, 시각장애아 교사가 IFSP 팀의 구성원으로 참여하여 조기 성장발달에 시력의 중요성을 설명하고, 시각장애의 원인이나 정도에 관한 평가 결과를 해석한다. 또한 기능시력을 향상시킬 수 있는 프로그램을 제안하며, 유아가 다른 감각을 효과적으로 사용할 수 있는 교수전략을 계획한다.

조기교육은 시각장애아 교사의 역할에 달려 있다. 모든 서비스는 가족에게 중점을 두고 여러 전문가가 참여하여 많은 교육자료를 사용하기 때문에, 교사는 서비스를 적기에 적절하게 통합할 수 있는지를 확인한다. 이를 위하여 교사는 팀의 구성원에게 보고서를 통하여 현재의 수준을 알려 주고, 6개월마다 IFSP를 검토한다는 것을 알린다. 이러한 구체적인 노력을 통해 여러 가지 지원 체제를 통합하고, 효율적인 서비스를 제공한다.

3) 팀의 구성과 교육계획

시각장애 유아의 교육팀은 보고서를 작성하고, 유아의 성장발달을 지원하는 의사, 간호사, 유아교육 교사, 사회사업가, 영양사, 작업치료사와 물리치료사 등으로 구성된다. 교육 전문가에는 시각장애아 교사, 보행교사, 언어치료사, 학교 심리학자가 포함되며, 이들을 조정하는 전문가는 시각장애아 교사이다.

이미 설명한 바와 같이 출생에서 3세까지의 영·유아 교육과 3~5세의 유아교육에는 큰 차이가 있다. 영·유아 교육은 가족에 초점을 두고, 유아교육은 유아에게 초점을 둔다. 결과적으로 출생~3세 유아의 개별화 가족 서비스 계획과 3~5세 유아의 개별화 교육 프로그램은 다르다. 이들의 차이는 〈표 8-1〉과 같다(Bishop, 2000).

〈표 8-1〉 개별화 가족 서비스 계획과 개별화 교육 프로그램의 비교

개별화 가족 서비스 계획	개별화 교육 프로그램
유아와 가족의 요구에 초점을 둔다.	아동의 교육적 요구에 초점을 둔다.
주 정부의 조기중재 교육 부서가 서비스를 직접 제공하거나 다른 부서의 서비스를 조정한다.	지역 교육청이 교육 서비스를 제공한다.
1년 내내 서비스를 제공한다.	교육 서비스는 학기 중에만 제공한다.
5개 발달 영역(신체, 인지, 의사소통, 사회 · 정서, 적응행동) 중 한 가지 이상의 영역에서 발달지체가 있으면 조기중재 교육 대상아로 결정한다.	교육적 요구에 기초하여 대상아를 결정한다.
가족은 「장애인교육법」의 Part C에 규정된 절차상의 보호장치에 의하여 보호를 받는다.	가족은 「장애인교육법」의 Part B에 규정된 적법절차에 의하여 보호를 받는다.

출처: Bishop, V. E. (2000). Early Childhood. In A. J. Koenig, & M. C. Holbrook (Eds.), *Foundation of education: Instructional strategies for teaching children and youths with visual impairments.* New York, NY: AFB Press.

4) 부모의 역할

시각장애 유아의 부모는 특수교육과정에서 중요한 역할을 한다. IFSP는 가족의 요구와 유아의 요구 모두를 충족시키기 위하여 설계된 문서로, 가족은 서비스의 참가자이자 수용자이다.

IEP나 IFSP를 개발하는 회의에는 최소한 부모 중 한 사람이 참가해야 한다. 부모는 교육팀의 다른 구성원들이 작성한 목적과 목표에 대하여 질문하고, 삭제하고, 추가하고, 동의하거나 동의하지 않을 권리를 가지며, IFSP를 실시하기 전에 그 계획을 승인한다. 특수교육에 부모와 서비스 제공자를 참여시키는 것은 팀의 구성원들 사이에 효율적인 의견을 교환하고, 부모의 정서를 더 잘 이해함으로써, 아동의 교육을 성공시키는 데 중요한 요인이 될 수 있기 때문이다.

5) 부모의 태도와 요구

1940년대 초에 연구자들은 시각장애 아동의 부모들이 자녀가 장애아라는 말을

듣고 어떻게 반응하는가를 조사했다(Sommers, 1944). 이 시기의 연구자들은 부모가 시각장애아의 양육 방법을 배우는 처음 몇 년 동안은 계속적인 지원을 받아야 한다고 보았다. 지원을 받지 못할 경우 부정(denial), 과잉보호 등 여러 가지 문제 반응을 발달시킬 수 있기 때문이다. 부정은 부모가 긍정적인 조언을 받아들이지 못하도록 차단하고 중재전략을 방해하며, 과잉보호는 유아가 스스로 탐구하는 데 필요한 환경을 제한한다.

부모가 부정, 과잉보호, 그 밖에 정서적 · 행동적 문제 등을 해결할 수 없을 때, 시각장애아 교사는 이러한 문제를 해결하기 위하여 계속적으로 지원해야 한다. 가정에 정서적 문제(예: 부모의 이혼)가 있을 때, 시각장애아 교사는 부모와 상담하여 부모의 스트레스를 완화시키고, 단기간 아동을 맡아 보호할 기관을 찾아 의뢰한다.

사회적 · 경제적 상황은 시각장애아 부모의 반응에 영향을 미치는 요인이 될 수 있다(Collins, 1982). 사회적 · 경제적 상황(예: 가족 중에 최소한 한 명이 직업을 갖고 있는 경우)이 개선됨에 따라 스트레스를 관리하는 능력도 향상된다. 그리고 의식주 및 의료보험의 기본적인 지원이 있을 경우, 시각장애 자녀에 대한 정서적 반응을 관리하는 부모의 능력이 향상된다. 이와 같은 재정적 지원이 부모의 정서적 균형을 유지하는 데 크게 기여할 수 있기 때문에 사회적 · 경제적 상황은 IFSP의 중요한 고려사항 중의 하나이다.

보통의 유아와 같이 안정감을 느끼고 강한 자아상과 자기존중감을 발달시키기 위하여 시각장애 유아도 가족의 일원으로 받아들여져야 한다. 부모교육은 부모의 사회적 · 경제적 지위와 관계없이 모든 유아에게 있어 중요하고, 특히 시각장애 유아의 부모에게는 큰 도움이 된다.

시각장애 영 · 유아에 대한 서비스가 가족에 중점을 두기 때문에 시각장애아 교사는 각 가족의 특수하고 독특한 요구를 평가하고, 필요한 서비스를 제공해야 한다. 영 · 유아가 눈맞춤을 할 수 없고, 신체적 접촉 시에 놀라며, 접근할 때 머리를 다른 쪽으로 돌리는 경우가 있기 때문에 부모와 자녀의 애착이 발달하도록 지도하는 것이 중요하다(Ferrell, 1985). 더욱이 일찍 부모와 떨어져 오랫동안 병원에 입원하였거나 신체적 접촉에 대한 불편한 경험(예: 주사나 약물복용)이 있는 유아는 특별한 지도가 필요하고, 부모는 가외의 지원이나 상담을 받아야 한다. 즉 가족에 대한 계속적인 지원은 잘못된 생각을 바로잡고 유아와 부모 사이에 필요한 애착을 강화시킨다.

6) 가족의 다양성에 대한 존중

교사는 가족을 지원할 때 가족의 다양성을 존중해야 한다. 현대사회는 윤리적, 인종적, 종교적 그리고 경제적으로 매우 다양하다. 가족 구성은 한쪽 부모만 있는 경우, 양쪽 부모가 모두 있는 경우 또는 친부모와 계부모가 함께 사는 경우도 있다. 한편 각 가족은 서로 다른 가치관, 가족의 구조 및 장애에 대한 태도를 갖고 있기 때문에 시각장애아 교사는 가족의 가치관을 잘 파악하여 서비스를 제공하기 전에 가족과 좋은 관계를 형성해야 한다. 시간을 내어 이야기를 들어 주고, 가족과 이야기하며, 신뢰감을 쌓고, 가족의 가치관을 존중하는 것은 서비스를 제공하는 데 중요하다.

3 시각장애 영 · 유아의 평가

1) 시각장애 영 · 유아 평가의 특징

시각장애 영 · 유아의 능력과 욕구를 평가하는 것은 시각장애 학령기 아동의 능력과 욕구를 평가하는 것과는 다르다. 영 · 유아는 언어, 운동근육 및 인지 기능이 충분히 발달하지 못했고, 또 평가자에게 잘 협력하지도 못한다. 따라서 영 · 유아의 평가는 짧게 여러 번으로 나누어 실시하되, 관찰법을 사용하는 것이 좋다.

시각장애 영 · 유아를 평가하는 것은 어려운 일이다. 그 어려움은 시각장애아 교사가 영 · 유아를 평가할 수 있는 충분한 교육과 경험이 부족하고, 더욱이 시각장애 영 · 유아용 검사도구가 부족하기 때문이다. 따라서 시각장애 영 · 유아의 평가과정에 세심한 주의를 기울여야 한다.

2) 시력 선별

시각장애 영 · 유아의 첫 번째 평가인 시력 선별(vision screening)은 주로 영 · 유아 교육기관이나 교사가 영 · 유아에 대한 정보를 수집하고, 관찰하는 것으로부터 시작된다. 유아를 의뢰받은 경우에 대개 부모와 면접하고 가족의 의학적 · 사회적 가족력을 조사한다. 〈표 8-2〉는 처음 부모와 면접할 때, 정보를 얻기 위하여 사용하는 질문지이다. 아동의 시기능(눈맞춤이나 다가가기 등)과 눈의 외모(과도한 유루(流淚),

동공의 흐림, 충혈, 눈곱 등)에 대한 관찰로 시각장애 유무를 짐작할 수 있다. 〈표 8-3〉은 다양한 안질환의 증상에 대한 목록이다. 시력 선별을 실시하는 사람은 동공반사, 안근의 균형, 고시, 추시 및 시선을 바꾸는 능력과 같은 요인들을 평가한다. 〈표 8-4〉는 시력 선별 기간에 아동의 눈의 외모를 조사하기 위하여 사용할 수 있는 검목표이다.

대부분의 시각장애 유아는 다른 유아와 다르게 본다는 것을 깨닫지 못하므로 경험이 풍부한 평가자는 시력을 선별할 경우 비정상적인 시각적 행동을 주목하는 것이 좋다. 시각장애아 교사는 유아의 시력 상태를 파악하기 위하여 정상적인 시력발달을 정확하게 알고 있어야 하며, 필요할 경우 유아교육 교사가 시력을 선별하도록 돕고 훈련할 수도 있다. 예를 들면, 유아가 생후 2~3개월이 되어도 두 눈을 융합시키지 못할 경우, 이를 비정상적이라고 생각할 수 있으나 실제로 약 6개월까지는 안근이 정상적으로 협응하지 못하기 때문에 비정상적이라고 할 수 없다. 유아가 6개월 이후에도 눈을 융합시키지 못하면 안과의사의 검진을 받도록 해야 한다.

〈표 8-2〉 부모용 설문지

부모용 설문지

유아 이름: ______________ 부모 이름: ______________
날 짜: ______________ 관찰자 이름: ______________

• 가족력

1. 가족 중에 시각장애인이나 안질환(백색증, 폐용성 약시, 백내장, 녹내장, 안암 등)을 앓은 사람이 있습니까?
   예 _____ 아니요 _____ 있다면 어떤 안질환? __________

2. 어머니는 임신 중에 감염이나 질병(풍진, 거대세포바이러스, 톡소플라즈마, 매독, 임질 등)을 앓은 적이 있습니까?
   예 _____ 아니요 _____ 있다면 어떤 질병? __________

3. 어머니는 임신 중에 약물을 복용하거나 술을 자주 마셨습니까?
   예 _____ 아니요 _____ 있다면 어떤 약물? __________

4. 어머니는 임신 중에 환경 위험(화학약품, 방사능)에 노출된 경험이 있습니까?
   예 _____ 아니요 _____ 있다면 어떤 위험물? __________

• 출생력

1. 유아는 미숙아로 태어났습니까?
   예 ______ 아니요 ______ 그렇다면 몇 개월에 태어났습니까? ____________

2. 출생 시 아기의 체중은 얼마였습니까? ____________ Kg
   (1,500g 이하는 안질환의 발생률이 높음)

3. 출생 후 감염성 질환(뇌막염, 뇌염, 뇌수종, 열병, 경련 등)을 앓은 적이 있습니까?
   예 ______ 아니요 ______ 있다면 어떤 질환? ________________

4. 출생 시나 출생 직후에 머리에 외상을 입었습니까?
   예 ______ 아니요 ______ 있다면 어떤 외상? ________________

• 기타

1. 어떤 증후군이 발견되었습니까?
   예 ______ 아니요 ______ 있다면 어떤 증후군? ______________

2. 뇌성마비가 발견되었습니까?	예	______	아니요	______
3. 신경질환(발작)이 있습니까?	예	______	아니요	______
4. 약물을 복용합니까?	예	______	아니요	______
5. 청력에 문제가 있습니까?	예	______	아니요	______
6. 다른 의학적 문제가 있습니까?	예	______	아니요	______
7. 자녀의 시력에 관하여 걱정합니까?	예	______	아니요	______
있다면 무엇입니까?	______________________________			

• 시기능

보기	예	아니요	발달연령
1. 잠시라도 어머니의 얼굴을 봅니까?	______	______	1개월
2. 자신의 손을 봅니까?	______	______	3~4개월
3. 장난감을 봅니까?	______	______	3~4개월
4. 건포도와 같은 작은 물건에 주목합니까?	______	______	4개월
5. 2m 밖에 있는 사람을 봅니까?	______	______	6개월
6. 떨어뜨린 장난감을 찾을 수 있습니까?	______	______	9개월
7. 사진이나 그림책을 좋아합니까?	______	______	12개월

다가가기			
1. 유아는 매달린 물건을 손으로 건드립니까?	______	______	3개월
2. 장난감이나 물건에 다가가 잡으려고 합니까?	______	______	6개월
3. 건포도와 같은 작은 물건을 집어 올립니까?	______	______	8개월

4. 부모의 안경이나 목걸이 등을 잡습니까?	______	______	9개월
5. 상자를 잡아당겨 상자 속의 물건을 꺼냅니까?	______	______	12~18개월
이동하기			
1. 1.5m 앞에 있는 좋아하는 물건을 보고 가지려고 합니까? (손으로 가리키기, 손 흔들기, 손짓하기 등)	______	______	6~7개월
2. 15cm 떨어진 곳에 있는 물건을 갖기 위하여 움직여 갑니까?	______	______	7~8개월
사회성			
1. 사람(얼굴)에 따라 다르게 반응합니까?	______	______	6개월
2. 얼굴 표정(미소, 찡그림, 우스꽝스러운 얼굴) 에 반응을 보입니까?	______	______	10~12개월

출처: Bishop, V. E. (1998). *Infants and toddlers with visual impairments.* Austin, TX: Author.

〈표 8-3〉 유아의 안질환 증상

• 눈의 증상
- 눈이 충혈되고, 눈알이 땡땡하며 붓는다.
- 자주 염증이 생기고, 눈물이 많이 난다.
- 일직선으로 보지 못한다.
- 자주 다래끼가 난다.
- 동공이 흐릿하다.

• 유아의 행동
- 눈을 못 맞춘다.
- 눈물을 닦는다.
- 눈을 자주 비빈다.
- 눈을 찌푸린다.
- 보기 위해 한쪽 눈을 가리거나 감는다.
- 물체를 볼 때 머리를 돌리거나 기울인다.
- 더 잘 보려고 몸을 앞으로 구부린다.
- 눈을 자주 깜박거린다.
- 빛에 지나치게 민감하다.
- 빛을 응시한다.
- 근거리 작업 중에 지나치게 신경질적이다.
- 물건을 밟거나 물건에 걸려 넘어진다.
- 손을 뻗어 잡는 데 미숙하다.

• 눈에 대한 유아의 호소*
- '나는 그것을 볼 수 없어요.'
- 근거리 작업 후에 어지러움, 메스꺼움, 두통을 느낀다.
- 두 개로 보인다고 말한다(한 가지 물건만 있을 경우).

• 눈의 응급 상태**
- 눈의 통증을 호소할 경우
- 눈에 이물질(먼지, 모래, 기타 파편 등)이 들어갔을 경우
- 눈을 물건 등에 맞아 부상당했을 경우
- 눈에 천공이 생겼을 경우
- 화학약품(양잿물, 질산은 등)이 눈에 들어갔을 경우
- 눈이 감염(충혈, 눈의 염증, 삼출물 등)되었을 경우

* 대부분의 유아들은 다른 사람들이 자신과 다르다는 사실을 모르기 때문에 자신이 볼 수 없다고 말할 줄 모른다.
** 안과의사나 다른 의학전문가의 자문을 받아야 한다.

출처: Bishop, V. E. (1998). *Infants and toddlers with visual impairments.* Austin, TX: Author.

〈표 8-4〉 눈의 외모 관찰 검목표

눈의 외모 관찰

유아 이름: ______________ 관찰자: ______________

날 짜: ______________

• 눈꺼풀(해당되는 곳에 V 표시를 하시오.)

____ 눈꺼풀이 부었음

____ 한쪽 또는 양쪽 눈꺼풀이 처짐

____ 빨갛게 됨

____ 분비물(눈물 또는 고름)

____ 지나치게 눈을 깜빡거림

____ 상처 자국이 있음

• 눈의 흰자위(해당되는 곳에 V 표시를 하시오.)

____ 누런 색깔임

____ 핏발이 서고 충혈됨

____ 점액성 분비물이 나옴

____ 눈물이 많이 나옴

____ 반흔이 있음

• 눈동자(해당되는 곳에 V 표시를 하시오.)

____ 지나치게 커 보임

____ 이상하게 작아 보임

____ 쑥 들어가 보임

• 눈의 전체 모습(해당되는 곳에 V 표시를 하시오.)

____ 흐릿하게 보임

____ 동공이 뿌옇거나 희게 보임

____ 한쪽 또는 양쪽 동공이 비정상적으로 축동 또는 산대되었음

____ 정상적인 눈

출처: Bishop, V. E. (1998). *Infants and toddlers with visual impairments.* Austin, TX: Author.

3) 기능시력 평가

기능시력 평가는 유아는 물론 모든 시각장애 아동의 중요한 평가 요인 중 하나이다. 기능시력을 평가할 때, 시각장애아 교사는 유아에 관한 다음과 같은 질문을 하고, 그 관찰 결과 유아가 시력을 어떻게 사용하는가를 알 수 있다.

① 유아는 빛에 반응하는가? 그렇다면 어떻게 반응하는가?

② 유아는 암슬러 격자검사에 반응하는가? 그렇다면 어떻게, 얼마나 떨어진 거리에서 반응하는가?

③ 유아는 가만히 있는 사람의 얼굴에 반응하는가? 그렇다면 어떻게, 얼마나 떨어

진 거리에서 반응하는가?

④ 유아는 가만히 있는 사람이나 물건을 계속 보려고 시도하는가? 그렇다면 얼마나 떨어진 거리에서 시도하는가?

⑤ 유아는 얼마나 크고, 무슨 색깔이며, 얼마나 떨어진 거리에서, 어떤 조명 조건에서 소리가 나지 않는 물건을 볼 수 있는가?

한편 시각장애아 교사는 다음과 관계되는 행동을 주목하고 조사한다.

① 눈으로 볼 수 있도록 머리를 똑바로 하고 있는 능력
② 사람의 얼굴 표정 및 신체 동작에 대한 관심
③ 물건에 대한 흥미와 그것을 붙잡으려는 시도
④ 물건과 사람을 향하여 정확하게 다가가는 능력
⑤ 얼굴 표정(혀 내밀기, 입 벌리기, 우는 얼굴, 웃는 얼굴 등)이나 제스처(손 흔들기와 머리 끄덕이기 등)를 모방하는 능력

4) 학습매체 평가

유아가 시각장애아로 발견되면 학습매체 평가를 실시한다. 이 평가는 유아의 감각적 정보, 형식적 읽기・쓰기에 대한 준비도, 일반 학습매체의 사용 그리고 유치원 아동에게 적합한 문자매체를 조사한다.

5) 발달적 평가

일반적으로 심리학자, 교육 진단가, 유아교육 교사가 사용하는 발달검사는 시각장애 유아에게 사용할 때 몇 가지 문제점이 발생한다. 유아의 발달 단계(머리 가누기와 추시하기 등)는 시각적 기술이나 시력 또는 시각적 경험을 요구하며, 다가가기와 같은 다른 기술은 시각적 조사 능력에 따라 다르다. 예를 들면, 바텔 발달검사(Battelle Developmental Inventory: BDI)는 12~73개월의 시각장애 유아의 발달 수준을 측정하는 검사도구이다(Hatton, Bailey, Burchinal, & Ferrell, 1997). 이 검사에 따르면 다른 장애가 없으면서 시력이 나쁜 유아들도 BDI 검사에서 의미 있게 낮은 점수를 받았고, 운동근육, 개인적・사회적 하위검사에서 발달속도가 느린 것으로 나타

났다. 따라서 이러한 제한성이 해결되지 않는 한 바텔 발달검사는 시각장애 유아에게 사용하기에는 부적절하다.

발달과정과 순서, 발달 기술을 습득하는 연령에 관한 5년간의 연구에서 시각장애 유아의 경우에는 발달적 순서가 다른 것으로 나타났다. 즉 시각장애 유아의 발달을 평가할 때, 시각장애 유아의 발달지체는 시력이 조기발달에 중요한 역할을 한다는 점을 인식하고, 시력의 역할을 고려하면서 보고하는 것이 바람직하다. 시력의 감소나 결여가 여러 가지 기술(자조 기술, 일상생활 기술, 사회적 상호작용 기술 등)에서 지체의 원인이 되기 때문에 시각장애 유아에게 적응검사를 실시할 때는 주의하여 사용하는 것이 좋다.

사회성숙도 검사도 이와 유사한 단점을 갖고 있다. 또한 맹유아의 사회적 발달검사인 맥스필드-부홀츠(Maxfield-Buchholz) 사회성숙도 검사는 1957년에 개발되었는데, 그 후 한 번도 개정되지 않았고, 연령이나 표준집단도 오늘날의 시각장애 유아들을 대표하지 못한다는 비판을 받고 있다. 이 검사는 맹아동의 일반적인 인지 기술, 의사소통 기술, 사회성 기술, 신체 이동 기술, 작은 근육운동 기술, 자조 기술(식사, 옷 관리 기술) 능력을 쉽게 측정할 수 있다. 특히 이 검사는 시각장애 아동의 표준화된 검사도구들이 거의 없는 상황에서 표준화되었고, 바인랜드 사회성숙도 검사(Vineland Social Maturity Scale)를 모태로 하였기 때문에 정안 아동과의 비교 기준을 제공한다는 장점을 갖고 있다(Friedman & Calvello, 1990).

김은숙(2003)은 이를 '시각장애 아동용 사회성숙도 검사'로 우리나라 문화권 배경에 맞추어 내용을 수정하여 개발하였다. 출생부터 취학 전 시각장애 아동에게 정기적으로 검사하여 발달이 지체된 영역에 대한 장기 및 단기교육목표를 설정하여 개별화 교육 프로그램으로 진행시킬 수 있을 것이다.

시각장애 유아에게 사용하기 위하여 설계된 많은 검목표는 듣기, 기초 개념의 습득, 자조 기술, 사회적 기술, 점자 준비도, 감각적 인식, 그리고 신체상과 같은 조기 기술을 평가하는 데 사용할 수 있다(Sewell, 1997).

4세 이하의 정안 유아나 시각장애 유아의 인지검사도 대부분 부적절하다. 더욱이 이 연령대 이상의 시각장애 유아의 인지적 규준이 없다. 그 같은 이유로 많은 교육진단가와 심리학자들은 웩슬러 지능검사 시리즈 중 가장 어린 연령대의 검사를 선정하여 사용한다. 유아(4~6세)를 대상으로 웩슬러 유아 지능검사(Wechsler Preschool and Primary Scale of Intelligence-Revised: WPPSI-R)를 사용하여 시각장애 유아의 인지 수준을 추정한다. 특히 웩슬러 지능검사는 언어성 검사와 동작성 검사로 분리되어 있기 때문에 두 영역을 모두 검사하기 어려울 경우 언어성 검사만을 사용하는데, 이때 그 결과를 신중하게 해석해야 한다. 따라서 시각장애 유아의 지능을 평가할 때는 하나의 검사에 의존하지 말고 WPPSI 중에서 선정한 하위검사는 물론 여러 가지 정보와 발달활동 선별검사(The Developmental Activities Screening Inventory), 오리곤 프로젝트 검목표 등을 함께 사용하여 평가하는 것이 좋다.

6) 오리곤 프로젝트 검목표

오리곤 프로젝트(Oregon Project)는 포티지의 발달 기준에 기초하여 개발된 시각장애 유아용 교육과정이다. 이 프로젝트에는 평가도구도 포함되어 있어 시각장애 유아를 발달 영역별로 평가할 수 있다(Anderson, Boigon, & Davis, 1994).

오리곤 프로젝트는 준거지향 검사로 교육 진단을 위해 시각장애 유아가 특정 발달 영역에서 얼마나 기술을 습득하고 있는지를 보여 준다. 우리나라에서 『시각장애 아동 조기교육 프로그램』(한국맹인복지연합회, 1999)으로 번역되어 조기중재 교육이나 유치부 교육 등에서 사용되고 있다.

이 평가도구의 장점은 조기 언어발달을 위한 지침과 시각장애 유아를 위해 실용적이고, 응용적으로 기술된 점이다. 평가 설명서가 상당히 규격화되었고, 프로파일 체제가 이해하기 힘들게 되어 있지만, 광범위한 교육과정 지침서가 평가 결과와 직접적으로 연결되어 많은 도움을 준다.

7) 취학 전 시각장애 아동의 보행검사

취학 전 시각장애 아동에게 보행교육을 실시하는 경우, 강점과 약점을 발견하기 위한 선별검사로 취학 전 시각장애 아동의 보행검사(임안수, 2004)가 있다. 이 검사는 (가)형과 (나)형의 두 부분으로 구성되어 있으며, (가)형은 0~2세의 시각장애 유아와 중복 시각장애 아동을 대상으로 하고, (나)형은 3~6세의 시각장애 아동으로 독립보행이 가능한 아동을 대상으로 하고 있다. 조기 지팡이교육을 실시하기 전에 아동의 신체개념, 공간개념, 환경개념, 시기능, 청각 · 촉각 기능, 큰 근육운동 기술, 안내법, 독립보행의 발달 수준을 평가하여 보행지도를 하는 데 도움을 준다.

학·습·문·제

1. 미국 시각장애아 교사가 담당하는 역할과 우리나라 시각장애아 교사가 담당해야 할 역할을 비교하고, 그 차이점을 적으시오.

2. 개별화 가족 서비스 계획을 통하여 영 · 유아와 가족에게 제공할 수 있는 서비스를 열거하고, 우리나라에서 이러한 서비스가 제공되지 않는 이유를 설명하시오.

3. 포티지나 오리곤 프로젝트를 참고하여, 미국 영 · 유아 교육과정의 영역을 검토하고, 각 영역에서 학습목표와 평가 방법을 우리나라 유아교육과정과 비교하여 보시오.

4. 1~2세의 영 · 유아의 개별화 가족 서비스 계획과 3~5세 아동의 개별화 교육 프로그램을 비교하고, 우리나라와 다른 점을 설명하시오.

제9장

중복 시각장애 아동의 교육

1 정의 및 분류

중복 시각장애 아동의 분류를 보면 시각장애와 청각장애, 시각장애와 정신지체, 시각장애와 지체장애, 시각장애와 정서 · 행동장애, 시각장애와 의사소통장애, 시각장애와 학습장애, 시각장애와 건강장애 등을 들 수 있다.

1) 시각장애와 청각장애

시각장애와 청각장애를 겸한 아동을 맹농아라고 하는데, 맹농아는 시각장애를 가지고 있으면서 난청 이상의 청각장애를 겸한 아동을 말한다. 맹농아의 교육적 배치는 청각장애가 경도이고 시각장애가 중도인 경우, 시각장애 교육기관에서 교육을 받고, 청각장애가 중도이고 시각장애가 경도인 경우에는 청각장애 교육기관에서 교육을 받는 것이 바람직하다.

미국 연방정부의 법령에는 난청을 영구적 또는 일시적으로 아동의 교육적 수행에 부적으로 영향을 주는 장애로 정의하고 있다(IDEA Regulation, 1999). 우리나라의 「장애인 등에 대한 특수교육법」 시행령 제10조 관련 별표에서 정하는 청각장애를 지닌 특수교육 대상아는 '청력 손실이 심하여 보청기를 착용해도 청각을 통한 의사소통이 불가능 또는 곤란한 상태이거나, 청력이 남아 있어도 보청기를 착용해야 청각을 통한 의사소통이 가능하여 청각에 의한 교육적 성취가 어려운 사람'을 말한다.

청각장애도 시각장애와 같이 교육에 어려움을 주는 장애 영역이다. 그러므로 전문 교사와 관련 서비스를 필요로 한다. 미국에는 6~21세까지의 맹농 학생이 1,605명이고(U. S. Department of Education, 2007), 성인 맹농인은 35,000~40,000명으로 추정하고 있다(Watson, 1993). 이들에 대한 평가 절차는 장애가 시작된 연령, 원인, 감각 상실의 정도를 고려하여야 한다.

2) 시각장애와 정신지체

미국 연방정부의 법령에서 '정신지체는 아동의 교육적 수행에 부적으로 영향을 주고 적응행동에 결함을 수반하는 동시에 지적 기능이 평균 이하로 낮은 것을 말한다(IDEA Regulation, 1999)'고 규정되어 있다. 우리나라의 「장애인 등에 대한 특수교육법」 시행령 제10조 관련 별표에서 정하는 정신지체를 지닌 특수교육 대상아는 '지적 기능과 적응행동상의 어려움이 함께 존재하여 교육적 성취에 어려움이 있는 사람'을 말한다.

정신지체의 원인인 미숙아, 감염성 질환 등이 시각장애의 원인도 되기 때문에 시각장애 아동 가운데는 정신지체아가 되는 경우도 있다. 또한 정신지체아에게 선천성 망막증이나 무안구증이 발생할 수 있다(Warren, 1984). 미국의 6~21세의 정신지체 아동은 571,160명으로 전체 장애 아동의 9.56%이다(U. S. Department of Education, 2007).

3) 시각장애와 지체장애

미국 연방정부의 법령에서 지체장애는 아동의 교육적 수행에 부적으로 영향을 주는 중증 장애를 말하는 것으로 선천 이상(만곡족, 사지 결손 등), 질병(소아마비, 결핵성 질환 등), 그 밖에 다른 원인(뇌성마비, 사지 절단, 화상 등) 등이 포함된다(IDEA Regulation, 1999). 미국의 6~21세의 지체장애 아동은 67,747명으로 전체 장애 아동의 1.13%이다(U. S. Department of Education, 2007).

「장애인 등에 대한 특수교육법」 시행령 제10조 관련 별표에서 정하는 지체장애를 지닌 특수교육 대상아는 '기능상 · 형태상 장애를 가지고 있거나 몸통을 지탱하거나 팔다리의 움직임 등에 어려움을 겪는 신체적 조건이나 상태로 인해 교육적 성취에 어려움이 있는 사람'을 말한다.

뇌성마비아는 다학문 간 팀의 접근 방법을 통한 특수한 교육과 서비스를 필요로 하고, 사지 절단과 같은 장애 아동은 학교에서 학습할 수 있도록 교육 환경을 마련해 주어야 한다. 시각장애는 지체장애아 가운데서도 발견되며, 그 출현율은 일반인에게서보다 높다. 뇌성마비아 1,297명을 대상으로 연구한 결과 시각의 결함이나 문제를 지닌 아동이 27.6%였고, 뇌성마비아의 50% 이상이 안구 운동 장애를 가지고 있었으며, 25% 이상이 정상 이하의 시력을 가지고 있었다(안병즙, 1978). 이처럼 뇌성마비 아동 중에는 시각장애 아동이 많다.

지체장애 아동도 정기적으로 시력검사를 하여 시력에 장애가 있는지 조사해야 한다. 시력장애가 발견되면 교사는 저시력 기구의 사용, 조명 조건의 개선 등을 통하여 아동이 시력을 효율적으로 사용하도록 한다.

4) 시각장애와 정서 · 행동장애

맹학교 학생 가운데 정서장애 아동의 출현율은 정안 아동 가운데 정서장애 아동의 출현율보다 높았으나, 농학교 학생 가운데 정서장애 아동의 출현율과는 비슷했다(Hirshoren & Schnittjer, 1983).

미국 연방정부의 법령에서는 정서장애를 다음과 같이 정의했다. 정서장애는 오랜 시간 동안 뚜렷한 정도로 한 가지 또는 그 이상의 특징을 보이는 것을 말하며 그 특징은 교육적 수행에 부적으로 영향을 주는 것으로 다음과 같다.

① 지적 · 감각적 또는 건강 요인에 의해서 설명할 수 없는 학습에 관한 무능력
② 친구나 교사와 만족한 관계를 형성하거나 유지할 수 없는 무능력
③ 정상적인 상황에서 행동이나 감정의 부적합한 형태
④ 불행이나 절망감과 같은 일반적 분위기
⑤ 개인적 또는 학교의 문제와 관계되는 신체적 증상이나 공포를 발달시키는 경향(IDEA Regulation, 1999)

우리나라의 「장애인 등에 대한 특수교육법」 시행령 제10조 관련 별표에서는 정

서 · 행동장애를 다음과 같이 정의하고 있다.

장기간에 걸쳐 다음 각 항목의 어느 하나에 해당하여, 특별한 교육적 조치가 필요한 사람

가. 지적 · 감각적 · 건강상의 이유로 설명할 수 없는 학습상의 어려움을 지닌 사람
나. 또래나 교사와의 대인관계에 어려움이 있어 학습에 어려움을 겪는 사람
다. 일반적인 상황에서 부적절한 행동이나 감정을 나타내어 학습에 어려움이 있는 사람
라. 전반적인 불행감이나 우울증을 나타내어 학습에 어려움이 있는 사람
마. 학교나 개인 문제에 관련된 신체적인 통증이나 공포를 나타내어 학습에 어려움이 있는 사람

미국의 6~21세의 정서장애 학생은 483,544명으로 전체 장애 학생의 약 8.1%이다(U. S. Department of Education, 2007). 시각장애 교육기관에서 교육을 받고 있는 아동 중에서 정서장애 아동의 출현율도 이와 유사할 것으로 추정된다.

5) 시각장애와 의사소통장애

미국의 경우 6~21세의 언어장애 학생은 1,118,576명으로 전체 장애 아동의 18.73%이다(U. S. Department of Education, 2007). 미국 연방정부의 법령에 의한 정의에는 구어 및 언어장애를 포함하며, 구어장애는 말더듬이, 조음장애, 언어장애, 음성장애 같은 의사소통장애를 의미하고, 이러한 장애는 아동의 교육적 수행에 부적으로 영향을 준다고 규정했다.

우리나라의 「장애인 등에 대한 특수교육법」 시행령 제10조 관련 별표에서 정하는 의사소통장애를 지닌 특수교육 대상자는 다음 각 항목의 어느 하나에 해당하여 특별한 교육적 조치가 필요한 사람을 말한다.

가. 언어의 수용 및 표현 능력이 인지 능력에 비하여 현저하게 부족한 사람
나. 조음 능력이 현저히 부족하여 의사소통이 어려운 사람
다. 말 유창성이 현저히 부족하여 의사소통이 어려운 사람
라. 기능적 음성장애가 있어 의사소통이 어려운 사람

Warren(1984)은 시각장애 아동의 언어발달에 관한 연구에서 시각적 정보의 결여,

언어 심화학습을 위한 부모 참여의 결여 등으로 시각장애 아동의 언어발달이 지체되고, 언어유희 현상을 보인다고 했다. 한편 시각장애 아동의 의사소통장애 출현율에 관한 상반된 주장이 있으나, 시각장애 아동 가운데 의사소통장애의 출현율은 정상 아동 가운데 의사소통장애 출현율보다 더 높지 않다.

6) 시각장애와 학습장애

학습장애는 듣기, 생각하기, 말하기, 읽기, 쓰기, 계산하기 등의 능력에서 나타나는 언어를 이해하고 사용하는 것과 같은 학습과 관련된 한 가지 또는 그 이상의 기초적인 심리학적 과정에서의 장애로 정의된다. 학습장애는 지각장애, 뇌손상, 최소뇌기능장애, 난독증 및 발달적 실어증과 같은 조건을 포함한다. 그러나 학습장애에는 일차적으로 시각 · 청각 · 운동장애 또는 정신지체, 환경적 · 문화적 · 경제적 불이익의 결과로 학습 문제를 일으키는 아동을 포함시키지 않는다(IDEA Regulation, 1999).

우리나라의 「장애인 등에 대한 특수교육법」 시행령 제10조 관련 별표에서 정하는 학습장애를 지닌 특수교육 대상자는 '개인의 내적 요인으로 인하여 듣기, 말하기, 주의 집중, 지각, 기억, 문제해결 등의 학습 기능이나 읽기, 쓰기, 수학 등 학업 성취 영역에서 현저하게 어려움이 있는 사람'을 말한다.

Daughtery와 Moran(1982)은 50명의 저시력 아동을 대상으로 한 연구에서 그들 중 약 2/3가 뇌손상아 또는 학습장애아였고, 그들의 능력과 학업 성적 사이에 큰 차이가 있음을 발견했다. 그러나 이러한 시각장애 아동들은 학습장애 전문 교사의 서비스를 받지 못하고 있다. 시각장애아 교사는 학습장애를 겸한 시각장애아가 언제, 누구에게 도움을 받아야 하는지 알아야 하고, 학습장애 교사와 함께 교육할 수 있어야 한다. 읽기 학습과정에서 눈의 초점 맞추기, 폭주, 개산, 두 눈의 사용과 같은 시기능 때문에 학습장애로 추정되는 아동은 안과 검사를 받아야 한다(Peiser, 1978).

미국의 경우 6~21세의 학습장애 학생은 2,822,648명으로 전체 장애 학생의 약 47.27%이다(U. S. Department of Education, 2007).

7) 시각장애와 건강장애

미국 연방정부의 법령에 건강장애는 아동의 교육적 수행에 부적으로 영향을 주는 허약한 체력과 생동감이나 민첩성의 결여로, 여기에는 심장병, 결핵, 류머티즘, 신장염, 천식, 혈우병, 간질, 납중독, 백혈병, 당뇨병 등과 같은 만성 또는 급성 질환이 포함된다(IDEA Regulation, 1999). 미국의 6~21세의 건강장애 아동은 449,312명으로 전체 장애 아동의 7.52%이다(U. S. Department of Education, 2007).

우리나라의 「장애인 등에 대한 특수교육진흥법」 시행령 제10조 관련 별표에서 정하는 건강장애를 지닌 특수교육 대상아는 '만성질환으로 인하여 3개월 이상의 장기입원 또는 통원치료 등 계속적인 의료적 지원이 필요하여 학교생활 및 학업 수행에 어려움이 있는 사람'을 말한다.

건강장애아도 정기적으로 시력검사를 하여 시력장애가 있는지 조사하고 시력장애가 발견되는 즉시 교사는 저시력 기구의 사용, 조명 조건의 개선 등을 통하여 아동이 시력을 효율적으로 사용하도록 한다.

2 운동 및 인지 기술 교육

1) 운동 기술

중복 시각장애 아동의 운동 기술을 지도할 때, 교사는 학생의 전반적인 운동근육 발달과 생활연령에 맞는 학습목표를 세우고, 작업치료사, 물리치료사, 체육교사 등과 협력하여 지도한다.

중추신경계의 장애를 가진 많은 중복장애 아동은 높은 수준의 운동 기술과 인지 기술의 발달을 저해하는 반사행동만을 반복하는 경우가 많다. 이러한 반사행동을 억제하고 정상적인 운동을 지도하기 위하여 물리치료사는 자세 교정법을 지도한다.

중복 시각장애 아동의 운동 기술발달의 몇 가지 중요한 원리는 다음과 같다.

① 운동발달은 두미(頭尾) 방향으로 진행된다. 머리와 상체의 발달은 골반과 하지의 발달보다 먼저 이루어진다.
② 발달은 구심성에서 원심성으로 진행된다. 중심에서 가장 가까운 신체 부위가

팔다리보다 먼저 발달된다. 어깨 동작의 통제가 먼저 일어나고, 다음으로 팔, 팔꿈치, 손목, 손가락의 동작으로 이행된다.

③ 발달은 계열적이다. 새로운 기술의 습득은 과거에 습득한 기술에 기초를 둔다. 아동이 누워 있는 자세와 엎드린 자세에서 자유롭게 놀이를 하는 동안 발달시키는 기술은 앉기 기술을 위한 준비이다.

④ 계열화는 중복된다. 아동이 기어오르기, 달리기와 같은 이동 능력을 학습하는 동안에도 보폭의 개선이나 발 끌기를 줄여 나감으로써 걷기를 발달시킨다.

⑤ 발달은 전체적인 운동으로부터 특수한 운동으로 이행된다. 몸 전체를 사용하는 큰 근육운동으로부터 작은 근육운동으로 옮겨 간다. 따라서 신체 부위는 서로 독립적으로 움직일 수 있게 된다. 아동은 전신을 움직이는 전체 운동으로부터 머리, 어깨, 골반과 다리 근육운동 순으로 이행한다(Connor, Williamson, & Siepps, 1978).

중복장애아 교사는 큰 근육운동과 작은 근육운동을 과제분석한 칼리에 아주사(Callier-Azusa) 검사, 피보디 운동 발달검사 등을 사용한다. 그러나 교사는 많은 학생이 반드시 이 발달적 순서를 따르지 않고 때로는 상위 수준의 운동 기술을 성취하기 때문에 신중해야 하며, 이 위계에 너무 집착해서는 안 된다.

운동 기술을 발달시키는 또 하나의 중요한 영역은 신체적 적합성이다. 많은 맹농아는 환경을 탐구하는 것을 두려워하기 때문에 민첩성, 균형, 지구력, 유연성, 강건성 등과 같은 능력을 향상시켜야 한다. 잔존시력이나 손이 근거리 물체와 접촉하는 데 중요한 역할을 하기 때문에 이 기능을 발달시켜야 하나, 중복 시각장애 아동의 경우 팔, 손, 손가락 등의 사용을 포함한 작은 운동 기술 발달이 지체되는 경향이 있다. 그 밖에 다가가기, 잡기, 놓기도 성취하기 어렵다.

맹농아의 경우와 같이 시력의 결여나 다른 중증장애의 경우 잔존청력을 사용하여 동기를 유발시키고, 잔존청력을 사용하기 어려울 경우에는 촉각에 의한 지도가 바람직하다. 그 밖의 운동장애 아동은 신체적 제약성 때문에 작은 근육운동 발달이 지체된다. 작업치료사는 손을 사용하도록 지도하고, 필요할 경우 여러 가지 기구를 사용하도록 한다. 작은 근육운동 발달에 초점을 둔 교육은 연령의 적합성과 유용한 활동을 강조해야 한다. 나이가 많은 중복장애 학생에게 구슬 꿰기, 나무토막 쌓기와 같은 활동을 하도록 하는 것은 시간 낭비이다.

2) 인지 기술

교사가 중복 시각장애 아동을 대상으로 교육과정을 개발할 때, 정안 아동을 대상으로 한 Piaget(1954, 1976)와 Uzgiris-Hunt(1975)의 연구를 기초로 사용하는 것이 좋다. 교사는 중복 시각장애 아동의 학습 스타일과 인지 능력에 맞게 교육 내용을 조정해야 한다. 또한 교사는 아동의 시력과 청력이 감각적 · 운동적 과제를 수행하는데 필요한 기술적 수준을 평가하기 위하여 학생의 행동을 분석하고, 평가과제를 분류하고, 환경을 구조화하며, 감각 능력을 최대로 활용하는 활동을 제공한다.

교사는 중복 시각장애 학생에게 대안적 반응을 지도한다. 예를 들면, 운동장애를 겸한 맹학생은 시각 지향적인 다가가기, 잡기, 시각적 추적 등의 선수 기술이 결여되어 있기 때문에 아동은 물체의 영속성에 대한 개념을 모르고, 포장된 물건을 뜯거나 잡지 못한다. 따라서 교사는 이러한 학생에게 청각적 단서를 주고, 눈이나 몸을 물체를 향하여 돌리고 접근하도록 가르친다.

3 의사소통 기술 교육

의사소통 기술은 모든 교육과정 영역에 포함되기 때문에 중복 시각장애 아동 교육에서 중요한 영역의 하나이다. 의사소통 체계는 중복 시각장애 학생이 사회 활동에 참가하는 데 중요한 기술이다(Rogow, 1980). 따라서 중복 시각장애 학생은 형식적 교육을 받기 전에 주목하기, 모방하기, 물체 사용하기와 같은 선수 기술을 습득해야 한다(임안수, 1997).

1) 선수 기술

선수 기술 중 주목하기는 아동을 의자에 오래 앉아 있도록 하는 것으로부터 시작되고 학생의 욕구와 특징에 따라 시각적 · 청각적 훈련을 결합할 수 있다. 모방하기는 중복 시각장애 아동이 다른 사람의 행동을 모방할 수 없기 때문에 교사가 모방행동을 가르쳐야 한다.

물체를 사용하는 방법도 중요하다. 발달적 측면에서 볼 때, 아동은 즐거움을 주는 것이 무엇이냐에 따라 입으로 빨기, 때리기, 흔들기 등 단순한 물체의 도식 단계에 들어간다. 그리고 아동은 한 가지 방법보다 여러 가지 방법, 즉 손, 눈, 입으로 물체의 속성을 파악하고, 물체를 부러뜨리고, 깨뜨리는 등 복잡한 도식으로 옮겨 간다. 마지막으로 아동은 물체를 의사소통의 목적으로 사용하는 사회적 도식 단계로 들어가 물체를 사용한다. 이 단계는 표상적 행동의 시작을 의미하며, 아동은 대안적 · 상징적 방식으로 훈련할 준비를 갖춘다(Uzgiris-Hunt, 1975; Fieber, 1977). 이 같은 이유로 교사는 중복 시각장애 아동이 물건을 가지고 놀도록 지도해야 한다.

2) 맹농아의 의사소통

네덜란드인인 Van Dijk(1965)의 연구는 미국의 맹농아 교육에 긍정적인 영향을 주었다. 언어 교육에 기초를 둔 운동 단계는 다음과 같다.

(1) 함께 간단한 동작하기

교사는 이 단계에서 학생과 만족한 관계를 발달시킨다. 교사는 학생과의 의사소통 기술을 발달시키기 위하여 학생이 즐겁게 할 수 있는 근육운동 활동을 선택한다. 아동이 활동을 시작하면, 교사는 신체적 거리를 두지 않고 학생과 함께 동작을 해야 한다. 이때 흔들기, 뒹굴기, 앉아서 이동하기, 무릎으로 걷기 또는 매트 위에서 걷기와 같은 활동을 한다. 이러한 동작의 중요한 목표는 예상되는 행동을 발달시키는 것이다.

교사는 학생과 함께 동작을 하고, 다시 시작하기 위한 반응이나 단서를 보고 순간적으로 정지시킨다. 학생이 미소나 소리와 함께 동작을 인식하고 있음을 보여 줄 때, 교사와 의사소통이 이루어지고 있음을 알 수 있다.

(2) 동작을 순서대로 하기

교사와 학생은 함께 행동을 하고, 그다음에 서로 간에 거리를 두며, 마지막으로 혼자 할 수 있게 한다. 즉, 동작을 할 때 교사와 학생 사이에 거리를 두지 않고 신체적 접촉을 하면서 차례로 다음 활동을 수행하고, 이후에 학생은 교사로부터 아무런 단서도 없이 혼자 동작을 수행한다.

이 단계의 목표는 학생 수준에서 동작의 순서를 모방하게 하는 것이다. 교사는 아동과 함께 익숙한 동작으로 시작해서 새로운 동작을 소개하며, 항상 익숙한 동작으로 끝낸다. 학생의 능력이 향상되면 더 복잡하고 오랜 시간 동안 활동하게 한다. 처음에 대칭적인 동작으로 시작하여 비대칭적인 동작을 하고 마지막으로 대안적 동작을 한다. 학생이 신체만을 사용하여 다양한 동작을 하면, 교사는 학생과의 거리를 유지하면서 물체와 동작을 관련시킨다. 예를 들면, 의자나 벤치 위에서, 의자 옆에서, 의자 밑에서 동작을 하게 한다. 이러한 활동은 학생이 신체와 동작의 관계에서 물체에 관하여 학습하고, 자신의 몸으로 주위를 탐구하는 계기가 되도록 한다(Etheridge, 1995).

(3) 비표상적 자료의 제시

이 단계에서 학생은 먼저 자기 신체 부위의 명칭과 동작을 통하여 신체상을 발달시킨다. 교사는 학생이 모방할 수 있을 때까지 신체 부위를 가리키고, 학생에게 그 활동을 반복하도록 한다. 학생이 그 기술을 습득하면 여러 가지 동작이 진흙으로 표현된 인형을 보여 주고, 마지막으로 사람의 여러 행동을 보여 준다. 이 시기는 맹농아가 표현어를 발달시키기 위하여 신체 동작의 표상을 모방하는 단계이다(Hammer, 1982).

(4) 제스처

이 단계에서 학생은 섬세한 근육운동이 의사소통에 사용될 수 있다는 것을 학습하고 기호를 인식하기 시작한다. 교사는 자연스러운 제스처를 가르치기 위하여 학생에게 중요한 대상을 알게 하고, 그 대상에 대한 동작이나 행동을 표현하게 한다. 맹농 학생이 물을 마시고 싶을 때 물을 먹고 싶다는 것을 제스처로 나타내고, 점차 자연스러운 제스처 대신 동작을 할 수 있도록 지도한다.

(5) 언어의 시작

Van Dijk(1965)는 맹농 학생이 형식적 수화나 구화로 표현어를 학습할 준비를 갖춘다고 보았다. 수화의 성공적인 학습은 학생의 잔존시력의 정도, 두 손을 사용할 수 있는 작은 근육운동 기술의 수준, 단기기억과 같은 요인에 달려 있다. 수화를 가르칠 때는 맹농 학생의 손을 잡고 직접 지도한다.

맹농인이 정안인과 의사소통할 수 있는 몇 가지 방법 가운데 한 가지는 얇고 흰 양가죽 장갑에 지워지지 않는 잉크로 알파벳을 인쇄하고, 맹농인이 글자의 위치를 기억하여 상대방에게 정확한 글자를 짚어 보여 주는 방식이다. 그리고 정안인도 글자를 짚어서 맹농인과 의사소통한다(Kinney, 1977). 또한 점자카드를 사용하기도 한다. 점자를 읽을 수 있는 맹농인은 점자와 묵자로 쓴 카드를 사용하여 정안인과 의사소통을 할 수 있다. 그 밖의 방법으로는 텔레터치(tellatouch)를 사용하는 것이다. 이 기계는 소형 타자기와 유사한 것으로 정안인과 일반 키보드로 타자하거나 키보드 아래에 있는 6개의 점자키를 사용하면 맹농인의 손가락에 글자가 점자로 나타나므로 맹농인과 의사소통을 할 수 있다.

뇌성마비 맹아동이나 손에 운동장애를 겸한 맹농아는 청각이나 수화를 통하여 학습할 수 없다. 이러한 학생들을 위하여 개발된 것이 의사소통 보드이다. 의사소통 보드는 합판으로 된 간단한 것에서부터 정교한 전자기기에 이르기까지 다양하다. 또 촉각 보드에는 그림, 그림과 단어, 알파벳, 어휘 또는 위의 방법들을 결합한 여러 가지 형태가 있다.

4 일상생활 기술 교육

1) 지도 방법

중복 시각장애 학생은 식사하기, 옷 입기, 몸단장하기, 용변 보기 등의 일상생활 기술에 지체를 보인다. 이러한 지체의 원인은 다음과 같다.

① 이중 감각장애, 뇌성마비 등으로 일상생활 기술을 습득하기 어렵다.
② 부모는 중복 시각장애 아동에게 일상생활 기술을 혼자 사용하도록 기회를 주지 않는다.
③ 잡기나 놓기와 같은 선수 기술이나 일상생활 기술을 수행하는 인지 기술이 결여되어 있다(Schell & Van Etten, 1980).

중복 시각장애 학생이 일상생활 기술을 성취하도록 조기 운동 기술, 인지 기술, 언어 기술 등을 결합하여 지도하는 것이 중요하다. 예를 들면, '교사가 점심시간에 식당에 앉아 있는 학생의 손을 건드리면, 학생은 이것을 단서로 다섯 번 중 네 번은 식탁 위에 놓인 수저를 잡을 수 있다.'를 학습목표로 정했을 때, 중복 시각장애 학생은 상황에 따라 단서를 일반화하기 어렵기 때문에 일상생활 기술을 자연스러운 환경에서 가르치는 것이 좋다.

운동장애를 겸한 맹학생은 식사하기, 옷 입기, 변기 사용하기, 이동하기 등 특수한 방법을 배우는 데 물리치료사나 작업치료사의 도움을 받는다(Finnie, 1975). 이들은 시력의 결여로 교사의 행동을 모방할 수 없기 때문에 교사는 직접 접촉하거나 학생과 함께 일상생활 기술을 수행해야 한다.

Azrin과 Armstrong(1973)은 학생에게 수저 사용법을 가르치는 데 신체적 접촉법을 사용했다. 수저 사용법의 단계적 지도 절차는 식사시간에 교사가 학생의 손과 수저를 잡아 지도하는 방법으로 시작하여 학생이 자신감을 가지고 스스로 수저를 쥘 때, 교사는 손을 잡고 지도하고 점차 팔뚝에서 팔꿈치, 상박부, 어깨 그리고 마지막으로 등을 짚으면서 접촉을 줄여 나간다. 그러나 학생이 과제를 혼자 수행할 수 있을 때까지 손을 잡고 지도한다. 학생의 현재 수준을 결정하고 일상생활 기술에서 학습목표를 선정하는 데 검목표를 사용하면 도움이 된다.

2) 실제 기술

(1) 식사하기

식사하기에는 빨기, 삼키기, 씹기, 손가락으로 집기, 수저로 식사하기, 컵으로 마시기, 빨대를 사용하기, 젓가락으로 집기, 칼로 자르기, 물 따르기, 식탁 예절, 간단한 음식 만들기 등이 포함된다.

빨기, 수저로 식사하기, 씹어 삼키기 등은 아동이 잘 먹고 마시게 할 뿐만 아니라 근육의 협응, 입 주위의 근육과 입 구조의 협응 능력을 발달시킨다(Campbell, 1977). 일부 중복 시각장애 학생은 혀를 내밀지 못하고, 구강 과민증인 학생은 식사하기나 언어발달이 지체된다. 그러므로 언어치료사나 작업치료사가 구강의 운동 능력을 평가하고 교사와 함께 교수전략을 세우는 것이 좋다. 일부 중증 중복 시각장애 학생은 식사하는 데 보조기구를 사용해야 하며, 이들 기구는 학생의 일상생활 능력을 길러 준다. 이들은 개작된 접시, 그릇, 컵 등을 사용한다.

(2) 옷 입기

옷을 입고 벗는 것은 모든 중복 시각장애 아동에게 중요한 기술이다. 중복 시각장애 아동에게 가르쳐야 할 옷 입기에는 모자 쓰고 벗기, 장갑 끼고 벗기, 양말과 구두 신고 벗기, 팬티 · 바지 · 셔츠 · 저고리 · 점퍼 입고 벗기, 지퍼 열고 닫기, 단추 잠그고 열기, 호크 채우고 열기 등이 포함된다. 그러나 중증 운동장애나 중도 정신지체를 겸한 시각장애 학생은 완전한 독립을 성취하기 어렵다. 그러므로 이러한 기술을 학습하는 데는 상당한 노력이 필요하다.

옷 입기 기술은 등 · 하교 시와 체육시간 전후, 아침에 일어났을 때, 밤에 잘 때 등과 같이 실제의 장면에서 지도하도록 한다. 옷을 벗는 것이 입는 것보다 쉽기 때문에 벗기를 먼저 가르치고, 구두, 양말, 속옷, 바지 등을 동시에 벗고 입는 방법도 가르친다.

교사는 장기 목적을 과제분석하고 활동의 복잡성을 단순화시켜, 단계마다 한 가지 동작을 가르친다. 예를 들면, 셔츠를 벗을 때 먼저 셔츠를 가슴이나 허리 높이로 걷어 올린 후 머리 위로 벗게 한다. 이러한 동작은 가능한 한 학생 스스로 하게 하고 학생의 몸보다 조금 큰 옷을 학생 자신이 벗고 입게 하며, 인형에게 옷을 입히고 벗기는 방법도 바람직하다. 중증 운동장애 학생은 단추나 지퍼 대신 밸크로를 사용할 수 있다.

또한 중복 시각장애 학생 중에는 브레이스를 신는 학생도 있기 때문에 교사는 자유로운 놀이 활동이나 치료를 받을 때 브레이스를 신고 벗는 방법을 가르쳐야 한다. 브레이스가 아동의 발에 맞지 않으면 통증의 원인이 되기 때문에 교사는 브레이스가 잘 맞는지 확인하고, 브레이스를 벗은 후 붉은 반점이 15분 이상 지속되면 이를 물리치료사에게 알려야 한다.

(3) 용변 보기

교사는 학생에게 변기를 찾아 똑바로 앉기, 배변 후 화장지 사용하기, 물 내리는 방법 등을 가르친다. 이 용변 기술에는 팬티를 내리고 올리기, 손 씻고 수건으로 닦기, 용변 보기에 대한 의사 표현하기 능력 등이 포함된다.

변기 훈련의 선수 기술은 중추신경계나 괄약근의 성숙도와 관련이 있다. Foxx와 Azrin(1973)은 최중도 정신지체아에게 훈련을 실시하려면 최소한 다섯 살이 되어야 한다고 보았다. 자제력이 없는 최중도 정신지체아나 지체장애아의 용변 훈련을 지도하는 경우, 야채, 과일, 수분 등을 충분히 섭취할 수 있도록 한다(Biggc, 1982).

(4) 몸단장하기

중복 시각장애 아동도 손과 얼굴 씻기, 이 닦기, 머리 빗기, 코 풀기, 목욕하기 등을 학습해야 한다. 이보다 더욱 복잡한 손톱 깎기, 머리 감기, 생리 처리하기, 전기 면도기 사용하기, 의복 선택하기 등도 학생의 능력에 따라 가르칠 수 있다. 이러한 기술은 교육 목적의 최소 단계로 체계적으로 계열화하고 과제를 분석하여 지도한다. 이 닦기의 과제분석은 〈표 9-1〉과 같이 할 수 있다.

〈표 9-1〉 이 닦기 과제분석

1. 치약을 집는다.
2. 한 손으로 치약을 들고 나머지 손으로 치약 뚜껑을 찾는다.
3. 치약 뚜껑을 연다.
4. 뚜껑을 싱크대 위에 놓는다.
5. 한 손으로 치약을 들고 다른 한 손으로 칫솔을 집는다.
6. 치약과 칫솔을 마주 대고 치약을 칫솔의 솔 부분에 대고 짠다.
7. 칫솔을 싱크대 위에 놓는다.
8. 싱크대에 있는 치약 뚜껑을 집는다.
9. 뚜껑을 치약에 댄다.
10. 뚜껑을 돌리거나 눌러서 닫는다.
11. 치약을 싱크대 위에 놓는다.
12. 싱크대에서 칫솔을 집는다.
13. 왼쪽 아랫니를 칫솔로 닦는다.
14. 오른쪽 아랫니를 닦는다.
15. 왼쪽 윗니를 닦는다.
16. 오른쪽 윗니를 닦는다.
17. 앞니를 닦는다.
18. 물을 튼다.

19. 흐르는 물에 칫솔을 씻는다.
20. 칫솔을 칫솔대에 수직으로 걸어 놓는다.
21. 싱크대에 허리를 굽혀 입 안의 치약을 뱉는다.
22. 컵을 집어 물을 받는다.
23. 입을 헹군다.
24. 컵을 제자리에 놓는다.
25. 수돗물을 잠근다.
26. 수건으로 입과 손을 닦는다.

5 그 밖의 기술 교육

1) 사회적 기술

중복 시각장애 학생은 지역사회에서 생활하기 위하여 적합한 사회적 기술을 습득해야 한다. 사회적 기술이 부족하거나 과도한 부적응행동을 하는 중복 시각장애인은 그룹 홈이나 다른 시설에 수용되기 어렵다.

중복 시각장애 학생이 학습해야 할 사회적 상호작용에는 상호작용 시작하기, 상호작용에 따른 요청 받아들이기, 상호작용 유지하기, 상호작용 끝내기 등이 있다. 특수한 상호작용 행동의 선정은 학생의 생활연령과 기술 수준, 학습 형태, 중복장애의 유형과 장애 정도에 기초를 두어야 한다.

중복 시각장애 학생은 오랫동안 과제에 주목하지 못하는 행동 특성을 보인다. 이러한 부적응행동에는 자신에게 해로운 행동(예: 자해행동)과 다른 사람에게 해로운 행동(예: 공격행동)이 있다. 이러한 행동은 신체적 상해는 물론 다른 학생의 학습을 방해한다(Gaylord-Ross, 1980). 또한 공격적이고 자해적인 행동을 하는 학생은 다른 학생의 기피 대상이 되고, 학업적 · 사회적 기술을 향상시키는 상호 접촉이 제한된다. 이러한 중복 시각장애 학생을 위한 가장 바람직한 방법은 교사가 적응행동을 격려하고, 부적응행동을 하지 못하도록 정기적으로 상담하는 것이다(Luiselli & Michaud, 1983).

2) 전직업 기술

전직업 기술의 발달은 개별화 교육으로 통합된다. 중복 시각장애 학생도 과제분석과 체계적인 훈련 절차를 통하여 복잡한 과제를 성공적으로 학습할 수 있음이 입증되었다(Bellamy, Horner, & Inman, 1979). 중복 시각장애 학생에게 전직업 기술을 지도하기 위해서는 부모, 보행교사, 물리치료사 또는 작업치료사의 도움이 필요하다. 교사는 여러 전문가들과 함께 팀을 이루어 지도하되 현재의 기술 수준을 측정하고, 장·단기 목표를 세워 적합한 활동을 선정할 수 있도록 과제분석과 검목표를 사용한다.

중복 시각장애 학생은 분류하기, 포장하기, 조립하기, 봉투를 접고 봉하기, 상자에 통조림이나 과자를 담기와 같은 작업 기술을 습득하도록 한다.

3) 여가선용과 오락

중복 시각장애 학생의 여가선용과 오락 활동은 중요하다. 교사는 형식적 교육에 못지않게 중복 시각장애 학생이 여가 시간을 효과적이고 즐겁게 보낼 수 있도록 지도하고, 부모와 협력하여 여가 활동 프로그램을 계획하여 가정 또는 기숙사에서 사용하도록 한다.

여가선용과 오락은 전 생애를 통하여 중요하기 때문에 학생에게 적합한 활동을 선정하고, 가능하다면 중복 시각장애 학생도 정안 학생과 함께 오락 활동을 하도록 하는 것이 바람직하다. 그러나 많은 중복 시각장애 학생들이 의사소통장애로 좋아하는 것과 싫어하는 것을 표현하지 못하므로 교사는 학생이 어떤 오락을 좋아하고 싫어하는지, 어떤 오락기구를 만져 보고 미소를 짓거나 찡그리는지를 관찰하고, 그 이유가 무엇인가를 신중하게 검토하여 중복 시각장애 학생의 연령과 개인에게 적합한 기구를 제공하여 오락과 여가 활동을 하도록 한다.

6 서비스 전달 모형

선진국에서 발전한 중복 시각장애 학생의 교육시설과 생활시설은 다음과 같다.

1) 교육시설

(1) 주간 특수학교

주간 특수학교란 중복 시각장애 학생이 가정에서 생활하면서 통학하는 학교를 말하며, 특수학급도 포함된다. 특수학급과 특수학교의 입급 대상아를 결정할 때 교육은 물론 작업치료, 언어치료, 물리치료 등의 서비스가 필요한 경우에는 특수학교로 배치하고, 서비스 영역이 적은 경우에는 특수학급에 입급시킨다.

(2) 병원시설

의학적 치료는 물론 24시간 돌봐야 하는 중증 중복 시각장애 학생은 병원시설에 배치하여 치료에 더 중점을 두도록 한다.

(3) 재택교육

재택교육이란 교사, 물리치료사, 언어치료사, 작업치료사, 보행교사 등이 중복 시각장애 학생의 가정을 방문하여 지도하는 것을 말한다. 이들은 부모가 자녀를 지도하도록 부모에게도 교육을 실시한다. 재택교육은 최소로 제한된 환경이 제공될 때까지 임시로 이루어지고, 특히 중복 시각장애 학생의 경우 가족의 지원을 받아 교육하는 것이 좋다.

(4) 맹농아 지역센터

미국은 1960년대 풍진으로 맹농아가 급증하자 10개 맹농아 지역센터를 설립하였다. 맹농아 지역센터에서는 맹농아의 진단평가, 적응, 방향정위, 교육 프로그램, 부모, 교사, 기타 전문가에 대한 상담 등의 서비스를 제공하고, 각 주의 맹농아(출생~21세) 교육 프로그램을 개발·감독하는 데 기술적 지원, 자료 제공, 예산 지원 등을 하고 있다(American Foundation for the Blind, 2003).

2) 생활시설

(1) 입양 가정

입양 가정 프로그램은 가정이 한 명 또는 그 이상의 장애아를 입양하여 생활하는 것을 말한다. 이때 주 정부는 그 가정에 생활비를 지원한다.

(2) 그룹 홈

그룹 홈은 6~15명의 장애인이 함께 생활하는 형태로서 큰 규모의 시설보다 가족적으로 운영할 수 있는 장점이 있다. 그룹 홈에서의 감독과 훈련의 정도는 장애의 정도에 따라 다르다.

(3) 맹학교 내의 생활시설

맹학교 내에 따로 중복 시각장애 학생만을 수용하여 생활하게 하는 시설을 마련하여 별도의 직원이 근무하면서 중복 시각장애 학생을 돌보아 주고 있다.

(4) 수용시설

수용시설은 가장 큰 중복 시각장애인 수용기관으로서 보호적인 상태에서 20~30명 단위로 생활한다. 그러나 미국 정부가 가정과 같은 환경을 권장하기 때문에 점차 소규모로 개편되어 가고 있다.

우리나라의 중복 시각장애인 생활시설로는 여주에 있는 '라파엘의 집'이 있다. 여기에는 모두 175명의 중복 시각장애 학생과 성인이 생활하고 있다. 라파엘의 집은 1994년 3월에 특수학급 2학급을 인가받아 운영하기 시작하여 2008년 현재 특수학급 11학급을 운영하고 있다. 2002년에는 직업재활센터를 설치하여 도자기, 종이, 구슬공예, 컴퓨터 등의 직업교육을 실시하고 있다([그림 9-1] 참조). 2008년 5월 24일에 '라파엘 시각·청각장애 재활센터' 개소식을 갖고, 맹농인을 위한 일상생활 기술, 보행 기술, 의사소통 기술 교육을 실시하고 있다.

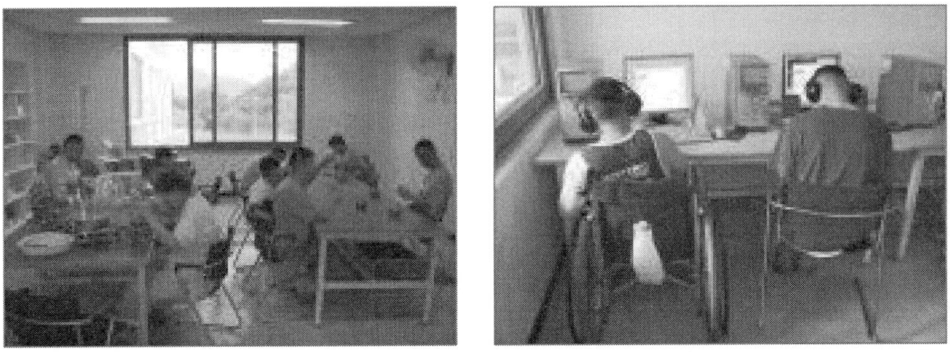

[그림 9-1] 직업교육센터에서 교육을 받고 있는 모습

학·습·문·제

1. 헬렌 켈러의 전기를 읽고, 그녀의 생애와 업적을 요약해 보시오.

2. 개인적으로 관심이 있는 중복 시각장애 영역을 선정하고, 그 정의를 설명하시오.

3. 맹농아의 의사소통 방법을 조사하고, 우리 실정에 맞는 방법을 제시해 보시오.

4. 중복 시각장애 학생에게 식사하기, 옷 입기, 용변 보기 중 한 가지 학습목표를 세워 지도하고, 그에 따른 문제점과 개선점을 적어 보시오.

5. 중복 시각장애 학생의 생활시설에 관하여 설명하고, 우리나라에서 적합한 생활시설을 제시하시오.

제 10 장

심리·교육적 평가

우리나라 특수교육에서는 학력평가 이외에 장애 아동의 발견, 특수교육 대상아의 결정, 학생의 배치 등 거의 모든 분야에서 학생의 요구를 평가하지 않고 있기 때문에 평가 분야의 발전이 미흡한 실정이다. 따라서 제10장에서는 미국 시각장애아 교육에서 사용하는 평가를 중심으로 설명하기로 한다.

1 평가의 개관

1) 평가의 목적

평가라고 하면 흔히 시험 점수만을 연상하기 쉬우나, 이는 점수 이상의 의미를 갖는다. 평가는 학생에 대한 올바른 결정을 내리기 위하여 자료를 수집하는 과정이다(Salvia & Ysseldyke, 1995). 오하이오 주 특수교육 법령에는 '평가란 아동에게 장애가 있는지 그리고 그 아동에게 필요한 특수교육과 관련 서비스의 종류 및 범위를 결정하기 위하여 다학문 간 팀이 사용하는 절차'라고 정의하고 있다(Ohio Department of Education, 2002). 즉, 평가는 평가 기간 동안에 수집된 정보를 기초로 선별, 특수교육 대상아의 결정, 개별화 교육 프로그램(IEP)의 개발, 배치, 학생의 학습 진도 관찰 그리고 전반적인 교육에 대하여 결정하는 것이다. 이러한 결정은 궁극적으로 학생의 교육적 경험과 기회 그리고 삶의 질에 긍정적인 영향을 미쳐야 하며, 그렇지 못할 경우 평가는 큰 의미를 갖지 못한다.

평가를 통하여 평기 목적에 맞는 검사도구를 사용하는 데 필요한 과제 수행 능력, 체계적인 관찰, 일정 시간 내에 학생의 활동에 관한 정보를 수집할 수 있다. 단, 평가 목적이 바뀌면 평가도구도 바뀐다. 예를 들면, 어떤 검사는 교과의 진도를 평가하여 같은 연령(또는 학년)의 학생들과 비교할 수 있고, 어떤 검사는 학생이 습득한 기술의 정도에 관한 정보만을 제공하므로 평가를 실시하는 목적에 따라 적합한 검사도구를 선정하고, 정보를 수집해야 한다.

2) 평가 지침

1997년 개정 「장애인교육법」(IDEA, P. L. 105-17)에는 시각장애 아동의 평가에 관한 몇 가지 중요한 지침이 기재되어 있는데 그 내용은 다음과 같다.

① 여러 가지 평가도구를 사용한다. 학생의 능력을 평가할 때 형식적 검사, 즉 표준화 검사만을 사용해서는 안 된다.
② 검사의 목적에 타당성이 있어야 한다.
③ 부모와 팀 구성원 모두 특별한 서비스를 결정하는 데 참가한다.
④ 학생은 필요할 경우, 주 정부 또는 교육청 단위의 평가에 수정된 평가자료를 사용한다. 평가자료를 적절히 수정할 수 없을 경우, 주 정부는 대안적 평가 방법을 개발한다(주 정부가 대안적 평가를 실시할 경우, 그 대안적 평가로 학생의 수행 능력을 보고한다).
⑤ IEP를 개발하기 위하여 학생의 학력을 교육청 단위로 평가할 때, 수정한 검사도구에 관한 기록을 첨부한다. 그리고 IEP팀이 학생을 주 정부 또는 교육청 단위의 학력평가에 참가시키지 않기로 결정했다면, 그 평가가 학생에게 적절하지 않은 이유와 학생을 어떻게 평가할 것인가에 대한 기록을 첨부한다.

3) 시각장애아 교사의 역할

시각장애아 교사는 평가과정에서 다음과 같은 역할을 한다.

첫째, 학생의 시력과 관련된 평가를 실시한다. 이러한 평가에는 기능시력 평가(잔존시력의 사용 능력 평가), 학습매체 평가(가장 적합한 학습 및 문자매체의 결정), 점자 읽기와 쓰기 평가, 보조공학 평가 그리고 다른 보조기구의 사용 능력 평가 등이 있다.

둘째, 교육팀의 다른 구성원들과 정보를 교환하여 학생이 특수교육 대상아인지를 결정하고, 교육목표를 정하며, 학생의 학습 진도를 관찰한다.

셋째, 평가에 있어서 시각장애의 영향에 대하여 평가팀 구성원들과 정보를 교환하고, 적절한 평가도구를 선정하여 지원하며, 시각장애 학생이 사용할 수 있도록 평가도구를 수정하며, 평가 결과를 해석한다.

시각장애아 교사는 다음과 같은 분야에서 평가팀의 구성원들과 협력한다.

① 시각장애아 교사는 교육과정 중심 평가와 학급 내 다른 평가에 학생이 접근할 수 있도록 평가 활동을 수정하도록 돕는다.
② 학교 심리학자가 적합한 평가도구를 선정하면 필요할 경우, 시각장애아 교사는 그 평가도구를 수정하도록 지원하고, 시각장애의 영향, 경험적 배경, 개념 발달 등에 대한 정보를 제공한다.
③ 시각장애아 교사는 언어치료사에게 개념과 언어발달에 대한 시각장애의 영향에 관하여 정보를 제공하고, 그림의 사용 여부를 결정하고, 의사소통 보드를 설계하는 것을 지원하며, 평가도구를 선정하도록 돕는다.
④ 시각장애아 교사는 물리치료사에게 시각장애가 운동근육 발달에 미치는 영향에 관한 정보를 제공하고, 운동근육 기술발달에 동기를 부여하고 촉진시키는 물건들과 환경을 선정하는 일을 돕는다.

2 평가과정

시각장애 아동의 평가과정은 평가 이유, 배경 정보의 수집, 학생에 대한 관찰, 평가계획의 수립, 평가의 실시, 정보의 통합과 해석, 중재를 위한 추천 및 학습 진도의 관찰로 총 여덟 단계로 구성된다.

1) 평가 이유

학생을 평가하는 첫 번째 단계는 평가의 이유나 목적을 명확하게 밝히는 것이다. 교육팀은 평가 이유에 대하여 협의하고, 적절한 평가 방법과 도구를 결정하며, 평가 영역과 목적에 합의를 이끌어 내야 한다.

평가 이유가 특수교육 대상아를 결정하는 것이라면 교육팀은 안과 보고서의 결과가 필요하고, 그다음으로 기능시력 평가, 학습매체 평가를 실시하며, 교육팀의 사례위원회를 개최한다.

아동이 시각장애아 교육 대상아로 결정되면 IEP를 개발하고, 제공할 서비스의 종류와 수, 적절한 배치, 학생의 학습 진도에 대한 지속적인 관찰 그리고 계획을 결정하기 위한 정보가 필요하다. 더욱이 학생의 학습 진도에 영향을 미치는 학습 문제나 시력 변동으로 읽기매체나 보조공학 기기를 바꾸어야 하는지 관찰한다. 이러한 경우에 요구되는 질문이나 이유를 정확하게 알면 평가의 종류와 정도가 더욱 명확해진다(Hall et al., 1986).

2) 배경 정보의 수집

평가자는 학생에 관한 정보를 사용할 수 있고, 이러한 정보는 학생에게 어떤 평가를 실시할 것인가를 결정하는 데 도움을 준다. 예를 들면, 학생의 안과 보고서 및 일반의학 보고서는 학생의 안질환과 시력의 안정성, 중복장애의 유무, 약물치료, 작업치료 그리고 의사의 소견에 대한 정보를 제공하고, 현재의 기능시력 평가나 임상적 저시력 평가는 학생의 목적과 목표를 결정하여, 어떤 도구와 방법이 추가적인 검사에 가장 적절한지를 결정하는 데 중요한 정보를 제공한다. 또 다른 배경 정보는 부모, 일반학급 교사, 시각장애아 교사, 작업치료사, 물리치료사 그리고 다른 전문가들과의 면담을 통하여 얻을 수 있다. 이처럼 평가자는 전문가들로부터 도움이 되는 많은 정보를 제공받음으로써, 평가에서 진술하는 질문에 대한 적절한 해답을 얻을 수 있다.

3) 학생에 대한 관찰

교실과 가정 그리고 다른 관련 장소에서 학생을 관찰하는 것은 정보를 수집하는 데 매우 중요하다. 이러한 관찰을 통하여 평가 목적과 관련된 문제들을 진술할 수 있고, 예상치 못한 정보를 수집할 수 있다.

학생의 기능시력에 대한 관찰을 통해 환경 변인의 영향과 여러 가지 자료나 과제를 다루는 학생의 능력을 파악할 수 있다. 주의 깊고 구체적인 관찰은 학생이 자신과 관련된 자연스러운 환경에서 수행 능력뿐만 아니라 학생의 사회적 상호작용과 일상생활 기술에 대한 정보를 제공한다. 그 밖의 관찰은 더 나은 평가를 계획하고, 평가할 영역을 결정하며, 적절한 평가도구와 방법을 선정하는 데 도움을 준다. 관찰은 평가과정에서 요구되는 처음 단계일 뿐만 아니라, 형식적 검사를 보완하는 데도 매우 중요하다.

평가자는 특정 검사 문항에 대한 반응과 점수 외에도 학생의 문제해결 방법과 주의 집중 시간을 관찰하고, 검사 시 학생의 수행 능력에 영향을 주는 실패 요인과 각각의 행동에 주의하여, 학생의 전반적인 수행 능력을 평가하는 데 중요한 정보를 얻을 수 있다.

4) 평가계획 수립

평가팀은 평가 이유를 밝히고, 수집된 배경 정보에 기초하여 평가계획을 세운다. 이 과정에서 시각장애아 교사는 특히 학교 심리학자나 교육 진단가와 같은 다른 평가팀의 구성원들 그리고 필요한 정보의 수집에 사용될 적절한 평가도구와 전략을 결정하기 위하여 부모, 일반학급 교사와 특수교육 교사 그리고 치료사들과 협력한다. 평가계획 수립과정에서 또 하나의 중요한 요인은 평가에서 사용할 검사나 절차를 수정하는 것이다.

또한 평가 이유는 평가 방법을 결정하므로, 처음 IEP를 개발하고 배치 결정을 내리기 위해 평가팀의 종합적인 평가와 적절한 목표를 선정하는 것이 중요하다. 평가팀의 구성원들은 자신의 전문 영역에 대한 평가를 실시하고, 그 결과에 대한 정보를 교환하며, 평가 결과와 교수학습에 대하여 협의한다.

종합적 평가에서 기능시력의 평가는 조명과 글자의 크기, 그림과 글자의 사용 능력 그리고 묵자 정보의 접근에 필요한 기구와 관련하여 학생의 욕구를 발견하고, 일상생활에서 안근 운동 기술(visual motor skills)이나 쓰기과제 또는 저시력 기구의 사용이나 보조공학 기기와 같은 특정 훈련 기술 영역을 발견하기 위한 것이다.

학습매체 평가 결과는 학생의 가장 적합한 학습 방법을 발견하고, 적합한 읽기매체에 관한 요구를 발견하여, 시각적 · 촉각적 평가 방법, 점자나 묵자자료, 사진, 촉각그래프나 조작 능력 등 적당한 방법이나 자료를 검사 활동에 포함시킬 수 있다. 이러한 정보를 팀 구성원과 공유할 때 추가적인 평가 영역을 진술할 수 있다. 평가 목적이 학습 진도를 관찰하거나 특정 영역을 바꾸는 데 있다면 해당 영역의 특정 과제와 도구가 필요하게 된다. 이 특정 평가들은 주로 시각장애아 교사, 보행교사, 일반학급 교사가 실시하는 것이 바람직하다.

평가자는 특히 형식적 평가(특히 규준지향 검사)를 실시할 때 주의해야 한다. 규준지향 검사 중 일부 검사만이 시각장애 아동용으로 제작되었거나 표준화되었기 때문이다(Bradley-Johnson, 1994). 시각장애아 교사는 가장 적절한 평가도구를 선정하고 평가과제를 제시하여 학생으로부터 가장 정확한 정보를 얻으며, 수집된 정보를 해석하는 데 학교 심리학자, 물리치료사, 저시력 치료사, 보행교사, 기타 다른 전문가들과 협력한다.

검사는 학생의 목적에 타당해야 하므로 학생에게 적합한 검사를 선정한 후 검사를 수정하고, 신뢰도와 타당도에 미치는 영향을 충분히 고려하여 평가계획을 세우는 것이 좋다.

5) 평가의 실시

적절하고 체계적인 평가계획을 세워 평가가 잘 진행되도록 해야 한다. 평가의 목적은 평가의 종류와 범위 그리고 교육팀을 결정하게 한다. 일부의 경우 시각장애아 교사는 기능시력 평가와 학습매체 평가 또는 점자의 읽기와 쓰기, 저시력 기구와 시각장애인용 보조공학 기기의 사용과 같은 영역에서 먼저 평가할 수도 있다.

종합평가의 실시나 매년 실시하는 검사를 통하여 몇 가지 영역들을 재평가하는 경우, 시각장애아 교사는 특정 영역에서 전문지식을 갖고 있는 다른 팀 구성원들과 협력한다. 예를 들면, 평가자가 학생의 인지 능력과 특정 학습장애를 평가하기 위해서는 심리학자와 함께 협력하고, 형식적 평가나 교육과정 중심의 평가도구를 사용하여 학생의 전반적인 학업성취도를 평가할 때는 일반교육 교사와 협력하며, 학생의 운동 기술 중에서 자세를 평가할 때는 물리치료사나 작업치료사와 협력한다. 또한 학생의 일상생활 기술과 기능시력을 평가할 때는 부모와 협력하고, 학생의 방향정위 기술과 안전 그리고 학교 환경에서의 효과적인 보행 기술을 평가할 때는 보행교사와 협력한다. 이러한 전문가들과 협력할 때는 조명, 쓰기자료, 개작된 도구 그리고 저시력 기구를 제공하는 것이 중요하다. 촉각 그래픽, 점자자료 또는 특수한 자료나 시설설비가 필요할 경우, 시각장애아 교사는 일반교육 교사와 협력하여 형식적·비형식적으로 학업평가를 실시한다. 실제로 각 전문가는 특정 평가를 실시하는 것 외에도 다른 팀 구성원의 질문에 답해 주고, 관찰된 행동에 대한 올바른 견해를 갖도록 하며, 여러 가지 수정 사항을 제안하기 위해 평가의 처음부터 끝까지 참여하여 학생의 행동이나 수행 능력에 대한 의견을 제공할 수 있다.

평가계획은 평가과정을 따라야 하지만 필요한 경우에 수정할 수 있다. 팀 구성원은 평가과정에서 추가적인 정보가 필요하다고 생각하면 이러한 정보를 수집하기 위하여 적절한 검사나 방법을 사용한다. 평가자는 학생에게 가장 적합한 검사를 실시하기 위하여 다음과 같은 지침을 따른다.

① 평가자는 평가 절차와 자료에 대하여 잘 알아야 한다.

② 평가자는 학생에게 적절한 환경을 제공하고 절차를 수정한다. 즉, 학생에게 맞는 조명시설을 설치하고, 가구를 적절하게 배치하며, 소음으로 시끄럽지 않도록 하며, 지체장애 학생의 자세를 지지할 수 있는 책걸상을 준비한다.

③ 평가자는 학생의 능력을 미리 조사하여 자료나 기구를 적합하게 개작한다.

④ 평가자와 학생이 친숙하지 않을 경우, 평가에 들어가기 앞서 학생과 공감대를 형성한다. 예를 들면, 학생을 평가 장소로 데리고 가서 그 환경에 대하여 설명하고, 친절한 말이나 행동을 통해 친숙해질 수 있다.

⑤ 평가자는 학생에게 평가와 평가 목적에 대하여 설명한다.

⑥ 평가자는 학생이 사용할 자료와 평가 장소에 익숙해질 수 있도록 충분한 시간

을 준다. 이것은 학생이 자료에 대한 충분한 탐색과 대조, 확인 그리고 지시대로 배열하는 것 등에 익숙해지도록 만드는 것이다.

⑦ 평가자는 직접 정답을 말하지 말고, 학생의 대답에 너무 구체적으로 교정하지 않으면서, 학생을 격려해야 한다.

⑧ 평가자는 학생과 악수하거나 신체의 일부분을 접촉해야 할 경우, 미리 학생에게 알림으로써 학생이 놀라지 않도록 한다. 이러한 접촉은 과제를 실시하거나 평가 장소를 소개할 때 필요하다.

⑨ 평가자는 평가 시간이 평가 목적과 관련되지 않는다면, 정해진 시간 내에 검사를 마칠 필요는 없다.

⑩ 평가자는 학생의 피로나 다른 이유로 여러 번에 나누어 평가할 수 있다.

6) 정보의 통합과 해석

평가과정에서 수집된 정보를 기초로 결론을 내릴 때, 평가자는 다음과 같은 점에 유의한다.

첫째, 평가 결과를 해석할 때 시각장애의 정도, 시각장애의 시기, 학습 방법, 배후 경험 등을 포함한 학생의 시각장애와 관계되는 요인들을 고려한다. 그리고 검사 절차를 수정하고 해석할 때의 유의점, 평가도구의 제한점, 수정의 결과나 제한된 규준 집단 등을 고려한다.

둘째, 학생의 수행 능력을 진술할 때 특정 예들을 제시한다. 종합적 평가를 실시할 경우 팀 구성원들은 모든 평가 결과를 검토하고, 가능한 중재전략을 협의하여 결정한다. 시각장애아 교사는 자신이 실시한 특수한 평가, 학생의 시각장애가 학습과 수행 능력에 미치는 영향, 평가과정에서 필요한 수정과 자신의 전문지식 등을 활용하는 것이 효과적이다.

7) 추천 내용

평가팀의 추천 내용은 서비스의 종류와 횟수, IEP의 목적 및 목표의 개발, 학생의 배치 결정 등과 관계된다. 이 추천 내용은 학생의 학습과 문자매체의 결정 그리고 특정한 환경 수정이나 특수장비 및 보조기구와 관계되므로, 부모와 교육팀 구성원들이 학생의 교육을 적절히 수정하는 데 필요한 정보를 사용할 수 있도록 자세히 기록해야 한다.

8) 학습 진도의 관찰

계속적인 평가는 IEP의 목적과 목표를 성취하는 데 학생의 학습 진도, 프로그램 및 서비스의 적절성을 기록함으로써, 프로그램의 수정 시기를 알려 준다. 이러한 계속적 평가에는 형식적 검사도구 외에 검목표, 교육과정 중심 평가와 같은 비형식적 검사도 사용된다.

평가자는 타당도와 신뢰도가 높은 검사를 선정하려고 하지만, 시각장애 학생의 검사에는 표준화 검사가 별로 없으므로 검사를 수정할 필요성이 있다. 그러나 이러한 점은 타당도와 신뢰도에 영향을 주므로, 평가자가 검사도구를 선정할 때 다음과 같은 질문을 고려해야 한다.

① 평가의 목적이 무엇인가, 어떤 정보가 필요한가, 검사가 의도하는 것이 무엇인가?
② 검사는 시각장애 학생이 사용하는 데 불리하지 않은가, 검사를 수정할 경우 검사의 내용타당도를 유지할 수 있는가?
③ 검사가 학생의 능력과 교육적 욕구에 관한 정보를 제공하는가, 시각장애 학생이 표준화 과정에 포함되지 않아 검사 점수의 가치가 제한되는 경우에도 학생의 수행 능력에 관한 유용한 정보를 제공하는가?

3 검사의 유형

검사도구에는 형식적 검사와 비형식적 검사, 표준화 검사와 비표준화 검사, 규준지향 검사와 준거지향 검사, 집단검사와 개인검사, 언어성 검사와 동작성 검사 등이 있다. 이 분류는 서로 중복되기도 한다.

1) 형식적 검사와 비형식적 검사

형식적 검사는 시행과 채점에 관한 지시 사항에 충실해야 하고, 시간을 제한하며,

대개 집단을 비교하는 데 사용된다. 반면 비형식적 검사는 시행에 대한 지시 사항이 엄격하지 않고, 시간 제약이 없으며, 흔히 양적 점수를 산출하지 않는다. 결과는 질적 용어로 표현되고, 결과의 타당도는 검사를 시행하고 그 결과를 해석하는 개인의 임상적 기술에 달려 있다.

2) 표준화 검사와 비표준화 검사

표준화 검사는 언제, 어디서, 누가 사용하더라도 검사의 실시와 채점, 결과의 해석이 동일하도록 모든 절차와 방법을 일정하게 만든 형식적 검사도구이다. 즉, 이 검사도구들은 유사한 배경, 연령, 다른 인구 통계학적 특징을 가진 큰 집단의 학생들에게 시행하고, 결과는 표준화 과정에서 나타난 규준으로 표시한다. 표준화 검사에서 얻은 결과의 값은 주로 규준 집단의 특징에 달려 있다(Salvia & Ysseldyke, 1981). 교사는 표준화 검사에서 얻은 각 학생의 검사 결과를 규준 집단과 비교하여 해당 검사를 표준화한 모집단과의 차이점을 알 수 있다.

3) 규준지향 검사와 준거지향 검사

규준지향 검사란 학생의 성적의 평균이나 정규분포곡선의 이론에 의거하여 미리 정해 놓은 비율을 평가의 기준으로 하여 학생들의 성취도를 서로 비교하여 평가하는 방법이다(변창진, 1998). 한 학생의 평가 결과가 얼마나 바람직한가는 주어진 집단의 규준에 의해서 결정된다. 따라서 이 검사의 해석은 상대적인 것으로 절대적인 의미가 분명하지 않다(예: 학급에서 '수'를 받은 학생은 학급의 상위 '10% 이내'라는 의미일 뿐 무엇을 어느 정도 성취했는지 알 수 없음). 이에 반하여 주어진 기준이나 교육목표의 도달 여부와 정도를 확인 · 점검하는 평가를 준거지향 검사라고 한다. 준거지향 검사는 오직 학습목표를 기준으로 각 학생이 성취해야 하는 수준을 판정하므로 절대평가라고도 한다.

시각장애 학생용 표준화 검사가 별로 없어서 정안 학생과 시각장애 학생을 비교하는 데 타당성이 없기 때문에, 교사는 규준지향 검사의 결과를 신중하게 해석하고, 교육적 결정이나 교육계획을 세우는 데 점수만을 사용하지 않으며, 학습과제와 상황에 관련된 점수의 의미를 알아야 한다.

또한 특수교육에서는 준거지향 검사가 더 널리 사용되고 있다. 준거지향 검사는 학생들을 비교하지 않고, 시행이나 채점과정이 더 단순하며, 문항들은 학습과제에 영향을 주고, 검사 결과를 학습 목적과 목표를 정하는 데 쉽게 사용할 수 있기 때문이다. 따라서 준거지향 검사가 교수학습 결과를 평가하는 데 규준지향 검사보다 더 효과적이다(문수백, 1981).

4) 개인검사와 집단검사

개인검사는 한 사람의 검사자가 한 번에 한 명의 아동을 상대로 실시하는 검사를 말하고, 집단검사는 한 사람의 검사자가 한 번에 두 명 또는 그 이상의 아동을 대상으로 동시에 실시하는 검사이다.

일반적으로 시각장애 학생에게는 개인검사를 원칙으로 한다. 집단검사는 대개 개인용 검사보다 낮은 신뢰도를 갖는다. 집단검사도 개인검사로 사용할 수 있지만 그렇게 하면 신뢰도를 얻는 데 해석상의 차이를 고려해야 한다(Salvia & Ysseldyke, 1981).

5) 언어성 검사와 동작성 검사

언어성 검사는 검사 문항의 진술과 답을 언어로 실시하고, 동작성 검사는 문항의 진술과 답이 언어 대신 기호, 그림, 도형으로 구성된다. 즉 언어성 검사는 문항의 진술과 답을 언어적 지시 사항과 응답에 의존하고, 동작성 검사는 이야기를 나타내기 위하여 순서대로 차례 맞추기, 그림을 보고 나무토막 쌓기, 모양 맞추기와 같이 행동으로 나타낸다. 시각장애아 검사의 대부분은 언어성 검사에 속한다.

4 종합평가의 영역

시각장애 학생의 종합평가에는 기능시력, 학습매체, 지능 및 인지 능력, 학업성취도, 보조공학, 보행 및 운동 기술, 사회적 기술과 일상생활 기술 그리고 진로교육 평가가 포함된다. 그러나 필요할 경우 평가 영역을 확대할 수 있다. 〈표 10-1〉과 〈표

10-2⟩ 의 검사는 시각장애 유아용과 아동용 검사이다(Heinze, 2000).

1) 기능시력 평가

학생의 기능시력 평가는 안과 보고서의 정보를 보충하고 학생의 IEP를 개발하는 데 시각장애아 교사와 일반교육 교사에게 더 많은 정보를 제공한다. 기능시력 평가는 조명, 눈부심의 조절, 글자 크기, 도형-배경의 차이와 체계적인 찾기, 추시, 중심외 보기, 저시력 기구의 사용 등과 같은 학생의 시각적 요구를 발견한다. 기능시력 평가는 지정된 장소에서 구조화된 관찰과 비형식적 및 형식적 평가도구를 사용하며, 일반적으로 시각장애아 교사가 실시한다.

2) 학습매체 평가

학습매체 평가는 학생이 선호하는 학습 스타일, 방법, 자료 및 문자매체를 결정한다. 또한 이 평가는 적절한 문자매체(점자와 묵자)와 검사의 수정(글자나 그림의 확대, 촉각자료의 제시, 저시력 기구의 사용 등)을 결정하는 데 도움을 준다.

이 평가는 학생이 여러 가지 과제를 수행하고 감각적 경험, 학습 방법 및 자료에 반응하는 형태를 관찰한다. 학생이 글자를 배워 읽고 쓰고 있다면 읽기와 쓰기 기술을 평가해야 한다. 여러 가지 관찰법과 형식적 및 비형식적 읽기검사들을 통하여 수집한 정보들을 함께 사용할 수 있다. 학습매체 평가는 종합평가의 일부로 실시할 수 있고, 기능시력 평가와 함께 실시할 수도 있다.

3) 지능 및 인지 능력 평가

시각장애 학생의 지능 및 인지 능력을 평가할 때는 다음과 같은 주의가 필요하다.

첫째, 지능에 대하여 수많은 정의가 있으며, 100가지 이상의 요인들이 지능과 관계된다. 그러므로 여러 가지 정의에 기초한 평가도구는 다른 능력과 행동 샘플을 평가할 수 있다(Bradley-Johnson, 1994; Hall et al., 1986).

둘째, 시각장애 학생의 경험은 정안 학생과 다르거나 제한되어 있으므로 개념을 발달시키는 방법이 정안 학생의 방법과 다를 수도 있다. 시각장애 학생은 시야가 좁기 때문에 부분에서 전체로 개념을 습득할 수 있고, 공간적 제약 때문에 만져 보기 위하여 물건에 가까이 다가가거나 수정된 자료를 제공해야 한다.

셋째, 지능검사의 일부 문항들은 특별히 가르치지 않으면 안 될 정보에 기초를 두고 있으므로, 이러한 일부 정보를 제시할 수 없는 점은 검사를 사용하는 데 더욱 어려움을 준다.

더욱이 다면적 지능검사에는 표준화 절차에 시각장애 학생을 포함시키지 않았으므로, 검사를 선정하여 개작할 때 해석의 문제, 특히 타당도에 관한 문제가 제기된다. 이 모든 상황들은 다양한 측면을 검사할 때 특히 중요하고 한 가지 검사도구에만 의존해서는 안 된다는 것을 의미한다. 지능검사를 실시하는 사람은 유자격 심리학자, 특히 시각장애 학생을 대상으로 검사 경험이 있는 사람이 실시하는 것이 좋다. 그러나 시각장애 학생을 대상으로 검사 경험이 적은 검사자에게 시각장애아 교사는 시각장애가 각 학생의 학습과 적합한 수정에 어떻게 영향을 주는가에 관한 정보를 알려 줌으로써 도움을 줄 수 있다. 지능검사가 시각장애아의 학급 배치나 프로그램을 결정하는 데 폭넓게 사용되고 있지는 않지만 일부 특수교육 서비스의 대상 아동을 결정하는 데 사용되고 있다.

4) 학업성취도 평가

학업성취도 평가 영역에는 국민 공통 기본 교육과정(예: 국어, 수학 등)과 시각장애 학생에게만 필요한 확대 기본 교육과정(예: 점자, 보행 등)이 포함된다.

몇 가지 개인용 성취도 검사를 표준화할 때 저시력 학생을 포함시키지 않았다 하더라도 일부 저시력 학생에게 사용할 수 있다. 이러한 검사의 사용 적절성은 묵자와 그래픽 도형을 보는 능력, 검사의 제시 형식 그리고 개작의 적절성과 의미에 따라 다르다.

준거지향 검사, 교육과정 중심 평가 그리고 포트폴리오 평가는 수업계획을 세우는 데 보다 적절하다. 이러한 검사도구는 학습 진도의 위계적 순서로 구성되어 있고, 일반교육 교사와 시각장애아 교사에게 흥미로우며, 계속적 평가를 위하여 적절하게 사용될 수 있다. 그 밖에 이러한 검사들은 규준지향 검사들에 비해 자료를 수정하거나 검사를 시행하는 데 더 유연하다(Bradley-Johnson, 1994).

읽기와 쓰기 평가에는 이해도, 단어의 습득, 언어 사용 기술 등이 포함된다. 듣기는 많은 시각장애 학생에게 중요한 학습 통로이기 때문에 전체 평가에 듣기 영역을 포함시킨다. 이 영역에는 환경에서 나는 소리 듣기, 주제를 파악하며 듣기, 구체적 사실의 듣기, 청각적 정보 재생하기, 자료 해석하기 등이 포함된다.

수학 영역에서도 피아제의 개념(보존개념, 계열성과 일대일 대응), 기초적인 양의 개념, 계산, 언어 문제, 시간, 분수, 그래프, 대수 및 기하 등을 포함한 여러 가지 개념과 기술을 평가하는 것이 포함된다. 또한 수학 평가에는 암산, 주판, 점자판, 계산기 등과 같은 도구의 사용, 시각자료 및 촉각자료를 다루는 능력, 수학기호에 대한 지식 등도 포함된다(Kapperman, Heinze, & Sticken, 1997).

준거지향 검사와 검목표, 기능적 문제해결 상황은 맹학생과 저시력 학생에게 중요한 문제 영역과 특별한 기술의 요소들을 평가하는 데 사용된다.

5) 보조공학 평가

보조공학 평가에는 화면 확대, 화면 읽기, 점자 출력, 점자 정보 단말기(한소네 등), 기타 다른 기구에 대한 컴퓨터 하드웨어와 소프트웨어의 사용 등이 포함된다. 이 평가는 시각장애 학생이 일반 교육과정에 접근하고 가능한 한 효율적이고 독립적으로 학습하도록 지원하기 위하여 어떤 전략과 보조공학 기기가 필요한가를 결정한다.

보조공학 평가는 의사소통과 학업, 일상생활 기술, 보행 기술, 직업 능력 수행 및 컴퓨터의 접근성과 같은 영역을 조사한다. 이 영역에는 관련 과제들이 포함되고, 환경적 변인을 고려하며, 평가 결과는 공학과 전략의 적절한 선택을 요구한다. 이러한 평가는 보조공학 분야에서 전문적인 교육을 받거나 경험을 가진 시각장애아 교사, 보조공학 전문가, 물리치료사, 작업치료사, 언어치료사 또는 그 밖의 전문가들로 구성된 팀이 실시하는 것이 바람직하다. 그러나 무엇보다 중요한 것은 그 중심이 학생의 교육에 있는 만큼 교사들의 이해가 작용하지 않도록 하고 서로 협력하는 것이다.

6) 보행 기술과 운동근육 기술 평가

보행 기술은 학생의 자아개념, 경험과 사회적 접촉의 기회, 자신의 환경에 대한 통제 및 독립성의 측면에서 중요하다. 보행교사와 시각장애아 교사가 중심이 되어

이 영역을 평가한다. 교사는 신체상, 위치개념, 환경적 개념, 체육과 관계되는 학습, 학교와 가정환경에 대한 익숙성과 같은 개념들을 평가하고, 보행 전문가는 이 외에도 전지팡이 기술, 지팡이 기술, 특별한 보행기구의 사용 및 전체적인 독립보행까지 평가해야 한다. 따라서 보행교사와 시각장애아 교사의 계속적인 협력이 이 영역을 평가하는 데 필요하다. 큰 근육운동 기술은 동작, 협응, 균형, 보행 등과 관련하여 평가한다. 시각장애아 교사는 큰 근육운동 기술을 평가하는 데 체육교사, 보행교사, 물리치료사와 협력하는 경우가 많다. 유아와 운동장애 아동을 평가하는 경우에는 운동근육 발달 전문가 및 물리치료사와 협의하는 것이 중요하다. 시각장애아 교사는 학생의 시각장애를 고려하여 적합한 자료를 선정하고 절차를 수정하도록 돕는다. 작은 근육운동 기술의 평가도 쓰기, 특별한 기술 사용하기, 일상생활 기술 수행하기 등의 역할과 관계되므로 특히 중요하다. 시각장애아 교사는 학생이 이 분야에 어려움을 겪는 경우 작업치료사와 협력하여 도움을 준다.

7) 사회적 기술과 일상생활 기술 평가

사회적 기술은 때때로 시각장애 학생의 교육에서 지나쳐 버리는 경향이 있다. 그러나 이 기술은 학생의 학교 경험과 전반적인 삶의 질에 매우 큰 영향을 미친다. 더욱이 많은 사회적 기술은 관찰과 우발학습을 통하여 습득되기 때문에 시각장애 학생은 이러한 기술을 발달시키는 데 큰 어려움을 겪게 된다. 사회적 기술에는 차례 기다리기, 다른 사람에게 주목하기, 대화를 시작하고 계속하기, 같은 연령의 정안 아동이 흔히 사용하는 표현이나 행동을 이해하고 사용하기 등이 포함된다.

시각장애아 교사는 전체 평가에 사회적 기술을 포함시키고 학생의 행동에서 어려움이 관찰되거나 필요한 경우 관련 목적이나 목표를 개발한다. 이 영역에서의 평가는 일반적으로 비형식적이고 체계적인 관찰과 학생을 잘 아는 측근과의 면담에 의존한다. 일부 사회적 기술은 형식적 또는 비형식적 적응행동 검사에 포함된다.

일상생활 기술에는 식사하기, 옷 입기, 씻기, 음식 만들기, 청소하기, 돈 관리하기 등이 포함된다. 사회적 기술과 같이 일상생활 기술은 학생의 교육 프로그램에서 주목을 받지 못하는 경우가 많으며 이 기술 역시 시각장애 학생들에게는 제한될 수밖에 없는 우발학습을 통하여 발달된다.

사회적 기술과 일상생활 기술을 평가하는 유용한 방법에는 적응행동 척도, 과제 수행 중의 체계적인 관찰, 준거지향 검목표 그리고 부모나 학생의 능력을 잘 아는 측근들과의 면담 등이 포함된다.

8) 진로발달 평가

시각장애 학생에게 중요한 진로발달에는 몇 가지 관심 분야가 있다. 예를 들면, 특별한 흥미와 적성 그리고 일반적 작업 습관 외에 의사소통, 사회적 상호작용, 보행 및 일상생활 기술들은 시각장애 학생이 직업에서 성공하는 데 중요한 요인으로 작용한다. 솜씨, 속도, 흥미도 및 적성과 관련된 특정 검사들은 형식적 검사와 비형식적 검사를 사용한다.

〈표 10-1〉 시각장애 유아용 검사

검 사	영역/기능	비 고
바텔 발달검사(batelle developmental inventory) (Newborg et al., 1984)	• 출생~8세 • 발달 영역 • 수업 계획을 세우는 것보다 다른 서비스 대상을 결정하는 데 사용함.	• 표준화 대상에 시각장애 학생이 포함되지 않았음. • 많은 문항들이 시각장애 학생에게 적합하지 않고 일부 문항만 개작하여 사용할 수 있음.
베일리 유아 발달검사(bayley scales of infant development) (Bayley, 1993)	• 유아용 • 인지 · 운동 · 행동 영역	• 시각장애 유아로 표준화되지 않았음. • 많은 문항들이 시각장애 유아에게 적합하지 않음.
브리건스 조기 발달검사 개정판(revised brigance diagnostic inventory of early development) (Brigance, 1991; Duckworth & Stratton, 1992)	• 출생~6세 • 발달 영역 • 기초적인 독(讀) · 서(書) · 산(算)	• 시각장애 아동으로 표준화되지 않았음.
캐롤라이나 특수 요구 영 · 유아 교육과정(carolina curriculum for infants and toddlers with special needs) (Johnson-Martin et al., 1991)	• 영아용: 출생~2세 • 유아용: 2~5세 • 발달 영역	• 시각장애 유아용으로 표준화되지 않았음.

발달활동 선별검사(Developmental Activities Screening Inventory: DASI) (DuBose & Langley, 1977)	• 출생~5세 • 발달 영역	• 감각장애 아동을 대상으로 제작되었음. • 언어성보다 동작성에 강조점을 두었음.
조기중재 가족평가 (family assessment in early intervention) (Bailey & Wolery, 1989)	• 가족의 요구와 자원	• 개인검사
성장: 발달 교육과정(growing up: a developmental curriculum) (Croft & Robinson, 1990)	• 출생~6세 • 발달 영역	• 시각장애 유아용으로 제작되었으나 중증 시각장애 유아를 대상으로 한 검사가 아님. • 표준화되지 않았음.
하와이 조기학습 프로파일 (Hawaii Early Learning Profile: HELP) (Furono et al., 1979)	• 출생~3세 • 인지, 표현언어, 작은 근육운동, 자조	• 시각장애 유아를 대상으로 개작되지 않았으나 매우 유용함.
가정환경 관찰검사(Home Observation for Measurement of the Environment: HOME) (Caldwell & Bradley, 1972)	• 어머니의 정서적 · 언어적 반응, 유아의 행동 수용성, 유아의 물리적 환경, 적절한 놀이감의 구비상태, 어머니의 양육태도, 일상생활에서 주는 자극의 다양성	• 개인검사
시각장애 아동과 중복장애 아동의 비형식적 발달 기술 평가 (informal assessment of developmental skills for younger visually handicapped and multi handicapped children) (Swallow et al., 1978)	• 유아 및 취학 전 아동 • 발달 영역	• 개작할 필요 없음.
오리곤 프로젝트(oregon project for visually impaired and blind preschool children) (Anderson et al., 1991)	• 출생~6세 • 인지, 언어, 사회성, 운동발달, 시각 기술, 일상생활, 보상 기술	• 시각장애 유아용 • 중복 시각장애 유아에게는 부적합함.
시각장애 유아 학습 검목표 (임안수 외, 2003)	• 잔존시력, 큰 근육운동, 개념발달, 공간개념	• 시각장애 유아용

취학 전 시각장애 아동의 보행 검사(임안수, 2000)	• 운동 기술, 보행 기술, 공간 개념	• 개작할 필요 없음.
맹아동의 신체상 검사 (body image of blind children) (Cratty & Sams, 1968)	• 신체상, 공간개념	• 개작할 필요 없음.
시각장애 아동의 수용적 및 표현적 언어 평가(receptive expressive language assessment of the visually impaired B-6)	• 출생~6세 • 수용언어 및 표현언어	• 시각장애 유아와 중복장애 유아를 대상으로 제작한 검사임.
레이넬-진킨 발달 검사(reynell-zinkin developmental scales for young visually handcapped children) (Reynell & Zinkin, 1979)	• 출생~5세 • 사회 적응, 감각운동 능력, 환경 탐구, 소리에 대한 반응과 언어 이해력, 말하기와 표현언어, 의사소통	• 시각장애 유아용 • 중증 장애 아동에게 부적합함.
사회적 기술 검사(social skills rating scale: teacher and parent scale) (Gresham & Elliott, 1990)	• 유치원~고등학생용 • 사회적 기술 • 문제행동 • 학습 영역	• 시각장애 학생용으로 표준화되지 않았음.
시각장애 아동용 사회성숙도 검사 (김은숙, 2003)	• 출생~취학 전 • 사회적 기술 • 발달 영역	• 시각장애 유아용
시유발 반응검사 (Visual Evoked Response)	• 중복장애 유아 및 아동용 • 시력 측정	• 시력을 추정하기 위하여 도안을 바꾸어 주면서 대뇌 활동의 변화를 관찰함.
힐 기본위치 개념검사 (hill test of selected basic positional concepts) (Hill, 1981)	• 취학 전 아동과 초등학교 저학년용	• 개작이 필요 없음.
촉각기초 개념검사 (tactile test of basic concepts: a tactile analog to the boehm test of basic concepts, form A) (Caton, 1980)	• 유아와 초등학교 1학년용 • 양과 위치에 관한 기초 개념	• APH에서 촉각 도형을 사용하여 개작하였음.

LEA 기호 플래시 카드와 단일 기호 책 (LEA symbols flash cards and single symbol book) (Vision Associates)	• 유아용 시력 측정	• 짝 맞추기와 이름 말하기
원거리 시력표 유아용 (한국시각장애연구회)	• 유아용 시력 측정	• 짝 맞추기와 이름 말하기
라이트하우스 플래시 카드 (lighthouse flash cards) (Lighthouse International)	• 유아용 시력 검사	• 기초적인 도형 짝 맞추기와 이름 말하기
콜랜브랜더 저시력표 (colenbrander low vision chart) (Vision Associates)	• 시력검사	• 짝 맞추기와 읽기

〈표 10-2〉 시각장애 아동용 검사

검 사	영역/기능	비 고
원거리 시력표-저시력자용 (한국시각장애연구회)	• 시력검사	• 글자와 숫자 읽기
시기능 평가도구 (visual functioning assessment tool) (Costello et al., 1980)	• 시기능 검사	
시기능 효율성 발달 프로그램: 진단적 평가 절차 (program to develop efficiency in visual functioning: diagnostic assessment procedure) (Barraga & Morris, 1980)	• 시지각 기술 평가와 훈련	• 시각장애 학생용으로 개발되었음.
힐 기초적 위치 개념검사 (Hill Test of Selected Basic Positional Concepts) (Hill, 1981)	• 신체상, 위치, 환경의 기초 개념 검사	• 취학 전 및 초등학생용 • 시각장애 학생용

스탠퍼드 성취도 검사 (Stanford Achievement Test Series-Form J) (1989)	• 초 · 중등학교의 교육과정 영역	• 큰문자와 점자로 개발하였음.
브리건스 진단적 기초 기술 종합검사 (Brigance Diagnostic Comprehensive Inventory of Basic Skills with APH Tactile Supplement (Brigance, 1983)	• 초 · 중등학교의 교육과정 영역	• 시각장애 학생용으로 표준화되지 않았음.
기초 읽기 속도검사 (Basic Reading Rate Scale Braille Edition-Form A) (Duckworth & Caton, 1985)	• 2급 영어 점자	• 개작이 필요 없음.
한 칸 점자 인식검사 (Braille Unit Recognition Battery) (Caton & Duckworth, 1985)	• 2급 영어 점자 • 수학 점자	• 개작이 필요 없음.
우드코크-존슨 심리교육 검사 III (Woodcock-Johnson psychoeducational Battery III) (Woodcock & Johnson, 2001)	• 초 · 중 · 고등학생용 대학원생용, 성인용 • 인지능력과 성취도 검사로 구성	• 시각장애 학생용으로 표준화되어 있음.
색각검사 (Color Vision Testing Made Easy) (Waggoner, 1994)	• 아동용과 성인용	• 개작이 필요 없음.
한천석 색각검사 (한천석, 2000)	• 색각검사	
맹인학습 적성검사 (Blind Learning Aptitude Test: BLAT) (Newland, 1971)	• 6~12세 아동용	• 개작이 필요 없음.
브리건스 조기 발달 진단 검사 개정판-촉각용 (Revised Brigance Diagnostic Inventory of Early Development with Tactile Supplement) (Brigance, 1991; Duckworth & Stratton, 1992)	• 유치원~7세 아동용	• APH에서 시각장애아용으로 개작하였음.

기초 읽기 검사 (Basic Reading Inventory) (Johns, 1997)	• 유치원~고등학생용 • 읽기검사	• 점자본과 큰문자본으로 되어 있음.
한국 웩슬러 유아 지능검사(Korean-Wechsler Preschool and Primary Scale of Intelligence: K-WPPSI) (Wechsler, 1991)	• 만 3세~7세 3개월용 • 동작성 검사는 부적합함.	• 시각장애 학생용으로 표준화되지 않았음.
평가 키트 (Assessment Kit) (Sewell, 1997)	• 시각장애 학생의 특수한 기술 영역으로 구성	• 검목표 형식 • 평가자가 실제 과제와 자료를 구조화해야 함.
읽기 진단 검사 (김윤옥, 2001)	• 학습부진 학습장애 읽기 검사	

출처: Heinze, T. (2000). Comprehensive assessment. In A. J. Koenig, & M. C. Holbrook (Eds.), *Foundation of education: Instructional strategies for teaching children and youths with visual impairments*. New York, NY: AFB Press.

학·습·문·제

1. 미국에서는 종합적 평가를 통하여 교육적 결정을 내린다. 교육적 결정에는 어떤 것이 있으며, 그에 관하여 설명하시오.

2. 장애 아동을 평가하는 기관은 어느 곳인가?

3. 평가과정에서 시각장애아 교사의 역할을 설명하시오.

4. 시각장애 학생을 평가하기 위하여 평가자가 따라야 할 지침을 설명하시오.

5. 시각장애 학생의 종합적 평가의 영역을 열거하고, 각 영역별로 대표적인 검사도구를 한 가지씩 제시하시오.

제 11 장

교육자료와 보조공학

시력은 학습의 중요한 도구이므로, 시각장애는 학습에 많은 어려움을 준다. 이러한 어려움을 최소화하는 방법 중의 하나는 교육자료와 보조공학 기기를 활용하는 것이다. 이러한 교육자료와 보조공학 기기는 시각장애아 교육에서 점점 더 중요시되고 있다. 한때 시각장애인의 정보 접근에 크게 기여할 것으로 믿었던 옵타콘(optacon)은 효용성이 떨어져 1996년에 생산을 중단하고 역사 속으로 사라졌으나, 성능이 우수하고 편리한 기기들이 계속 개발되어 빠른 속도로 변화해 가고 있다. 이러한 보조공학 기기는 시각장애아 교육의 모든 부문에 크게 기여할 것이다. 그러나 다른 한편으로는 시각적 요소를 강조하는 발전과의 격차를 줄여 나가야 한다.

1 교육자료

1) 전통적인 자료

시각장애 아동의 교육에 도움이 되는 전통적인 자료에는 본래의 상품 형태대로 사용할 수 있는 자료, 개작한 자료(점자 시계), 시각장애 아동을 위하여 특별히 개발한 자료(점자판, 큰문자 지도) 등이 있다(Napier, 1973).

시각장애 아동의 경험을 증진시키기 위한 자료에는 실물과 모형이 있는데, 실물은 개념을 형성하는 데 효과적이며 현실감을 길러 준다. 실물을 수업에 사용하면 첫째, 학생에게 최대한 실제의 과제를 제공할 수 있고, 학습 전이의 부담을 줄일 수 있다. 둘째, 학습 환경과 관계되는 자극의 전부 또는 대부분을 제시할 수 있으며, 교육비용을 현저하게 줄일 수 있다(정찬기오, 1995). 그러나 모든 교육자료를 실물로 사용하기 어렵기 때문에 시각장애 아동에게는 모형을 사용하여 가르쳐야 할 경우가 많다. 이때 모형은 실물의 크기, 촉감, 기능 등을 잘 나타내야 하고, 비율도 정확해야 한다.

Lowenfeld(1973)는 시각장애 아동의 교육은 현실감을 길러 주는 것이 매우 중요하고, 이 현실감을 길러 주기 위하여 주위에 흔하고 평범한 물건이나 표본을 가지고 구체적인 경험을 제공해야 한다고 보았다. 따라서 주방 용기, 옷, 나무 등 시각장애 아동이 사용할 물건을 만져 보고 그 기능을 익히는 것이 중요하다.

Bryan(1956)은 미생물에서 젖먹이 동물에 이르기까지 가능한 한 표본을 만들어 경험하게 하고 그 밖의 것은 실물을 만져 보도록 해야 한다고 주장했다. 예를 들면, 가문비나무, 전나무, 떡갈나무, 소나무, 밤, 포도, 은행, 토마토, 감자, 고구마, 옥수수 등을 만져 보게 하고 직접 꽃을 심어 꽃잎, 줄기, 씨 등을 만져 보며 여러 가지 향기도 맡게 한다. 동물의 박제([그림 11-1] 참조)나 실물, 즉 병아리, 오리, 거위, 참새, 제비, 비둘기, 꿩, 올빼미, 부엉이, 갈매기, 종달새 등을 만져 보고 그 소리를 듣게 한다.

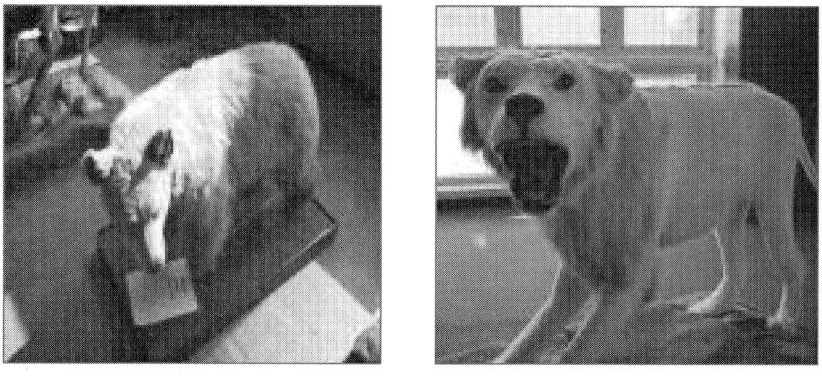

[그림 11-1] 동물 박제자료

Fulker와 Fulker(1960)가 콜로라도 맹학교에서 자료 개발 방법을 연구한 결과, 시각장애 아동용 교재를 개발하는 데는 교사가 필요한 자료를 직접 개발하는 것이 좋은 것으로 나타났다. 그러나 현대사회에서는 교사의 업무가 과중하고 자료 역시 간단한 것에서부터 복잡한 것에 이르기까지 매우 다양하므로 교사가 개발해야 할 자료와 전문적인 업체에서 개발 · 보급해야 할 자료로 구분된다.

Halliday(1960)는 실제로 공원, 박물관 등은 시각장애 아동이 말로만 듣던 물건과 접할 수 있는 훌륭한 장소이므로 일반 공원과 지역사회 시설을 활용하여 맹학생이 촉각 관찰을 할 수 있도록 해야 한다고 주장했다.

Kurzhals(1950)는 여러 가지 교육과정과 함께 자료를 제시하면서, 학교와 지역사회를 한 단위로 조직화하고, 시설과 환경을 교육자료로 폭넓게 사용하도록 했다. 특히 농장을 이용하여 호박, 가지, 사과 등 많은 채소와 과일 그리고 농작물에 얽힌 동화나 전설을 들려줌으로써 즐겁고 풍부한 생활 경험을 하도록 했다.

2) 자료의 예

(1) 시각장애 학생용 자료

시각장애 학생이 사용하는 자료나 기구는 다양하다. 과거에는 이러한 자료나 기구들을 모두 수입했으나, 현재는 국내에서 제작 · 판매하기도 한다. 가장 널리 사용되고 있는 자료를 보면 〈표 11-1〉과 같다.

(2) 중복 시각장애 학생용 자료

중복 시각장애 학생을 위한 교육자료가 따로 있는 것은 아니지만 중복 시각장애 아동은 개념을 형성하기 어렵기 때문에 일상생활 속의 물건들을 자료로 활용하는 것이 좋다. 〈표 11-2〉는 그 예의 일부이다.

〈표 11-1〉 시각장애 학생용 기구

점자 필기도구	점자판, 점필, 회중 점간, 점자 타자기, 점자 학습보드, 점자 리벳보드, 촉각변별기
저시력 기구	확대경(손잡이형 · 스탠드형 · 막대형 등), 망원경, CCTV, 조명기구, 독서대, 타이포스코프
보행기구	지팡이, 휠체어, 클러치, 촉각지도, 지구본, 레이저 지팡이
지도제작 기구	유로-타운 키트(euro-town kit), 촉각 그래픽 제작기, 스웰 키트
보건관련 기구	음성 온도계, 음성 혈압계, 맥박 · 혈당기구 약 절단기(약을 반으로 자르는 기구) 약 가이드(물약의 양을 측정하는 기구) 약통(요일별로 약을 분리하여 넣는 통) 당뇨병과 관련된 기구(인슐린 주사기와 바늘)
녹음기	녹음기, 녹음테이프 속도 조절기
음성기구	음성 저울, 음성 시계, 타이머, 음성 계산기, 음성 체중계
가정용 보조기구	액체수위인지기(컵에 물을 부을 때 소리 나는 기구) 할로겐 전자레인지, 오븐용 장갑, 라벨 메이커 슬라이싱 가이드, 바늘에 실 꿰는 기구, 바느질용 확대경 큰문자 전화, 옷에 붙이는 점자 라벨
공구	자(양각 글자나 점자로 되어 있음), 톱 가이드, 드릴 가이드, 캘리퍼, 빛 탐지기, 금속 탐지기, 전류 탐지기
공	방울공(농구공, 축구공, 탁구공 등)

〈표 11-2〉 중복 시각장애 학생용 자료

상자	컵	스위치	소리나는 공	그릇	솔	치약	정수기
시계	책	전화기	거울	밥솥	빗	수건	커피포트
악기	장	줄넘기	콩 주머니	수저	비누	화장지	컴퓨터
퍼즐	옷	동화책	점토로 만든 물건	냄비	봉투	항아리	세탁기
블록	열쇠	스펀지	실로 꿴 구슬과 단추	포크	이불	화분	라디오
바퀴	열쇠고리	의자	큰문자 게임	가방	페트병	휴지통	선풍기
인형	양말	방석	장난감 자동차	신	혁대	텔레비전	청소기

(3) 시각장애인 수목원

시각장애 학생이 식물을 관찰할 수 있는 수목원을 조성하는 것이 좋다. 산림청은 광릉수목원에 2,500평 규모의 시각장애인 수목원을 조성하고 향기가 나는 정향나무, 누리작나무, 백리향 등을 포함하여 16목 35과 83종을 심었다. 시각장애인용 수목원에 포함시킬 수종은 향기, 맛, 촉각 등 시각장애인이 구별할 수 있는 나무로 초 · 중 · 고등학교 교과서에 나오는 밤, 사과, 배, 귤, 감 등의 과일나무와 장미, 무궁화, 진달래, 개나리 등의 꽃나무와 은행나무, 잣나무, 소나무, 전나무, 버드나무, 상수리나무 등과 같이 일상생활에서 접할 수 있는 나무들이다.

유장발(1989) 등은 초 · 중 · 고등학교 교과서를 분석한 결과 시각장애인 수목원에 심기에 적합한 수종은 식재하기 어려운 나왕, 열대성 수종 21종을 제외한 21목 49과 128종이라고 보았다. 128종은 우리나라 수목 700여 종의 1/6에 불과하지만 나머지 수목과 비교하여 그 중요성은 훨씬 크다.

시각장애인 수목원의 관찰로에는 포장이나 점자블록 등을 통하여 바닥에 변화를 주고, 연석이 장해가 되지 않도록 전 구간에 단차를 제거하고, 1:20 이내의 경사로를 유지하는 것이 좋다. 또한 관찰로의 너비는 1.5m 이상이 되도록 하고, 위험한 곳에는 가드레일을 설치하며, 식물 앞의 표지판에는 큰문자나 점자로 그 나무의 이름과 특성을 기록하여 관찰하는 데 도움을 주어야 한다.

대구대학교는 2004년 4월 20일 점자도서관 앞 2,500m^2 대지에 점자 · 음성 안내 수목원([그림 11-2])을 조성했다. 이 수목원에는 나무 31종과 초본류 21종이 식재되어 있다. 그리고 각 수종 앞에 점자와 묵자로 나무의 특성을 적어 놓았으며, 자동 음성 감지 센서가 있어 사람이 나무 앞 1m 이내로 접근하면 자동 음성 감지 센서가 미리 녹음된 나무의 이름과 특징, 모양 등을 읽어 주어 시각장애인들이 나무의 특징에 대하여 잘 알 수 있게 하였다.

3) 자료 개발 모형

일반 교과서는 점점 더 시각화되어 가는 추세이다. 이러한 시각적 측면을 보상하기 위해서는 자료를 개발 · 사용해야 한다. 많은 정안 교사들이 시각장애 아동용 자료를 개발할 때 시각적 측면을 강조하는 데 반하여 시각장애인들이 개발한 자료들은 촉각적인 측면을 강조한다(American Printing House for the Blind, 2002). 이러한 시각장애 학생을 위한 자료를 개발하기 위해서는 적절한 과정을 거쳐야 한다. 그 개발 절차는 〈표 11-3〉에 요약하였다.

[그림 11-2] 점자 · 음성 안내 수목원

〈표 11-3〉 교육자료 개발 절차

교육과정 분야와 개념 선정	수업 관찰	• 교사와 연구진이 학습 결손 분야 조사 • 교육 목적과 수업목표 진단 • 교육과정 분석 • 교육자료와 문헌 검토 • 교육 전문가의 조언
샘플 개발	기구의 분류	• 개작하지 않은 기구 • 점역을 필요로 하지 않는 자료 • 개발해야 할 자료 • 재설계해야 할 자료
	설계를 위한 계획서 작성	• 관련 연구 조사 • 샘플 제작 • 생산을 위한 경제적 타당성 조사

<table>
<tr><td rowspan="3">평 가</td><td>형성적 평가</td><td>• 전문가의 평가
• 샘플 분석
• 수정
• 시범 검토
• 구체적인 분석
• 후속 수정</td></tr>
<tr><td>형식적 평가</td><td>• 적합한 디자인 선정
• 대상 선정(맹학생)
• 자료 수집과 분석
• 결과 및 진단
• 수정 및 계속평가</td></tr>
<tr><td>생산을 위한 조언</td><td></td></tr>
</table>

2 컴퓨터 주변기기와 소프트웨어

1) 입력기

컴퓨터의 입력기에는 여러 가지가 있으나 시각장애 학생은 주로 컴퓨터의 키보드를 사용한다. 그 외에 음성인식 프로그램이나 문자인식 프로그램을 사용하여 입력이 가능하다.

(1) 음성인식을 통한 입력

음성입력이란 음성으로 명령하면 컴퓨터가 음성을 인식하여 입력하는 방식이다. 우리나라에서 개발된 음성인식 프로그램으로는 ByVoice가 있다. 이것은 약 6만 단어 이상의 어휘를 지원하고, 받아쓰기와 음성명령 인식이 가능하다. 그러나 음성인식 프로그램은 아직까지 보편화되지 못했다.

(2) 문자인식을 통한 입력

문자인식 시스템은 1980년대 중반에 개발되었다. 문자인식 시스템이란 책, 잡지, 신문 등의 인쇄자료를 사람이 직접 입력하지 않고 스캐너를 통해 이미지 형태로 읽어 들여 데이터의 내용을 분석하여 그림 영역과 글자 영역으로 구분한 후 글자 영역의 문자들을 일반 문서편집기에서 수정한 다음 편집이 가능한 텍스트의 형태로 변환하는 자동 입력 방식을 말한다. 1980년대 후반에 널리 보급된 맹인용 프로그램으로는 Kurzweil Personal Reader, Arkenstone Reader 등이 있다.

2000년대에는 문자인식 프로그램이 개선되어 문자 인식률이 더 높아졌다. 대표적인 한글인식 소프트웨어로는 '아르미 6.5'를 들 수 있다. 이것은 문맥 정보를 활용하는 철자 검색기뿐만 아니라 한글 환경에 맞게 개발한 많은 기능을 갖고 있다.

시각장애 학생은 스캔한 내용을 화면읽기 프로그램으로 읽을 수도 있고, 점자나 큰문자로 출력할 수도 있다([그림 11-2] 참조).

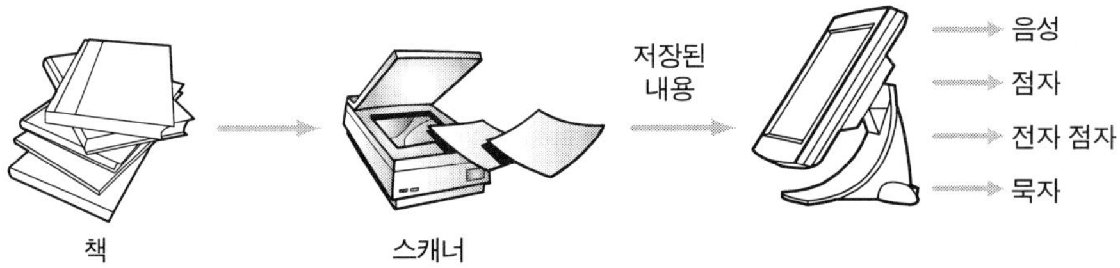

[그림 11-2] 출력과정

2) 출력기

컴퓨터와 관련된 자료는 기본적으로 두 가지 형태로 분류된다. 하나는 화면에 나타나는 자료이고, 다른 하나는 컴퓨터의 저장 체계, 즉 하드디스크에 저장된 자료이다. 그러나 시각장애 학생은 이러한 자료를 읽을 수 없기 때문에 자료를 점자나 음성 또는 큰문자로 출력해야 한다. 시각장애 학생을 위한 출력기에는 점자 프린터, 전자 점자(무지 점자), 화면읽기 프로그램, 화면확대 프로그램 등이 있다.

(1) 점자 프린터와 점역 소프트웨어

컴퓨터에 입력된 내용을 점자로 출력하기 위하여 점자 프린터(braille printer)가 필요하다. 여기에는 개인용 점자 프린터와 출판용 점자 프린터가 있다. 개인용 점자 프린터에는 ET Braille, Everest 등이 있으며, 출판용 점자 프린터에는 Braillo 400 SR, Braillo 440 SW, Braillo 200 등이 있다.

초기의 점자 프린터는 단면만 출력할 수 있었으나 양면을 출력할 수 있는 점자 프린터가 개발되었고, 출력 용지도 연속 용지뿐만 아니라 낱장 용지까지 사용할 수 있는 제품이 개발되었다.

입력된 내용을 점자로 출력하기 위해서는 그 내용을 점자로 번역하는 소프트웨어가 필요한데 현재 가장 널리 사용되고 있는 점역 프로그램의 도스용으로는 BWD와 Braille Best가 있고 윈도용으로는 Braille seoul 4.0이 사용되고 있다.

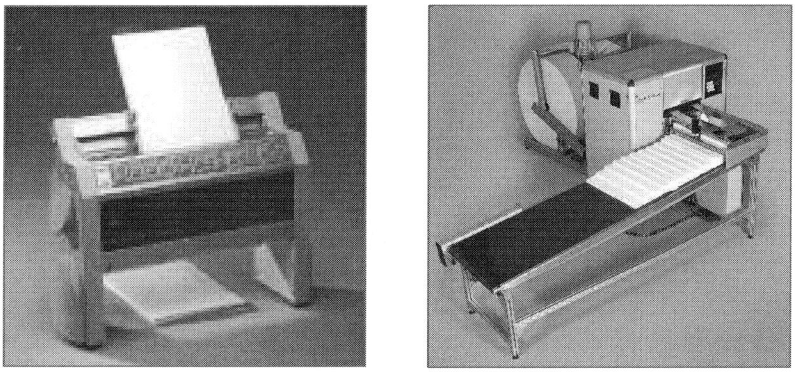

[그림 11-3] 점자 프린터(Everest, Braillo 440 SW)

1993년에 Braille Best 1.0이 개발되었는데, 이것은 자체 에디터가 포함되지 않았다는 단점이 있지만 미정의 문자와 내부 명령어를 수용한 점에서 널리 보급되었다. Braille Best는 그 후 계속 버전업되어 목차, 표지를 만드는 기능까지 추가되었다.

Braille Seoul 4.0은 기존의 Braille Seoul 3.5의 기능 외에 점자 문서를 편집할 수 있으며, 그동안 사용자들이 요구한 사용자 인터페이스를 추가하여 보다 편리하게 사용할 수 있다.

영어 점역 소프트웨어에는 Duxbury, Megadots 등이 사용되고 있다.

(2) 전자 점자

전자 점자(electronic braille)는 무지 점자(paperless braille)라고도 한다. 전자 점자는 종이를 사용하지 않고 점자알 크기의 핀(금속이나 나일론)이 표면으로 올라와 점자를 구성한다. 이 핀을 읽은 후 스페이스 바를 누르면 지금까지의 점자는 사라지고, 다음 줄에 해당하는 점자가 나타난다.

전자 점자는 소리가 나지 않기 때문에 교실에서 다른 친구에게 방해를 주지 않고 공부할 수 있다. 전자 점자를 사용하면 시각장애인은 철자, 구두점 등을 직접 읽을 수 있으며, 맹농인도 사용할 수 있다. 시각장애인 컴퓨터 프로그래머는 정확성 때문에 전자 점자를 사용하기도 한다.

전자 점자에는 Alva Braille Terminal, Braillex IB-80, Navigator 80, Mini Braille 등이 개발되었으나 점차 점자 정보 단말기로 대치되어 가고 있다.

(3) 화면읽기 프로그램

시각장애 학생은 컴퓨터에 저장된 자료나 화면에 나타나는 정보를 읽을 수 없기 때문에 이를 읽어 주는 화면읽기 프로그램(screen reader program)이 필요하다. 우리나라에서 시각장애인이 컴퓨터를 본격적으로 사용하게 된 것은 화면읽기 프로그램이 개발되면서부터이며, 화면읽기 프로그램의 개선 정도에 따라 시각장애인의 컴퓨터 사용 범위도 크게 확대되었다. 초기에는 외국 음성 합성기를 사용했으나, 이후 가라사대를 이용한 도스용 화면읽기 프로그램이 개발·보급되면서 컴퓨터를 널리 활용하게 되었다.

윈도용 화면읽기 프로그램에는 드림보이스, 이브, 센스리더 등이 있으며, 이들은 크게 범용 화면읽기 프로그램과 화면읽기 프로그램을 포함한 패키지로 나눌 수 있다. 전자에 속하는 것은 센스리더와 드림보이스로, 화면읽기 프로그램만으로 윈도우와 각종 응용 프로그램을 활용할 수 있도록 개발된 것이고, 이브는 후자에 속한다(허병훈 외, 2004).

현재 우리나라에서 가장 널리 사용되는 화면읽기 프로그램은 2004년에 개발된 센스리더이며, 2008년에는 이것을 업그레이드한 센스리더 프로페셔널이 개발되었다. 시각장애 학생은 이러한 화면읽기 프로그램으로 문서 작성과 파일 관리 등을 할 수 있다. 그러나 시각장애 학생이 인터넷에 접속하여 자유롭게 자료를 찾기에는 아직 어려움이 많다. 이러한 가장 큰 이유는 첫째, 국내 홈페이지가 시각적 이미지인 그래픽 위주로 제작되어 있기 때문이고, 둘째, W3C(World Wide Web Consortium) 웹 접근성 표준 가이드라인을 지키지 않고 있기 때문이다.

(4) 확대 독서기

확대 독서기는 저시력 학생이 문자를 읽을 수 있도록 확대시켜 주는 것으로 Chroma CCD, Voyager XL, Vantage, Meva 등이 있다. Chroma CCD는 컬러비디오 확대 독서기로 13인치와 20인치의 두 종류가 있으며, 60X까지 확대된다. Voyager는 화면이 12인치이고, 글자 크기를 최고 45배까지 확대시킬 수 있다. Voyager XL은 화면이 19인치로 글자 크기를 최고 60배까지 확대시키며, 보는 각도가 더 넓다.

이러한 기기들의 개발로 저시력 학생이 화면을 둘로 분할하여 자료를 읽으면서 동시에 컴퓨터의 입·출력 내용을 볼 수 있게 되었다(TeleSensory, 2003). 우리나라에서 개발된 확대 독서기로는 2005년에 개발된 My View가 있다.

(5) 점자 정보 단말기

점자 정보 단말기는 여섯 개의 키와 스페이스 바로 구성되어 있는 점자 컴퓨터 기기로 가볍고 휴대할 수 있으며, 음성이나 전자 점자를 지원한다. 이 기기를 사용한 후 컴퓨터에 연결하여 묵자나 점자로 전환할 수도 있고, 일반 컴퓨터의 키보드를 사용할 수도 있다. 점자 정보 단말기에는 Braille Lite와 Braille Note가 있으며, 우리나라에서 개발된 것으로는 브레일 한소네 II가 있어 많은 시각장애 학생들이 사용하고 있다.

브레일 한소네는 점자 키보드로 문자를 입력한 것을 점자 디스플레이에 점자로 나타내며, 스피커를 통해 음성으로 출력하여 사용자가 원하는 작업을 편리하게 수행할 수 있다. 주요 기능으로는 독서, 워드프로세서, 인터넷, 전자수첩, 유틸리티, 점자 학습 등이 있다. 2008년 6월에 새로 버전업된 한소네 LX([그림 11-4] 참조)는 일반 문서 파일을 쉽게 점자화하거나 출력할 수 있고, 묵자로 확인해 볼 수 있으며, 인터넷, MP3 등 기능이 더욱 다양화되었다. 이것은 세계에서 가장 작고 가벼운 점자 정보 단말기로 32셀, 924g의 가볍고 세련된 디자인으로 휴대성이 한층 강화되었다.

한소네 보이스는 266g으로 가볍고 손바닥 크기의 최소형이며, 1Gb 메모리, 54Mbps의 고속 무선 랜(LAN), 블루투스(Buletooth), FM 라디오, 녹음 및 멀티미디어 기능을 지원한다.

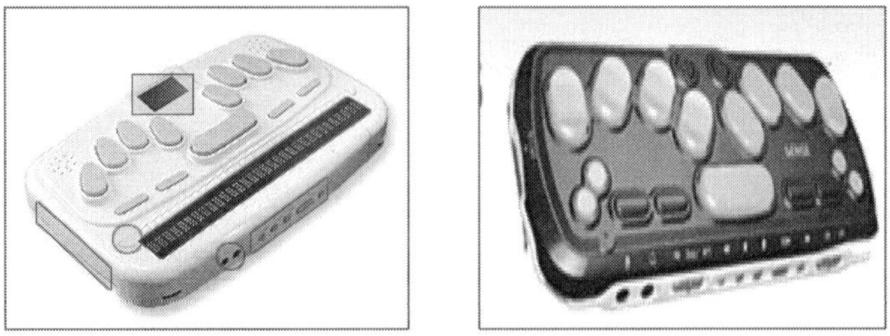

[그림 11-4] 브레일 한소네와 한소네 보이스

3 시각장애인의 정보 접근

1) 시각장애인 도서관

오랜 세월 동안 시각장애인은 묵자 정보에 접근하는 데 어려움을 겪어 왔다. 점자가 발명된 후에도 점자책은 부피가 크고 출판비가 비싸기 때문에 많은 도서를 출판하지 못했다. 이러한 어려움을 해결하기 위하여 시각장애인 도서관들은 점자도서, 녹음도서, 전자도서를 개발하여 시각장애 학생의 독서 생활을 지원하고 있다.

한국시각장애인연합회에서는 '소리 도서관'을, 한국시각장애인복지재단에서는 '음성 도서관'을 각각 설립하여 시각장애 학생이 컴퓨터를 사용하여 책, 신문, 잡지 등을 읽을 수 있게 되었다.

대구대학교 점자도서관은 점자교과서를 출판하여 공급하고 있고, 2004년 9월부터 EBS 수능교재를 전자도서로 제작하여 보급하고 있으며, 실로암 시각장애인 도서관에서도 시각장애 중·고등학생과 대학생의 학습교재를 제작하여 공급하고 있다. 국립중앙도서관 역시 2004년부터 시각장애 대학생과 전문가를 위하여 전자도서를 개발하고 있다.

그 밖에도 많은 시각장애인 도서관들이 사서함을 설치하여 시각장애 학생들이 자료를 검색하여 읽고, 필요하면 다운도 받을 수 있다. 대표적인 것으로는 넓은 마을, 아이프리, 흰지팡이 여행, 송암세상 등이 있다.

2) 라디오 리딩 서비스

라디오 리딩 서비스란 주로 FM 채널을 통해 신문, 잡지, 기타 시사성 있는 도서를 선정하여 읽어 주는 방송 서비스를 말한다. 이 서비스는 특수한 수신기를 사용하여 생방송으로 낭독하는 내용이나 녹음한 내용을 들려준다.

최초의 라디오 리딩 서비스는 1969년 1월에 미국에서 시작되어 현재 103개의 라디오 리딩 서비스가 있다. 이는 방송 시간에 맞추어야 하기 때문에 낭독자가 읽던 내용을 중단해야 하는 경우가 발생되기도 하며, 청취자는 낭독 속도를 조절할 수 없고, 내용을 건너뛰거나 관심 있는 내용을 골라 읽을 수 없으며, 후에 읽거나 참고하기 위하여 기사를 쉽게 저장할 수 없다는 단점이 있다.

외국의 예를 따라 우리나라에서도 KBS가 사랑의 소리 방송국을 설립하여 운영하고 있으나 실질적으로는 시각장애인의 정보 접근권을 위하여 운영하는 것이 아니라 전체 장애인의 방송국으로 운영하고 있다.

3) 컴퓨터 전화 리딩 서비스

컴퓨터 전화 리딩 서비스는 라디오 리딩 서비스의 단점을 보완하기 위하여 개발된 것으로, 컴퓨터 공학과 통신 분야의 발전으로 1987년 미시간 주 플린트 시에서 '맹인의 신문'이란 이름으로 서비스가 시작되어 현재 세계 여러 나라에서 실시되고 있다.

컴퓨터 전화 리딩 서비스는 자원봉사자가 방송국에서 자료를 읽거나 자택에서 전화로 읽으면 그 내용이 주컴퓨터에 저장되고, 저장된 내용은 디지털 정보로 전환되어 시각장애인이 전화를 걸은 후 터치톤 전화의 키패드를 사용하여 원하는 신문 기사의 내용을 선택하여 읽을 수 있다.

라디오 리딩 서비스와 컴퓨터 전화 리딩 서비스의 중요한 차이는 유연성이라 할 수 있다. 예를 들면, 라디오 리딩 서비스에서 오후 6시에 스포츠 방송을 한다면 시각장애인은 방송을 듣기 위하여 라디오 다이얼을 맞추고 들어야 한다. 그러나 컴퓨터 전화 리딩 서비스는 기사를 선택하여 읽을 수 있고, 읽던 것을 멈추고 다른 기사를 읽을 수도 있으며, 하루의 낮과 밤 어느 때나 기사를 다시 읽을 수 있다.

전자적 방법에 의하여 신문을 읽어 주는 또 하나의 방법은 스웨덴에서 개발되었다. 이것은 일간 신문을 심야에 FM 라디오 주파수로 시각장애인 구독자의 집으로 전송하면, 특별한 시설을 갖춘 구독자의 컴퓨터에 저장되고, 시각장애인 구독자는 아침에 일어나 점자, 음성 또는 큰문자 중 하나를 선택하여 신문을 읽을 수 있다(Lindstrom,

1990).

우리나라에서는 서울 시각장애인 선교회가 '뉴 종달새 도서관'을 설립하여 시각장애인의 정보 접근에 힘쓰고 있다. 이 도서관에서는 ARS로 잡지, 성경, 소설 등에 대한 읽기 서비스만을 해 왔으나 2004년 4월부터 한국일보의 일부 기사를 녹음 · 저장하여 시각장애인들이 전화를 걸어 들을 수 있도록 하고 있다.

4) 화면해설 서비스

청각장애인을 위하여 TV 방송국에서 수화 통역을 시작한 것과 같이 시각장애인을 위하여 대사나 음향을 방해하지 않고 시각적 요소를 해설해 주는 서비스를 화면해설 서비스(Descriptive Video Service: DVS)라 한다. 이는 1990년 1월 24일에 리차드 넬슨(Rechard Nelson)의 연극 'Sensibility and Sense'에서 세계 최초로 시작하여 항구적인 서비스로 자리를 잡았다.

이 서비스는 극장에서 직접 배우들의 의상, 얼굴 표정, 신체어, 색깔, 행동 등 시각적 요소를 전문가가 설명해 주는 기술인 소리 설명에 기초를 두고 있다. 이 기술은 Washington Ear(라디오 리딩 서비스)의 창설자 마거릿 판스틸(Margaret R. Pfanstiehl)과 청각적 해설과정을 발전시킨 코디 판스틸(Cody Pfanstiehl)에 의해서 개발되었으며, 미국의 많은 극장에서 제공하고 있다.

청각해설이 워싱턴 극장가의 정규적인 서비스가 된 후부터 TV에도 보급되었다. 보스턴에 있는 공영 방송국인 WGBH에서도 같은 생각을 했으나 그 꿈은 스테레오 TV, 즉 분리된 오디오 프로그램(Separate Audio Program: SAP)이 나온 후에 가능하게 되었다. 이로써 시각장애인들은 TV에 SAP 채널을 설치하거나 화면해설 서비스를 추가한 비디오를 듣고 이해할 수 있게 되었다(Cronin & King, 1990).

우리나라에서는 2000년 7월 15일에 '시각장애인 방송 접근 확대를 위한 세미나'를 개최하여(한국시각장애인연합회, 2000), 화면해설 서비스의 중요성을 인식시켰고, 2000년 10월 제1회 장애인영화제에서 화면해설 영화를 상영하였다. MBC는 2001년 4월 20일 장애인의 날을 맞이하여 공중파 방송으로는 처음으로 화면해설 방송을 시작했는데, 주 1회 다큐멘터리를 재방송에 한하여 실시하였다. 그 후 KBS, SBS에서도 드라마를 선정하여 화면해설 방송을 실시했다. 2005년 12월 29일에는 한국 시각장애인연합회 내에 화면해설 방송센터를 설립하고, 드라마나 영화의 화면해설 서비스를 제작하고 있다.

5) 인터넷

인터넷은 TCP/IP라는 프로토콜을 따르는 전산망으로서, 전 세계의 수많은 컴퓨터를 서로 연결해 놓은 국제적인 컴퓨터 통신망이라고 할 수 있다. 그리고 전산망을 개발하고 사용하는 사람들의 공동체이자 정보 자원의 집합체이다.

컴퓨터의 환경이 도스 환경이었을 때는 시각장애 학생이 키보드만으로 조작할 수 있고 텍스트를 지원하는 웹 브라우저 Lynx를 사용하여 인터넷에 접근하였다. 그러나 컴퓨터 환경이 윈도 환경으로 바뀌고 화면읽기 프로그램이 개발되면서 직접 웹에 접근할 수 있게 되었다. 그러나 인터넷이 정안인 위주로 그래픽화되어 있어서 시각장애 학생이 사용하는 데는 어려움이 있다. 따라서 인터넷의 창을 최대화하여 화면읽기 프로그램으로 인터넷을 사용하는 데 어려움을 감소시켜야 하고, 텍스트 모드도 설치하여 시각장애 학생이 화면읽기 프로그램으로 인터넷에 쉽게 접근할 수 있도록 해야 한다.

4 교수전략

1) 일반적 전략

보조공학은 시각장애 학생을 사회에 통합시키는 데 가장 중요한 도구 중의 하나이고, 관련 서비스의 한 영역이며, 사회에 보다 쉽게 적응할 수 있는 수단이다. 가능하다면 일찍부터 시각장애 학생에게 컴퓨터를 비롯한 보조공학을 가르쳐 일반교육 장면에서 정안 학생과 함께 공부하도록 하는 것이 좋다. 이때 시각장애용 하드웨어와 소프트웨어에 익숙한 교사가 가르치는 것이 바람직하다. 시각장애 학생이 배우는 데 복잡하고 시간이 많이 걸리면 수업시간을 추가로 배정하여 하드웨어와 소프트웨어를 익히도록 해야 한다. 시각장애아 교사는 학생에게 새로운 기술을 가르치기 위하여 다음과 같은 사항을 고려해야 한다.

① 적합한 보조공학 기기와 기술
② 새로운 기기와 기술을 쉽게 도입하는 방법
③ 새로운 기기와 기술에 쉽게 익숙해지는 방법
④ 학생에게 가르치는 기술을 중간 점검하기 위하여 관찰과 측정이 가능한 목표 선정하기
⑤ 수업목표를 성취하기 위하여 보조공학 기기의 조작법이나 분석을 통한 과제 분석
⑥ 과제분석을 활용한 수업

교사는 적절한 보조공학 기기를 구입한 후 다음과 같은 단계에 따라 수업을 진행하면서 학생에게 과제를 제시한다.

① 학생에게 보조공학 기기와 소프트웨어를 소개한다.
② 보조공학 기기를 실제로 사용해 보도록 한다.
③ 과제와 교육자료를 사용한 학습 방법을 제시한다.
④ 보조공학 기기를 학생이 혼자 사용하도록 한다.
⑤ 보조공학 기기를 사용하는 능력을 정기적으로 평가하고 보충수업이나 추가적인 기술이 필요한가를 결정한다.

2) 수업 내용과 순서

교사는 학령기 동안 보조공학의 기본적인 기술을 충분히 가르쳐야 한다. 유치원에서 고등학교까지의 수업 내용과 순서는 다음과 같다(Wormsley & D'Andrea, 1997). 그러나 이 단계를 학습하는 시기에는 개인차가 존재한다.

(1) 유치원～3학년

① 보조공학 기기의 모양과 연결 방법을 가르친다.
② 컴퓨터의 전원 켜기나 끄기와 같은 기초적인 조작법을 가르친다.
③ 화면읽기 프로그램과 무지 점자기를 사용하여 화면 정보에 관한 기초적인 처리 방법을 가르친다.

④ 키보드의 사용 방법을 가르친다.

⑤ 아동이 키보드를 조작하도록 한다.

⑥ 파일이름 붙이기, 글자 쓰기와 지우기, 저장하기 등의 기초적인 워드 기술을 가르친다.

⑦ 워드에 내장되어 있거나 별도로 개발된 화면확대 기능을 가르친다.

⑧ 화면읽기 프로그램을 사용하여 글자, 단어, 문장, 철자 등의 읽기 기술을 가르친다.

⑨ 점자 약자를 잘 아는 아동에게는 점자 정보 단말기를 사용하여 화면의 정보를 점자로 읽도록 한다.

(2) 4～8학년

① 문장 오려두기, 붙이기, 맞춤법 검사, 정렬하기, 밑줄 긋기와 같은 양식 설정하기, 사전 사용법과 같은 중급 워드 기술을 가르친다.

② 화면읽기 프로그램의 환경 설정, 문자나 줄 건너뛰기, 찾기, 바꾸기 기능과 같은 중급 화면읽기 프로그램 기술을 가르친다.

③ 점자 정보 단말기(워드프로세서의 계산기, 달력 프로그램 등)와 단순 응용 프로그램의 사용 기술을 가르친다.

④ e-mail, 웹브라우저, 오프라인 브라우저, 검색엔진의 사용과 같은 인터넷의 사용 방법을 가르친다.

⑤ 점역 프로그램과 점자 프린터의 사용 방법을 가르친다.

(3) 9～12학년

① 고급 응용 프로그램의 기술을 가르친다.

② 고급 e-mail 기술, 웹페이지 작성 등 고급 인터넷 기술을 가르친다.

③ 스캐너를 사용한 책의 입력 방법을 가르친다.

④ 컴퓨터 프로그램을 작성하는 고급 기술을 가르친다.

⑤ 전자 점자 편집기와 그 밖의 고급 기자재의 사용 방법을 가르친다.

3) 화면의 글자를 개선하는 방법

저시력 학생은 컴퓨터를 사용하기가 맹학생보다 유리하지만, 모니터의 글자를 보다 잘 보기 위하여 다음과 같은 전략을 사용하는 것이 좋다.

① 밝기, 대비, 눈부심을 조절한다. 밝기를 조절할 수 있는 장소로 화면을 배치한다. 머리 위에서 빛이 비추도록 하여 반사와 눈부심을 방지하고, 모니터의 대비와 밝기를 조절한다. 눈부심이 가장 적도록 모니터의 각도도 조절한다.

② 모니터 받침대의 각도와 높이를 조절한다. 이렇게 함으로써 학생이 작업을 하는 동안 바르고 편안한 자세를 유지할 수 있다. 조절할 수 있는 모니터 받침대를 사용하면 거리와 높이 그리고 시각을 조절할 수 있다.

③ 화면이 큰 모니터를 사용한다. 화면에 나타나는 글자의 크기는 모니터의 크기에 정비례한다. 예를 들면, 21인치 모니터 글자는 15인치 모니터의 글자보다 1.4배 더 크다. 큰 모니터를 사용할 때는 확대 프로그램을 사용하지 않아도 된다.

④ 저시력 기구를 사용한다. 시각장애아 교사의 기능시력 평가에는 컴퓨터 모니터의 사용과 학습매체 평가에 관한 내용이 포함되어 있다. 따라서 시각장애아 교사는 저시력 학생을 돕기 위하여 전문가로부터 적절한 저시력 기구의 처방을 받아야 한다. 학생이 화면을 읽는 데 가장 적합한 저시력 기구를 사용한다면 화면을 보면서 효과적으로 공부할 수 있다.

⑤ 워드프로세서를 표준 환경에 맞추어 사용한다. 표준 환경에서는 저시력 학생이 원하는 글자 크기로 쉽게 조절할 수 있다. 완성된 문서나 인쇄할 문서는 인쇄 명령을 내리기 전에 표준 문서에서 사용하는 글꼴로 인쇄할 수 있다.

⑥ 화면확대 프로그램을 사용한다. 위의 방법 중 하나 또는 두 가지 이상을 사용했는데도 화면을 보고 작업하는 데 실제로 도움이 되지 않으면 화면의 글자를 확대하기 위하여 화면확대 프로그램을 사용하는 것이 좋다.

학·습·문·제

1. 시각장애 학생용 교육자료에는 실물과 모형이 있다. 이 두 가지의 장단점을 설명하시오.

2. 시각장애 학생의 촉각 관찰을 위하여 수목원을 설계할 때 식재할 식물의 종류와 교육적으로 활용할 방안을 제시하시오.

3. 시각장애인이 보다 많은 정보에 접근할 수 있게 된 것은 컴퓨터 주변기기와 소프트웨어의 개발 때문이다. 현재 시각장애아 교육 현장에서 사용하고 있는 기기와 소프트웨어를 열거하고 그 기능에 대하여 간략히 쓰시오.

4. 화면읽기 프로그램과 점자 정보 단말기에 대해 교수할 수업 내용을 작성하시오.

5. 화면해설 영화를 보고 잘된 점과 보완해야 할 점을 적으시오.

제 12 장

통합교육

시각장애아의 통합교육은 1900년 미국 시카고에서 시작된 이후 100년이 넘도록 지속적으로 발전해 왔다. 같은 해인 1900년에 홀(R. S. Hall) 여사가 평양에서 맹소녀 4명을 정진소학교에 입학시켜 통합교육을 함으로써 우리나라의 특수교육은 통합교육으로 출발하였으나 통합교육의 의미를 계승하지 못하여 현재에는 시각장애 학생들에게 통합교육을 실시하지 못하고 있다. 통합교육은 차별대우의 금지와 접근성의 보장을 통하여 시각장애 학생에게 교육적 평등권을 주는 데 그 목적이 있는 가치 있는 교육제도로서 우리나라에서도 참다운 통합교육이 이루어져야 할 것이다.

1 통합교육의 필요성

1) 통합교육의 의미

많은 학자들은 통합교육의 우월성을 주장하고 있다. Lowenfeld(1982)는 맹인의 사회적 통합이 그들과 사회에 최대 이익이 되고, 기회의 평등, 신분상의 평등, 행복 추구에서의 평등을 맹인에게 부여하는 데 이보다 더 좋은 방법이 없다고 보았다. 또한 일반학교에서 맹학생을 교육하는 것은 민주주의 원리에 따르는 것으로, 맹교육사에서 가장 위대한 최후의 단계라고 격찬했다. Esposito와 Reed(1986)도 장애인이 사회적 평등을 얻는 데는 정안인의 올바른 태도가 가장 중요한 요인이며, 통합교육을 실시하면 정안 아동이 장애 아동에 대한 긍정적인 태도를 갖게 되고, 그 태도는 비교적 오랫동안 지속된다고 주장했다. Tuttle(1986)은 시각장애 학생을 자연스럽고 정상적인 환경, 즉 지역사회에 온전히 참여하도록 준비시키는 것은 바람직하다고 보았다. 어려서부터 통합교육을 실시하면 시각장애 학생이 사회의 일원으로 살아가는 방법을 배울 수 있기 때문이다. 통합은 시각장애인뿐만 아니라 모든 사람과 국가에도 똑같이 적용된다. 예를 들면, 개인을 특정 환경에 격리시키거나 나라를 봉쇄하여 고립시키면, 그때부터 정상적인 삶이나 발전을 기대하기 어렵고 자유와 평등권이 보장되지 않는다. 이와 같은 개념으로 통합교육은 장애인에게 평등권을 주고, 미래를 준비시키며, 정안인으로 하여금 올바른 태도를 갖게 한다.

2) 미국의 통합교육

초기 미국의 특수교육은 분리교육으로 발전하기 시작했다. 초창기에는 특수학교가 설립되었으나, 특수학급이 특수학교의 분리교육에 비해 비장애 학생과 가까운 장소에서 교육을 제공했기 때문에 더 좋은 교육 형태로 인식되었다(Gerber, 1996). 그러나 Dunn(1968)은 시각장애 학생을 분리된 특수학급보다는 일반학급에 배치해야 한다는 주장을 했고, 이를 계기로 특수학급의 폐지 요구가 거세지기 시작했다(Christopolos & Renz, 1969). 이러한 주장은 1960년대의 강한 반분리 교육에 도화선이 되었다. 이후 장애 학생을 가르치는 교수학습 방법보다 특수교육 자체의 분리된 성격에 초점을 두고 개혁하는 데 관심을 갖게 되었다(Semmel, Gerber, & MacMillan, 1994). 이 같은 특수교육계의 요구를 반영하여 분리교육 위주로 장애 학생을 교육하던 환경에서 통합교육 환경으로 개혁한 것이 1975년의 「전장애아교육법(education for all handicapped children's act)」이다. 그런데 이 법률에는 정작 통합교육이란 용어를 사용하지 않고 '최소로 제한된 환경(Least Restrictive Environment: LRE)'이란 용어를 사용하면서 '최소로 제한된 환경에서 장애 학생의 독특한 요구를 충족시키기 위하여 최대로 적합한 범위까지 장애 학생을 비장애 학생과 함께 교육한다.'고 규정하고 있다. 그 결과 미국 특수교육은 통합교육으로 재편되었고, 장애의 종류나 정도로 구분하여 일반학급에서 보충자료와 보충 서비스를 사용하면서도 만족스러운 교육을 받을 수 없는 경우에만 통합교육이 아닌 특수학급이나 특수학교에 배치할 수 있도록 했다(34 CFR 300.551). 보충 서비스는 자료실교육과 순회교육을 말하며, 통합교육을 수행하는 프로그램으로서 통합교육을 실시하는 교육 형태이다. 가능한 한 최대의 범위까지 통합교육을 실시해야 한다는 규정 때문에 분리교육 기관인 특수학교와 특수학급에서는 시각장애 학생을 최대의 범위까지 비장애 학생과 함께 교육하게 되었다. 또한 매년 평가팀이 장애 학생을 대상으로 통합교육을 실시할 수 있는가를 평가하여 일반학급으로 보내는 것을 원칙으로 하였다. 그러나 특수학교나 특수학급에서도 장애 학생을 부분적으로 일반학급에 보내어 비장애 학생과 함께 교육받도록 하면서 통합교육과 분리교육의 분류가 모호하게 되자, 미국 특수교육국은 장애 학생이 40% 미만으로 일반학급에서 교육을 받으면 분리교육이고, 40% 이상 일반학급에서 교육을 받으면 통합교육으로 보았다. 특히 40~79%까지 일반학급에서 교육받는 것은 자료실교육 형태의 통합교육이며, 80% 이상 일반학급에서 교육을 받으면 순회교육 형태의 통합교육으로 이를 '완전 통합교육(full inclusion)'이라 한다. 시각장애 학교에서는 이웃 일반학교에 오전이나 오후에 학생을 보내어 교육을 받도록 하는데, 일반학급에서 40% 이하로 교육을 받으면 통합교육이라 하지 않는다.

이상에서 살펴본 바와 같이 미국의 특수교육은 통합교육을 의무적으로 실시하되 학생이 통합교육을 받을 수 없다는 점을 객관적으로 입증할 경우에만 특수학교나 특수학급에서 교육한다. 그러나 매년 평가하여 일반학교에서 통합교육을 받을 수 있는가를 검토하고 가능하면 일반학교에서 통합교육을 받도록 한다.

미국의 6~21세의 장애 학생 5,971,128명의 교육 형태에 따른 학생 수와 비율은 〈표 12-1〉과 같다.

일반학급에서 80% 이상 교육을 받는 6~21세의 장애 학생과 일반학급에서 40~79%의 교육을 받는 6~21세의 장애 학생은 4,631,267명으로 77.56%가 통합교육을 받고 있고, 그 외의 1,339,861명인 22.44%가 분리교육을 받고 있다.

〈표 12-1〉 교육 형태에 따른 장애 학생(6~21세) 수와 비율

교육 형태	일반학급			공립 수용 시설	사립 수용 시설	공립 기숙 학교	사립 기숙 학교	가정 병원	계
	80% 이상	40~79%	40% 미만						
학생 수 (명)	2,978,790	1,652,477	1,105,434	102,081	65,897	17,297	22,292	26,860	5,971,128
비율 (%)	49.89	27.67	18.51	1.71	1.10	0.29	0.37	0.45	100

출처: U. S. Department of Education. (2007). 27th *Annual Report to Congress on the Implementation of the Individuals with Disabilities Education Act.*

〈표 12-2〉는 6~21세의 시각장애 학생의 교육 형태에 따른 학생 수와 그 비율이다. 일반학급에서 80% 이상 교육을 받는 시각장애 학생과 일반학급에서 40~79%의 교육을 받는 시각장애 학생은 18,107명으로 전체 시각장애 학생의 71.5%가 통합교육을 받고 있고, 7,220명인 28.5%가 분리교육을 받고 있다.

〈표 12-2〉 교육 형태에 따른 시각장애 학생(6~21세) 수와 비율

교육 형태	일반학급			공립 수용 시설	사립 수용 시설	공립 기숙 학교	사립 기숙 학교	가정 병원	계
	80% 이상	40~79%	40% 미만						
학생 수 (명)	13,830	4,277	3,964	999	504	1,369	230	154	25,327
비율 (%)	54.61	16.89	15.65	3.94	1.99	5.41	0.91	0.61	100

출처: U. S. Department of Education. (2007). 27th *Annual Report to Congress on the Implementation of the Individuals with Disabilities Education Act.*

3) 우리나라의 통합교육

우리나라에서는 통합교육을 잘못 받아들여 명목상으로만 통합교육일 뿐 실제로는 시행을 하지 못하고 있다. 우리나라의 「장애인 등에 대한 특수교육법」 제2조 6목에 '통합교육이란 특수교육 대상자가 일반학교에서 장애 유형 · 장애 정도에 따라 차별을 받지 아니하고 또래와 함께 개개인의 교육적 요구에 적합한 교육을 받는 것

을 말한다.'라고 되어 있다. 이것은 「특수교육진흥법」에 비하여 큰 진전으로 평가할 수 있다.

한편 「장애인 등에 대한 특수교육법」 제2조 11목에서 특수학급이란 '특수교육 대상자의 통합교육을 실시하기 위하여 일반학교에 설치된 학급을 말한다.'라고 되어 있지만 선진국의 기준으로 볼 때, 특수학급은 통합교육 기관이 아니다. 따라서 우리나라도 선진국과 같은 형태의 통합교육을 실시할 수 있도록 노력해야 한다.

4) 교육비의 절감

통합교육의 큰 장점의 하나는 교육의 질을 떨어뜨리지 않으면서 교육비를 절감할 수 있다는 점이다. 교직원과 학생의 비율이 높으면 교육비가 높아지는데 맹학교의 교직원과 학생의 비율은 매우 높다. 그 몇 가지 예를 들면 다음과 같다.

미국 맹학교의 교직원과 학생의 비율은 거의 1 : 1이다. 켄터키 맹학교의 교직원은 91명이고 학생은 80명이다(Kentucky School for the Blind, 2003). 테네시 맹학교의 교직원은 185명이고 학생은 180명이다(AFB, 2001). 일본의 경우, 2002년 71개 맹학교의 학생 수는 유치부 239명, 소학부 698명, 중학부 471명, 고등부 2,593명으로 모두 4,001명이고, 교사는 3,439명이며, 직원은 1,911명으로 전체 교직원 수는 5,350명으로 학생과 교직원의 비율이 1 : 1.3이다(柳本 雄次, 2002).

통합교육에서 시각장애 학생이 일반학급 교사로부터 교육을 받고, 시각장애 교육을 전공한 특수교사로부터 지원 서비스를 받기 때문에 교사와 학생의 정원은 순회교사 1명당 시각장애 학생 12명꼴이다(Hazekamp & Huebner, 1989). 통합교육은 교사와 학생의 정원 비율이 낮고, 학교에서 숙식을 제공하지 않기 때문에 예산이 절감된다. 미국 맹학교 학생 한 명의 교육비는 1년에 3만 달러이고, 정안 학생 한 명의 교육비는 1년에 3천 달러(Moore, Huebner, & Maxson, 1997)로 시각장애 학생 한 명의 교육비는 정안 학생 한 명의 교육비보다 약 10배가 더 많다. 맹학교에서 교육을 받는 시각장애 학생의 교육비는 일반학교에서 통합교육을 받는 시각장애 학생보다 무려 6배가 더 많은데 이는 우리나라 맹학교도 예외가 아니다.

5) 통합교육 대상아의 증가

통합교육을 실시하지 않고 맹학교만을 운영할 경우, 시각장애 학생 수는 증가하지 않는데, 그 이유는 다음과 같다.

첫째, 통합교육을 실시하면 발견 프로그램이 발전하여 일반학교에 있는 많은 저시력 학생들이 발견된다. 그러나 맹학교만을 운영할 경우에는 발견 프로그램이 발전하지 못하여 중증 시각장애 아동을 제외하고는 발견되지 않는다.

둘째, 대부분의 부모는 자녀에게 어느 정도의 시각장애가 있을 경우에도 가능하다면 해당 지역의 일반학교에 보내려고 한다.

셋째, 교육청에 시각장애아 교육을 전담할 인력이 없기 때문에 부모상담, 배치 결정, 진단평가 등을 하지 못한다.

미국에서 시각장애아 통합교육을 의무화한 법률(「전장애아교육법」)이 제정되기 전인 1952년에 일반학교에서 통합교육을 받는 시각장애 학생은 985명이었으나, 1965년에는 11,051명으로 11.2배 증가했다. 그러나 맹학교에 다니는 학생은 1952년 5,108명에서 1965년 7,330명으로 1.4배 증가에 그쳤다(Lowenfeld, 1981). 2003년 7월 미국 맹인인쇄소에 등록된 유치원, 초·중·고등학교의 시각장애 학생 약 5만 8천 명 중 일반학교에서 통합교육을 받는 학생은 84%였고, 맹학교에 재학 중인 학생은 8%에 불과했으며, 재활기관에 수용되어 있는 아동이 5%, 중복장애아 시설에 있는 아동이 3%였다(American Printing House for the Blind, 2003).

우리와 인구가 비슷한 영국에는 3~9세의 시각장애 아동이 약 1만 명이고, 출생~15세의 아동 천 명당 2명이 시각장애 아동이다. 이들 중 53%의 학생은 통합교육을 받고 있고, 22%의 학생은 맹학교에 재학 중이며, 25%의 학생은 다른 중복장애 학교에 재학하고 있다(Walker, Tobin, & McKennell, 1992).

캐나다의 경우에도 캐나다 맹인원에 등록된 시각장애 아동(0~17세)이 4천 명 이상으로, 이들 중 80% 이상이 일반학교에서 통합교육을 받고 있다(Orlansky, 1989).

맹학교 교육을 위주로 하고 있는 중국에 0~15세의 시각장애 아동은 25만 명이다(Zhang Nan, 1989). 그러나 1987년에 18개 맹학교와 46개 맹농아학교에 재학 중인 시각장애 학생은 2,667명에 불과했다(Schulze, 1989).

인구 1억 2천만 명인 일본도 1987년 맹학교의 재학생은 6,432명이었으나 2002년에는 4,001명으로 감소되었다(柳本 雄次, 2002).

이상에서 살펴본 바와 같이 통합교육을 실시하고 있는 미국, 영국, 캐나다에 비하여 통합교육을 실시하고 있지 않은 일본과 중국의 시각장애 교육 대상아의 수가 매우 적음을 알 수 있다. 이것은 통합교육을 실시하지 않으면 많은 시각장애 학생이 발견되지 않아 특수교육을 받지 못한다는 것을 의미한다.

6) 시각장애 교육 대상아의 추정 수

우리나라 시각장애 학령 아동을 대상으로 시각장애아의 수를 정확히 제시한 연구는 없다. 그러나 이미 설명한 바와 같이 영국에서는 출생~15세의 아동 천 명 중 2명이 시각장애 아동이다. 그리고 학자에 따라서는 천 명당 1명으로 추정하기도 한다(Tuttle, 1984). 2009년 4월 우리나라 유치부, 초 · 중 · 고등학생의 수는 7,984,520명이다(교육과학기술부, 2009). 그리고 전체 학생 수에 시각장애 아동의 출현율인 0.1%를 적용하여 산출하면 시각장애 아동의 추정 수는 약 7,984명이 된다. 그러나 2009년 5월 현재 12개 맹학교의 학생은 유치부 91명, 순회교육 및 기타 5명, 초등부 333명, 중학부 252명, 고등부 470명으로 맹학교에 재학 중인 학생은 모두 1,151명이다(한국특수교육총연합회, 2009). 따라서 우리나라에서 시각장애아 교육을 받고 있는 학생은 시각장애 학생 추정 수의 약 1/7밖에 되지 않는다. 따라서 우리나라도 시각장애 학생에게 교육의 기회를 주기 위하여 교육비가 저렴한 통합교육을 실시해야 한다.

2 교육전달 모형

1) 시각장애아 교육전달 모형

시각장애아 교육전달 모형은 맹학교, 특수학급, 자료실교육, 순회교육, 자문교사 교육의 다섯 가지로 분류할 수 있다.

(1) 맹학교

가장 오래되고 종합적이며 값비싼 교육전달 모형은 맹학교 교육이다. 맹학교에서는 학비는 물론 기숙사비를 받지 않으며, 통학생에게 교통편도 마련해 준다.

맹학교는 시각장애 학생의 욕구를 충족시키기 위하여 직원과 시설을 갖추어 운영하고 있다. 교사는 일반교육은 물론 일상생활 기술, 사회적 기술, 저시력 훈련, 상담 등을 통하여 시각장애 학생을 지도한다. 학교의 모든 직원들은 아동의 학습 활동과 기숙사 생활을 통합하여 교육의 일관성과 지속성을 유지할 수 있도록 노력한다.

(2) 특수학급

일반학교에 설치된 시각장애아 특수학급은 시각장애 학생을 위한 전문교사와 시설을 갖춘 학급을 말한다. 이러한 학급은 일반 교육과정은 물론 특수 교육과정도 충족시키며, 특수학급을 담당하는 시각장애아 교사는 각 아동의 독특한 욕구에 초점을 둔 프로그램을 설계하여 지도한다. 그러나 시각장애 특수학급은 특수학교와 같은 전문교사나 시설을 갖추고 있지 않을 뿐만 아니라 효과적인 통합교육도 할 수 없기 때문에 그 수가 급격히 감소되었다.

현재 우리나라에서는 여의도 초등학교와 중·고등학교에 각각 저시력 학급이 개설되어 있지만 설치된 지 30여 년 동안 시각장애 전문교사를 배치하지 않은 채 운영되고 있고, 필요한 확대 기본 교육과정도 지도하지 않고 있다.

(3) 자료실교육

자료실교육이란 일반학급에 적을 둔 시각장애 학생이 필요할 때 도움을 받을 수 있도록 특수교사와 시설을 갖춘 학급을 말한다(Jones & Collins, 1966).

일반학급 교사는 시각장애 학생에게 일반 교육과정을 가르치고, 자료실교사는 시각장애와 관련된 확대 기본 교육과정의 일부를 지도한다. 시각장애아 교사는 시각장애 학생과 일반학급 교사를 돕는다.

자료실교육을 받는 시각장애 학생은 정안 학생이나 다른 시각장애 학생과 함께 학습하고 놀이할 수 있는 기회를 갖는다. 대부분의 시각장애아 자료실교육은 인구 밀도가 높은 도시에 설치되어 있다. 때문에 도시에 거주하지 않는 시각장애 아동은 자료실이 설치된 학교에 다니기 위하여 집에서 멀리 떨어진 학교로 통학해야 하므로, 이웃 친구들과 같이 학교에 다닐 수 없다.

자료실교육은 두 가지 측면에서 순회교육과 다르다. 첫째, 학생은 매일 시각장애아 교사를 만나 지도를 받으면서 같은 또래의 시각장애 학생과 사귈 수 있다. 둘째, 시각장애아 교사는 시각장애 학생이 다니는 학교에 근무하면서 다른 학교를 방문하지 않는다(Lowes, 2000).

시각장애아 교사는 시각장애 학생이 일반교과에서 따라가기 어려운 과목이 있으면 개별적으로 지도하고, 관련 서비스를 받도록 한다. 자료실은 시각장애 학생이 공부하는 데 필요한 교재 교구, 컴퓨터를 비롯한 기자재를 갖추고 있어 시각장애 학생이 자료실에 와서 공부하거나 도움을 받는 일종의 지원센터이다. 이때 시각장애 학생이 지원을 받기 위하여 학교 시간의 50% 이하로 자료실에 머물러야 하며, 대부분의 수업시간을 일반학급에서 보내야 한다. 또한 어느 정도 목표가 성취되면 일반학급에서 공부하도록 한다(Kasik, 1983).

아직 우리나라에는 시각장애아 자료실교육이 설치되어 있지 않지만, 인구 20만 명 이상의 도시에는 시각장애아 자료실을 설치·운영하는 것이 바람직하다.

(4) 순회교육

순회교육은 가장 널리 실시되는 교육전달 모형이다. 또한 행정적 관점에서 볼 때, 시각장애 학생을 교육하는 데 가장 편리한 형태이기도 하다. 시각장애 학생이 집에서 생활하면서 이웃의 정안 친구와 같이 일반학교에서 일반학급 교사로부터 대부분의 교육을 받고, 시각장애아 순회교사로부터 점자 교육을 받으며, 교과서와 교육자료를 공급받는 형태를 순회교육이라고 한다. 교사가 학생과 보내는 시간은 IEP에 제시된 목적에 따라 다르다. 순회교사는 하루에 3시간을 지도하기도 하고, 1~2주 동안에 한두 시간을 지도하기도 한다(Lowes, 2000).

Moore와 Peabody(1976)는 펜실베이니아의 시각장애 순회교사의 특수한 기능을 연구한 결과, 순회교사가 직무를 수행하는 시간 중 약 59%는 직접 가르치는 것이고, 11%는 아동과 관계된 상담을 하며, 16.5%는 운전을 하고, 나머지 14.5%는 자료의 공급, 기록부 작성, 회의, 서류 검토, 판별과 행정 업무를 하는 것으로 나타났다. 이들이 시각장애 학생을 직접 가르치는 시간은 몇 개의 학교를 담당하고 그 학교들이 얼마나 멀리 떨어져 있는가에 따라 다르다. 순회교사의 사무실과 교재 교구는 교육청 건물이나 순회학교 중의 한 학교에 보관·설치한다. 순회교사는 교재 교구를 가지고 다녀야 하기 때문에 미리 계획을 세우고 일반학급 교사와 협의해야 한다.

시각장애 학생은 자유롭고 독립적으로 일반학급에서 학습하면서 순회교육을 받는다. 시각장애 아동이 가족의 도움을 받고, 취학 전 교육 경험이 있으며, 학교에서 높은 수준의 능력과 동기를 갖고 있고, 정서적 안정과 적응 능력을 갖고 있으면, 그 학생은 고등학교까지 성공적으로 순회교육을 받을 수 있다(O'Brien, 1973).

순회교육의 성공은 시각장애 학생을 학급 활동에 동화시키려는 일반학급 교사의 의지와 태도에 달려 있다. Kilbaugh(1977)는 통합교육을 받는 시각장애 학생을 대상으로 초등학교 일반 교사들의 태도를 조사한 결과 일반적으로 긍정적인 태도를 갖고 있음을 발견했다.

우리나라에서도 시각장애 학생의 교육 기회를 확대하기 위하여 시각장애아 순회교육을 실시해야 한다.

(5) 자문교사 교육

자문교사는 시각장애아 교사로서, 그들의 역할은 교수학습보다 상담에 중점을 둔다. 자문교사는 일반학급 교사, 행정가, 직원들이 시각장애 학생의 욕구를 충족시키도록 돕는 지원적·행정적 기능에 강조점을 둔다. 자문교사 지도하에 있는 학생은 교사들이 교육 프로그램에 다학문적 접근 방법을 사용할 때 가장 큰 도움을 받는다(Lewis & Allman, 2000). 이 학생들은 비교적 독립적이기 때문에 시각장애와 관계되는 보상 기술이나 다른 대처행동에 대한 훈련을 많이 받지 않는다.

자문교사는 단위가 큰 지역의 여러 학군에서 교육을 담당한다. 자문교사의 중요한 장점은 시각장애 아동이 가정에서 생활하면서 정안 아동과 함께 집에서 가까운 학교에 다니면서, 일반학교 교사로부터 필요한 교육을 받을 수 있다는 것이다. 그러나 자문교사 제도에는 두 가지 단점이 있다. 첫째는 직접 가르치는 시간이 적고, 둘째는 먼 거리를 이동하면서 가르치기 때문에 시간이 많이 소요되고 피로해지기 쉽다는 점이다.

우리나라에서는 순회교육으로 통합하는 것이 좋을 것으로 본다.

2) 교육전달 모형의 비교

시각장애아 교육에서 실시되고 있는 다섯 가지 교육전달 모형을 9개 분야로 나누어 비교하면 〈표 12-3〉과 같다(Koenig & Holbrook, 1984).

〈표 12-3〉 교육전달 모형

	맹학교	특수학급	자료실교육	순회교육	자문교사 교육
학생의 욕구 범위	가장 많음	많음	중간	적음, 매우 독립적임	매우 적음
개작된 교재 교구 공급	가장 많음	많음	많음	적음	가장 적음
시설 구비 정도	학교 전체가 갖추고 있음	특수학급이 갖추고 있음	자료실교육	학급의 부분적 시설, 제한적 시설	제한된 시설
특수교사의 교수학습 시간	모든 학습 시간	거의 모든 학습 시간	25~50%	5~10%	1%
친구와의 상호작용	시각장애 학생과 상호작용	주로 시각장애 학생식당이나 운동장에서 정안 학생과 상호작용	주로 정안 학생과 상호작용, 부분적으로 시각장애 학생과 상호작용	대체로 정안 학생과 상호작용	정안 학생과 상호작용
가정과의 협력	특수교사와 빈번하게 접촉	특수교사와 가정과의 접촉	일반학급 교사보다 특수교사를 통한 가정과의 접촉	특수교사와 일반학급 교사에 의한 접촉	주로 일반학교 교사와 접촉이 많음
학생의 통학 시간	없음	맹학교보다 많음	특수학급과 같음	자료실교육보다 적음	순회교육과 같음
교사의 통근 시간	적음	적음	적음	보통 통근 시간에 1시간 추가	교사의 시간 중 50%
학생 수	3~5명	3~5명	6~9명	10~14명	15~20명

출처: Koenig, A. J., & Holbrook, M. C. (Eds.), (1984). *Foundation of education with visual impairments.* New York, NY: AFB Press.

(1) 학생의 특수한 욕구 범위

시각장애 아동은 독특한 욕구를 지니고 있다. 이들의 욕구가 강하면 강할수록 그 욕구를 충족시키기 위하여 교육 내용을 더 많이 수정해야 하는데, 각 교육전달 모형으로 서로 다른 욕구 범위를 조절할 수 있다.

(2) 개작된 교재 교구

시각장애 학생은 교실에서 자신에게 알맞은 특수한 교재 교구를 사용해야 하므로, 각 시각장애 학생에게 적합한 매체로 된 교과서와 교육자료를 공급해야 한다. 그리고 특수한 설비나 기구는 시각장애 학생이 과제를 성취하는 데 필요하므로 설비와 기구도 제공하는 것이 바람직하다.

(3) 시설

학습하는 데 필요한 장소, 조명, 전기, 학습자료를 보관할 장소 등을 갖추어야 한다.

(4) 특수교사의 교수학습 시간

시각장애아 교사의 교수학습 시간의 양은 교육전달 모형에 따라 다르다. 시각장애 아동의 특수교육적 욕구는 교수학습 시간의 양을 결정한다.

(5) 정안 학생과의 상호작용

시각장애아의 사회적 · 정서적 발달은 정안 학생과의 상호작용을 통하여 향상된다. 상호작용에 필요한 시간의 양은 교육전달 모형에 따라 다르다. 시각장애 아동은 건강한 자아개념과 학습을 위하여 다른 시각장애 학생과도 상호작용을 하는 것이 좋다.

(6) 가정의 지원

시각장애아 교육은 일반교육, 특수교육, 가정, 지역사회의 협력을 필요로 하며, 특히 가정의 많은 도움을 필요로 한다. 또한 지역사회 단체(소년단, 교회 학생회 등)는 시각장애 학생에게 인지적 · 행동적 · 정의적 기능을 학습하고 실천할 기회를 제공한다.

(7) 학생의 보행 시간

시각장애 학생의 보행 시간은 교육전달 모형에 따라 다르다. 일부 학생은 집 근처의 일반학교에 걸어 다니고, 일부 학생은 학교 버스로 통학한다.

(8) 교사의 통근 시간

시각장애아 교사의 통근 시간 역시 교육전달 모형에 따라 다르다. 어떤 교육전달 모형에서는 교사의 통근 시간이 가외로 필요하지 않으나, 다른 교육전달 모형에서는 여러 군을 이동하면서 교육해야 하므로 먼 거리를 통근해야 한다.

(9) 학생의 정원

교사가 담당하는 학생 수는 교육전달 모형에 따라 다르다. 교사와 학생의 비율을 정할 때는 최저나 최고의 수보다 여러 시 · 도의 평균 학생 수를 참고한다.

3) 교사의 고려사항

어떤 교육전달 모형에서는 교사가 한 장소에서 팀의 전문가와 함께 일해야 하고, 다른 교육전달 모형에서는 교사가 다양한 장소에서 행정가나 팀의 구성원과 함께 일해야 한다. 따라서 교사는 여러 팀과 일관성 있게 일하고, 강력한 행정적 지원을 받아야 한다. 교사는 어떤 교육전달 모형을 사용하든지 시각장애 학생의 욕구를 충족시키기 위하여 노력하고, 시각장애 학생을 배치하기 위하여 정기적으로 학생의 욕구를 평가해야 한다.

중복 시각장애 학생은 일반학급에서 교육을 받기 어렵기 때문에 특수학급에서 교육을 받도록 하고, 필요할 경우 보행교사, 물리치료사, 작업치료사, 언어치료사 등의 지원을 받도록 한다. 어느 학생에게 한 가지 교육전달 모형만 적합한 것이 아니기 때문에 교사는 경우에 따라 한 가지 이상의 교육전달 모형을 결합할 수 있어야 하고, 다전문 영역 간 팀을 구성하여 학생의 다양한 욕구를 충족시킬 수 있도록 해야 한다.

실제로 순회교사는 자문교사에 기초를 두고 많은 학생을 지도하기도 하며, 자료실교사는 순회교육에 기초를 두고 아동을 방문하여 지도할 수도 있다. 맹학교에 있는 학생은 교육과정의 전부 또는 일부를 일반학교에서 학습할 수 있다. 따라서 효과적인 교육을 위하여 유연성 있게 지도하는 것이 바람직하다.

3 개선 방향

1) 법적 제도의 개선 및 행정기구의 확대

(1) 법적 제도의 개선

1994년에 「특수교육진흥법」을 개정하여 우리나라에서도 통합교육을 실시할 수 있도록 했다. 「장애인 등에 대한 특수교육법」 제21조에 '① 각급 학교의 장은 교육에 관한 각종 시책을 시행함에 있어서 통합교육의 이념을 실현하기 위하여 노력하여야 한다. ② 제17조에 따라 특수교육 대상자를 배치받은 일반학교의 장은 교육과정의 조정, 보조인력의 지원, 학습보조 기기의 지원, 교원 연수 등을 포함한 통합교육 계획을 수립 · 시행하여야 한다. ③ 일반학교의 장은 제2항에 따라 통합교육을 실시하는 경우에는 제27조의 기준에 따라 특수학급을 설치 · 운영하고, 대통령령으로 정하는 시설 · 설비 및 교재 · 교구를 갖추어야 한다.'고 되어 있다. 그러나 이것은 특수학급이 아닌 자료실교육이나 순회교육으로 바뀌어야 한다.

(2) 특수교육 행정기구의 확대

특수교육을 담당하는 행정기구로는 교육과학기술부에 특수교육과를 두어 과장 1명, 특수교육 연구관 1명, 연구사 2명이 있다. 시 · 도 교육청 초등교육과에 특수교육 장학관과 장학사가 각각 1명씩 있는 경우도 있고, 장학사 1명만 있는 경우도 있다. 하급 교육청에도 특수교육 장학사가 있는 곳이 있다. 그러나 이 정도의 인력으로는 특수교육을 관리 · 운영하고, 교육자료를 공급하며, 예산을 편성하고, 교사를 수급하는 등에 관한 업무를 담당하기 어렵다. 지방교육청에 있는 특수교육 장학사는 특수교육 행정에만 전념하는 것이 아니라 극히 일부의 업무 시간을 할애하여 특수교육 행정을 담당한다.

2006년 4월 30일에 통과된 「장애인 등에 대한 특수교육법」에는 교육의 지방분권

화에 따라 특수교육 지원센터를 설치하여 실질적인 특수교육 행정을 담당하도록 하고 있다. 즉, 「장애인 등에 대한 특수교육법」 제11조 제1항에서 교육감은 특수교육 대상자의 조기 발견, 특수교육 대상자의 진단평가, 정보 관리, 특수교육 연수, 교수 학습 활동의 지원, 특수교육 관련 서비스 지원, 순회교육 등을 담당하는 특수교육 지원센터를 하급 교육행정 기관별로 설치 · 운영하도록 규정하고 있다. 제2항에는 제1항에 따른 특수교육 지원센터를 하급 교육행정 기관이나 특수학교, 특수학급이 설치된 일반 초 · 중 · 고등학교 또는 관할 지역의 관공서(장애인 복지관 포함)는 특수교육 대상자를 비롯한 지역주민의 접근이 편리한 곳에 설치하도록 규정하고 있다. 그리고 제3항에 특수교육 지원센터의 설치, 운영 등에 관한 필요한 사항은 대통령령으로 정하도록 규정하고 있다. 따라서 우리나라의 특수교육 행정체계는 교육기술과학부의 특수교육과와 지방교육위원회의 특수교육 장학사 그리고 하급 교육행정 기관으로 특수교육 지원센터를 중심으로 갖추어지게 되었다.

그 밖에도 특수교육 행정체계를 효율화하기 위해서 교육과학기술부 특수교육과와 교육위원회에 특수교육과를 설치하고, 장애 영역별로 특수교육 장학사를 배치하여 그에 관한 업무를 관장하도록 해야 한다. 또한 각 교육청 특수교육과에 시각장애 교육 담당 장학사가 시각장애 순회교사를 지휘, 감독하고 시각장애 학생의 독특한 요구에 따른 교육을 하도록 해야 한다.

2) 교육전달 모형의 설치

(1) 통합교육 전달 모형

우리나라에는 통합교육을 할 수 있는 시각장애 교육전달 모형이 설치되어 있지 않다. 따라서 특수학급, 자료실교육, 순회교육을 설치하여 통합교육을 할 수 있는 기반을 조성한다.

① 특수학급

우리나라에서 시각장애 특수학급은 여의도 초 · 중 · 고등학교에 각각 1개 학급씩 설치 · 운영되고 있다. 그러나 여의도 저시력 학급에는 시각장애 교육을 전공한 교사를 배치하지 않아 시각장애 학생의 독특한 욕구를 충족시키지 못하고 있다. 다른 나라에서도 중복 시각장애 아동들을 특수학급에서 교육하고 있을 뿐 단순 시각장애 학생을 위하여 특수학급을 운영하고 있지 않다.

특수학급은 대도시에 제한된 수의 학급을 설치하여, 중복 시각장애 학생을 대상으로 교육해야 한다. 이 특수학급에는 시각장애아 교사가 지도하고, 각 아동의 특수교육적 요구에 따라 보행 훈련, 물리치료, 작업치료, 언어치료, 시기능 훈련을 받을 수 있도록 한다. 그리고 학생의 정원을 적정선에서 조정하여 개별화 교육이 이루어질 수 있도록 한다.

② 자료실교육

시각장애아 통합교육에 중요한 것으로, 인구 100만 명을 기준으로 초 · 중 · 고등학교에 각각 1개의 자료실을 설치 · 운영한다. 시각장애아 교사를 상주시키고, 점자 교과서, 큰문자 교과서, 참고서, 점자판, 점자 타자기, 녹음기, 컴퓨터, 화면읽기 프로그램, 점자 프린터, 스캐너, CCTV, 확대경 등을 갖추고 학습을 지원한다.

③ 순회교육

시각장애아 교육에서 가장 강조점을 두고 육성해야 할 모형으로, 대도시, 중소 도시, 농촌 어느 곳에서든 실시할 수 있는 교육이다. 우리나라에서는 자문교사 교육은 실시하지 않아도 된다. 선진국과 같이 시각장애아 교육이 발전하게 되면 순회교사의 수가 크게 증가하게 될 것이다. 이때 교육청 단위로 순회교사를 임용하여 시각장애 학생이 재학하고 있는 학교를 순회하며 가르친다. 통합교육의 대상도 맹학교의 교육 대상과 같이 교정시력 0.3 이하로 하고, 맹학생과 저시력 학생을 평가하여 일반학급에 입급시킬 수 있도록 한다. 순회교육에서도 시각장애 학생의 독특한 욕구에 따라 보행 훈련, 물리치료, 언어치료, 작업치료, 기능시력 훈련을 받을 수 있도록 한다.

(2) 맹학교의 개방화

우리나라의 맹학교는 전통적인 폐쇄성을 극복하지 못하고 있다. 선진국의 맹학교는 개방적인 학교 운영에 중점을 두고 있다. 그 예로 미국의 맹학교에서는 시각장애 학생이 맹학교와 일반학교를 오가며 학습하고 있고, 학생은 두 가지 교육 형태로부터 도움을 받고 있다(Bina, 1991). 시각장애 학생은 오전이나 오후에 일반학교에 가서 정안 학생과 함께 영어, 수학, 지리, 역사 등의 과목을 학습한다. 그리고 피아노에 재능이 있는 학생은 음악 영재 학생이 다니는 음악학교에서 교육을 받고, 컴퓨터를 잘하는 학생은 과학고등학교 컴퓨터센터에서 교육을 받는다. 직업교육을 받는 학생은 공업고등학교에서 전기, 자동차 정비, 디자인 등을 공부한다. 이 경우 교사가 동행하기도 한다. 맹학교는 각 학생을 종합적으로 평가하여 일반학교에 전학할 필요가 있으면 전학시키고, 또 일반학교에서 공부하던 학생이 맹학교로 전학할 필요가 있을 경우에는 맹학교로 전학시킨다.

켄터키 맹학교, 인디아나 맹학교, 일리노이즈 맹학교는 시각장애 학생을 사회에 통합시키기 위하여 가능한 한 일반학교로 전학하도록 하고, 맹학교에 적을 두고 있을 경우에도 가능한 한 일반학교에서 정안 학생과 함께 공부할 기회를 준다(Illinois Department of Rehabilitation Services, 1987). 다른 나라의 맹학생과 같이 우리나라의 시각장애 학생도 일반학교에서 공부하도록 하는 것이 바람직하다. 이를 위해서는 맹학교의 기능과 역할을 다음과 같이 개선해야 한다.

① 중복 시각장애 학생에게 개별화 교육을 실시한다.
② 중도에 실명한 학생을 위한 직업교육을 실시하되, 그들이 고등학교 이상의 교육을 받은 경우에는 이수한 과목은 인정하고, 직업과 관련된 이료과와 의사소통 기술, 보행 기술, 일상생활 기술 등을 중심으로 교육과정을 편성하여 지도한다.
③ 맹학교는 시각장애 학생에 대한 종합적인 평가를 실시할 수 있도록 평가도구와 전문 인력을 확보한다.
④ 맹학교는 교육자료 센터를 설치하고 시 · 도에서 통합교육을 받는 시각장애 학생에게 교육자료(점자교과서, 큰문자 교과서, 기타 도서 및 촉각자료 등)를 공급한다.
⑤ 통합교육을 받는 학생을 대상으로 방학 중에 필요한 단기 교육을 실시한다.
⑥ 일반교사에 대한 현임 훈련을 실시한다.
⑦ 부모 교육을 실시한다.

3) 전문 인력 양성

(1) 시각장애아 교사의 양성

통합교육은 시각장애아 교사의 능동적인 참여와 전문적인 서비스 없이는 성공할 수 없다. 따라서 시각장애아 교사는 시각장애아를 발견하여 선별하고 독특한 욕구를 평가하고 지도할 수 있는 능력을 갖추어야 한다. 그러므로 시각장애아 교사를 양성하는 대학의 특수교육과 교육과정에는 시각장애아의 통합교육과 관련된 강좌가 포함되어야 한다. 이 강좌에는 시각장애아 통합교육의 이론적 및 철학적 배경, 통합교육의 역사, 눈의 해부와 생리, 법률제도, 교수전략과 평가, 교육전달 모형, 팀의 협력, 가족의 참여, 통합교육 환경에서의 현장 경험 등이 포함되어야 한다.

(2) 저시력 치료사의 양성

저시력 치료사는 시력을 측정하고 렌즈를 사용하여 시력을 교정하는 전문가이다. 우리나라에서는 아직 저시력 치료사를 양성하고 있지 않지만 선진국에서는 이미 저시력 치료사를 양성하고 있다. 시각장애아의 통합교육에 있어서 저시력 치료사는 학생의 눈에 대한 자료 및 병력사에 대한 검토, 원거리 및 근거리 시력 측정, 안경 및 렌즈의 시범 사용, 양안시 교정, 안구 운동, 고정시 평가, 시야검사, 색각검사, 조명 상태의 평가, 저시력 기구의 평가, 광학기구의 대여(2~3주), 아동의 사례에 대한 협의 등을 담당하는 중요한 전문가이다.

미래의 시각장애 교육 대상아의 대부분은 저시력 학생이기 때문에 시각장애아 교육의 효율성을 높이기 위해서는 저시력 치료사를 양성하여 관련 서비스 전문가에 포함시켜야 한다.

4) 연수 교육

(1) 일반학급 교사의 연수

통합교육에서 일반학급 교사는 국민 공통 기본 교육과정을 주로 가르친다. Bishop (1986)의 시각장애 학생의 성공적인 통합교육과 관계되는 요인 연구에서 수용적이고 융통성 있는 일반학급 교사가 가장 중요한 요인 중 하나로 나타났고, Safford

(1989)는 일반학급 교사가 통합교육 상황에서 시각장애 아동과 그들에 대한 서비스, 교수 방법 또는 교육자료에 관한 지식을 얻기 원한다고 보았다. 따라서 일반학급 교사에게 시각장애 교육에 관한 이해를 높이는 것은 매우 중요하다.

(2) 행정가에 대한 연수

교장, 교감, 장학사 등의 지도력은 전체 통합 교육과정에 큰 영향을 준다. 교육 행정가들은 학교의 전반적인 교육 방향과 분위기에 영향을 주기 때문에 통합교육이 필요하다는 신념을 가진 행정가가 필요하다. 행정가들은 통합교육의 행정적 문제가 있을 때, 적절한 방안이나 교육적 대안을 모색하여 대처할 수 있어야 하므로 이들에 대한 연수가 필요하다.

(3) 부모 교육

선진국에서는 아동의 교육적 결정과 지원은 일차적으로 부모의 책임이다. 따라서 부모는 아동의 학습 진도를 알아야 하고, 교육 내용을 승인하고 거절할 권리를 갖는다. 부모가 올바른 태도를 갖고 학교교육에 협력할 때 통합교육도 성공할 수 있다. 시각장애아 교사는 아동의 교육과 함께 부모의 교육에도 노력을 기울여야 한다.

(4) 정안 학생에 대한 교육

시각장애 학생이 일반학교에 다니면서 심리적인 불안이나 학교를 기피하는 현상이 일어나지 않도록 정안 아동에게 장애를 이해하도록 지도한다. 시각장애아 교사는 통합교육이 실시되고 있는 학교의 정안 학생에게 시각장애 학생에 관하여 교육하고(Mangold, 1982), 그 밖의 시각장애 학생이 배우는 보행 기술이나 저시력 기구, 시각장애인에 대한 잘못된 편견을 올바르게 지도하도록 한다. 시각장애가 학습과정에 어떻게 영향을 주는지 교육하는 것(Sacks & Kekelis, 1992)이 시각장애 학생의 통합교육에 중요할 뿐만 아니라 정안 학생에게도 인간의 존엄성을 알게 하는 교육이 된다.

5) 교육자료 센터 설치

시각장애아 통합교육을 위하여 학생에게 교과서를 비롯한 교육자료를 공급해야 한다. 특히 미래에는 우리나라에서도 전국 시 · 도 단위로 교육을 위한 데이터베이스가 전산화되고 중앙이나 시 · 도에서는 데이터베이스를 활용하여 전자 교육자료를 전송받을 수 있도록 해야 한다.

그 밖의 각종 데이터베이스, 신문, 잡지, 통계자료 등을 받아 교육에 활용할 수 있도록 하고, 전자교육 자료센터에는 컴퓨터, 점자 프린터, 화면읽기 프로그램, CCTV, 스캐너, 녹음기 등을 갖추어야 한다.

학·습·문·제

1. 미국 특수교육의 관점에서 우리나라 통합교육은 통합교육이라 할 수 없다. 이러한 점을 유념하면서 우리나라의 통합교육과 미국의 통합교육을 비교하시오.

2. 통합교육을 실시하면 교육비를 절감할 수 있고, 장애 학생의 수가 증가되는데, 그 이유를 구체적으로 설명하시오.

3. 미국에서는 특수학급을 분리교육 기관으로 보고 가장 나쁜 특수교육의 형태로 비판을 받은 후 대부분 폐지하였다. 이러한 점에 비추어 우리나라 특수학급의 문제점을 설명하시오.

4. 미국에서는 통합교육을 하기 위하여 자료실교육과 순회교육을 하고 있는데 우리나라 자료실교육과 순회교육은 미국과는 전혀 다른 형태로 운영되고 있다. 그 차이점을 설명하시오.

5. 미국 맹학교에서는 대부분의 시각장애 학생을 가까운 일반학교에서 특정 과목을 교육받도록 하고 있다. 그러나 이 학생들이 통합교육을 받는다고 하지는 않는다. 그 이유를 설명하시오.

제 13 장

의사소통 기술

시각장애인의 의사소통 기술에는 점자지도, 듣기지도, 저시력 학생의 묵자지도, 컴퓨터를 포함한 보조공학 기기의 활용 등이 포함된다. 여기서는 점자지도와 듣기지도에 관하여 설명하기로 한다.

1 점자지도

1) 점자의 개념

(1) 점자의 중요성

점자는 시각장애 아동이 읽고 쓸 수 있는 중요한 문자로서, 단순히 문자이기보다 그 이상의 의미를 갖는다. 즉, 점자는 시각장애인에게 자신감과 독립성 그리고 동등권을 준다(Schroeder, 1997). 점자를 능숙하게 읽고 쓸 수 있는 시각장애인은 점자를 모르는 시각장애인보다 취업률이 높고, 더 높은 자아존중감을 갖는 경우가 많다(Ryles, 1996). 따라서 조기에 시각장애 아동에게 점자를 가르치는 것은 매우 중요하다. 그러나 맹학교 현장에서도 점자지도의 중요성을 인식하지 못하고 점자를 모르는 교사에게 초등학교 1, 2학년을 담당하도록 하는 경우가 있다. 또한 장애 영역을 고려하지 않는 특수교육 교사의 양성은 점자지도에 어려움을 주게 될 것이다.

미국의 각 주에서는 「점자법(braille bill)」을 제정하여 시각장애 학교는 물론 일반 학급에서 통합교육을 받는 학생에게 점자지도를 할 수 있도록 규정하고 있다. 그 핵심적인 내용을 보면 다음과 같다. 첫째, 점자를 필요로 하는 모든 아동은 유자격 교사로부터 점자교육을 받도록 한다. 둘째, 점자를 가르치는 교사는 점자 자격시험에 합격해야 한다(Koenig & Holbrook, 1995). 이는 점자교육을 매우 중요시하고 있음을 말해 주는 것이다.

(2) 한글 점자

점자는 6점(세로로 3점, 가로로 2점)으로 구성되고, 왼쪽 위에서 아래로 1, 2, 3점, 오른쪽 위에서 아래로 4, 5, 6점의 번호를 붙여 사용한다([그림 13-1] 참조). 그리고 이 6개의 점을 조합하여 64(2^6)개의 점형을 만든다. 즉 점자는 많은 점형으로 이루어지고, 그 점형에 의미가 부여된 문자이다.

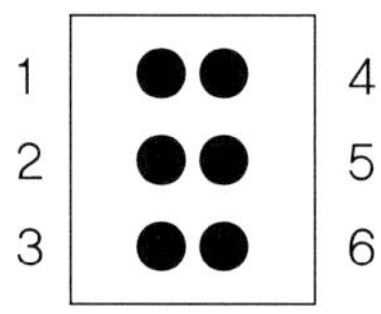

[그림 13-1] 점의 번호

64개의 점형 중 점을 하나도 찍지 않은 빈칸은 단어 사이를 띄는 데 사용된다. 그 외의 63개의 점형을 초성 자음 13자, 종성 자음 14자, 모음 21자, 약자 27자, 약어 7개, 숫자, 문장부호(〈표 13-1〉~〈표 13-7〉 참조) 등에 배정하여 사용하고 있다. 이와 같이 점자의 기본 구조는 묵자와 다르다.

〈표 13-1〉 자음

자음	ㄱ	ㄴ	ㄷ	ㄹ	ㅁ	ㅂ	ㅅ	ㅇ	ㅈ	ㅊ	ㅋ	ㅌ	ㅍ	ㅎ
초성	⠈	⠉	⠊	⠐	⠑	⠘	⠠		⠨	⠰	⠋	⠓	⠙	⠚
종성	⠁	⠒	⠔	⠂	⠢	⠃	⠄	⠶	⠅	⠆	⠖	⠦	⠲	⠴

〈표 13-2〉 모음(기본 모음)

ㅏ	ㅑ	ㅓ	ㅕ	ㅗ	ㅛ	ㅜ	ㅠ	ㅡ	ㅣ
⠣	⠜	⠎	⠱	⠥	⠬	⠍	⠩	⠪	⠕

〈표 13-3〉 모음(그 밖의 모음)

ㅐ	ㅒ	ㅔ	ㅖ	ㅘ	ㅙ	ㅚ	ㅝ	ㅞ	ㅟ	ㅢ
⠗	⠜⠗	⠝	⠌	⠧	⠧⠗	⠽	⠏	⠏⠗	⠍⠗	⠺

〈표 13-4〉 약자

가	나	다	마	바	사	자	카	타
⠫	⠉	⠊	⠑	⠘	⠇	⠨	⠋	⠓
파	하	억	언	얼	연	열	영	옥
⠙	⠚	⠹	⠾	⠞	⠡	⠳	⠻	⠭
온	옹	운	울	은	을	인	것	ㅆ 받침
⠷	⠿	⠛	⠯	⠵	⠮	⠟	⠸⠎	⠌

〈표 13-5〉 약어

그래서	그러나	그러면	그러므로	그런데	그리고	그리하여
⠁⠎	⠁⠉	⠁⠒	⠁⠢	⠁⠝	⠁⠥	⠁⠱

〈표 13-6〉 숫자

1	2	3	4	5	6	7	8	9	0
⠼⠁	⠼⠃	⠼⠉	⠼⠙	⠼⠑	⠼⠋	⠼⠛	⠼⠓	⠼⠊	⠼⠚

〈표 13-7〉 문장부호

문장부호			점자	문장부호			점자
마침표	온점	.	⠲	이음표	붙임표	-	⠤
	물음표	?	⠦		줄표	—	⠤⠤
	느낌표	!	⠖		물결표	~	⠤⠤
쉼표	반점	,	⠐	안드러냄표	×표 모양의 숨김표		⠸⠭⠇
	가운뎃점	·	⠐⠆		○표 모양의 숨김표		⠸⠴⠇
	쌍점	:	⠐⠂		빠짐표	□	⠸⠶⠇
	쌍반점	;	⠰⠆		줄임표	……	⠠⠠⠠
	빗금	/	⠸⠌				
따옴표	큰따옴표	" "	⠦ ⠴	드러냄표	드러냄표	•	⠠⠤⠤⠄
	작은따옴표	' '	⠠⠦ ⠴⠄	그 밖의 부호	별표	*	⠔⠔
묶음표	소괄호	( )	⠤ ⠤		아포스트로피	'	⠄
	중괄호	{ }	⠦⠆ ⠰⠴		위와 같음표	"	⠰⠆
	대괄호	[ ]	⠦⠄ ⠠⠴		긴소리표	-	⠠⠄
	발음 표시 기호	[ ]	⠦⠄ ⠠⠴				

(3) 한글 점자의 특성

점자는 앞에서 설명한 구조적 차이뿐만 아니라 문법적 구조에서도 여러 가지 차이점이 있다. 그 차이점을 살펴보면 다음과 같다.

첫째, 초성 자음과 종성 자음이 다르게 제자(製字)되어 있다.

둘째, 점자에서는 초성 'ㅇ'을 사용하지 않는다.

셋째, 초성 'ㄲ, ㄸ, ㅃ, ㅆ, ㅉ'을 적을 때는, 앞의 'ㄱ, ㄷ, ㅂ, ㅅ, ㅈ' 대신 된소리표(⠠, 6점)를 적는다.

넷째, 부피를 줄이고, 읽기와 쓰기 속도를 증가시키기 위하여 27개의 약자와 7개의 약어를 사용한다.

다섯째, 약자 'ㇰ'은 그 앞에 'ㅅ, ㅆ, ㅈ, ㅉ, ㅊ'이 올 때는 'ㇰ'이 된다.

여섯째, 모음 겹글자 '얘'는 '야+이'가 아니라 '야+애'로, '위'는 '우+이'가 아니라

'우+애'로 쓴다.

일곱째, 모음 겹글자 '왜'는 '오+애'가 아니라 '와+애'로, '웨'는 '우+에'가 아니라 '워+애'로 쓴다.

여덟째, 점자는 모아쓰지 않고 풀어 쓴다. 예를 들면, '국'을 'ㄱ, ㅜ, ㄱ'으로 적는다.

그 밖의 특성과 규정은 『[개정] 한국 점자 규정』에 자세히 설명되어 있다.

시각장애 학생은 점자를 배우는 데 어려움을 겪을 수 있으므로 교사는 시각장애 학생에게 점자를 가르칠 때, 이러한 특성에 유의해야 한다.

(4) 점자의 장단점

점자의 장점은 다음과 같다.

① 맹인의 중요한 의사소통 수단이다.
② 맹인이 쉽게 쓸 수 있다.
③ 맹농인에게 실질적인 의사소통 수단이다.
④ 정독과 재독을 할 수 있다.
⑤ 철자를 익히는 데 도움이 된다.

점자의 단점은 다음과 같다.

① 읽기 속도가 목독(目讀)이나 청독보다 현저하게 느리다.
② 점자도서나 간행물을 구하기 어렵다.
③ 점자도서의 제작비가 비싸다.
④ 공간을 많이 차지하므로 휴대하거나 보관하기 어렵다.
⑤ 부호의 중복 사용으로 난이도가 높고 혼동이 발생한다.
⑥ 약자를 사용함으로써 철자법에 특별한 주의가 필요하다.
⑦ 어구, 문장, 도서 체재, 그림 등 책의 전체적인 형태를 파악하기 어려워 상당한 기억력과 종합력이 필요하다.
⑧ 일부 중복장애 아동은 점자를 학습하기 어렵다. 예를 들면, 중도 정신지체아의 경우 배우기 어렵고, 뇌졸중 환자와 당뇨병 환자는 촉각의 상실로 점자를 읽기 어렵다.

2) 점자 읽기지도

(1) 조기 점자 읽기지도

정안 아동은 일찍부터 물건이나 포장에 쓰인 글자, 간판, 광고물, 텔레비전, 신문, 잡지, 책 등에서 자연스럽게 문자와 접하게 된다. 그러나 맹아동은 점자와 접할 수 있는 기회를 갖기 어렵다. 따라서 부모와 교사는 맹아동이 좋아하는 장난감이나 물건에 점자를 써 붙여 일찍부터 점자를 접할 수 있도록 해야 한다. 그러나 실제로는 조기 점자 읽기지도에 맞는 교육을 하기 어렵기 때문에 맹아동의 조기 읽기지도에서 경험의 부족, 개념과 어휘 습득의 부족, 흥미와 동기의 결여, 운동근육의 미숙, 연령 초과 등의 공통된 특징이 나타난다. 이러한 조기 읽기지도의 결여는 신체적 훈련, 개념발달, 읽기 전에 점자 소개와 같은 훈련을 통하여 어느 정도 보상할 수 있다.

미국시각장애센터(the center for the visually impaired)에서는 부모와 교사를 돕기 위하여 조기 점자 읽기지도 프로그램을 개발했다. 이 프로그램은 발달적 위계에 따라 설계되었고, 각 아동의 욕구를 충족시키기 위하여 쉽게 변형할 수 있도록 되어 있다. 이 프로그램은 촉각, 작은 근육, 듣기와 주목하기, 개념, 책과 이야기의 다섯 가지 영역으로 구성되어 있다(McComiskey, 1996).

이 시기에 읽기의 중요한 과제는 문자를 구어로 전환하는 과정을 습득하는 것이다. 문자를 구어로 전환시키는 데는 자음과 모음의 관계와 철자, 음소 관계에 중점을 두어 지도하고, 읽기지도는 아동에게 의미를 주는 자료를 사용한다.

아동의 청각적 이해가 읽기에 필수 조건이므로 읽기 교재는 아동의 구어 수준보다 앞서서는 안 되며, 언어 훈련은 읽기교육을 수반해야 하고, 장애 아동의 조기교육에서는 더 많은 구어 학습을 하도록 해야 한다.

시각장애 유아의 점자 학습을 위하여 한국 시각장애연구회와 한국 점자연구위원회에서는 『시각장애 유아용 촉지각 프로그램』 4권을 개발하였다(임안수 외, 2003). 제1권과 제2권은 도형변별 프로그램으로 여러 가지 도형과 그림을 변별하는 학습과 함께 '위', '아래', '왼쪽', '오른쪽' 그리고 '크다'와 '작다' 등의 여러 가지 기초개념을 변별하는 것이고, 제3권은 선 따라가기, 제4권은 한글, 숫자, 점자 익히기로 구성되어 있다. 시각장애 유아용 촉지각 프로그램 외에 촉각변별기, 점자 학습보드, 그리고 점자 리벳보드를 개발하여 함께 제공함으로써 시각장애 유아가 작은 운동 기술과 촉지각을 발달시키면서 점자를 익힐 수 있도록 했다.

(2) 약자지도

Lowenfeld(1969)는 미국 맹학교에서 점자를 가르치는 방법과 내용에 관해 연구한 결과 64%의 맹학생들이 단어나 문장으로 읽기 학습을 시작했고, 그중 94%의 학생이 처음부터 약자 점자를 배운 것으로 나타났다. 맹학생이 처음부터 약자와 약어를 배워 두면 후일 다시 배워야 하는 번거로움이 없다. 현재에도 미국에서는 대부분의 맹아동이 처음부터 알파벳은 물론 약자를 배우고 있다. 이를 지지하는 많은 교사는 약자 조기 학습의 장점에 대하여, 읽고 쓰는 문장 속에 약자가 포함되면 대부분의 맹학생은 약자를 쉽게 익힐 수 있고, 또 맹아동이 약자를 이해한 다음에는 새로운 단어가 약자로 쓰여 있어도 그 약자를 이해할 수 있다는 점을 내세운다. 그러나 정자 점자를 배운 맹아동은 약자를 배우는 데 상당한 수준에서 점자를 다시 배워야 한다(Swenson, 1999). 더욱이 모든 점자 출판물을 약자 점자로 출판하기 때문에 약자 점자를 처음부터 배우는 학생은 1년 이상 일찍 점자책을 읽을 수 있으나 처음에 정자 점자로 배운 학생은 다시 약자 점자를 배울 때까지 점자도서를 읽을 수 없다(Rex, Koenig, & Wormsely, 1994).

우리나라에서는 초등학교 1학년 때 정자 점자를 가르치고, 초등학교 2학년 때 약자 점자를 가르친다. 그러나 약자와 약어가 표준 한글 점자이기 때문에 초등학교 1학년 교과서를 제외한 모든 점자책이나 점자 간행물이 약자와 약어로 출판되고 있어 초등학교 1학년 학생은 다른 점자책을 읽을 수 없다. 특히 한글 점자의 약자와 약어의 수는 영어 점자의 약자나 약어의 수에 비하여 1/6밖에 되지 않아 배우기가 쉽다(임안수, 1999). 또한 한글 점자에는 약 40%가 약자이고, 발생 빈도가 높은 글자가 많으며, 배우기 쉽기 때문에 2학년까지 미루었다가 가르칠 필요가 없다. 약자 '다'와 '는'은 한글 발생 빈도에서 각각 2, 3위를 차지한다(임안수, 2000). 그런데 '다'는 초등학교 1학년 동안 거의 1만 번 이상 되풀이되는 데도 약자를 가르치지 않고 2학년이 되어서야 가르치는 것은 바람직하지 않다. 따라서 처음 한두 번은 정자로 가르치고, 그다음부터는 약자로 가르치는 것이 바람직하다.

김은희(1999)는 초등학교 1학년 시각장애 아동 6명에게 한글 점자의 약자와 약어를 가르친 결과, 대상 아동 모두 1학년에서 약자와 약어를 익혔으며, 약자를 암기하는 데 걸린 기간은 1~2주에 불과했다. 이것은 초등학교 1학년 맹아동에게 처음에 정자 점자를 가르치고 2학년이 될 때까지 기다린 후 약자로 다시 바꾸어 가르칠 필요가 없음을 의미하는 것이다.

(3) 초등학교 저학년 국어 점자교과서 개발의 필요성

초등학교 1, 2학년 국어 점자교과서(말하기 · 듣기, 읽기, 쓰기)는 정안 아동용 교과서를 그대로 점역한 것이다. 그러나 정안 아동용 교과서로 점자를 가르칠 경우, 점자의 특성을 고려하여 지도하기 어렵고, 일부 점자 약자나 약어의 발생 빈도가 낮아서 충분히 배울 기회가 없다. 또한 정안 아동용 교과서를 그대로 점역하여 사용할 경우, 그림과 도형의 문제가 생긴다. 초등학교 1학년 일반 교과서는 그림, 도형, 지시선 등 시각 위주로 되어 있으므로 시각장애 아동에게는 부적합하다. 묵자에서 쉬운 글자가 점자에서는 어려운 글자일 수 있고, 묵자에서는 나오지 않는 글자를 연습하기 위하여 의도적으로 가르쳐야 하는 글자도 있다. 그 밖에도 시각장애 학생에게 부적합한 경험이 있을 수 있으므로 단어 선정에도 주의를 기울여야 한다.

(4) 점자 학습지도 프로그램의 개발

학생들은 초등학교에 입학 후 1개월 동안 『우리들은 1학년』(지역에 따라 교과목의 이름이 조금씩 차이가 있음)이란 교과서를 사용한다. 이 교과서는 학교에 입학한 학생들이 학교생활에 쉽게 적응하도록 할 목적으로 제작된 책으로, 글자는 거의 없고 대부분 그림 중심으로 구성되어 있다. 이 책은 시각장애 학생을 위하여 점역하기 어렵기 때문에 그 대용으로 점자를 가르치기 위한 '점자 익히기'를 개발해야 한다는 주장이 제기되었다. 그러나 이 목적에 적합한 점자 익힘 책이 개발되지 않아 한국시각장애연구회(2000)는 『점자 학습지도 프로그램』과 『중복 시각장애 학생의 점자 학습지도 프로그램』을 개발했다.

『점자 학습지도 프로그램』은 처음 점자를 배우는 시각장애 학생을 대상으로 개발한 것으로, 표준 한글 점자를 배울 수 있도록 구성되어 있다. 즉 처음부터 약자를 배울 수 있고, 불필요한 글자나 기호는 전혀 사용하지 않았다. 내용은 기본 모음 10자, 초성 자음 13자, 종성 자음 14자, 그 밖의 모음 11자, 'ㅏ'에 관한 약자 11자, 그 밖의 약자 16자, 초성 겹자음 5자, 이중 받침, 숫자, 문장부호 등으로 구성되어 있다. 또한 각 과마다 간단한 단어를 예로 들어 쉽게 배울 수 있도록 했다.

『점자 학습지도 프로그램』을 개선하여 『시각장애 아동용 점자학습 프로그램』도 개발되었다(임안수 외, 2003). 이 프로그램은 양각 도형 안에 익힐 점자기호를 써 넣어 초등학교 1학년 학생들이 재미있게 점자를 배울 수 있도록 했다.

중복 시각장애 학생의 점자 학습지도 프로그램 1권은 중복 시각장애 학생에게도 점자를 가르치기 위하여 개발된 것이다(임안수, 2000). 중복 시각장애 학생은 경도 정신지체 아동을 의미하며, 이들에게는 문법적인 구조를 피하고 빈도수가 높은 글자 1,000자를 중심으로 가르치되 1권에서는 처음 100자를 가르칠 수 있도록 단어를 제시했다. 이 책에는 촉각 도형 변별, 줄 따라가기와 함께 글자를 가르칠 수 있도록 했다.

그 밖에도 『시각장애 성인용 점자 학습 프로그램』 2권이 개발되었다(임안수 외, 2003). 이 책은 일반 중 · 고등학교를 다니다가 실명하거나 성인기에 실명하고 맹학교에 입학한 학생에게 점자를 가르치는 데 적합한 교재이다. 이 학생들은 이미 한글을 잘 알고 있기 때문에 1권은 점자를 익히는 교재로, 2권은 점자 읽기 연습용으로 사용된다. 이 책은 중도 실명자의 재활에 초점을 두고 명복 홍계관, 에베레스트 산을 등정한 시각장애인, 마라톤 선수로 국제대회에서 입상한 시각장애인 등 장애를 극복하고 성공적인 삶을 영위하는 시각장애인들의 이야기와 점자의 중요성, 점자를 발명한 루이 브라유, 한글 점자를 발명한 박두성의 이야기를 실었다. 또한 많은 시각장애인들이 종사하는 직업으로 점복업, 안마업, 침술업 등과 시각장애인이 재활하는 데 필요한 흰지팡이 사용, 일상생활 기술, 컴퓨터의 활용 및 시각장애인 명칭의 유래 등을 기록하여 점자 읽기 연습에 동기를 부여하였다.

3) 점자 읽기 속도 연구

점자 읽기 속도를 증가시키기 위한 노력은 오랫동안 계속되어 왔다. 그 연구들을 종합해 보면 세 가지 방향에서 이루어졌음을 알 수 있다. 즉 점자 읽기행동, 점자의 가독성, 노출 변인의 조작 등이다.

(1) 점자 읽기행동

Eatman(1942)은 투명한 플라스틱 종이에 점자를 찍고 유리 위에 그 점자를 올려놓은 후, 아래에서 읽고 있는 손가락을 카메라로 찍었다. 그 범위 안에 시계를 놓아서 시간도 알 수 있고, 느린 동작으로 보면 각 글자와 단어를 읽는 데 걸리는 시간, 읽는 손가락의 순간적인 움직임의 변화를 관찰할 수 있다. 이 사진을 분석한 결과는 다음과 같다.

① 점자를 읽는 학생은 촉지로 읽는다.
② 양손의 촉지를 모두 사용하여 읽는 학생이 한 손의 촉지만으로 읽는 학생보다 빨리 읽는다. 양손의 촉지를 모두 사용할 경우 왼손이 그 행의 처음 반을 읽고, 오른손이 나머지를 읽는다. 왼손으로 글자를 읽는 동안 오른손은 다음에 읽을 단어를 어느 정도 지각하고 있고, 오른손이 읽는 동안 왼손은 다음 줄의 처음으로 가서 읽을 준비를 하기 때문에 그 단어에 익숙할 뿐만 아니라 한 손으로 읽을 때보다 점행의 끝까지 갔다가 되돌아오는 데 걸리는 시간이 절약된다.

느린 점독자의 점자 읽기행동 특성은 다음과 같다.

① 느린 점독자는 읽던 행을 자주 문지른다.
② 읽은 부분을 다시 읽고, 읽고 있던 행을 자주 잃어버린다.

(2) 점자의 가독성

점자의 가독성에는 점형의 절대식별, 점형의 변별, 재생실험의 세 가지 연구가 주를 이루고 있다.

점형의 절대식별에 대한 연구는 1913년에 미국의 통일점자위원회(uniform type committee)에서 시작하였다. 이 연구는 160개의 점자를 가능한 한 빨리 큰 소리로 읽게 하는 것이다. 이때 절대식별은 글자들을 정확하게 읽는 시간을 말한다. Nolan과 Kederis(1969)는 점자 부호 63개 중 55개 점형의 절대식별 시간을 조사했는데, 그 결과는 〈표 13-8〉과 같다.

점형의 변별에 대한 연구에서 피검자들은 점형과 관계되는 의미를 배우기 위하여 글자에 대한 충분한 사전 경험을 가져야 한다. 점형의 변별은 알파벳을 배우지 않고도 동시에 두 가지 점형이 같은 것인지 다른 것인지를 변별하는 것이다. 여러 가지 형태로 연구가 진행되었는데, 6점 점자, 7점 점자, 8점 점자 등의 형태로 점형의 수를 증가시켜 어떤 점자를 가장 잘 읽는지 알아보았다. 점형의 수를 증가시킬 경우 6점 점자 이상의 형태를 읽는 시간이 6점 점자를 읽는 시간보다 느리지는 않았으나 많은 맹인들이 이미 6점 점자를 배워 사용하고 있고, 많은 양의 점자도서가 6점

〈표 13-8〉 점형의 평균 절대식별 시간

점형	시간	점형	시간	점형	시간	점형	시간
⠑	.02	⠥	.04	⠇	.06	⠲	.09
⠁	.02	⠕	.04	⠎	.06	⠽	.09
⠊	.02	⠒	.04	⠝	.06	⠏	.10
⠉	.02	⠆	.05	⠧	.06	⠾	.10
⠅	.02	⠬	.05	⠪	.07	⠺	.11
⠌	.03	⠱	.05	⠹	.07	⠫	.12
⠃	.03	⠢	.05	⠋	.07	⠞	.12
⠤	.04	⠚	.05	⠮	.08	⠳	.14
⠡	.04	⠛	.05	⠖	.08	⠗	.14
⠔	.04	⠓	.06	⠼	.08	⠻	.15
⠩	.04	⠦	.06	⠶	.08	⠷	.16
⠂	.04	⠜	.06	⠴	.08	⠟	.18
⠙	.04	⠣	.06	⠯	.09	⠿	.19
⠍	.04	⠭	.06	⠵	.09		

출처: Nolan, C. Y., & Kederis, C. J. (1969). *Perceptual factors in braille word recognition.* New York, NY: American Foundation for the Blind.

점자로 개발되어 있으므로 이 연구는 연구로만 끝날 수밖에 없었다(Warm, Clark, & Foulke, 1970).

재생실험에 관한 연구는 아직 배우지 않은 글자의 가독성을 예상하기 위하여 사용하는 실험이다. 검사자는 피검자에게 점형을 제시한 후 그 점형을 재생하도록 하는데 이러한 실험은 새로운 점형을 평가하는 데 유용하다.

(3) 노출 변인의 조작

Warm과 Foulke(1968)는 순간 노출기를 사용한 연구에서 글자 수에 따라 약 1msec 단위로 노출 시간에 변화를 주었다. 한 글자로 된 단어는 34msec, 두 글자로 된 단어는 35msec, 세 글자로 된 단어는 36msec, 네 글자로 된 단어는 37msec, 다섯 글자로 된 단어는 39msec였다. 이 실험에 의하면 묵독 속도는 단어의 글자의 수와 관계가 없다는 사실이 밝혀졌다. 이들은 점자를 식별하는 데 필요한 시간은 단어의 길이라고 주장했다. 그러나 많은 예에서 점독자가 한 단어를 식별하는 데 소요되는 시간은 그 단어를 구성하고 있는 글자를 식별하는 시간의 합보다 많았다.

Nolan과 Kederis(1969)는 묵독과 점독의 차이는 지각 범위에 기인한다고 보았다. 긴 대롱을 사용한 실험에서 정안인 대학생에게 한 번에 한 글자씩 보여 주었을 때 독서 속도가 108wpm이었다(Troxell, 1967). 이것은 맹학생의 평균 점독 속도 100wpm과 비슷하다고 볼 수 있다. 이 연구로 점독 속도가 묵독 속도에 비하여 느린 것은 지각 범위가 좁기 때문이라는 사실이 밝혀졌다.

4) 점자 쓰기지도

점자 쓰기교육은 대체로 점자 읽기교육과 거의 같은 시기, 즉 초등학교 1학년 또는 그 이전에 이루어진다(Harley, Henderson, & Truan, 1979). 시각장애 학생이 점자를 쓸 때는 점자판이나 점자 타자기를 사용하는데, 미국을 비롯한 서구에서는 점자 타자기를 주로 사용하고, 일본과 우리나라에서는 점자판을 주로 사용한다. 점자타자기는 점자판에 비하여 몇 가지 장점을 갖고 있다.

첫째, 점자 타자기는 점자판보다 속도가 2배 빠르다.

둘째, 점자 타자기는 점자판보다 작은 근육운동을 덜 필요로 한다.

셋째, 점자 타자기는 점자를 쓰면서 읽을 수 있다. 이것은 처음 점자 읽기 학습에 매우 중요하며, 쓰기 학습과 읽기 학습이 동시에 이루어지기 때문에 점자 학습이 보다 효과적이다.

점자판으로 쓰기지도를 할 때는 먼저 점자판을 충분히 손으로 만져 보게 하고, 점자판에 종이를 끼우고, 종이를 점간 사이에 끼워 고정시키며, 점필 잡는 법을 가르친다. 점자판을 사용할 경우, 쓸 때와 읽을 때 점자의 모양이 좌우로 반전되기 때문에 오른쪽에서 왼쪽으로 써 나가고, 읽을 때는 종이를 뒤집어 놓고 왼쪽에서 오른쪽으로 읽는다.

점자판은 작고 가벼워서 휴대하기 편리하고, 쓸 때 점자 타자기와 같이 시끄럽지 않다. 점자 타자기나 점자판을 사용하여 점자를 가르칠 때는 충분한 연습 기회를 주어 빠르고 정확하게 쓸 수 있도록 지도하고, 건전한 습관과 운동 및 개념적 준비가 이루어지도록 한다. 한편 우리나라에서도 점자 타자기를 중심으로 점자 쓰기교육을 실시해야 할 것이다.

2 듣기지도

1) 듣기의 중요성

역사적으로 듣기에 관한 최초의 연구는 학교 안팎에서 듣기의 중요성을 지적한 것이었다. Rankin(1928)의 연구에 따르면 근로자들은 하루 중 42%는 듣기에, 32%는 말하기에, 15%는 읽기에, 11%는 쓰기에 시간을 보낸다. 또한 1930년의 연구에서는 듣기 47%, 말하기 28%, 읽기 17%, 쓰기 8%로 나타났다. 이러한 두 차례의 연구 결과 말하기는 쓰기의 약 3배, 듣기는 읽기의 약 3배가 더 많이 사용되지만 학교에서의 듣기교육은 읽기교육에 비해 1/6로 경시된다고 주장했다. Rankin(1930)은 자신이 제작한 듣기측정 검사와 디트로이트 알파 지능검사(detroit alpha intelligence test)를 초등학교 아동에게 실시한 결과 0.67의 상관관계가 있음을 발견했다.

레코드의 여러 가지 속도를 연구한 Goldstein(1940)은 오리스 일반능력 검사(the oris general abilities test)와 듣기측정 검사 사이에 0.72의 상관관계가 있음을 보고했는데, 이 연구에서 일반적으로 듣기 이해도는 읽기 이해도보다 우월하고, 읽기 이해도는 듣기 이해도보다 더 유동적이며, 읽기 이해도와 듣기 이해도는 높은 상관관계가 있다는 세 가지 결론을 얻었다.

Wilt(1949)는 구어를 듣고 해석하는 중요성에 관한 실험을 위하여 47개 주의 2,161명의 교사에게 질문지를 보내어 조사한 결과, 아동들이 학교에서 매일 읽기에 110.4분, 듣기에 77.8분, 말하기에 69.2분, 쓰기에 52.0분의 순으로 학습한다고 보고했다. 또한 교사의 29.5%는 학습 활동 중 듣기가 가장 중요한 기능이고 읽기가 그 다음으로 중요하다고 응답했다. 그는 19개 초등학교 중 매일 한 학급씩을 방문하여 아동 530명을 관찰했는데, 관찰 결과는 교사의 평가와는 달랐다. 관찰 결과 그는 학교에서 아동은 듣기에 57.5%를, 다른 세 가지 기능에 42.5%의 시간을 보낸다는 것을 발견했다. 또한 듣는 시간 중 54%는 교사의 설명을, 31%는 다른 아동의 말을, 그리고 15%는 다른 형태(라디오, 필름 등)로 들었다.

Cartier(1952)는 수업시간 중 60~70%가 듣기에 소요되고, 듣기 시간 중 반은 교사의 설명을 들으며, 고등학교 1학년 학생의 50%가 들은 것 중의 약 25%만을 이해한다고 했다. 이와 같이 학생은 듣기에 많은 시간을 보내고 있으므로 교사는 듣기의 중요성을 인식하고, 학생이 효과적으로 들을 수 있도록 듣기를 교육과정에 포함시켜야 한다.

Nichols(1949)는 미네소타 대학교 1학년 학생의 듣기 능력에 관한 연구에서 듣기의 경험에 영향을 주는 요인에는 전반적인 듣기 이해도, 지능, 읽기 이해도, 듣기 어휘의 양, 화자에 대한 정서적 적응, 말하기의 효과, 화자에 대한 존경심 등 많은 요인이 있다고 보고했다.

2) 시각장애 학생의 듣기에 관한 연구

시각장애 학생의 듣기에 관한 연구는 과거 여러 해 동안 이루어졌다. 이 연구는 주로 상황을 검사하는 데 관심을 두었다. 시각장애 학생은 시각적 언어 자극으로부터 의미를 얻는 데 어려움을 겪게 된다(Karnes & Wolersheim, 1963). Meyers와 Ethington(1966)은 시각장애 학생의 점자 및 큰문자 독서 속도가 매분 90단어이고, 초등학교 5~6학년의 경우 매분 50단어라고 밝혔다. 이는 시각장애 학생이 같은 양의 독서물을 읽는 데 정안 학생에 비하여 3배의 시간이 걸린다는 것을 의미한다. 이러한 독서 속도의 차이는 학년이 높아지면서 독서량이 증가함에 따라 문제가 된다(Nolan, Brothers, & Morris, 1973). 이 같은 이유로 맹학생은 일반학교에서 녹음 교재를 사용하여 학습한다.

미국맹인인쇄소는 4~6학년, 9~12학년의 시각장애 학생을 대상으로 문학 및 과학 서적의 학습에 관한 반복적이고 계속적인 청독 학습의 결과를 조사했다. 그 결과 고등학교 학생의 계속적이고 반복적인 듣기는 과학보다 문학에서 학습 효과가 높았고, 초등학교 학생에게는 별 효과가 없었다.

Bischoff(1967)는 저시력 학생의 청독 훈련의 발달에 관한 연구에서 훈련받은 저시력 학생과 훈련받지 않은 저시력 학생의 듣기 이해도를 비교한 결과, 두 집단 사이에 의미 있는 차이를 발견했다. Foulke(1968)의 듣기 이해도와 속독 사이의 관계 연구에서 제시한 일정 속도를 초과하였을 때 이해도는 급격히 감소하는 것으로 나타났다. 그리고 시독(視讀)과 비교하여 청독의 기본적인 문제점에 관하여 연구한 결과, 독자 통제력의 결여, 독서의 소극성, 조사, 색인과 분류의 어려움, 순서 교체의 어려움, 청독자의 듣기 능력 등이 있다고 보고되었다.

주어진 시간에서 청독이 점독보다 훨씬 더 효과적이고(Foulke, Amster, Nolan, & Bixler, 1962), 시각장애 학생은 점독보다 청독, 그중에서도 압축된 녹음자료(compressed speech)를 더 선호했다(Foulke & Robinson, 1970).

Gore(1969)는 두 가지 방법의 빠른 녹음도서를 비교하고 재생에는 압축된 녹음자료가 우월하다는 것을 발견했다. Hare, Hammill 및 Crandell(1970)은 청각 식별에서 맹아동과 정안 아동 사이에 아무런 차이도 발견하지 못했고, Hartlage(1963) 역시 듣기 이해도에서 맹아동과 정안 아동 사이에 의미 있는 차이를 발견하지 못했다.

Nolan과 Morris(1969)는 청독 학습의 능동적인 참가에 관한 효과를 연구한 결과 다음과 같은 결론을 얻었다.

① 분당 225단어보다 분당 175단어로 들려줄 때 이해도가 더 높았다.
② 이해도에 영향을 주는 것으로 들으면서 필기할 때 가장 효과적이었고, 계속 듣기만 할 때 가장 효과가 적었다.
③ 초등학교 학생은 일반자료보다 압축된 녹음자료에 더 잘 적응했다.

Steele(1969)은 지능이 낮은 맹아동의 학습에서 읽기와 듣기의 효과를 조사한 결과 지능이 낮고 점독의 이해도가 낮은 집단이 청독 학습에 더 효과적임을 발견했다.

3) 듣기교육

청독을 할 때는 학습과제에 대한 집중력이 중요하므로 외부의 산만함을 제거하고, 유연한 자세를 취하며, 정신적으로 맑은 상태에 있어야 한다(Nolan, Morris, & Brothers, 1973). 듣기 이해도 학습자료에는 지식을 제공하는 자료, 사실적 자료 또는 즐거움을 주는 자료 등이 있고, 자료의 가장 적합한 길이는 한 문단 또는 두세 문단이 좋다. 연속적인 이해도 듣기 학습은 약 15분 동안 하고, 듣기자료는 이해도(문맥 속에서 사실의 이해), 어휘(문맥 속에서 올바른 의미의 단어 선택), 해석(주어진 사실을 해석하고 추리하기), 일반화(제목을 선택함으로써 주제 결정하기)가 강조되어야 하며, 학습은 최소한 1주에 2회가 좋다.

Johnson(1957)은 듣기 학습에 대하여 다음과 같이 설명했다.

① 듣기에서 개선할 점을 매일매일의 듣기에서 고쳐 나간다.
② 학생에게 소리를 인식하게 한다.

③ 듣기검사를 실시한다.
④ 학생의 듣기 습관을 분석한다.
⑤ 단계적으로 듣기 연습을 실시한다.
⑥ 학생이 왜, 무엇을, 어떻게 듣는가를 확실히 알게 한다.
⑦ 직접적 · 간접적으로 듣기를 가르친다.
⑧ 단 한번에 완전한 학습을 기대하지 않아야 한다.
⑨ 듣기 시간에는 주위를 조용하게 한다.
⑩ 좋은 듣기 습관의 기준을 개발한다.

듣기에는 몇 가지 단계(관련된 구어와 문어의 차이에 대한 인식과 주의, 소리의 식별, 소리에 의미 부여)가 있기 때문에 시각장애 학생은 이 과정을 거쳐야 듣기에 의한 의사소통을 할 수 있다. 인간은 듣기를 통하여 환경적 개념, 공간 관계, 수용적 언어(표현적 언어 포함)와 화용론적 의미를 이해하게 된다. 또한 억양과 어투를 통해 사회적 · 정서적 정보를 얻고, 친숙한 말씨에서는 안정감과 즐거움을 얻게 된다.

학교에서 역시 많은 양의 정보가 듣기를 통하여 교사로부터 학생에게, 학생으로부터 학생에게 전달된다. 라디오, 텔레비전, 녹음도서, 디지털도서 등도 귀중한 정보를 제공한다. 더욱이 듣기는 읽기보다 자연스러운 과정이기 때문에 이해와 기억이 용이하다(Taloy, 1973). 또한 듣기 이해도가 읽기 이해도보다 우월하기 때문에 저학년 학생에게 많은 내용을 들을 수 있도록 한다. 이러한 듣기 선호도 경향은 중학교 1학년까지 계속되기도 하는데, 특히 학생의 읽기발달이 늦을 경우 듣기 선호도는 장기간 계속될 수도 있다.

듣기는 시각장애 학생에게 매우 중요할 뿐만 아니라 정안 학생에게도 듣기와 청독은 중요한 학습 수단이 된다. Henderson(1973)은 일부 시각장애 학생이 시각적 자료를 읽을 수 없고 점독이 느리기 때문에 듣기에 의존한다고 보았다.

Willis(1979)는 시각장애 학생의 읽기 조사에서 듣기를 일차적인 읽기 수단으로 사용하는 시각장애 학생이 1972년 이후 2배 증가했다고 밝혔다.

듣기는 다음과 같은 장점을 갖고 있다.

① 듣기는 말하기, 읽기, 쓰기보다 더 많은 양을 차지한다(Henderson, 1973). 듣기는 말하기, 읽기, 쓰기의 발달에 도움을 준다.

② 중복장애 학생과 묵독이나 점독에 어려움이 있는 학생에게 듣기는 중요한 학습 수단이다.
③ 속도가 빠르다. 예를 들면, 고등학생은 점독을 할 때 충분히 이해하면서 분당 90단어 이상을 읽을 수 있고, 녹음도서는 분당 150~170단어, 경우에 따라서는 이해력을 저해하지 않으면서 분당 275단어의 압축 속도로 읽을 수 있다(Nolan, 1966).
④ 듣기는 자료를 구하고 처리하는 데 효과적인 수단이다. 경우에 따라 듣기가 점자보다 학습에서 더 효과적인 수단은 아니지만 점자도서를 보급 · 제작하는 것보다 녹음도서를 제작하는 것이 더 쉽고 빠르다.

그러나 듣기는 몇 가지 단점도 있다.

① 듣기(청독)는 일부 내용을 전달하기 어렵다. 특히 그림, 차트, 그래프, 도형 등은 듣기에 의하여 정확하게 전달될 수 없다.
② 듣기는 참조하는 데 어려움을 준다. 학생은 듣기를 통해 앞의 내용을 다시 듣거나, 건너뛰거나, 자세히 분석하거나, 원하는 장이나 페이지를 찾기 어렵다. 녹음도서의 인덱싱 방법도 정독, 표제어, 문단, 특수한 체재를 통하여 다시 읽거나 전체를 훑어 읽는 데 시간이 많이 걸린다.
③ 자료를 통제하기 어렵다. 속도, 억양, 고저, 간격 등은 낭독자가 결정한다. 전자공학의 발달로 압축어, 속도와 음색의 다양한 조절, 그 밖의 기기를 통하여 다양한 변화와 발전이 이루어지고 있으나 아직도 자료를 통제하는 데 어려움이 있다.
④ 듣기는 수동적이다. 녹음도서는 가만히 앉아서 듣기 때문에 수동적이 되기 쉽다. 따라서 집중력을 높이기 위해서는 능동적인 듣기를 해야 한다.
⑤ 자료를 구하기 어렵다. 정안 학생이 사용하는 청각자료는 시각장애 학생도 사용할 수 있으나 이러한 자료는 시각적 자료와 함께 사용하는 경우가 많아 시각장애 학생이 사용하기 어렵다. 시각장애 학생이 교과서와 참고서의 대체자료로 녹음도서를 구하기 어렵다는 점이 듣기 학습을 제한한다.

4) 녹음도서

(1) 녹음도서 제작의 실제

시각장애 학생은 녹음도서를 사용하는 경우가 많다. 이 녹음도서는 묵자도서나 점자도서와는 여러 측면에서 다르다. 녹음도서는 음절 단위로 제시되며, 내용에 따라서는 책의 내용과 직접적인 관계가 없어도 필요한 부분에 대한 설명도 함께 녹음한다. 외국어로 된 용어나 이름은 정확한 발음과 함께 철자도 읽어 주고 한문으로 표기된 단어는 글자의 토나 읽어 주거나 낱말의 뜻을 녹음해 준다. 예를 들면, 사상(事像)을 녹음할 때 사상이라고 읽은 뒤에 '일 사', '형상 상'이라고 녹음한다. 희귀한 낱말, 어려운 낱말, 문맥 속에서 혼동을 줄 수 있는 낱말 등은 반드시 뜻도 함께 읽어 주어야 한다.

도표, 차트, 그래프, 그림 등은 낭독자가 완전히 이해한 뒤 그 뜻을 풀어서 간결하게 설명을 해 준다. 책 전체의 위계를 알 수 있도록 책의 부, 장, 절 그리고 순서를 나타내는 숫자는 물론 책의 제목, 출판사, 출판 연월일, 트랙의 수를 녹음한다. 괄호, 따옴표 등 중요한 부호 역시 녹음하고, 페이지를 바꿀 때는 읽던 문장을 완전히 다 읽은 후 그다음 페이지를 읽는다.

녹음도서를 제작할 경우에 한 명은 녹음실에서 책을 읽고, 모니터는 밖에서 그 책을 정확하게 읽는지 조사한다. 따라서 책을 녹음할 경우에는 두 명이 한 조가 되어 낭독하는 것이 원칙이다. 물론 이 경우는 공용으로 사용되는 녹음도서를 말한다.

(2) 카세트테이프

우리나라에서는 약 20년 동안 카세트테이프로 녹음도서를 제작하여 사용해 왔다. 대부분의 카세트 녹음기는 속도가 $1\frac{7}{8}$ ips(inch per second)인데 이 ips는 초당 테이프가 돌아가는 길이를 말한다. 보통의 카세트테이프는 2트랙으로 되어 있다. 그러나 시각장애인용으로 개작된 녹음기는 4트랙이고, 속도는 15/16ips이다. 이러한 녹음기의 사용으로 녹음도서의 제작 비용을 약 75%까지 낮출 수 있게 되었다.

세계의 여러 나라는 맹인용 녹음기를 개발하여 공급하고 있다. 이 녹음기에는 속도 조절 장치가 부착되어 있어 테이프를 빠르게 회전시키면 독서 시간을 줄일 수 있다. 미국맹인인쇄소에서 제작한 녹음기는 톤 인덱싱(tone indexing)과 보이스 인덱싱(voice indexing) 방식을 사용하여 녹음도서의 장이나 단락 등을 쉽게 찾을 수 있고, 사용자가 필요한 부분을 표시할 수 있도록 했다.

그러나 소리를 저장하는 아날로그 기구인 카세트테이프의 사용은 급격히 떨어지고 있다. 영국의 최대 전자 소매상인 '커리스'는 2007년 5월에 카세트테이프 판매를 중지했다. 그 이유는 1989년에 8,900만 개를 판매했던 것이 2005년에는 50만 개로 급격히 감소되었기 때문이다.

우리나라의 LG전자는 2003년에 그리고 삼성전자는 2004년에 카세트테이프 플레이어인 아하프리와 마이마이의 생산을 중단했다. 그러나 카세트테이프 녹음도서는 디지털 녹음도서인 CD 녹음도서와 함께 당분간 사용될 것으로 전망된다.

(3) CD 녹음도서와 전자도서

CD 녹음도서는 CD 디스크에 음성으로 녹음하여 사용하는 도서를 말한다. CD 녹음도서는 카세트테이프보다 녹음 용량이 많고, 원하는 페이지나 제목을 쉽게 찾을 수 있으며, 값이 저렴하고 편리하다. 한국시각장애인복지재단 음성도서관에서는 2004년부터 CD 녹음도서를 개발하기 시작하여 2007년 12월 현재 약 2,500권의 CD 녹음도서를 시각장애인에게 대출하고 있다. 앞으로는 아날로그 녹음도서에서 디지털 녹음도서로 점차 바뀌게 될 것이며, 다른 시각장애인 복지관들도 CD 녹음도서를 개발하여 사용하고 있다.

시각장애인 도서관들은 많은 전자도서를 소장하고 있는데, 이는 화면읽기 프로그램으로 읽을 수 있고, 점자도서에 비하여 쉽게 개발할 수 있으며, 모든 도서는 출판하기 전에 따로 파일을 만들기 때문에 구하기도 쉽다. 또한 한국교육방송국은 2004년부터 대구대 점자도서관에 의뢰하여 전자파일로 수능 방송교재를 개발하여 공급하고 있고, 한국시각장애인연합회에 의뢰하여 수능특강 방송교재에 화면해설을 넣어 제작한 후 공급하고 있다. 이러한 점들은 과거에 비하여 시각장애인들의 학습과 의사소통 기술을 원활하게 하는 데 큰 도움을 주고 있다.

학·습·문·제

1. 미국의 각 주 정부는 「점자법」을 제정하여 실시하고 있다. 점자교육에 관한 내용을 설명하시오.

2. 한글 점자의 특징을 열거하고, 유치원과 초등학교 1학년 학생에게 점자를 가르칠 때 유의할 점에 관하여 설명하시오.

3. 처음 점자를 배우는 아동에게 정자 점자만을 가르치는 것과 약자를 병행하여 가르치는 것을 비교하여 설명하시오.

4. 처음 점자를 가르칠 때 초등학교 1학년 국어 교과서가 부적합한 이유를 설명하고, 유아용 · 초등학교용 · 시각장애 성인용 점자학습 프로그램을 비교하시오.

5. 처음 점자를 가르칠 때, 촉각 변별기, 점자 학습보드, 점자 리벳보드, 점자놀이 학습자료를 사용해 보고 그 장단점을 적으시오.

6. 점자 읽기 속도에 관한 연구 세 가지를 구체적으로 설명하시오.

7. 시각장애 교육에서 듣기의 중요성에 관하여 설명하시오.

제 14 장

보행 기술

1 보행의 개념

1) 보행의 정의

최초로 대학원 과정에서 보행교육을 시작한 보스턴 대학교의 보행학과에서는 보행학을 'peripatology'라고 정의했다. 이 용어는 그리스어의 'peri(주변)', 'patein(걷는다)' 그리고 'ology(학)'가 합성된 것으로 'peripatology'는 주변을 걸어 다니는 것에 관한 학문이란 의미에서 비롯되었다.

1961년에 웨스턴미시간 대학교 보행학과에서는 보행을 방향정위(orientation)와 이동(mobility)이라고 정의했다. 그 의미를 살펴보면, 보행에는 두 가지 요인이 있는데, 하나는 정신적 방향정위(mental orientation)이고, 다른 하나는 신체적 이동(physical mobility)이다. 정신적 방향정위는 개인이 자신에 대한 순간적 공간 관계를 인식하는 능력이고, 신체적 이동은 개체가 한 장소에서 다른 장소로 옮겨 가는 능력이다. 정신적 방향정위와 이동은 보행에 있어서 중요한 요인일 뿐만 아니라 서로 분리될 수 없는 기능으로(임안수 외, 1999). 상호 보완적인 관계이지 결코 배타적인 관계가 아니다. 예컨대, 맹아동이 이동할 수 있으나 방향정위를 하지 못하면 이동의 목적이나 수단이 없기 때문에 보행하지 못하고 방황하게 된다. 반대로 맹아동이 방향정위는 하고 있으나 이동할 수 없을 때는 원하는 목적지에 보행하여 갈 수 없다.

Kappan(1971)은 방향정위와 이동의 정의를 확대시켰고, 오늘날 그의 정의가 널리 쓰이고 있다. 그는 '방향정위는 환경 속에서 자신의 위치를 알고 그 관계를 유지하기 위하여 감각적 정보를 활용하는 과정'이라고 정의했다. 시각장애 학생이 보행할 때 방향정위를 하려면 계속적으로 입력되는 감각적 사료를 보행 목적에 맞게 활용하지 않으면 안 된다. 또한 이동은 환경 속에서 안전하고, 효율적이며, 우아하고, 독립적으로 한 장소에서 다음 장소로 옮겨 가는 것을 말한다. 즉, 방향정위와 이동은 시각장애인이 환경 속에서 자신의 위치와 의미 있는 다른 물체와의 관계를 형성하기 위하여 계속적으로 감각적 정보를 사용하면서 안전하고, 효율적이며, 우아하고, 독립적으로 원하는 장소로 옮겨 가는 것을 말한다.

보행이란 단어에는 방향정위와 이동의 의미가 포함되어 있기 때문에 우리나라에서는 방향정위와 이동을 보행이란 용어로 사용한다.

2) 보행교육의 가치

산업사회 이전에 사람들은 먼 거리를 여행하지 않았고, 오늘날과 같이 많은 사람들이 무리 지어 다니는 일도 드물었다. 그러나 도시는 산업화 또는 공업화로 규모가 커지고, 지형도 변화하고, 교통량도 증가했으며, 사람의 왕래가 많아졌고, 각종 공사로 위험요소가 증가되었다. 시각장애인들은 이러한 급격한 환경의 변화에 대처하기 위하여 체계적인 보행 훈련이 필요하게 되었다. 교통수단이 발달하여 속도가 빨라졌고, 교통사고도 크게 증가되었기 때문이다(Scot, 1969).

그 밖에도 보행교육의 중요성이 강조되고 있는 것은 생활의 여러 측면에서 큰 가치가 있기 때문이다. 환경 속에서 독립적이고 효율적으로 보행할 수 있는 능력은 개인의 자아개념에 긍정적인 영향을 주고, 자기존중감을 높여 준다. 보행은 공간 속에서 이동하는 기능이기 때문에 그 과정에서 신체적인 운동을 할 수 있다. 걷기와 같은 큰 근육운동과 지팡이 사용과 같은 작은 근육운동을 계속 교육할 수 있고, 방향정위와 이동의 과정을 통하여 강화된다. 훌륭한 보행 기술을 습득한 시각장애 아동은 보다 많은 사회적 기회가 부여되고, 고용 기회 역시 증대되지만, 그렇지 못한 시각장애 아동은 사회적 접촉의 양이나 정도 그리고 우발적인 측면에서 제약을 받는다. 많은 일상생활 활동은 보행교육에 의하여 향상되고 촉진된다. 예를 들면, 장보기는 가게를 찾아가는 것과 같은 보행 기술을 필요로 하고, 잃어버린 물건을 찾기 위하여 마루를 손으로 더듬는 것은 보행교육의 일부분인 동시에 일상생활 활동의 일부이기도 하다. 보행 능력을 습득하지 못한 시각장애 학생은 수동적인 생활을 하게 되지만, 보행 능력을 습득한 시각장애 학생은 자신의 계획을 직접 수행하는 능동적인 생활이 가능하다.

2 보행의 종류

보행의 종류는 일반적으로 안내법, 지팡이 보행, 안내견 보행, 전자 보행기구에 의한 보행 등으로 나눌 수 있다.

1) 안내법

안내법은 시각장애인이 안내자의 반 보 뒤에 서서 자신의 팔의 상박부와 전박부가 90도가 되게 하여 안내자의 팔꿈치 위를 잡고([그림 14-1] 참조), 안내자와 함께 보행하는 것을 말한다([그림 14-2] 참조).

안내법은 ① 보행이 안전하고 효율적이고, ② 안내자가 환경에 대한 정보를 대신 처리하며, ③ 운동 감각적 인식, 방향정위, 개념 등과 같은 기술을 발전시킬 수 있는 장점이 있다. 반면에 ① 안내자가 시각장애인을 안내하는 방법을 정확하게 모르면, 시각장애인이 불편할 수 있고, ② 의존성을 갖게 하며, ③ 시각장애인이 환경적 정보와 방향정위에 주목하지 않게 되는 단점이 있다.

2) 지팡이 보행

시각장애인은 아득한 옛날부터 지팡이를 사용해 왔다. 지팡이는 다른 사람에게 자신이 맹인이란 점을 알려 주고, 범퍼와 탐색의 역할을 했다.

1872년에 레비(William Hanks Levy)는 런던에서 『실명과 맹인(blindness and the blind)』이라는 책을 출판했는데, 그중 '맹인의 혼자 걷기와 안내자'라는 보행에 관한 내용이 있다. 제2차 세계대전 이전에는 영국과 미국에서 맹인인 가정방문 교사가

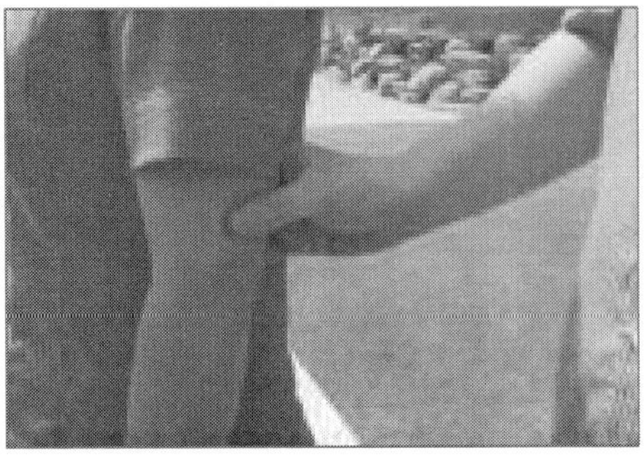

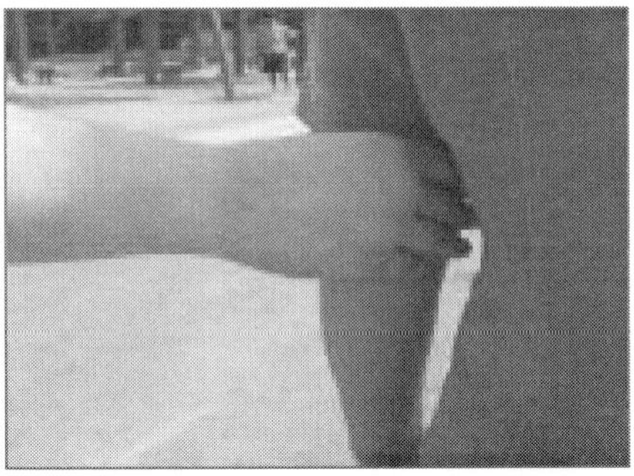

[그림 14-1] 안내자의 팔을 잡는 모습

[그림 14-2] 안내법

[그림 14-3] 지팡이 보행

시각장애인들에게 보행을 가르쳤다. 맹인 가정방문 교사는 자신이 즐겨 사용하는 방법을 사용했는데, 이 방법은 집안에서 보행하는 데는 문제가 없었으나 안내자 없이 복잡한 도시에서 보행할 때는 적당하지 않았다.

1943년 벨리 포지 군병원(valley forge general hospital)에서 리처드 후버(Richard Hoover)는 처음으로 흰지팡이 사용법을 고안하여 가르쳤다(Bledsoe, 1980). 그의 지팡이는 다른 지팡이보다 길고, 흰색이었는데, 이때부터 보행교육이 발전하기 시작했다. 1952년에는 영화 '긴 지팡이(long cane)'가 상영되어 일반 대중에게 큰 관심을 불러 일으켰고, 그 후 1964년에 미국 원호청은 지팡이의 표준을 정했다(Hill &

Ponder, 1976).

시각장애인이 사용하는 지팡이에는 정형(丁形) 지팡이, 접는 지팡이, 긴 지팡이 등이 있다. 지팡이의 재료로는 나무, 철, 파이버글라스, 알루미늄, 쥬라늄, 플라스틱 등 여러 가지가 있고, 지팡이의 길이는 보행자의 키, 보폭, 반응시간, 속도 등에 따라 다르다.

우리나라에서는 한국시각장애인복지재단에서 지팡이를 제작하고 있는데, 지팡이의 재료는 비행기의 재료인 두랄루민이며, 길이는 100 ~135cm 사이의 7종을 제작 · 보급하고 있다(한국시각장애인복지재단, 2003).

지팡이 보행([그림 14-3] 참조)의 장점은 지팡이가 물체와 보행 표면에 대한 정보를 제공하고, 기동성이 있으며, 가격이 싸고 관리하기 편리하다는 점이다. 지팡이 보행의 단점은 지팡이는 나뭇가지 등에 대하여 상체를 보호하지 못하고, 세찬 바람이 불 때 사용하기 어렵다는 점이다.

3) 안내견 보행

1819년 클라인(Klein)의 저서 『Textbook on the education of the blind』에는 오늘날 사용하는 것과 유사한 하니스(harness, [그림 14-4] 참조)와 개에 관한 설명이 있고, 안내견(dog guide)의 목적과 훈련 방법이 비교적 상세하게 설명되어 있다(Whitstock, 1980). 1916년에 독일의 스탈링(Gerhard Stalling) 박사는 제1차 세계대전 중에 실명 상이용사를 훈련시키기 위하여 최초의 안내견학교를 설립했다. 또한 1929년에 유스티스(Dorothy Harrison Eustis)는 미국 뉴저지 주 모리스 타운에 안내견학교(the Seeing Eyes)를 설립했다. 이 안내견학교는 처음에 독일 안내견학교의 훈련 방법을 따랐으나 체계적으로 안내견 보행 훈련 방법을 발전시켰다. 비록 시각장애 성인에게만 훈련을 실시했지만 시각장애인의 독립보행에 대한 생각을 바꾸는 데 크게 기여했다.

그 후 전 세계에는 많은 안내견학교가 설립되어 시각장애인에게 안내견 보행 기술을 훈련시키고 있다. 현재 전 세계에는 미국, 영국, 프랑스, 뉴질랜드, 일본 등의 선진국을 포함한 40여 개 나라에 약 100개의 안내견학교가 있으며, 약 2만 마리의 안내견이 활동하고 있다.

우리나라의 경우는 1993년 8월에 삼성화재 안내견학교에서 안내견([그림 14-5] 참조)을 훈련시키기 시작하여, 1994년에 최초로 한 마리를 분양했다. 2008년 7월에는

120마리를 분양했으며, 이 중 60마리가 활동 중이다(삼성화재 안내견학교, 2008).

또한 경북 경산시에 있는 대경대학은 2007년 9월 삼성에버랜드와 안내견학교 설립을 위한 협약을 체결하여 2009년 9월에 안내견학교를 정식 개교할 예정이다.

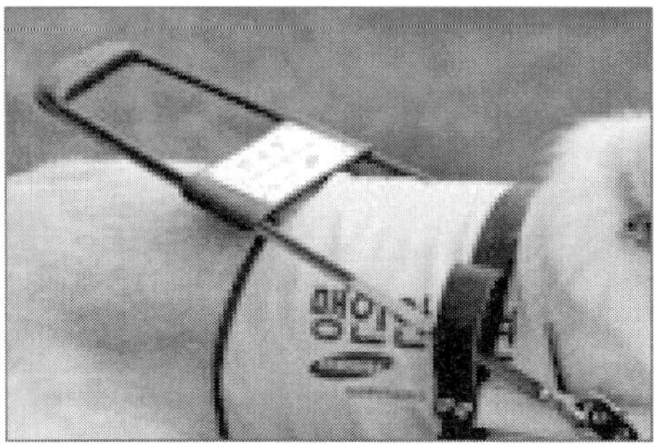

[그림 14-4] 하니스

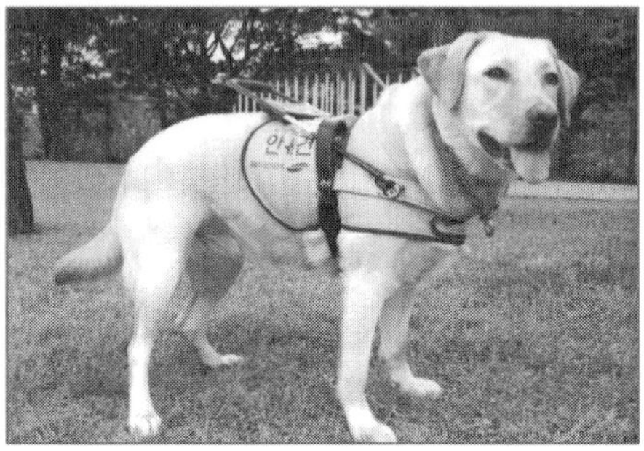

[그림 14-5] 안내견

그러나 안내견이 중요한 보행 수단으로 정착되었음에도 불구하고 미국의 경우 약 2%의 시각장애인만이 안내견을 사용하고 있다. 그 이유는 첫째, 많은 시각장애인이 보행시력을 갖고 있고, 둘째, 안내견은 시속 5~7km의 빠른 속도로 걷기 때문에 신체적으로 허약하거나 연로한 시각장애인은 안내견을 사용하기 어렵고, 셋째, 대부분의 안내견학교는 개를 보호할 책임감 때문에 적어도 16세 이상의 시각장애인에게만 훈련을 실시하며, 넷째, 일부 시각장애인은 개를 좋아하지 않거나 다른 보행 수단을 선호하기 때문이다.

안내견 보행의 장점은 다음과 같다.

① 머리 높이나 통로에 있는 장해물을 피할 수 있다.
② 안전하지 못한 상황에서 지적으로 불복종할 수 있다.
③ 빠른 속도로 자신감을 가지고 보행할 수 있다.
④ 시각장애인이 안전보다 방향정위에 집중할 수 있기 때문에 익숙하지 않은 지역에서 보행하는 데 편리하다.
⑤ 안내견을 사용함으로써 사회적 접촉과 상호작용이 촉진된다.

안내견 보행의 단점은 다음과 같다.

① 안내견을 빗질하고 먹이고 돌보는 데 시간이 많이 걸린다.

② 안내견을 사용하지 않을 때 기다리게 하기 어렵다.

③ 시각장애인보다 안내견이 주위 사람의 주목을 끈다.

4) 전자 보행기구에 의한 보행

전자 보행기구는 일정한 범위 또는 거리 내에서 환경을 지각하기 위하여 전파를 발사하고 그로부터 받은 정보를 처리하여 환경과 관계되는 정보를 사용자에게 알려 주는 기구이다(Farmer & Smith, 1980).

1970년대에 전자 보행기구는 시각장애인에게 보충적인 보행 수단으로 큰 관심의 대상이 되었다. 예를 들면, 지팡이 보행자는 장해물에 부딪히지 않고 피해 가기 위하여 전자 보행기구를 사용했다.

전자 보행기구에는 진로 음향기, 모와트 감각기, 소닉가이드, 레이저 지팡이 등 약 30여 개가 개발되었다. 1980년대부터 위성항법장치(Global Positioning System: GPS)를 이용한 전자 보행기기를 개발하고 있어 이 분야의 발전이 기대된다.

3 개념발달

1) 시각장애아의 개념발달

시력은 물건과 자신의 몸, 특히 신체의 부위, 관계, 동작 기능 등을 포함한 인지 능력을 발달시키는 데 중요한 지각 체계일 뿐만 아니라 개념발달을 위한 효율적인 감각기관이다. 시각장애 아동은 일차적으로 촉각을 통하여 개념을 발달시킨다. 그러나 촉각은 비교적 큰 물건의 여러 부분을 조사할 때 효율적이지 못하다.

정안 아동은 계속 변화하는 환경을 경험하고, 통제하며, 관찰하기 위하여 시력을 사용한다. 그러나 시각장애 아동은 잔존감각에 의존하기 때문에 공간개념을 발달시키고 평가하는 데 정안 아동보다 어렵고 시간이 오래 걸린다.

예를 들어, 원근과 같은 개념은 매우 간단하다. 그러나 이러한 용어의 공간적 의미를 분석하는 경우에는 이 용어를 정의하기 어렵다. 실제로 많은 시각장애 아동은 물체의 개념을 파악할 수 없기 때문에 원근개념을 발달시키는 데 어려움을 느낀다.

사람들은 먼저 신체를 공간 속의 하나의 물체로 인식하므로 이와 같은 인식은 주관적 공간보다 객관적 공간개념을 발달시키는 데 중요하다(Garry & Ascarelli, 1960).

선천성 맹아동은 특정 개념을 직접 경험하지 못하기 때문에 언어적 수준에서 개념을 발달시키며(Hill, 1970), 추상적인 검사에서 후천성 맹아동이나 정안 아동에 비하여 낮은 점수를 얻는다(Rubin, 1964). 따라서 선천성 맹아동의 언어발달은 특정 개념에 명칭을 부여하는 데 중요한 역할을 한다.

선천성 맹아동은 구체적 경험이 제한되어 기억 학습을 통하여 언어의 의미를 추출하고, 연합하는 준거가 제한된다. 즉 공간을 나타내는 단어는 시각적 공간으로부터 추출하고 연합시키기 때문에 언어 문제를 일으킨다(Cutsforth, 1951). 이들은 경험 속에서 준거의 틀을 갖지 못하므로 경험에 기초를 둔 언어를 발달시키는 데 정안 아동보다 오랜 시간이 걸린다. 그러나 이들은 시각적 경험의 결여에도 불구하고 시각적인 세계에 살고 있기 때문에 시각적 용어를 사용한다.

시각장애 아동은 보행과 관계되는 중요한 개념을 습득한다. Hill과 Blasch(1980)는 이러한 개념을 신체적 · 공간적 · 환경적 개념으로 분류했다.

아동이 신체적 개념을 발달시키는 데 습득해야 할 정보에는 신체 부위를 구별하는 능력, 신체 부위의 위치, 동작, 관계, 기능 등이 포함된다. 신체에 대한 인식, 지각적 신체도식 및 신체상은 의미상 신체개념과 유사한 용어들이다. 신체개념에 관한 적합한 지식은 공간개념의 발달과 자신을 환경에 순응시키고 보행하는 과정에 중요한 요인이 된다.

Hill과 Blasch(1980)는 공간개념을 위치 관계, 모양, 측정의 세 가지로 분류했다. 위치 관계의 공간개념에는 전후, 상하, 좌우, 수직선, 평행선 등이 포함되고, 모양의 공간개념에는 원, 직사각형, 정사각형 등과 같은 개념이 포함되며, 측정의 공간개념에는 거리, 양, 무게, 부피, 넓이, 길이, 크기 등과 cm, m, g 및 크다, 작다, 멀다, 가깝다 등이 포함된다.

환경적 개념은 감각을 통하여 지각하는 것으로, 지형과 관계되는 개념에는 구릉, 경사로, 경사면을 촉각과 관계되는 개념으로 시멘트, 돌, 매끄러운 것, 단단한 것을 온도와 관계되는 개념으로 뜨거운 것, 차가운 것, 습한 것, 건조한 것을 말한다. 이러한 환경적 개념에서 고정된 물건과 움직일 수 있는 물건의 특징과 차이를 이해하는 것은 선천성 맹아동에게 매우 중요하다.

2) 개념발달의 평가

(1) 맹아동의 신체상 검사

맹아동의 신체상 검사(Body Image of Blind Children: BIBC)는 신체 부위를 변별하는 맹아동의 능력, 자신의 신체와 그 부위의 좌우, 상하, 신체의 면, 신체 운동에 대한 요구에 반응하는 능력, 자신에게 접촉하는 상대방의 동작을 확인하는 능력 등을 평가한다. 그 외에도 아동이 자신의 몸과 관계되는 물건의 위치를 정확하게 판단할 수 있는 능력과 물체와 관계되는 신체의 위치를 잡는 방법도 평가한다.

이 검사도구는 정안 아동을 위한 16단계 신체상 훈련에 기초를 두고 있으며, 맹아동의 신체상을 체계적인 방법으로 평가하고, 아동에게 신체 부위를 말하도록 하는 것이다.

(2) 스탠퍼드 중다 감각기관 이미지 검사

스탠퍼드 중다 감각기관 이미지 검사(Stanford Multi-Modality Imagery Test: SMIT)는 맹인의 기능적 이미지를 평가하기 위한 것으로, 시각장애 성인을 대상으로 하는 공간개념 검사이다. 이 검사는 세 가지 단계로 구성되어 있는데, 처음 두 단계는 학습 단계이고, 세 번째 단계는 직사각형의 고무밴드로 간단한 도형을 만드는 것이다.

(3) 케파트 검사

케파트 검사(kephart scale)는 시각장애 아동의 신체와 환경적 개념을 측정하는 것으로, 아동에게 신체 부위나 환경의 개념을 말해 주고 상상해서 설명하게 한다. 예를 들면, 정원과 동네를 설명하라고 하여 상상적인 환경을 말하게 한다. 아동의 신체와 환경에 대한 언어적 정보를 얻기 위한 비형식적 접근 방법이 이 검사의 가장 큰 장점이지만, 검사의 채점 기준, 타당도와 신뢰도가 없는 것이 단점이다.

(4) 몸의 공간적 위치개념 검사

몸의 공간적 위치개념 검사(concepts involved in body position in space)는 6~14세 시각장애 학생의 공간개념을 평가하기 위한 것으로, 이 검사는 3개 영역의 총 70개

문항으로 되어 있다. 전후, 좌우와 같은 위치개념을 각 영역에서 다른 방법으로 검사한다.

첫째 영역에서는 아동이 신체 부위를 움직여 위치를 잡도록 하는 지시를 따름으로써 신체 부위와의 관계를 아는 것이다. 둘째 영역에서 아동은 사물과 관련지어 자신의 몸을 이동시킴으로써 개념을 실제로 해 보도록 한다. 셋째 영역에서는 물건과의 관계에서 물건의 위치를 바꿔 놓은 후 같은 개념을 알고 있는가를 검사하는 것이다. 그러나 이 검사 역시 타당도와 신뢰도 그리고 규준에 관한 자료가 없다.

(5) 힐 위치개념 수행검사

힐 위치개념 수행검사(hill performance test of selected positional concept)는 공간 속에서 몸의 위치에 관한 개념 검사를 개작한 것이다. 이 개정에서는 공간개념의 수를 감소시켰고, 검사를 네 부분으로 분류했다.

① 신체 부위의 위치 관계를 아는 능력
② 서로의 관계에서 신체 부위를 움직이는 능력
③ 물건과 관계하여 신체를 이동시키는 능력
④ 물건과의 관계를 유지하는 능력

이 검사는 검사 문항을 75개에서 72개로 줄였고, 평행선, 수직선 등과 같은 복잡한 개념을 생략했다.

(6) 피보디 보행검사

피보디 보행검사(peabody mobility scale)의 개념발달 하위검사에는 신체상, 공간관계 등이 포함된다. 이 검사에 대한 설명은 보행 기술의 평가 부분에서 설명하기로 한다.

3) 개념발달과 교사의 역할

개념발달은 보행교사의 책임만이 아니라 모든 교사의 책임이기도 하다. 교사는 점자, 타자기 사용, 일상생활 활동, 줄 서기, 심부름하기, 물건 치우기 등을 통하여 개념을 가르치고, 다음과 같은 교수전략을 개발하여 지도하는 것도 좋다.

① 아동을 평가하기 위하여 형식적 · 비형식적 검사도구, 발달적 규준, 관찰기록, 종합생활기록부, 부모와의 상담 결과 등을 사용한다.
② 학습할 중요한 개념의 목록을 작성한다.
③ 평가 결과를 교직원, 부모 등과 상의한다.
④ 중요한 개념을 포함시키기 위하여 과제분석하고, 수학과 같은 교과에 여러 가지 공간개념, 즉 기초적인 기하학적 도형, 평행선, 수직선 등을 포함시킨다.
⑤ 교과에서 여러 가지 중요한 개념을 소개한다. 예를 들면, 수학 시간에 의자를 사용하여 원과 직사각형 형태의 물체로 자리를 재배치하는 활동을 한다.
⑥ 교과 시간 외의 시간에 개념을 학습하고 복습할 기회를 준다.
  - 질의응답 시간에 아동이 호명되기를 원할 경우에 '오른손을 들어라, 너의 손을 머리 위에 올려라, 왼쪽 어깨에 손을 대라.'와 같은 지시를 한다.
  - 아동의 과제물에 이름을 쓰는 곳을 다양화한다. 예를 들면, 아래 오른쪽 모퉁이에 이름을 쓰게 하거나, 위 중앙에 이름을 쓰도록 한다.
  - '선반의 왼쪽에 있는 책을 찾아라.' 또는 '교실의 옆문을 열고 나가 왼쪽으로 돌아 5m 앞에 있는 교무실에 다녀와라.'와 같이 공간개념을 나타내는 지시어를 사용한다.
⑦ 부모에게 아동의 개념발달에 관하여 설명하고 적합한 조언을 한다. 예를 들면, 부모에게 식탁 앞에서 '접시의 왼쪽에 김치가 있다.'와 같은 방법으로 지도하도록 유도한다.

4 방향정위

방향정위의 정의는 앞에서 이미 기술했으므로 공간도에 관한 지식, 공간적 최신화, 공간개념과 개념체계에 관한 지식 그리고 익숙화 과정에 관하여 설명하고자 한다.

1) 공간도에 관한 지식

공간도에 관한 지식은 물건과 관계되는 지식으로서, 물건이나 장소의 위치를 아는 것을 의미한다. 시각장애 보행자가 공간도 지식을 체계적으로 습득하는 방법은 주변과 기준선망 그리고 탐구 패턴의 활용이 있다(Hill & Ponder, 1976). 공간도에 관한 지식이 있으면 목적지가 어디인가를 알 수 있다. 주변을 탐구하는 형태는 주변 지역의 크기, 모양, 중요한 특징을 인지하고, 물건과 물건의 관계를 형성하는 지역 내부의 특징을 탐구하며, 한 지역의 경계를 탐색하기 위하여 사용된다.

공간도 지식을 습득하는 또 하나의 방법은 체계적으로 도움을 부탁하는 것이다(Hill & Ponder, 1976). 체계적인 질문 방법은 짧은 시간 내에 특정 지역의 공간 관계에 관한 많은 정보를 얻는 데 매우 유용하다. 한 지역 내에서 반복적인 보행은 공간도 지식을 촉진시킨다. 보행자는 자신이 걸어온 노선을 기억하고, 길의 거리, 커브를 돌 때의 방향 등에 대하여 지적 리스트를 만든다(Rieser, Guth, & Hill, 1982). 이와 같이 조직화된 지식을 갖는 경우에도 보행자는 특정 노선에 국한된 지식을 가질 뿐 지름길 등은 심상도화하지 못한다. 이때 노선에 관한 지식은 시각장애인이 흔히 사용하는 방향정위의 방법이다(Siegel & White, 1975). 노선 지식의 사용에 중요한 요인은 걸어온 길의 거리와 커브를 도는 정도를 정확하게 탐색하는 것이다. 아동이 얼마나 먼 거리를 걸어왔고 몇 번 커브를 돌았는지 알지 못하면 방향정위에 미치는 영향을 알지 못하게 된다.

노선 지식에 기초를 둔 방향정위의 정확성은 노선에서 회전하는 수(Lindberg & Garling, 1981)와 노선의 전체 길이와는 반비례한다(Thomson, 1983). 시각장애인이 이러한 방향정위 방법을 사용하는 능력은 여러 연구에서도 입증되었다. 예를 들면, 정삼각형의 양쪽 변을 따라 안내를 받고, 직각삼각형의 밑변을 따라서 본래의 출발점으로 되돌아가도록 했을 때, 시각장애인과 정안인의 수행 능력에는 차이가 없었다(Worchel, 1951). 보행 노선의 공간적 형태나 모양에 관한 지식은 공간적 조직화를 응용할 수 있는 방법이다.

2) 공간적 최신화

공간적 최신화는 자신이 물건과의 관계를 형성하고 보행하는 동안 그 관계를 기억하는 과정이다. 즉, 개인이 공간 속에서 어느 위치에 있는가를 아는 것을 말한다.

Hill과 Ponder(1976)가 설명한 인지과정은 최신화의 방법에 영향을 준다. 시각장애인이 방향정위를 수행할 때 인지과정을 따르는데 그 과정은 지각, 분석, 선택, 계획, 실행으로 이들이 상호작용하면서 그 단계가 순환된다는 것이다. 인지과정의 다섯 단계는 다음과 같다.

① 지각 단계: 후각, 청각, 촉각, 운동감각 등의 잔존감각 또는 명암의 정도에 따라 환경적 자료를 받아들이는 과정
② 분석 단계: 지각된 자료를 일관성, 의존성, 친숙성, 감각적 유형과 강도 등에 따라 유목으로 조작하는 과정
③ 선택 단계: 현재 환경적 상황의 방향정위와 욕구를 가장 잘 충족시킬 수 있는 분석된 자료를 선택하는 과정
④ 계획 단계: 현재의 환경에서 가장 관계가 깊은 감각적 자료를 기초로 노선을 설계하는 과정
⑤ 실행 단계: 일련의 계획된 노선을 따라 행동을 수행하는 과정

3) 공간개념과 개념체계에 관한 지식

공간개념의 규칙, 원리, 체계 등에 관한 지식은 보행할 때 방향정위 기술을 습득하고 유지하는 데 중요하다. 이러한 지식은 개인이 목적지까지 어떻게 갈 것인가를 알게 한다. 공간개념과 개념체계에는 번호체계, 랜드마크(landmark), 단서(clue), 측정개념과 기술, 방향, 방향정위 기술과 감각적 기술 등이 포함된다. 공간개념의 체계에 관한 설명은 〈표 14-1〉과 같고, 방향정위 기술과 감각 기술에 대한 설명은 〈표 14-2〉와 같다.

〈표 14-1〉 공간개념의 체계

랜드마크	• 랜드마크는 쉽게 인지되고 지속성을 가지며 환경 속에서 영속적인 위치를 알려 주는 익숙한 물건, 소리, 냄새, 온도, 촉각 단서 등이다. • 지속성과 영속성을 갖는다. • 랜드마크의 사용은 환경과의 관계에서 방향이나 물건에 관한 지식을 준다. • 환경 속에서 다른 물건과 구별하는 특징을 갖고 있다. • 시각, 촉각, 후각, 운동감각, 청각 또는 이러한 모든 감각의 결합으로 인지된다.

단서	• 위치와 방향에 필요한 정보를 주고 청각(물체 지각), 후각, 촉각(온도 포함), 운동감각, 시각(색깔, 명암, 대비 포함)을 통한 자극이다. • 동적일 수도 있고, 정적일 수도 있다 • 단서의 사용은 사용자의 익숙성과 그 출처에 관한 정보에 달려 있다. • 한 환경으로부터 다른 환경으로 전이할 수 있다. • 모는 자극은 단서와 같은 가지를 갖고 있는 것은 아니다. 어떤 자극은 그 순간 정보적 욕구를 가장 잘 충족시킬 수 있고(지배적 단서), 어떤 자극은 유용하지만 중요도가 떨어질 수 있고, 어떤 자극은 부정적 가치를 준다(소리의 차단). • 측정은 단위를 사용함으로써 물체나 공간의 정확한 위치를 확인하는 기술이다. • 환경 속의 모든 사물은 측정할 수 있다. • 길이의 측정은 일관성이 있다. • 길이의 측정 단위는 표준 길이에 의해서 증가된다. • 측정의 표준 단위는 정확하며 단위 사이에 관계성이 있다(예: 100cm는 1m이다). • 측정은 크게 표준 단위를 사용하는 측정, 비교 측정, 비표준화 측정의 세 가지로 분류된다. • 비교 측정은 두 물체의 길이나 거리를 비교한다(예: 보다/길다, 보다/넓다, 보다/짧다 등). • 길이는 세 가지 차원에서 측정할 수 있다(예: 길이, 높이, 넓이). • 표준 또는 비표준 단위는 측정하기 위하여 사용될 수 있다(예: 약 7m, 허리 높이, 3보 등).
기본방향	• 한 환경에서 다른 환경으로 전이할 수 있다. • 정확한 방법으로 환경과 개념을 관계시킨다. • 동서 방향은 수평 방향이고, 남북 방향과 직각을 이룬다. • 동서로 뻗은 모든 선은 평행이고, 남북으로 뻗은 모든 선도 평행이다. • 동서 방향 선상에서는 동쪽이나 서쪽으로 가고, 남북 방향 선상에서는 남쪽이나 북쪽으로 간다.
번호체계	• 환경에 순서와 구조를 준다. • 건물은 대개 그 자체의 번호체계를 갖고 있다. • 각 건물에는 번호가 시작되는 지점이 있고 그곳으로부터 멀어질수록 번호의 숫자는 커진다. 대부분의 건물은 홀수와 짝수의 계열을 따르고 짝수가 어느 한쪽에 있으면 홀수는 그 맞은편에 위치한다. 대개 1층은 100, 2층은 200, 3층은 300 등으로 표기하며, 올라갈수록 숫자가 커진다. • 일반적으로 화장실, 창고 등은 번호체계에서 제외된다. • 번호체계가 모든 환경에서 일관성과 보편성을 갖고 있지는 않다. • 건물 또는 도시의 특정 지역 내에서 위치 관계를 정리하는 데 도움을 준다.

출처: Welsh, R. L., & Blasch, B. B. (1980). *Foundations of orientation and mobility.* New York, NY: AFB Press.

〈표 14-2〉 방향정위 기술과 감각 기술

청각	• 소리의 위치 파악 • 소리의 변별 • 소리 흔적의 사용	• 소리의 식별 • 반향음의 위치 파악
촉각	• 촉각 변별	• 촉각 식별
후각	• 후각 변별	• 후각 식별
운동감각 및 자기 감수체		
회전	• 90도 • 180도	• 다양한 각도
직선 보행과 유지	• 수직적 정렬(직각 이동)	• 평행적 정렬
찾기 방법	• 주변으로부터 찾기	• 격자 모양 찾기
원래의 자세로 되돌아가기		
참고 지점과 체계의 사용		
도움 요청하기		
시간과 거리의 측정		

4) 익숙화 과정

시각장애인은 익숙한 환경에서는 보행하는 데 큰 어려움을 느끼지 않지만 낯선 환경에서 보행하는 경우에는 어려움을 느낀다(Barth & Foulke, 1979). 그러므로 보행 교사는 시각장애 아동이 낯선 환경에 익숙해지도록 체계적으로 지도하는 것이 중요하다. 이 과정에서 교사는 낯선 장소에서 체계적으로 아동을 안내하고, 촉각지도를 사용하여 그 지역의 뚜렷한 특징을 설명한다.

시각장애 아동을 새로운 환경에 익숙하도록 하는 것은 교사의 중요한 역할이다. 환경이 복잡하거나 위험하고, 시각장애 아동 스스로 그 지역에 관하여 학습할 시간이 없을 때, 교사는 그 지역에 있는 랜드마크, 단서 그리고 공간 관계 등을 지도한다. 중복 시각장애 아동은 스스로 낯선 환경에 익숙해질 수 없으므로 가능하다면 중복 시각장애 학생도 새로운 환경에 익숙해지도록 독립적으로 학습하는 방법을 지도한다. 이 과정은 자기 익숙화 과정으로 조기에 지도하는 것이 효과적이다(Hill & Ponder, 1976).

자기 익숙화 과정은 참고 지점에 대한 아이디어를 제공한다. 참고 지점을 찾는 방법은 좁은 실내에서 교실, 회의실, 강당 등의 순으로 진행한다. 환경이 넓고 복잡해짐에 따라 시각장애 학생은 자기 익숙화 과정을 수행하기 위하여 형식적 보행 기술을 사용한다.

자기 익숙화 과정에는 시간이 걸리고 여러 가지 기술이 필요하다. 새로운 환경에 익숙해지려면 다음의 세 가지 문제에 유의해야 한다.

① 특정 지역에서 보행하기 위하여 어떤 정보가 필요한가?
② 필요한 정보를 어떻게 얻을 것인가?
③ 얻은 정보를 어떻게 사용할 것인가?

자기 익숙화 과정은 여러 가지 보행 기술을 포함시킬 뿐만 아니라 의사결정과 문제해결 능력을 촉진시킨다.

5) 방향정위의 평가와 교육

방향정위, 특히 공간도 지식을 평가하고 교육하기 위하여 사용할 수 있는 비형식적 평가 방법은 다음과 같다.

① 학생에게 특정 지역을 설명하고 중요한 특징과 공간 관계를 말하게 한다.
② 교사는 학생에게 특정 지역에 관하여 질문한다.
③ 학생에게 환경 속에 있는 여러 가지 물건이나 위치를 지적하게 한다.
④ 시계의 표면을 구분하여 사용하게 한다. 예를 들면, 체육관은 한 시 방향에 있다.
⑤ 학생에게 노선을 설명한 후 지역 내의 여러 지점으로 가 보게 한다.
⑥ 학생에게 대안적 노선을 설명하게 하고, 특정 지역 내의 여러 지점으로 가 보게 한다.
⑦ 학생에게 특정 지역의 촉각 모형이나 지도를 만들게 한다.
⑧ 학생에게 특정 지역을 설명하게 하고, 그 지역에 익숙하지 않은 학생에게 방향을 가리키도록 한다.
⑨ 학생에게 노선을 따라 보행하게 하고, 출발점으로 되돌아가게 한다.
⑩ 학생에게 특정 지역 내의 세 지점의 거리를 판단하게 한다. 예를 들면, 도서관에서부터 체육관, 교장실, 식당까지의 거리를 생각해 보게 하고, 그중 두 지점 사이에 가장 가까운 곳과 가장 먼 곳을 말하게 한다.
⑪ 학생에게 ⑩의 세 지점을 걸어 보게 하고, 그 세 지점 사이의 보행 거리를 판단하게 한다. 교사는 학생에게 실내의 가구를 재배치하게 하고, 가구를 원래의

위치로 놓게 한다.

⑫ 학생에게 특정 장소에 관하여 질문한다.

위의 평가 절차는 방향정위를 가르치기 위하여 사용할 수 있다. 교사는 여러 가지 교육과정을 통하여 방향정위의 개념, 체계 및 기술을 통합하여 지도한다. 예를 들면, 자연과학 시간은 태양과 바람, 수학 시간은 측정, 지리 시간은 방향, 거리, 공간도, 사회생활 시간은 도시와 마을, 번호체계의 특성 등을 가르친다.

5 보행교육

1) 형식적 보행 기술

(1) 안내법

시각장애 학생은 다양한 환경과 조건에서 안전하고 효율적으로 안내받는 방법을 배워야 한다. 안내법에는 기초적인 안내법, 좁은 통로 통과하기, 계단 오르내리기 등이 있다.

① 기초적인 안내법

맹학생은 안내자의 팔꿈치 조금 위를 잡는다([그림 14-1] 참조). 엄지손가락은 바깥쪽으로 가게 하고 나머지 손가락은 안쪽을 잡는다. 맹학생은 안내자의 팔을 너무 꽉 잡거나 느슨하게 잡아서는 안 된다. 맹학생의 상박부는 안내자의 팔과 수직이 되게 하고 전완부와는 약 90도를 이루게 하여 옆구리에 댄다. 맹학생의 어깨는 안내자의 팔 바로 뒤에 위치하게 하고 약 반보 뒤에서 걷는다([그림 14-2] 참조). 이때 안내자와 시각장애 학생의 키에 따라 잡는 위치를 조절할 수 있다. 안내자의 키가 크고 시각장애 아동의 키가 작을 경우 팔꿈치 위를 잡는 대신 안내자의 손목을 잡아도 좋다.

② 좁은 통로 통과하기

기본적인 안내법을 사용하여 좁은 통로를 지나갈 때, 안내자는 안내하던 팔을 뒤로 보낸다([그림 14-6] 참조). 그러면 맹학생은 안내자의 비언어적 신호에 따라 자신의 팔을 펴고 안내자의 등 뒤로 가서 좁은 통로를 지나간 후, 안내자는 뒤로 돌렸던 팔을 정상적인 위치로 가져오고, 맹학생은 원래의 위치로 돌아온다.

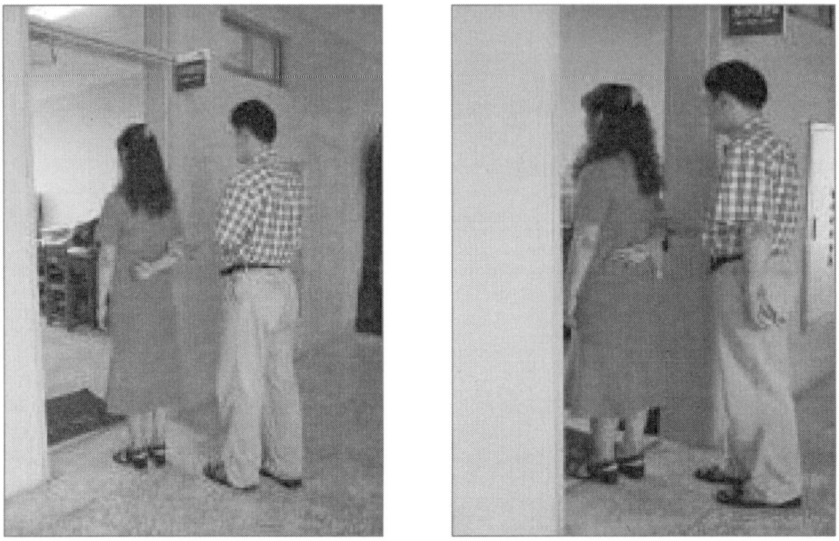

[그림 14-6] 출입문이나 좁은 통로를 지나갈 때의 팔의 모습

③ 계단 오르내리기

계단 오르내리기([그림 14-7] 참조)는 안내자가 몇 개의 계단이 있는지 설명하지

[그림 14-7] 계단 오르내리기

않고도 계단에서 안전하고 효과적으로 안내하는 방법이다. 안내자는 계단의 가를 향하여 직각으로 접근하여 첫 계단 앞에서 잠깐 멈추고, 맹학생은 안내자의 옆에 나란히 선다. 이때 안내자는 첫 발을 내딛고 맹학생은 안내자를 따라 걷는다. 마지막 계단에서 안내자는 약간 멈추고, 맹학생에게 한 계단이 남아 있다고 말한다.

④ 의자에 앉기

안내자가 의자 앞에 가서 멈춘 후 맹학생의 손을 의자 등받이나 의자에 얹어 주면, 맹학생은 의자를 탐색한 후 앉는다.

⑤ 출입문 통과하기

안내자는 문의 손잡이를 잡고 문을 연다. 열린 문의 손잡이를 안내하고 있는 손으로 바꾸어 쥔 후 손잡이를 맹학생의 손에 쥐어 준다. 맹학생은 손잡이를 다른 손으로 바꾸어 쥐고 문을 지난 다음 문을 닫는다. 이때 안내자는 맹학생이 문을 완전히 닫을 때까지 기다린다.

(2) 보호법

보호법은 익숙한 건물 내에서 사용하며, 먼 거리를 보행할 때는 사용하지 않는다. 보호법에는 상부보호법과 하부보호법이 있다.

① 상부보호법

상부보호법([그림 14-8] 참조)은 얼굴, 목, 가슴을 장해물로부터 보호하기 위하여 사용하는 방법이다. 한쪽 팔을 어깨 높이로 지면과 평행이 되게 한 후 팔꿈치는 구부려서 약 120도의 둔각을 이루고 전박부를 안쪽 전면으로 보낸 뒤 손가락의 힘을 빼고, 반대편 어깨보다 약 2cm 바깥까지 뻗고, 손바닥은 앞쪽으로 향하게 한다.

② 하부보호법

하부보호법([그림 14-9] 참조)은 허리 높이의 장해물로부터 신체의 하부를 보호하기 위한 것이다. 상박부와 전박부 그리고 손가락을 아래로 비스듬히 내려 뻗고, 손은 몸에서 약 15~20cm 떨어지게 한다. 손바닥은 몸쪽을 향하게 하고 손가락은 힘을 빼어 함께 붙인다.

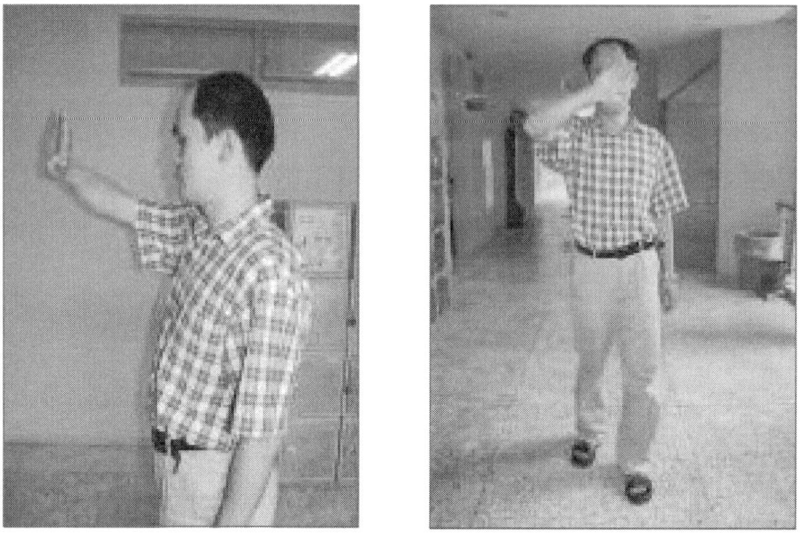

[그림 14-8] 상부보호법

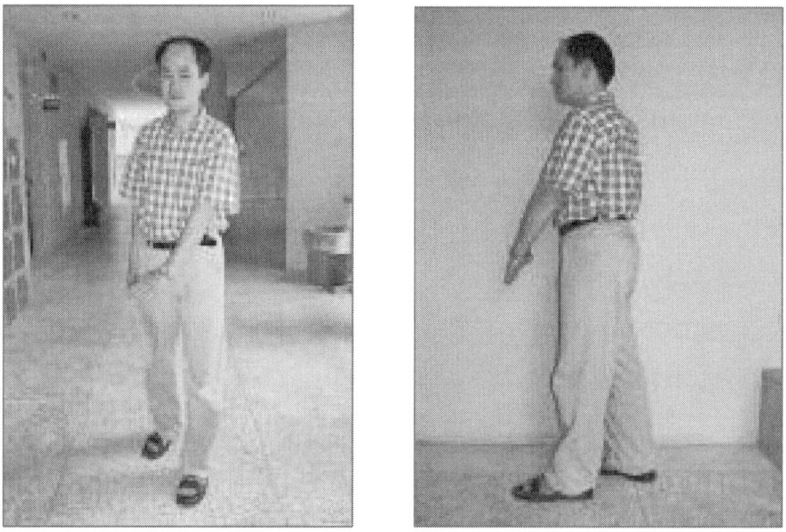

[그림 14-9] 하부보호법

(3) 따라가기

따라가기 기술은 직선 보행을 유지하면서 따라가는 표면의 기준선(벽)으로부터 떨어지지 않기 위한 방법이다. 맹학생은 원하는 방향을 향하여 따라가는 물체와 평행이 되게 한다. 물체에 가까운 팔은 약 45도 정도 아래쪽 정면으로 뻗쳐 손을 허리 높이로 들고 새끼손가락과 약손가락을 물체 표면에 가볍게 대고 스치면서 따라간다.

(4) 지팡이 사용법

① 촉타법

촉타법(touch technique)은 보행 중에 떨어지는 곳과 보행할 때 장해물을 탐지할 수 있게 해 준다. 이 기술은 익숙한 환경이나 익숙하지 않은 환경 모두에서 사용된다. 촉타법으로 지팡이를 사용할 때 지팡이는 보행자 전면 중앙에서 잡고 땅 표면으로부터 낮게 호를 이루면서 좌우를 탐지한다. 지팡이의 끝은 신체의 가장 넓은 부위보다 5cm 밖의 지점을 접촉한다. 지팡이의 끝이 보행 표면을 때릴 때 보행자는 지팡이의 방향과 반대쪽 발을 내딛는다.

② 대각선법

대각선법(diagonal technique)을 사용할 때 맹학생은 지팡이를 자신의 전면에 비스듬히 든다. 이때 지팡이는 완충기의 역할을 한다. 지팡이를 몸으로부터 떨어뜨려 비스듬한 각도를 이루고 지팡이의 끝은 지면으로부터 약 5cm 떨어지며 지팡이의 아래쪽 끝과 위쪽 끝은 몸의 가장 넓은 부위보다 밖으로 2~4cm 나가도록 잡는다.

대각선법은 몸 전면 하부에 있는 장해물을 미리 알려 주며 보호법과 같은 역할을 한다. 대각선법은 주로 익숙한 건물 내에서 사용된다.

2) 형식적 보행 기술의 평가

(1) 보행 기술의 평가

보행교사가 보행 기술을 평가하는 방법은 다양한 환경과 조건에서 시각장애 학생을 체계적으로 관찰하는 것이다. 방향정위 기술이 보행 기술과 함께 학습되는 경우가 많기 때문에 일반적으로 이 두 가지 기술을 함께 평가한다. 이러한 평가 중의 하나는 드롭 오프(drop-off)이다. 드롭 오프는 학생이 전에 보행한 적이 있는 외부의 넓은 공간에서 이루어진다. 보행교사는 학생을 자동차에 태워 특정 지역 내에 알지 못하는 위치에 데려다 놓고 목적지를 찾아가게 한다. 드롭 오프 평가 중에는 다른 사람에게 도움을 청해서는 안 된다. 교사는 멀리 떨어져서 학생을 관찰하고 위험한 일이 발생하는지 살핀다.

형식적 보행 기술에서 또 하나의 평가 절차는 표준 평가 학습계획이다. 이것은 보행교사가 계열화된 학습 내용을 개발하여 보행 기술을 평가하는 것으로, 학생이 안내법을 학습한 후 예정된 노선에서 안내법을 잘 사용하는가를 평가하는 것이다. 이는 한 번에 몇 가지 기술을 체계적으로 평가할 수 있으므로, 보행교사는 보행 기술을 먼저 단순한 실내 환경에서 평가하고, 점차 복잡한 외부 환경으로 옮겨 가면서 평가해야 한다.

(2) 검사도구

① 아동의 방향정위와 이동검사

아동의 방향정위와 이동검사(orientation and mobility scale for young children short form; Lord, 1969)는 시각장애아의 방향정위와 이동을 평가하기 위한 것이다. 〈표 14-3〉에서 보는 바와 같이 방향과 회전, 공간 속에서 이동, 자조 기술과 관계되는 24개 문항으로 구성되어 있다. 이 검사는 보행과 관계되는 행동을 평가할 때 보행교사와

〈표 14-3〉 방향정위와 이동 검사

영역	문항	

방향과 회전	• 정확하게 왼쪽으로 돌기
	• 오른쪽과 왼쪽으로 도는 것에 대하여 설명하기
	• 동서남북 가리키기
	• 북쪽을 바라보고 서서
	  −남쪽을 가리키기 −동쪽을 가리키기 −서쪽을 가리키기
	• 기본 방향을 사용하여
	  −북쪽으로 3보 −동쪽으로 2보 −북쪽으로 2보 가기	

공간 속에서 이동	• 걷는 방향에서 발가락을 가리키기 • 한 발 한 발 바꾸면서 계단 올라가기 • 한 발로 깡충깡충 뛰기 • 건너뛰기 • 제자리에서 두 발로 뛰기	• 편안한 보조로 걷기 • 양쪽 발로 깡충깡충 뛰기 • 혼자 자유롭게 달리기 • 의자에서 뛰어내리기
자조 기술	• 문을 열고 닫기 • 혼자 스웨터 입기 • 바지 벨트 잠그기 • 간단한 연장 사용하기	• 열쇠로 열고 잠그기 • 스웨터의 단추 잠그기 • 전화 걸기 • 다른 사람의 도움받기

일반교사에게 원칙을 제시한다. 그러나 이 검사는 아동이 일정한 과제를 수행하는데 실패했을 때 선수 공간개념을 인식하는 데 도움을 주지 못한다.

② 피보디 보행검사

피보디 보행검사(Harley, Wood, & Merbler, 1981)는 시각 중복장애 아동의 방향정위와 이동 프로그램의 개발에 의해서 제작된 것으로 중복 시각장애 아동과 성인을 평가하는 도구로 사용된다. 이 검사는 절대기준 평가도구로 운동근육 발달, 개념발달, 감각적 기술, 보행 기술의 영역으로 구성되어 있다. 이 검사의 영역과 주요 기술은 〈표 14-4〉에서 보는 바와 같다.

이 검사는 감각장애, 신체장애 및 발달장애 학생에게 사용할 수 있으며, 시력의 활용, 눈과 발의 협응, 색깔 등을 강조한다. 그러나 타당도와 신뢰도, 규준 집단에 관한 자료가 없다.

〈표 14-4〉 피보디 보행검사

운동근육 발달	• 기기	• 서기	• 걷기
	• 계단 오르기		• 계단 내려오기
	• 달리기 뛰기		• 기어오르기
개념발달	• 신체상		• 공간 관계
	• 앞 • 뒤	• 위	• 아래
	• 좌우 변별		• 도형 변별
	• 크기 변별		• 정리 정돈
감각적 기술	• 소리의 위치 파악		• 청각 변별
	• 촉각 변별(손, 발)		• 후각 변별
보행 기술	• 안내법		• 앉기
	• 회전하기와 방향 유지하기		• 따라가기
	• 랜드마크의 활용		• 환경 속에서의 보행

6 보행교육의 동향

1) 조기 지팡이교육

세계 여러 나라에서 1980년대까지만 해도 취학 전 시각장애 아동에게 지팡이교육을 실시하지 않았다. 그러나 1981년부터 취학 전 시각장애 아동에게 지팡이교육을 실시하게 되었다(Cheadle, 1991). 시각장애 아동은 환경을 습득하고 그 환경 속에서 적절히 이동하면서 인지적 · 신체적으로 성장하며, 이동하고 탐구하려는 동기가 싹트고, 아동의 동기 수준이 높아지면 학습, 통제력, 독립성 등이 계속 확대되므로 보행의 중요성이 주목받게 되었다(Lowenfeld, 1981).

과거에 보행교사는 전지팡이 기술로 운동근육발달, 감각발달, 개념발달을 가르쳤으나 이 기술로는 충분히 발달하는 데 오랜 시간이 걸리기 때문에 중학교 이상에서 지팡이교육을 실시하게 되었다. 그러나 이러한 기술은 전지팡이 기술로 사용되지 않을 수도 있고, 지팡이와 관계없이 사용될 수도 있기 때문에 전지팡이 기술을 '기초 기술'이라고 한다.

보행교사들은 2~5세 아동에게 지팡이를 소개하도록 한다. 조기에 지팡이를 사용하면 보조와 자세가 좋아지고, 운동근육이 발달하고, 매너리즘을 발달시키지 않고, 공간개념이 발달하고, 지팡이에 대한 태도가 긍정적이 되며, 자율성과 자신감이 향상된다(김은숙, 1999). 그러나 조기 지팡이교육을 반대하는 사람들은 이 시기에는 운동근육과 협응 능력이 충분히 발달하지 않고, 어린 아동은 익숙한 환경에서만 생활하기 때문에 지팡이를 사용할 필요가 없고, 지팡이를 사용할 만큼 성장하지 않았으며, 이것이 때때로 위험할 수 있고, 지팡이를 사용하는 데 나쁜 습관이 형성될 가능성이 있다고 보았다(Pogrund & Rosen, 1989). 이러한 찬반 논쟁에도 불구하고 조기 지팡이교육은 새로운 동향으로 널리 받아들여지고 있다.

Skellinger와 Hill(1991)은 취학 전 아동의 지팡이교육에 대한 연구조사에서 보행교사 중 81%가 취학 전 아동에게 지팡이교육을 실시했고, 대상 아동 중 47%는 4세 이전에, 31%는 4~5세에 지팡이교육을 받았다고 보고했다.

2) 저시력 학생의 보행교육

저시력 학생의 보행교육에서는 지팡이를 사용하도록 하는 것이 좋다. 과거에는 저시력 학생이 지팡이를 사용하지 않아도 안전하게 보행할 수 있다고 믿었다. 저시력 학생이 지팡이를 사용하게 된 것은 미국의 한 맹학교 여학생 두 명이 자동차 사고로 부상을 당한 후부터이다. 그러나 우리 사회는 시력 지향적인 사회이므로 저시력 학생은 시력이 효과적인 수단이 아닐 경우에도 시력에 의존하려는 경향이 있다.

보행자가 지팡이를 휴대하지 않으면 운전자는 정안 학생으로 생각하고 대비하지 않는다. 따라서 보행에 제한성을 갖고 있는 저시력 학생은 환경에 따라 지팡이를 사용하는 것이 바람직하다. 학교 운동장이나 교실과 같이 안전하고 익숙한 장소에서 보행할 경우에는 지팡이를 사용할 필요가 없다. 그러나 복잡한 환경이나 도로를 횡단하는 경우에는 지팡이를 사용해야 한다. 특히 신호등이 없는 도로를 횡단할 때 20m 밖의 물체를 볼 수 없는 학생이 30m 밖에서 달려오는 자동차를 보지 못하고 도로를 횡단하다가 20m 이내로 달려오는 차를 발견하고 당황하여 사고를 당할 가능성이 높다. 그러므로 저시력 학생은 불완전한 시력에 전적으로 의존하기보다 지팡이를 짚고 소리를 들으면서 횡단하는 습관을 갖도록 한다.

저시력 학생이 보행교육을 받을 때는 안대를 착용하도록 한다. 안대를 사용하면 대상 방법을 사용하는 습관을 기르게 되고, 자연스럽게 지팡이를 사용하게 된다. 그러나 대부분의 저시력 학생은 안대를 착용하지 않으려고 한다. 지팡이 사용을 하지 않으려는 저시력 학생에게 안대의 착용 이유를 설명하고, 일관성 있게 지도해야 한다. 그 밖에도 저시력 학생의 보행교육에는 잔존감각의 활용, 시기능 훈련, 광학기구의 사용 등이 포함된다.

3) 중복 시각장애 학생의 보행지도

중복 시각장애 학생에게 방향정위와 이동 훈련은 어려울 수 있다. 그러나 1970년대부터 보행 전문가는 중복 시각장애 학생에게도 보행교육을 실시해야 한다고 생각하고 교사 양성은 물론 보행기구를 꾸준히 개발하였다(Blash, Wiener, & Welsh, 1997).

중복 시각장애의 정도와 종류에 따라 훈련 방법은 다르다. 예를 들면, 맹농 학생은 방향정위가 어렵기 때문에 벽을 따라 이동하도록 지도하고, 운동장애가 있는 중복 시각장애 학생은 운동근육발달에 초점을 두어 지도한다. 필요할 경우 휠체어, 클러치, 의존지팡이 등을 사용하여 최소한의 독립보행이 가능하도록 한다. 이때 보행교사는 중복 시각장애 학생이 적합한 보행 방법으로 독립보행을 성취할 수 있도록 신중하게 관찰한다. 중복 시각장애 학생에게 특정 보행 수단은 도움이 되지 않는다고 미리 결론을 내리기보다 학생에게 알맞은 방법을 선택할 수 있도록 돕는다.

학·습·문·제

1. 보행이란 용어에는 방향정위와 이동의 두 가지 의미 요소가 결합된 것이다. 보행에 대한 Kappan의 정의를 기술하시오.

2. 보행의 종류를 열거하고, 그 장단점을 설명하시오.

3. 공간도에 관한 지식, 공간적 최신화 그리고 공간개념과 개념체계에 관한 지식을 설명하시오.

4. 시각장애 학생이 새로운 환경에서 익숙해지도록 익숙화 과정을 사용해 보시오.

5. 안대를 착용하고 하루 종일 생활해 본 후 경험한 내용을 일기에 적어 보시오.

6. 보행교육의 새로운 동향에 관하여 설명하시오.

제 15 장

일상생활 기술

일찍부터 시각장애아 교육자들은 시각장애 학생 가운데 일상생활 기술을 잘 수행하는 학생도 있고, 잘 수행하지 못하는 학생도 있다는 것을 발견하였다. 일상생활 기술을 잘 수행하는 학생은 독립적이고 사회생활을 잘 영위하는 데 비하여 일상생활 기술을 수행하지 못하는 학생은 다른 사람에게 의존할 뿐만 아니라 학교 졸업 후에도 독립적인 삶을 영위하지 못한다. 따라서 교육자들은 일상생활 기술이 시각장애아 교육에서 매우 중요하다는 것을 인식하고, 이 기술을 시각장애 확대 기본 교육과정의 한 영역으로 편성하게 되었다.

1 일상생활 기술의 발달과 성격

1) 일상생활 기술의 발달

시각장애아 교육 분야에서 일상생활 기술에 특별한 관심을 갖게 된 것은 제2차 세계대전 중 전선에서 돌아온 실명 상이용사에게 재활훈련을 실시하면서부터였다. 일상생활 기술을 수행할 수 없는 실명 상이용사는 다른 사람에게 의존함으로써 절망과 자포자기 상태에서 벗어나지 못했으나 일상생활 기술과 보행 기술을 배운 후부터는 자신감을 갖고 사회에 복귀할 수 있었다(Ponchilia & Ponchilia, 1996).

1950년대 후반 시각장애 재활 분야에서 일상생활 기술의 중요성이 인정되면서 시각장애 교육자들도 그 가치를 높게 평가하기 시작했다. 그 대표적인 사람은 펜실베이니아 주에 있는 오버브룩 맹학교 수학 교사인 데비도우(Mai Davidow)였다. 그녀는 시각장애 학생이 훌륭한 지식을 습득하는 것도 중요하지만 단정한 차림이나 예절 바른 태도를 배우는 일상생활 기술도 그에 못지않게 중요하다고 생각했다. 그녀는 지금까지 가르치던 수학 대신 일상생활 기술을 체계적으로 연구하여 가르치기 시작했다(Davidow, 1960). 이러한 노력의 결과로 일상생활 기술은 시각장애 학생의 교육과정의 한 영역으로 자리를 잡게 되었다. 일상생활 기술이 시각장애인에게 중요하다는 것이 입증되자 미국, 영국 등 세계 여러 나라에서는 시각장애아 교사, 시각장애 재활교사, 시각장애 재활상담사, 보행교사 및 저시력 치료사를 양성하는 교육과정에 일상생활 기술을 필수과목으로 이수하도록 했다(임안수, 1999).

우리나라에서도 1960년대 초부터 맹학교에서 단편적이나마 식사하기, 옷 입기, 세탁하기, 음식물 조리하기 등을 여러 교과를 통하여 지도하고 있었으나 일상생활 기술이라는 교과목으로 맹학교 교육과정에 편성되지 않았다. 그러나 1983년 제4차 맹학교 교육과정을 개정하면서 '생활적응 활동'이 교육과정에 추가되었고, 그 하위 영역으로 '일상생활 기술'과 '보행 기술'이 포함되었다(문교부, 1983). 그러나 세계 여러 나라에서는 일상생활 기술과 보행 기술을 생활적응 활동에 포함시키지 않았고 그 의미 역시 잘못된 것이기 때문에 제7차 특수학교 교육과정에서는 생활적응 활동에서 일상생활 훈련과 보행 훈련을 각각 독립시켰다(교육부, 1998). 그러나 일상생활 훈련과 보행 훈련을 치료교육에 포함시킴으로써, 두 가지 문제점이 발생하게 되었다. 그중 하나는 시각장애 학교 치료교사가 보행 기술과 일상생활 기술을 가르치게 되어 그 결과 치료교사가 중복 시각장애 학생에게 물리치료, 작업치료 및 언어치료를 가르칠 수 없게 된 것이다. 또 다른 하나는 일상생활 기술이 포함되어 있는 관련 교과 교사들이 일상생활 기술을 능동적으로 가르치기보다 치료교사에게 의뢰하는 경우가 많아졌다. 교육부는 1998년 11월부터 1999년 12월까지 『일상생활 훈련 지도서』 1권과 『프로그램』(보완교재) 4권을 CD-ROM으로 개발 · 제작한 뒤 맹학교 현장에 보급하여 교사들이 쉽게 사용할 수 있도록 했다(임안수 외, 2000).

2) 일상생활 기술의 성격

일상생활 기술은 시력의 상실로 발생하는 의존성을 최소화하고, 생산적이고 독립적이며 행복한 삶을 영위할 수 있도록 돕는 교과로 다음과 같은 몇 가지 특성을 갖고 있다.

첫째, 일상생활 기술은 확대 기본 교육과정의 하나이다. 즉, 일상생활 기술은 시각장애로 인하여 발생하는 독특한 요구를 충족시키기 위한 확대 기본 교육과정(expanded core curriculum)에 속한다.

둘째, 일상생활 기술은 통합교과의 성격을 갖고 있다. 일상생활 기술은 담임교사나 치료교사가 단독으로 지도하는 것이 아니라 팀을 구성하여 지도하는 것이 바람직하다. 즉 일상생활 기술은 담임교사는 물론 가정교사, 보건교사, 체육교사, 직업 · 보도교사, 기숙사의 보육사, 부모 등이 협력하여 지도한다. 음식물을 조리하고 옷을 세탁하고 관리하는 기술은 가정교사가, 여성의 생리와 관련된 기술은 보건교사가 지도하는 것이 바람직하다. 그리고 대부분의 일상생활 기술은 가정이나 기숙사에서 이루어지기 때문에 부모나 보육사 및 사감 선생님의 관심 속에서 지도가 이루어져야 한다.

셋째, 일상생활 기술은 실기 실습의 성격을 갖고 있다. 대부분의 내용이 일상생활에서 필요한 기술이기 때문에 이론적 측면보다 실습 위주로 지도하는 것이 바람직하다.

2 일상생활 기술의 목표와 내용

1) 목표

일상생활에 필요한 지식과 기술을 익혀 가정과 학교 그리고 사회에서 안전하고 독립적인 생활을 영위하도록 한다. 제7차 특수학교 교육과정에 제시된 일상생활 기술의 목표는 다음과 같다.

① 일상생활 기술의 중요성을 알고 바른 생활습관을 갖는다.
② 보건위생 생활로 건강한 신체를 유지한다.

③ 일상생활에 필요한 개인생활 및 사회생활 기술을 익혀 자립적으로 생활한다 (교육부, 1999).

2) 내용

일상생활 훈련의 영역은 식생활, 의생활, 건강 · 위생생활, 가정 · 사회생활로 구성되어 있다. 그 하위 영역은 〈표 15-1〉과 같다.

〈표 15-1〉 내용 체계

영 역	기 능	
식생활	• 식사도구의 사용 • 외식 • 조리 준비 • 상 차리기	• 음식 먹기 • 주방기기 사용 • 음식 조리 • 설거지
의생활	• 의복 선택 • 의복 관리 • 세탁	• 의복 착용 • 의복 손질
건강 · 위생생활	• 신체 청결 유지 • 응급 처치 • 생리 처리	• 화장실 사용 • 건강 관리
가정 · 사회생활	• 가사 돕기 • 손님 접대 • 구난 사태 대처 • 공공시설 이용	• 청소 • 가정의례 참여 • 근검절약 • 통신수단 이용

3) 지도계획 작성

일상생활 기술을 효과적으로 지도하기 위하여 맹학생, 저시력 학생, 중복 시각장애 학생에게 알맞은 지도 목표를 설정하고, 목표를 달성하기 위한 구체적인 지도 내용을 선정한다.

일상생활 기술을 향상시키기 위한 자료, 지도 방법, 학생의 개인적 욕구와 능력, 지도 장소 등의 요인을 고려하여 지도계획을 작성한다. 지도계획에는 저시력 학생의 시효율성을 증가시키기 위하여 다음과 같은 방법을 고려한다.

첫째, 자료와 배경과의 대비를 높인다. 즉, 밝은색 배경에 짙은 색 자료를 사용한다.

둘째, 특정과제를 수행할 때, 각 학생에게 알맞은 조명을 고려한다. 예를 들면, 너무 밝은 스탠드를 사용하지 않거나 눈부심을 주는 빛을 마주하고 앉지 않도록 한다.

셋째, 보는 목적에 따라 물건의 위치나 거리를 변경한다. 예를 들면, 물건 전체가 시야에 들어오도록 하기 위하여 멀리 떨어져 앉게 하고, 물건을 자세히 보도록 하기 위하여 물건을 가까이 가져다 보도록 한다. 또한 높낮이를 조절할 수 있는 책상을 사용하도록 한다.

넷째, 근거리나 원거리에서 볼 수 있도록 저시력 기구를 제공한다(예: 안경, 콘택트렌즈, 스탠드 확대경, 손잡이형 확대경, 망원경 등).

다섯째, 혼동을 최소화하고 장해물을 감소시키기 위하여 환경을 재구성한다. 즉 물건 사이에 간격을 두고 다니기 편리하도록 가구를 재배치한다.

여섯째, 화면을 확대시킬 수 있는 특정 컴퓨터 소프트웨어와 하드웨어를 사용하게 한다.

지도계획을 세울 때 교사는 기술을 수정하거나 새로 선정할 수 있는데, 이때 다음과 같은 사항을 고려해야 한다.

① 그 기술이 일상생활에 중요한가?
② 그 기술이 학생의 생활의 질을 향상시킬 수 있는가?
③ 학생이 그 기술을 학습하기를 원하는가?
④ 가족은 그 기술에 높은 우선순위를 두는가?
⑤ 그 기술은 안전하고 학생의 생활에 반드시 필요한가?
⑥ 학생이 그 기술을 학습하지 않으면 다른 사람이 학생을 위하여 그 기술을 수행해야 하는가?
⑦ 그 기술은 학생이 사회화하는 데 중요한가?
⑧ 그 기술은 학생의 생활연령에 적합한가?
⑨ 학생이 그 기술을 수행하는 데 어느 정도의 시간이 걸리는가?
⑩ 학생은 그 기술을 학습하는 데 필요한 지적 · 신체적 능력을 갖고 있는가?

3 지도 방법

1) 식생활

(1) 식사하기

시각장애 학생이 자신감 있고 편안한 마음으로 다른 사람과 식사하기 위해서는 식탁 예절에 대한 충분한 교육과 연습이 필요하다. 일찍부터 이와 관련하여 계속적인 교육이 이루어지지 않으면 식사하기는 시각장애 학생에게 어려울 수 있다. 시각장애 학생이 자신의 연령에 적합하지 않은 방법으로 식사를 한다면 즐겁지 않을 것이고, 수치심을 느낄 수도 있다(Mangold, 1980). 부모는 가족과 함께 식사할 때 시각장애 자녀에게 식사법을 가르치기 위한 학습 시간으로 활용하는 것이 좋다.

식사하기 기술 가운데는 정안인이 사용하는 법과 동일한 것도 있고, 시각장애 학생을 위하여 수정해야 할 것도 있다. 식탁에는 국이나 찌개가 나온다. 국은 개인별로 주므로 별 문제가 되지 않으나 찌개는 다 함께 냄비에 담아 먹는 형태여서 시각장애 아동이 수저로 떠올 때 흘리기 쉬우므로 찌개를 따로 덜어 주는 것이 좋다. 젓가락으로 김치, 콩자반, 멸치볶음, 잘게 썬 포 종류, 콩나물 등을 집을 때 흘리기 쉬우므로 다른 접시에 여러 가지 반찬을 골고루 담아 주고 젓가락 끝으로 반찬의 위치를 짚어 보게 한다. 특히 찌개를 먹을 때 음식물이 옷에 튀지 않도록 냅킨을 사용하도록 한다.

양식을 먹을 때, 정안인은 삶은 콩, 강냉이, 젤리가 들어 있는 야채샐러드의 경우 포크의 끝을 음식물 밑에 넣어 들어 올린다. 그러나 시각장애 학생은 접시 밖으로 떨어뜨리지 않고 음식을 들어 올리기가 쉽지 않으므로 음식물이 밀려 나가지 않도록 빵이나 나이프로 막으면서 포크로 들어 올리는 연습을 하게 한다. 접시에 있는 음식의 위치를 알기 위하여 포크를 수평으로 들고 시계 방향으로 옮겨 가면서 접시에 담겨 있는 음식을 가볍게 건드려 봄으로써 어떤 음식이 어디에 있는가를 알게 한다. 그리고 그릇에 물이나 음식이 어느 정도 들어 있는가는 컵을 들어 보아 그 무게로 판단한다. 고기와 다른 음식을 먹기 좋은 크기로 자르는 연습은 고무흙을 가지고 연습한 후 실제 음식물을 자르게 한다.

(2) 음식 만들기

음식 만들기에 관한 학습은 일상생활의 일부로 가정에서 시작한다. 대부분의 아동들은 어머니가 식사 준비를 하는 동안 냄비, 팬, 접시, 컵, 스푼 등을 가지고 놀기를 좋아한다. 부모는 취학 전 시각장애 아동에게 주방기구에 대하여 학습할 기회를 주고 냄새, 소리, 조리 활동을 식사와 연계시켜 설명한다.

부모는 시각장애아를 시장에 데리고 가서 식품을 만져 보고 변별하게 하고, 식품의 특색을 알려 준다. 초등학교 고학년 학생에게는 식품의 무게와 가격을 알려 준다.

시장에서 사 온 식품을 분류하여 보관할 때, 시각장애 아동에게 어떤 식품은 냉장고에 넣고, 어떤 식품은 냉동실에 넣으며, 어떤 식품은 마른 채로 보관해야 하는지를 알려 준다. 아동이 읽기와 쓰기를 학습한 후에는 통조림에 점자로 써 붙이도록 한다.

아동이 성장기에 이러한 경험을 하지 못하면 나중에 한꺼번에 배우기 어렵다. 기숙사 생활을 하는 학생도 마찬가지로 교육을 받을 수 있어야 한다.

아동이 음식 만들기를 배울 때, 불이나 끓는 물에 화상을 입거나 칼에 베지 않을까 걱정한다. 이러한 두려움을 없애기 위하여 안전한 방법으로 조리할 수 있을 때까지 계속적으로 지도한다.

2) 의생활

(1) 의복 관리

정안 학생은 매스컴이나 다른 미디어를 통하여 의복에 관한 정보를 얻을 수 있다. 그러나 시각장애 학생은 자신에게 어울리는 옷의 색깔과 모양을 선택하는 데 많은 어려움을 겪는다. 시각장애 학생도 활동이나 날씨에 따라 적합한 옷을 선택하여 입을 수 있어야 한다. 또한 본인이 좋아하고 나이에 적합한 옷을 선택할 수 있도록 지도한다.

적합한 옷을 선택하는 것은 시각장애 학생이 사회에 통합되는 데 중요하다. 너무 유행에 뒤떨어지지 않고 자신에게 어울리는 옷을 입도록 하여 다른 사람에게 이상하게 보이지 않도록 한다.

옷의 선택과 함께 자신의 옷을 관리할 수도 있어야 한다. 의복 관리에는 세탁기 사용하기, 옷 분류하기, 손세탁, 말리기, 옷 개기, 옷 걸기와 정리하기, 옷 수선하기 등이 포함된다. 학생은 자신의 옷을 종류에 따라 일정한 곳에 걸어 두고, 세탁물을 분류하며, 목욕 후 수건, 의복, 양말, 앞치마 등을 분리하여 세탁할 수 있도록 지도한다.

시각장애로 색깔을 구별할 수 없을 경우, 옷의 색깔을 점자로 써 붙여 그 옷의 색깔을 구분하고 혼자서 분류하여, 색깔을 맞추어 입도록 한다(임안수 외, 1997).

시각장애인을 위한 휴대용 인쇄물 음성변환출력기(보이스 아이 라이프, [그림 15-1] 참조)가 개발되어 물건이나 상품을 확인할 수 있는데 옷에 음성으로 녹음한 바를 붙여 놓으면 자신이 필요한 옷을 찾아 입을 수 있다.

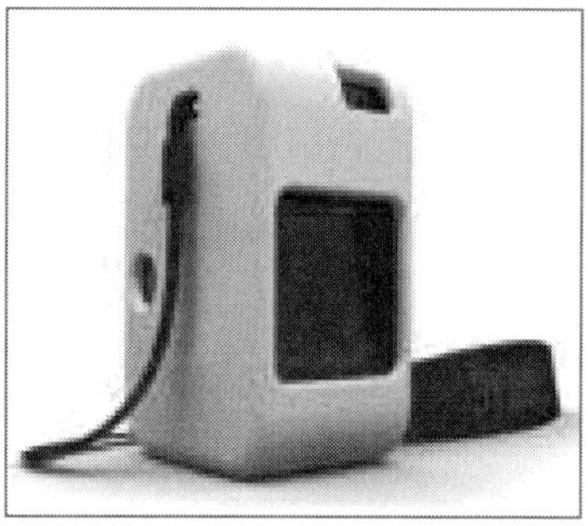

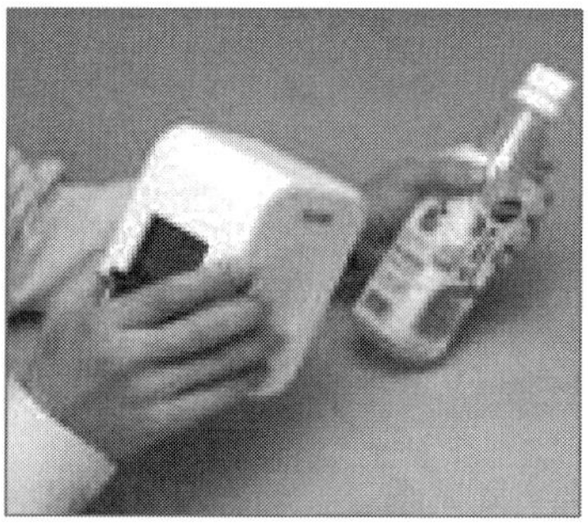

[그림 15-1] 보이스 아이 라이프

출처: 에이디정보통신(2008). 보이스 아이 라이프.

(2) 바느질하기

시각장애 학생은 바늘에 실을 끼워 단추를 달고, 단을 박는 것과 같은 간단한 바느질을 할 수 있다. 실의 길이를 재어 실을 끊고, 매듭을 만들고, 손으로 정확하게 단추와 단추 구멍의 위치를 찾아서 꿰맨다. 또한 천의 안쪽과 바깥쪽을 찾아 단을 정확하게 표시하여 접은 후 핀으로 고정시키고, 단을 꿰맨다.

학생이 바느질에 흥미를 가질 경우 재봉틀을 사용하여 옷을 만들도록 한다. 이때 그들에게 적합한 방법이 필요하다. 시각장애 학생은 본을 사용하여 옷감을 마르고, 핀으로 고정시킨 후 천을 그에 맞추어 재단하여 재봉틀로 박는다. 저시력 학생이 바느질하는 경우에는 선명한 색깔 대비가 도움이 된다.

3) 건강 · 위생 생활

자신의 몸을 깨끗하게 하는 것은 매우 중요하다. 사회는 깨끗하고 단정한 사람을 요구하므로 시각장애 학생도 어릴 때부터 위생 관념을 가지고 몸과 주변을 깨끗하게 유지하도록 지도한다.

4) 가정 · 사회 생활

(1) 정리 정돈

기초적인 정리 정돈은 부모와 교사의 교육을 통하여 습득된다. 아동은 장난감, 책, 의복을 보관하는 방법을 배우고 필요할 때 찾을 수 있도록 물건을 제자리에 두는 정리성을 기르도록 한다. 정리성은 정안 아동보다 시각장애 아동에게 더욱 중요하다. 시각장애 아동은 방에 들어가 장난감, 책, 옷 등을 눈으로 보고 찾을 수 없으므로, 시각장애 아동에게 정리성을 길러 주는 것은 가족은 물론 주변 사람들에게도 편리하다.

(2) 집안일하기

퓨즈를 바꿔 끼고, 못을 박고, 그림이나 액자를 벽에 걸고, 커튼을 달고, 나사를 조이며, 전구를 끼우는 것과 같은 간단한 집안일은 시각장애 아동 스스로 할 수 있어야 한다. 교사는 부모를 설득하여 시각장애 아동을 집안의 모든 일에 참가시키고, 각 활동을 성취하도록 돕는다.

(3) 돈 관리

시각장애 학생은 크기, 무게, 가장자리의 특징으로 동전을 정확하게 구별할 수 있다. 시각장애 학생이 돈을 세고 거슬러 주는 연습을 할 때는 실제의 동전과 지폐를 사용한다.

시각장애 아동이 지폐를 사용하는 방법에는 여러 가지가 있다. 손으로 지폐의 크기를 구별하여 사용하는 방법이 있고, 천원 · 오천원 · 만원권 지폐를 구별하여 다른 주머니에 넣어 두는 방법도 있으며, 지폐의 종류에 따라 다르게 접어서 사용하는 방법도 있다. 일반적으로 시각장애 아동은 정안인의 정직성을 믿고 사용하는 경우가 많다. 사용 방법이 일관성 있고, 효율적일 때는 굳이 방법을 바꾸지 않아도 된다.

(4) 장보기

시각장애 학생은 물건을 사고 돈을 지불하며, 과자나 음료수 등의 가격과 음식물, 의복 그 밖의 물건의 구입처를 배우고, 물건의 가격을 평가하는 등 현명한 소비자의 역할도 한다.

부모는 시각장애 학생에게 수행할 과제를 주고 용돈을 주어, 그들이 일하고, 책임지며, 물건을 사기 위하여 돈을 저축하고, 가족과 친구에게 줄 선물을 구입할 수 있도록 지도한다.

시각장애 학생은 동네 가게에 익숙해지고, 독립보행을 하게 되면 물건을 구매하는 심부름을 하거나, 자신이 직접 물건을 구별하고, 의복을 고르고, 액세서리도 선택할 수 있도록 한다.

(5) 전화 사용

시각장애 아동에게 전화를 사용하여 부모, 가족, 친구들과 이야기하도록 한다. 공중전화 카드를 사용하는 방법과 지역번호를 포함한 전화번호를 사용하여 전화하는 방법을 가르친다. 휴대전화의 올바른 사용 방법과 그에 따른 예절도 가르쳐야 한다. 또한 정보를 수집하고 중요한 사실을 정확하게 기록하기 위하여 전화를 사용할 줄도 알아야 한다. 예를 들면, 시각장애 학생은 영화나 운동경기 시간, 기차의 출발과 도착시간 등과 같은 정보를 전화나 인터넷으로 얻을 수 있고, 점자 전화번호부를 사용하여 각종 정보를 이용할 수 있다. 어느 경우에도 예절 바른 전화 사용법을 아는 것이 중요하다.

교사는 시각장애 학생에게 일상생활 기술을 가르치기 위하여 학생의 장단점을 관찰하고, 지도 목표를 세워 개별화 교육 프로그램으로 통합하여 지도하며, 이때 부모와 협력하도록 한다.

4 지도 및 평가상의 유의점

1) 지도상의 유의점

① 일상생활 기술을 지도할 때는 학생 개개인을 존중해야 한다. 즉, 각 학생의 능력이나 개인차를 인정하고, 사생활에 대한 권리를 존중하며, 편견이 없고 정확한 정보를 제공하여 학생이 자유로운 분위기에서 자신의 의견을 표현하고 실천할 수 있도록 돕는다.

② 교사는 유연성과 인내심을 갖고 창의적인 방법으로 지도한다. 또한 특정 지도 방법이 어떤 결과로 나타나고 학생에게 어떤 영향을 주는지를 지속적으로 연구한다. 교사에게 가장 쉬운 지도 방법이 학생에게는 가장 어려운 학습 방법이 될 수도 있다. 따라서 학생을 지도할 때는 도움을 최소화하는 것이 더 유용한 방법일 수 있다.

③ 교사는 학생이 설명이나 모델을 통하여 학습목표를 수행할 수 없을 때 학생의 손을 잡고 지도한다.

④ 교사의 시범, 행동, 절차를 볼 수 있는 저시력 학생은 가장 잘 볼 수 있는 거리, 알맞은 조명, 물건과 배경 사이의 대비를 높여 잘 볼 수 있도록 한 후에 지도한다. 과제가 너무 복잡한 경우에는 촉각 관찰에 어려움이 있으므로 교사는 시범을 반복하거나 천천히 하면서, 행동을 정지한 상태에서 손으로 만져 볼 수 있도록 한다.

⑤ 자료를 알맞게 변형하여 지도한다. 자료나 환경을 개작하거나 변형하는 이유는 시각장애 학생이 학습 활동에 참가하여 그 활동을 효과적으로 수행하기 위한 것이므로 모든 자료를 개작할 필요는 없다. 예를 들면, 오븐에 있는 다이얼에 촉각 표시를 하는 것이 불필요할 수도 있다. 시각장애 학생이 다이얼의 클릭 소리를 듣고 열의 온도를 맞출 수 있다면 반드시 촉각 표시를 할 필요는 없다.

⑥ 교사가 시각장애를 직접 경험하기 위하여 안대를 착용하여 그 활동을 수행해 보고 어느 부분이 수행하기 어려운지 파악하여 개작하거나 변형할 부분을 찾아본다. 또한 교사는 개작하는 데 가장 좋은 방법을 결정하기 위하여 시각장애 학생이 그 활동을 수행하는 것을 관찰한다.

⑦ 저시력 학생들 가운데는 시청각 자료를 잘 볼 수 있는 학생도 있다. 이러한 학

생에게는 일상생활 기술용으로 비디오를 제작하여 제공하는 것도 좋다. 이와 같이 일상생활 기술과 관계되는 많은 자료를 수집하여 사용한다.

⑧ 일상생활 기술을 지도할 때 가능하다면 실물을 사용하는 것이 가장 좋다. 그러나 실물의 사용이 어려워 모형을 사용할 경우에는 크기, 촉감, 또는 다른 특징에서 실물과 같은 모형을 사용한다. 또한 모형에 따라 확대하거나 축소할 경우에는 그 비율을 일정하게 맞추어 제작한 모형을 사용한다. 실물과 모형 사이에 차이가 있다면 차이점을 구체적으로 설명한다.

⑨ 일상생활 기술을 지도할 때는 효율성과 안전성을 고려한다. 일상생활 기술을 수행할 때는 칼과 같은 위험한 기구를 사용하거나 예상치 못한 위험에 직면할 수도 있으므로 항상 안전에 세심한 주의를 기울인다.

⑩ 일상생활 기술을 지도할 때는 그 기술이 왜 필요한가를 설명하여 학생이 주도적으로 어려움을 해결할 수 있도록 하고 그 기술을 창조적으로 변형하고 개작하여 활용하도록 한다.

2) 평가상의 유의점

① 일상생활 기술의 평가는 각 영역별 평가를 기초로 전체적인 측면에서 심신의 조화로운 발달을 평가할 수 있도록 한다.

② 교사는 시각장애 학생의 안과 보고서, 기능시력 평가, 심리 평가 등을 고려하고 부모와의 면담을 통하여 종합적인 정보를 기초로 평가한다.

③ 시각장애 학생의 일상생활 기술을 평가하기 위한 표준화 검사가 거의 없으므로 지도 내용의 도입 · 전개 · 종결과정에서 단계별 평가가 이루어지도록 하고, 평가 결과는 다음의 지도계획 작성에 참고한다.

④ 교사는 평가 결과를 기록하기 위하여 평가지를 사용하고 학생이 특정 장소에서 지속적으로 해당 기술을 수행할 수 있을 때, 기술의 평가 결과를 '상(上)'으로 줄 수 있다. 팀의 다른 구성원이 학생의 수행 능력을 정확히 평가하지 못하면, 교사는 학생에게 해당 기술을 몇 차례 수행할 수 있는 기회를 제공한다.

처음 평가를 마친 후 팀은 학생과 정보를 교환하는 방법을 모색한다. 학생의 강점과 약점에 관하여 토론하는 것은 도움이 될 수 있다.

5 지도의 실제

1) 보완교재(프로그램)의 활용

일상생활 훈련에서 보완교재의 각 제재별 프로그램은 전면과 후면으로 구성되어 있다. 전면에는 자료 번호, 작성 연월일, 보완 · 작성자, 영역, 단원, 주제, 제재, 학습목표, 학습 단계, 교수-학습 활동, 자료 및 유의점, 보완 사항 그리고 형성평가를 작성할 수 있도록 하였다. 프로그램의 후면에는 전면에 있는 제재의 학습목표를 달성하는 데 참고가 될 만한 그림, 사진, 기타 자료를 제시하고, 이 자료들을 복사하여 사용하거나, 확대 · 축소가 가능하도록 한다. 특히 이 프로그램은 학교 현장에서는 수업의 세안에 해당되는 자료가 될 수 있으나 개별 학생의 특성을 고려하지 않고 작성된 프로그램으로서 '보완 사항' 난을 여백으로 처리한다.

보완 사항에는 일상생활 기술의 제재를 지도할 교사가 각 학생의 특성을 고려하여 필요한 교수-학습 활동이나 학습자료 및 유의점, 형성평가를 기록할 수 있으며, 프로그램 지도과정에서 발견된 사실이나 적용 후의 필요한 사항을 기록할 수 있다. 따라서 보완 사항은 지도 교사의 활용난이라고 할 수 있다. 또한 보완 사항의 활용으로, 지도 전의 보완 사항은 검정색 글씨로 직접 쓰거나 컴퓨터로 작성할 수 있고, 지도 후의 보완 사항은 검정색이 아닌 다른 색으로 작성하면 그 지도과정이 더욱 분명해질 것이다. 〈표 15-2〉는 일상생활 훈련 보완교재(프로그램)의 식생활 기능 가운데 한 가지 예를 제시한 것이다(임안수 외, 2000).

〈표 15-2〉 식생활 기능 프로그램

<table>
<tr><td>자료
번호</td><td colspan="2">8 1 0 1 0</td><td colspan="5">200 . . . 보완 · 작성자 : 교사 인</td></tr>
<tr><td>영역</td><td>식생활
기능</td><td>단원</td><td>식사도구
사용 기능</td><td>주제</td><td>기타 식사도구
사용하기</td><td>제재</td><td>컵에
물 따르기</td></tr>
<tr><td>학습
목표</td><td colspan="7">물 따르는 방법을 알고 물을 따를 수 있다.</td></tr>
<tr><td>학습
단계</td><td colspan="5">교수-학습 활동</td><td colspan="1">자료 및 유의점</td><td>보완
사항</td></tr>
<tr><td>액체
수위
인지기
사용법
알기</td><td colspan="5">○ 액체 수위 인지기를 이용하여 컵에 물 따르기
• 액체 수위 인지기의 특성을 안다.
• 액체 수위 인지기를 컵 가장자리에 끼운다.
• 한 손으로 컵을 잡는다.
• 컵을 잡지 않은 손으로 주전자를 잡는다.
• 주전자의 물 따르는 부분이 1cm 정도 컵 안으로 들어가도록 가장자리에 갖다 댄다.
• 주전자의 물 따르는 부분을 컵 가장자리에 댄 채 오른쪽 팔꿈치를 서서히 들어 올리며 천천히 물을 따른다.
• '삑' 소리가 나면 물 따르기를 멈춘다.</td><td>• 컵
• 액체 수위 인지기
• 주전자

• 액체 수위 인지기의 건전지 부분을 물 속에 넣지 않도록 한다.</td><td></td></tr>
<tr><td>물
따르는
방법
알기</td><td colspan="5">○ 일반 컵에 물 따르기
• 한 손으로 컵 가장자리 밑 1, 2cm 정도에 집게손가락이 닿도록 컵을 감싸 쥔다.
• 다른 손으로 주전자를 잡는다.
• 주전자의 물 따르는 부분이 1cm 정도 컵 안으로 들어가도록 가장자리에 댄다.
• 주전자의 물 따르는 부분을 컵 가장자리에 댄 채 서서히 들어 올리며 물을 따른다.
• 천천히 물을 따르면서 컵 속의 물의 양을 인지한다.
-소리로 인지한다: 처음 따를 때의 소리와 물이 차면서 나는 소리를 변별한다.
-무게로 인지한다: 처음의 무게와 물이 차면서 변하는 무게를 변별한다.
-손가락으로 인지한다: 물이 채워짐에 따라 컵을 감싸 쥐고 있는 손의 감각으로 인지한다.
• 컵에 일정한 양의 물을 따른 뒤, 물 따르기를 멈춘다.
• 따른 물의 양을 확인한다.</td><td>• 찬물이나 더운물로 따르기를 하여 손가락의 인지도를 높이도록 한다.

• 너무 뜨거운 물은 위험하므로 사용하지 않도록 한다.</td><td></td></tr>
<tr><td>형성
평가</td><td colspan="7">• 액체 수위 인지기를 이용하여 컵에 물을 따를 수 있는가?
• 주전자의 물을 컵에 따를 수 있는가?</td></tr>
</table>

〈표 15-2〉 계속

1. 지도상의 유의점
   (1) 컵 속의 물의 양을 인지하는 방법 중 소리로 인지하는 것과 무게로 인지하는 것 등은 반복 훈련을 통해서 습득하도록 한다.
   (2) 뜨거운 물을 따를 때는 화상을 입지 않도록 주의를 준다.
   (3) 손가락을 컵 안으로 넣지 않도록 한다.
   (4) 액체 수위 인지기를 실생활에 이용하도록 한다.

2. 손가락으로 물 높이 인지하기

   (1) 컵 가장자리 1, 2㎝ 아래에 집게손가락이 닿도록 컵을 감싸 쥔다.
   (2) 컵에 물이 채워짐에 따라 손가락으로 물 높이를 인지한다.
   (3) 미지근한 물보다 뜨거운 물이나 차가운 물을 따를 때 인지하기 쉽다.

3. 액체 수위 인지기

   (1) 컵 가장자리에 끼우고 사용한다.
   (2) 물이 액체 수위 인지기의 끝 부분에 닿으면 소리가 난다.
   (3) 시각장애인들이 사용하기에 편리하다.
   (4) 건전지를 넣어 사용한다.

〈표 15-2〉 계속

<table>
<tr><td colspan="8">식생활 기능 성취 기준</td></tr>
<tr><td colspan="2">1차
판정 일시</td><td>200 . . .</td><td>2차
판정 일시</td><td>200 . . .</td><td colspan="2">판정자</td><td>인</td></tr>
<tr><td rowspan="2">자료
번호</td><td rowspan="2">제재명</td><td colspan="3">성 취 기 준</td><td rowspan="2">1차
판정</td><td rowspan="2">2차
판정</td><td rowspan="2">판정 의견</td></tr>
<tr><td>상 (3)</td><td>중 (2)</td><td>하 (1)</td></tr>
<tr><td>81010</td><td>컵에
물
따르기</td><td>• 액체 수위 인지기를 이용하여 컵에 물을 따를 수 있다.

• 주전자의 물을 흘리지 않고 컵에 따를 수 있다.</td><td>• 액체 수위 인지기를 이용하여 컵에 물을 따를 수 있다.

• 도움을 받아 컵에 일정한 양의 물을 따를 수 있다.</td><td>• 도움을 받아 컵에 물을 따를 수 있다.</td><td></td><td></td><td></td></tr>
</table>

학·습·문·제

1. 일상생활 기술의 특성을 설명하고, 일상생활 기술을 지도하기 위하여 팀을 어떻게 구성하는 것이 좋은가 토론하여 보시오.

2. 일상생활 기술을 잘 수행하는 학생과 일상생활 기술을 잘 수행하지 못하는 학생을 각각 한 명씩 선정하고, 두 학생의 차이점을 관찰한 뒤 그 원인을 조사하시오.

3. 시각장애 학생에게 양식 식사하기를 지도하는 방법에 관하여 설명하시오.

4. 초등학교 3, 4학년 학생 중 의복 관리를 잘하는 학생과 잘 못하는 학생을 관찰하여, 두 학생의 차이점을 비교하시오.

5. 시각장애 학생이 돈을 관리하는 방법을 조사한 뒤 효과적인 방법을 기록하시오.

제 16 장

사회적 기술

1 상동화 행동

1) 상동화 행동의 개념

시각장애 학생 중에는 몸을 흔들고, 머리를 내저으며, 눈을 비비는 등 사회적으로 부적절한 행동을 하는 경우가 있는데, 이러한 행동을 맹인의 매너리즘(mannerisms of the blind) 또는 맹인벽(blindisms)이라고 칭했다. 그러나 이 같은 행동이 자폐아, 정신지체아 등 다른 장애 아동에게서도 발견되기 때문에 맹인의 매너리즘 또는 맹인벽이라는 용어가 부적합하여 상동화 행동(stereotyped behavior)이라고 부르게 되었다.

2) 교사의 고려사항

시각장애 아동의 상동화 행동은 다른 사람에게 부정적인 영향을 줄 수 있다. 예를 들면, 시각장애 아동이 계속 눈을 비벼 눈 주위가 빨갛게 충혈되면 다른 사람에게 좋지 못한 인상을 주게 된다. 또한 부모는 시각장애 아동의 상동화 행동을 보고 발달지체, 자폐증 또는 정서장애가 있는 것이 아닌가 하는 불안감을 갖게 된다. 시각장애 아동이 상동화 행동을 함으로써 다른 아동에게 놀림을 받고, 사회적으로 고립되며, 점차 환경으로부터 일탈하게 되고, 신체적 자해 행위도 하게 된다. 이러한 상동화 행동을 제거하기 위하여 교사는 그 행동의 빈도와 강도를 평가하고, 행동이 발생하는 시기, 원인, 결과 등은 물론 다음과 같은 사항을 고려해야 한다.

① 상동화 행동은 누구에게 영향을 주는가?
② 상동화 행동은 아동이 현실에서 도피하려는 것인가?
③ 아동이 상동화 행동을 할 때, 교사는 교수학습을 진행할 수 있는가?
④ 부모는 상동화 행동에 부정적으로 반응하는가?
⑤ 아동의 상동화 행동이 다른 아동과 상호작용하는 데 영향을 미치는가?
⑥ 상동화 행동을 할 때, 형제자매나 친구들이 두려워하는가?
⑦ 친구들이 시각장애 아동과 이야기하기를 싫어하는가?
⑧ 상동화 행동이 아동의 학습을 방해하는가?
⑨ 상동화 행동을 저지시키거나 소거시킨다면 더 해롭지 않은가?
⑩ 교사가 개입할 경우 어떤 결과가 발생할 것인가?
⑪ 아동의 이해 수준은 어느 정도인가?
⑫ 교사는 아동의 상동화 행동을 합리화할 수 있는가?

3) 상동화 행동의 예방

시각장애 아동에게 적합한 감각 자극, 보행과 사회적 기술, 신체적 활동, 다양한 환경과의 접촉 등의 기회를 제공하면 상동화 행동을 예방할 수 있다. Sandlerm(1963)는 반복적으로 몸을 흔드는 아동에게 흔들의자나 그네를 사용하도록 했고, Eichel (1979)도 상동화 행동을 하는 시각장애아가 그네를 탈 때 몸을 흔들지 않는다는 것을 관찰하고, 반복적인 상동화 행동을 감소시키기 위해서는 의미 있는 활동으로 전환시켜야 한다고 주장했다. 예를 들면, 손바닥을 치는 아동에게 실로폰과 같은 타악기를 치도록 하는 것이다.

아동에게 적합한 조기교육 프로그램을 제공하고, 여러 가지 활동에 참가하게 하며, 장난감을 가지고 놀게 함으로써, 자기 자극 행동을 감소시킬 수 있다. 아동이 반복적인 상동화 행동을 할 때, 교사는 아동에게 그 행동이 자신과 다른 사람에게 어떤 영향을 주는가를 설명하여 다른 활동에 참가하도록 유도한다(Ferrell, 1984). 이러한 부적합한 행동을 교정하고 적합한 행동을 하게 하려면 지속적인 지도와 강화가 필요하다.

중도에 실명한 학생은 선천 맹아동과 같이 반복적인 상동화 행동을 발달시키지 않으나 과거에 습득한 제스처나 얼굴 표정 또는 신체어를 상실할 수 있으므로 제스처와 얼굴 표정을 유지하기 위하여 계속적인 노력을 하도록 격려한다.

4) 상동화 행동의 소거

부적합한 상동화 행동을 감소시키거나 소거시키기 위한 가장 일반적인 방법은 행동수정이다(Blasch, 1975). 행동수정에는 토큰 강화, 급우의 압력, 칭찬, 벌, 음식물 강화 등이 있다.

Eichel(1979)은 신체 부위별로 나타나는 상동화 행동을 분석한 결과, 그 신체 부위를 사용하여 대상행동을 해야 한다고 보았고, Chrisholm(1966)은 이완법으로 바람직하지 못한 행동을 의도적으로 과장하고 반복을 통하여 소거시켜야 한다고 주장했다. Igarashi(1971)는 아동이 환경에 흥미를 갖고 다양한 경험을 하도록 격려하는 것이 좋다고 했으며, Knight(1972)는 기초적인 동작과 보행교육을 실시하여 아동의 독립보행 기술을 증가시켜 그들의 접근성을 확대시켜야 한다고 제안했다. Holland (1971)는 다음과 같은 다섯 가지 방법을 제안했다.

① 내적 갈등과 불안에 의하여 상동화 행동을 할 때는 정신과 의사와 상담한다(Carroll, 1961).
② 사회적으로 수용될 수 있는 대상행동을 발달시킨다(Morse, 1965).
③ 아동이 신체 구조와 동작을 인식할 수 있도록 지도한다(Knight, 1971).
④ 아동에게 자신의 몸으로 표현하도록 한다.
⑤ 지속적으로 강화한다.

상동화 행동을 소거하는 것은 어려운 일로 부적합한 행동을 제거하기 위하여 교사와 부모는 아동의 욕구, 자아개념, 자기존중감을 이해하고, 시각장애 아동이 사회적 기술을 배워 상동화 행동을 제거해야 한다는 인식을 갖도록 지도한다.

2 비언어적 의사소통

Knapp(1978)은 비언어적 의사소통을 신체 동작이나 얼굴 표정, 신체적 특징, 접촉행동, 음성의 특징과 성음화, 공간, 미용, 환경 등으로 분류했다.

1) 신체 동작과 얼굴 표정

신체 동작에는 제스처, 몸 · 손 · 발 · 다리의 동작, 눈의 움직임, 얼굴 표정, 자세 등이 포함된다. 시각장애 학생은 비언어적 단서를 보고 해석하기 어렵지만 비언어적 단서를 전달하는 것은 물론 그 표현 방법도 배워야 한다. 예를 들면, 시각장애 학생이 비언어적 신호를 알 수 없다고 해도 그 신호를 전달하는 방법, 즉 도로를 횡단할 때까지 기다리는 운전기사에게 손을 흔들어 인사한다는 것을 알아야 한다. 정안 학생이 제스처를 사용하여 의사소통할 때, 시각장애 학생은 불편을 느낄 수 있으나 요점을 설명하고 강조하기 위하여 신체 동작을 사용하는 법을 습득하여 일상생활에서 활용할 수 있어야 한다.

신체 동작은 대화의 조절 수단으로도 사용된다. 예를 들면, 눈맞춤을 피하거나, 눈길을 돌리는 것, 좌석에서 자꾸 일어났다 앉았다 하는 행동은 상대방의 이야기에 흥미가 없거나 지루하다는 뜻으로 화자에게 전달된다. 시각장애 학생도 이러한 신호를 효과적으로 전달할 수 있어야 하지만 시각장애 학생은 신호가 어떤 의미로 전달되고 있는지 알지 못하므로 상대방의 흥미를 알기 위하여 질문하는 것도 좋은 방법이다.

감정을 표현하는 가장 일반적인 방법으로 얼굴 표정을 사용하지만 신체 동작도 사용할 수 있다. 고개를 숙이는 것은 슬픔을 의미하고, 머리를 치켜들고 빨리 걷는 것은 자신감의 표현으로 해석할 수 있다. 시각장애 학생이 상황에 적절한 감정을 신체 동작으로 정확하게 표현하지 못하면 잘못된 메시지를 전달할 수도 있다.

2) 신체적 특징

신체적 특징에는 체형이나 몸매, 몸과 입 냄새, 신장, 체중, 머리, 피부색 등이 포함된다. 사회는 외모, 건강, 위생 등에 큰 관심을 갖고 있고, 정안 학생은 다른 사람을 외모로 평가하는 경향이 있다. 시각장애 학생은 시력의 결여로 그와 같은 평가를 할 수 없으나 사람들이 외모로 자신을 평가한다는 것을 알고, 가능한 한 다른 사람에게 혐오감을 주지 않도록 외모에 관심을 가져야 한다.

3) 접촉행동

접촉행동에는 신체적 접촉이 포함되고, 사회는 여러 가지 신체적 접촉에 대하여 제한을 두고 있다. 그러므로 시각장애 학생은 언제, 어디서, 누구와 어떻게 접촉행동을 할 수 있는가를 알아야 한다.

4) 음성의 특징과 성음화

음성의 고저의 폭과 조절, 속도, 조음, 공명은 의미에 관한 정확한 단서를 제공한다. 성음화에는 웃음, 하품, 한숨, 기침, 신음, 목소리 고르기, 강한 억양과 같은 음성적 특질, '응~, 에~, 어~'와 같은 음성 단서들이 포함된다. 시각장애 학생은 얼굴 표정을 볼 수 없기 때문에 음성의 특징이나 성음화, 냉소, 두 가지 의미를 가진 표현, 성적 의미, 원래의 의도와 반대되는 것 등을 이해하기 어렵다. 그러므로 시각장애 학생에게 많은 기회를 통해 그 말이 어떻게 해석되는지, 또는 상황에 따라서 동일한 언어 표현이 어떻게 다르게 사용되는지 알게 한다. 동일한 어구를 다른 억양으로 표현하고 학생에게 그 진술의 의미를 설명하게 한다. 그리고 여러 가지 의미를 전달하기 위하여 다른 음성적 특징을 사용하여 같은 내용을 성음화하도록 한다.

5) 공간

공간학이란 개인적 · 사회적 공간의 사용과 지각에 관한 학문이다. 사람들은 개인적 공간을 설정하고 상황과 문화에 따라 다른 사람과 일정한 공간적 거리를 유지하려는 경향이 있다. 대부분의 사람들은 낯선 사람보다 친구와의 거리를 가깝게 유지한다. 낯선 사람이 너무 가까이 다가올 경우 불안을 느끼고 의사소통하기 어렵다. 시각장애 학생은 사회의 문화적 공간에 익숙하여야 하며, 교사는 시각장애 학생이 여러 상황과 대화의 성격에 따라 음성의 크기를 조절하는 것과 같은 경험을 할 수 있도록 한다.

6) 미용

미용은 비언어적 자극으로 중요하며, 여기에는 향수, 화장, 의복, 가발, 미용기구 등이 포함된다. 시각장애 학생은 미용법을 배우고, 사용하는 화장품의 양도 조절할 수 있어야 한다. 예를 들면, 많은 양의 로션이나 향수를 바르는 것은 오히려 부정적인 반응을 유발할 수 있기 때문이다.

7) 환경

환경에는 가구, 내부 장식, 조명, 향기, 색깔, 소리나 음악, 온도 등이 포함되며 이들은 개인의 의사소통에 영향을 주는 요인이다. 시각장애 학생은 이러한 요인에 관한 토론을 통하여 학습할 수 있다. 부모는 학생에게 집은 항상 청결해야 하고, 사람이 방에 들어올 때는 불을 켜도록 가르친다.

3 성교육

1) 성교육의 개념

성(gender)은 정신적 · 정서적 · 사회적 · 신체적 측면을 지닌 통합적인 개념으로(Selvin, 1979; Gendel, 1973), 신체적 표현 이상의 것으로 전인적인 기능을 한다. 성은 성적 행동과 활동에 참가하는 것은 물론 대화와 흥미 및 감정의 표현을 포함한 의사소통 과정이다(DeLoach, 1982).

Romano(1982)는 성을 각 개인의 남성다움과 여성다움을 표현하는 태도와 행동의 결합으로 보았다. 태도에는 자아상, 종교적 · 문화적 · 인종적 배경에 따른 가치와 기대, 개인의 사회적 가치와 기대가 포함되고, 행동에는 사회적 상호작용, 행동, 언어, 성에 대한 의식, 생식기 등이 포함된다.

부모, 교사, 가족, 친구 등은 시각장애 학생의 성적 발달에 영향을 미친다. 어떤 경우에는 학생의 도덕적 발달과 가치에 영향을 주고, 어떤 경우에는 신체적 특징에 관한 정보를 제공하며, 생리나 몽정으로 일어나는 공포를 해소시키기도 한다. 또 어떤 경우에는 신변 처리와 사회적 기술을 가르치고, 플라톤적 사랑과 성적 사랑의 차이를 이해하는 데 도움을 준다. 그리고 다음과 같은 성교육을 실시함으로써 성에 대한 시각장애 학생의 이해를 도울 수 있다.

① 성적 불안과 오해를 불식시킨다.
② 성과 관련된 신체적 · 정신적 · 정서적 · 사회적 과정에 대한 적합한 지식을 제공한다.
③ 대인관계에 필요한 성적 태도, 지식, 이해력을 발달시킨다.
④ 건강한 자아상을 발달시킨다.
⑤ 성적 선호도, 자기 보호에 대한 지식을 갖게 한다(Dickman, 1975).

2) 프로그램 계획의 고려사항

시각장애 학생의 성교육 프로그램을 계획할 때는 본질적 요인, 비본질적 요인, 실명 시기, 실명과정 등을 고려한다(Glass, 1984; Scholl, 1975).

본질적 요인에는 성격, 태도, 교육, 지적 능력, 중복장애의 유무 등이 포함되고, 비본질적 요인에는 가족, 부모의 결혼 상태, 환경, 사회적 · 지역적 · 종교적 · 문화적 영향 등이 포함된다. 실명 시기로는 출생 즉시 실명했는가, 성적 행동을 배우기 전에 실명했는가, 성적 행동이 형성된 뒤에 실명했는가 등이 중요하다. 실명과정에는 시각장애가 진행성인가 또는 안정성인가, 점진적인가 또는 돌발적인가, 다른 병을 앓고 있는가, 시각장애의 정도는 어느 수준인가 등이 문제가 된다. 그러므로 교사와 부모는 위의 네 가지 요인을 고려하여 정확한 성적 정보를 제공하는 것이 바람직하다.

건강한 성은 건강한 자아상에 영향을 준다(Glass, 1984). 출생 때 또는 사춘기 이전에 실명한 시각장애 아동이 적합한 단계를 거치지 않으면 부정적인 자아상과 성적 정체감이 결여된 채 성장할 수 있다. 그러나 사랑, 결혼, 부모가 된다는 기대 없이 어린이로 대우받는 시각장애아는 건강한 자아상과 성을 발달시키기 어렵다. 따라서 성교육의 내용은 가정생활, 인간발달, 보건교육 등과 통합되기도 하고 성교육 자체로 독립되기도 한다.

3) 시각장애아 성교육의 특성

3세 이후의 정안 아동은 부모, 자신, 형제, 자매, 친구의 신체적 특징을 비교할 수 있다. 그러나 맹아동은 이러한 경험을 하기 어렵고, 목욕탕이나 수영장에서 친구의 몸을 볼 수 없으며, 영화나 잡지, 인터넷 등에서 신체를 보는 경험을 할 수 없다. 이와 같이 맹아동의 가장 심각한 성적 학습 문제는 정보 접근의 문제이다(Warren, 1994).

시각장애 학생 역시 자신의 신체에 대하여 알고, 놀이를 통하여 또래의 신체나 동성의 신체를 만져 본 경험이 있을 것이다. 그러나 이성이나 성인의 신체에 대해서는 거의 알지 못할 확률이 높다(Selvin, 1979). 왜냐하면 다른 사람의 몸을 만지는 것은 사회적으로 허용되지 않기 때문이다. 시각장애 학생은 정확한 정보와 호기심의 결여로 성의 해부와 기능에 관한 잘못된 인식을 갖기 쉽다(Foulke & Uhde, 1975).

가족은 가장 의미 있는 역할 모델이지만 많은 가정에서 성교육을 소홀히 하고 있고, 특히 부모는 자녀가 시각장애 학생일 경우에 더 주저하는 경향이 있다(Torbett, 1975). 교사는 부모와 협력하여 조기에 성적 기관의 구조와 기능에 관한 학습을 실시해야 한다. 이러한 경험을 하지 못하면 시각장애아는 신체에 관한 해부학적 개념이 결여된다.

실물과 같은 인형을 교수학습 도구로 사용하는 것도 하나의 방법이지만 인형이나 모형은 사람과 같이 현실감을 주지 못한다. 그러므로 모형을 사용할 경우 그 크기는 실물 크기여야 하고, 사람과 같은 촉감을 주는 물질로 만든 것이어야 하며, 촉각으로 구별할 수 있도록 제작된 것이어야 한다. 현실감은 없지만 마네킹과 의과대학에서 사용하는 토르소(동체)를 사용할 수도 있다.

성과 관련된 내용으로 피임, 임신, 출산 등에 대하여 토론하고, 여학생들은 대개 11~14세에 생리를 시작하므로 생리를 시작하기 전의 위생은 물론 생리 현상을 이해하고, 생리 주기의 기록법, 생리대 사용법 등을 배워야 한다.

건강한 자아상에 본질적이고 굳건한 성적 주체성을 확립하는 것은 성교육의 초기 목적 가운데 하나이다. 시각장애 학생은 시자극에 대한 반응의 결여나 제한된 반응 때문에 성적 정체감을 확립하기 위하여 남성복과 여성복의 차이, 신장, 팔의 길이, 동작의 차이에 대해서도 학습한다. Neff(1975)는 성에 대한 시각장애 학생의 인식을 증진시키기 위하여 의복, 남녀의 신체, 남녀 인형의 옷의 차이를 조사하고, 남녀의 성적 차이를 실제처럼 표현한 조각품을 통하여 조사하기와 같은 활동을 하도록 건의했다.

또 하나의 목표는 발달적으로 적합한 성에 대한 어휘의 습득이다. 여기에는 정확한 용어가 포함된다. 무의미하고 단순한 말을 배우기보다 정확한 용어를 배우기가 쉽다. 사투리의 의미, 경멸적인 말의 의미, 여러 상황에 적합한 어휘와 부적합한 어휘의 사용 등을 함께 설명한다(Foulke & Uhde, 1975; Neff, 1982).

4 데이트

1) 데이트의 의미

청소년기는 폭풍의 시기이며, 자기 발견은 물론 자기 의문의 시기이다(Kent, 1983). 이성과 함께 시간을 나누고 싶은 욕망과 이성에 대한 매력, 사회적 압력에 대한 인식, 친구에게 인정받고 싶은 욕구 등은 이 시기에 고조된다. 누군가로부터 데이트 신청을 받고, 누구에게 데이트 신청을 하는 것은 시각장애 학생을 포함한 모든 청소년에게 중요하다. 데이트는 사회적 · 심리적 · 정서적 발달의 중요한 부분으로, 즐겁고, 재미있고, 들뜨게 하며, 긴장감을 유발하기도 한다.

시각장애 학생에게 데이트를 준비시키는 것은 아동기 이후 계속된다. 예를 들면, 상동화 행동이 예방되거나 소거되지 않으면 상대 이성은 이러한 행동에 매력을 잃게 되고, 그 결과 친구나 가능한 데이트 상대로 거부될 수 있다. 시각장애 학생이 부적합한 옷을 입거나 몸을 청결하게 하지 못하거나 예절이 바르지 못할 경우, 친구들은 시각장애 학생을 피하게 될 것이다. 그러므로 시각장애 학생은 데이트할 준비를 갖추기 위하여 모든 사회적 기술 영역에서 교육을 받아야 한다.

2) 데이트 상대의 선택

데이트를 신청하고 데이트를 하는 행동은 많은 비언어적 의사소통과 관계되며, 이러한 경우 눈과 얼굴 표정을 통하여 이루어지는 경우가 많다. 비언어적 행동은 상대방에게 데이트 상대로서 관심이 있는지를 말해 준다. 시각장애 학생은 비언어적 의사소통 방법을 배울 수 있으나 다른 사람들이 표현하는 비언어적 의사소통을 볼 수 없으므로 언어적 의사소통, 직접적인 신체 접촉, 친구로부터 얻은 정보 등에 의존한다. 이러한 이유로 시각장애 학생은 데이트 상대를 선택하고 접근하는 데 폭이 좁다(Lowenfeld, 1959). 정안 학생은 학교 운동장이나 식당에서 주위를 둘러보고 원하는 친구 옆으로 가서 비언어적 의사소통을 통하여 상대방의 긍정적인 반응을 시켜볼 수 있지만 시각장애 학생은 이러한 경우에도 불리하다. 시각장애 학생은 정안 친구에게 원하는 친구가 있는지를 물어본 후, 친구와 함께 가서 그 친구의 의견을 묻고 옆에 앉는다. 시각장애 학생이 외향적이고 적극적인 성격이 아닐 경우, 데이트 상대를 선택하는 입장이기보다 데이트 상대로 선택되는 입장이 되므로 대인관계 기술에서 자신감, 건강한 자아개념을 발달시켜야 한다.

3) 보행 능력

독립보행은 시각장애 청소년에게 매우 중요하며, 이러한 능력은 아동기 때 배우고 연습하도록 한다. 운전 능력 역시 청소년에게는 독립과 긍지의 상징이다. 정안 학생에게 운전 능력은 자신감의 일부 요인이 된다. 그러나 시각장애 청소년은 운전을 할 수 없으므로 대체 방법을 찾아야 한다. 저시력 학생의 경우 가까운 거리는 자전거를 타고 갈 수도 있으나 대부분의 경우 부모, 형제자매 또는 친구들이 파티, 음악회 등에 안내해 준다. 여러 친구가 함께 데이트를 하거나 대중교통을 이용하는 것도 고려해 볼 만하다.

4) 정안 친구와 부모의 태도

시각장애 학생의 데이트에는 몇 가지 고려할 사항이 있다. 정안 학생의 부모는 시각장애 학생과 데이트하는 것을 좋아하지 않을 수 있다. 이때 시각장애 학생은 부모의 반대에 잘 대처해야 한다. 교사와 부모는 시각장애 학생에게 상대방 부모가 갖고 있는 의문과 관심에 대처하는 방법을 구체적인 예를 들어 설명한다. 데이트 경험이 있는 시각장애 학생과 토론하는 것도 도움이 된다.

Kent(1983)는 7명의 맹인 여성을 대상으로 조사한 연구에서 맹인 여성들 스스로 자신이 청소년기에 적합한 데이트 상대가 아니었다고 보고했다. 시각장애 성인을 대상으로 한 면담에서도 비슷한 결과가 나타났다. 면담자들은 일반적으로 고등학교 시절에 학교 친구보다 성인과 데이트하기가 더 쉬웠고, 고립감을 느꼈으며, 사회적 활동에 참여하지 않았다고 보고했다.

과거에는 남성이 여성보다 데이트에 더 능동적인 역할을 했으나 오늘날에는 이러한 역할에 대한 남녀의 구분이 의미가 없어졌다. 여학생은 더 이상 데이트 신청을 기다리지 않고, 데이트를 신청하거나 남학생을 초청할 수 있다. 교사와 부모는 시각장애 학생이 원하는 친구와 우정을 나누고 어울리는 데이트 상대를 찾도록 도와주고, 맹학교에서는 자연스럽게 친구를 사귀고 서로의 감정을 나눌 수 있는 분위기를 조성하며, 종교 활동이나 음악 활동 등을 통하여 정안 친구들과 우정을 나눌 수 있도록 도와준다.

5) 지도 전략

교사는 시각장애 학생의 인격을 존중하면서 데이트할 때의 행동, 습관, 성적 행동 등을 지도하고, 시각장애 학생이 친구들과 잘 어울리는지 관찰한다. 학생들은 일반적으로 가족과 교사로부터 데이트에 관한 정보를 얻으려 하지 않으므로 데이트에 관한 책을 읽어 주고 서로 토론하여 자신의 감정을 표현하는 훈련을 하도록 한다. 부모와 교사는 시각장애 학생에게 사회적 · 정서적 욕구를 이야기하도록 하고, 정안 학생들과 동등한 수준에서 데이트하는 데 필요한 기술을 가르친다.

5 오락과 여가선용

1) 오락 활동

놀이와 오락은 건강, 지적 발달, 창의력, 자기표현, 사회적 · 정서적 적응, 개인적 만족과 성취에 긍정적인 영향을 준다(Luxton & Kelley, 1981). 놀이는 미지의 세계에 대한 적합한 탐구이고, 자신의 행동을 결정하기 위한 자유와 기회를 주며, 오락은 궁극적으로 즐겁기 때문에 시각장애 학생이 자발적으로 참가하여 성취감, 자유, 정복감을 가질 수 있다(Kelley & Ludwig, 1984).

여가선용의 중요한 목적은 다음과 같다. 첫째, 시각장애 학생이 오락 활동에 참가하는 데 필요한 기술과 태도를 발달시킨다. 둘째, 학생이 오락을 선택하는 지식을 갖고 여가 시간을 올바르게 선택할 수 있도록 한다. 교사는 시각장애 학생들이 여러 가지 오락 활동을 자유롭게 선택하고, 탐구하고, 결정하는 기술을 발달시키도록 지도한다.

〈표 16-1〉에서 보는 바와 같이 시각장애 학생도 많은 오락 활동에 참여할 수 있다. 이 오락 활동은 가능한 모든 활동이 포함된 것은 아니나 별로 수정하지 않고도 시각장애 학생이 참가할 수 있는 활동이다.

〈표 16-1〉 시각장애 학생이 참가할 수 있는 오락 활동

씨름	배드민턴	보트 타기	말굽 던지기	캠핑	영화	요리	꽃꽂이
육상	공놀이	수영	자전거 타기	하이킹	연극 관람	편물	정원 가꾸기
당구	레슬링	유도		경마	악기 연주	바느질	도자기
빙고	볼링	탁구	경기 관람	등산	독서	빵 만들기	조각
요가	역기	스키	핸드볼	산책	햄라디오	우표 수집	목공

2) 오락 활동의 참가

부모는 시각장애 자녀를 가족이 하는 모든 오락 활동에 참가시켜야 한다(Lowenfeld, 1964). 가족이 여행이나 등산을 할 때 시각장애 아동에게도 알맞은 역할, 즉 간단한 심부름, 물 긷기, 나무 자르기, 낚싯밥 끼우고 낚시하기, 식사 준비나 설거지 등의 일을 하도록 한다. 그리고 시각장애 학생이 오락 활동에 함께 참가할 수 있도록 개작된 게임과 기구를 사용한다. 또한 부모는 시각장애 아동을 동네 놀이터에 데리고 가서 정안 아동과 함께 놀게 하고, 지역사회 오락 프로그램, 즉 클럽 활동, 대회, 견학, 캠프 등에도 참가하도록 한다.

3) 지침과 수정

시각장애 학생이 오락 활동에 참가할 수 있도록 오락 활동을 수정하는 것이 필요하다. 그러나 오락 활동의 수정은 꼭 필요할 때만 해야 하며, 일반적인 지침은 다음과 같다.

① 오락 활동이 이루어지는 환경에서 시각장애 학생이 스스로 보행할 수 있도록 한다.
② 시각장애 학생에게 시범, 촉각 관찰 또는 설명을 통하여 오락 활동에 익숙하게 한다. 새로운 오락 활동을 소개할 때는 처음에 활동의 전체를 소개하고, 그다음 부분적으로 나누어 소개한 후, 전체적으로 다시 설명한다.
③ 시작, 중지, 주의 사항, 행동의 변화 등에 단서와 신호를 주어 효과적인 의사소통을 할 수 있도록 한다.
④ 다감각적 접근 방법을 사용한다.
⑤ 구체적이고 현실적인 예를 사용한다.
⑥ 시각장애 학생의 짝을 바꿀 때, 적합한 친구로 짝을 정해 준다.
⑦ 시각장애 학생에게 여러 가지 오락 활동 중 좋아하는 활동을 선택하도록 하여 성인이 되어서도 그 오락을 즐길 수 있는 기회를 제공한다.
⑧ 시각장애 학생과 정안 학생이 함께 참가할 수 있는 오락 활동을 찾는다.
⑨ 경진대회, 집단 게임, 비공식적인 놀이 등의 규칙을 시각장애 학생에게 적합하게 수정한다.
⑩ 시각장애 학생에게 편리하도록 개작된 기구나 시설을 활용한다.

시각장애 학생은 오락 활동을 통하여 균형, 유연성, 작은 운동근육과 큰 운동근육의 협응, 자세, 보조, 단결, 보행 기술, 대인관계 기술 등을 발달시킬 수 있으므로 많은 오락 활동을 경험하도록 한다. 오락 활동으로 여가 시간을 보내는 것은 시각장애 학생에게 중요하므로, 시각장애 학생이 여가 시간에 자신이 선택한 활동에 참가할 수 있도록 돕는 여러 가지 학습 경험을 제공하는 것이 바람직하다.

[그림 16-1] 볼링을 하고 있는 모습

[그림 16-2] 시각장애인용 육상 트랙

학·습·문·제

1. 점심시간, 생일파티 또는 운동장 등과 같은 상황에서 정안 학생들을 관찰하고, 20분 동안 그들이 보이는 사회적 행동과 대화 내용을 적으시오.

2. 학교나 가정 또는 지역사회의 놀이나 집단 활동을 할 때 특정 연령의 시각장애 학생을 관찰하시오. 시각장애 학생이 집단 활동에 어떻게 참여하는지, 언어적 · 비언어적 단서를 사용하여 어떻게 또래들로부터 주목을 받는지를 기록하시오.

3. 상동화 행동을 설명하고, 이러한 부적합한 행동을 예방하는 방법에 관하여 학생들과 토론하시오.

4. Knapp의 비언어적 의사소통의 종류를 열거하고, 각 특징을 설명하시오.

5. 시각장애 학생의 성교육 프로그램을 조사하고, 우리나라 실정에 맞는 시각장애 학생의 성교육 방법을 설명하시오.

6. 오락 활동이 시각장애인에게 중요한 이유를 적고, 우리나라에서 시각장애인이 즐기는 오락과 스포츠의 종류를 기록하시오.

제 17 장

시각장애 교육에 관한 홍보

시각장애인에 대한 일반 대중의 잘못된 생각은 시각장애인의 삶에 부정적인 영향을 준다. 많은 사람들이 시각장애인의 교육, 오락, 고용, 생활 등을 잘 이해하지 못하고 있기 때문에 시각장애아 교사가 다양한 집단에게 시각장애에 관하여 강연하는 것은 매우 중요한 일이다.

1 대중 강연의 원리

1) 강연 내용의 선정

시각장애아 교사는 정안 학생, 일반학급 교사, 부모, 정안인 등이 맹학생과 저시력 학생의 강점과 욕구를 잘 이해할 수 있도록 시각장애에 관하여 종합적이고 정확한 정보를 제공하는 것이 중요하다. 공개 강연은 경험이 많은 교사에게도 어렵고 힘든 일이다. 그러나 일반 대중에게 강연하는 것은 시각장애아 교사의 중요한 책임이다. 따라서 시각장애아 교사는 정안 학생, 일반학급 교사, 부모, 일반 대중에게 시각장애에 대한 이해를 증진시키기 위하여 홍보 프로그램을 계획하고, 시행하며, 각계각층의 요청을 받아 강연하는 것이 바람직하다.

일반적으로 강연의 내용은 동일하다. 그러나 강연의 목적과 집단에 따라 강연의 양은 다를 수 있다. 어떤 내용을 어느 정도 포함시킬 것인가를 결정하기 위하여 다음과 같은 내용을 고려할 수 있다.

① 단체의 목적이나 강연에 대한 기대 또는 참석자에 관한 정보를 얻기 위하여 주최측과 먼저 만난다. 예를 들면, 그 단체가 모금을 하기 위한 것인지 또는 시각장애 학생의 학급 친구나 시각장애아 부모의 인식을 개선하기 위한 것인지를 미리 파악한다.
② 강연의 목적을 신중하게 검토하여 강연이 단순히 정보를 얻기 위한 것인지 또는 다른 목적이 있는지를 알아본다.
③ 단체의 목적과 기대에 따라 강연의 내용을 준비한다. 그러나 다른 질문도 포함시킬 수 있다.

강연의 내용은 그 목적에 따라 다를 수 있으나 주로 의학적 정보, 점자를 포함한 시각장애 학생의 학습매체에 관한 정보, 보행에 관한 정보, 보조공학 기기에 관한 정보 등을 포함시킬 수 있다.

다음은 시각장애아 교사가 효과적으로 강연을 하기 위한 제안이다.

① 강연 내용과 관련된 책을 읽는다.
② 다른 사람의 강연을 주의 깊게 듣고 강연의 잘된 점과 잘못된 점을 분석한다.
③ 강연 시간과 목적을 명확하게 설정하여 참석자가 쉽게 이해할 수 있도록 한다.
④ 강연 내용을 미리 연습한다.
⑤ 강연할 장소에 미리 도착하여 그 장소의 분위기를 익힌다.
⑥ 참석자와 인사하고 그 단체에 관하여 알아본다.
⑦ 강연하면서 강연의 내용을 볼 수 있도록 엽서 크기의 종이에 내용을 요약한다.
⑧ 정해진 시간에 강연을 마침으로써 전체 일정에 차질이 없도록 한다.
⑨ 미리 예상되는 질문을 준비한다. 모르는 질문에 대하여는 '모른다'고 대답하고 필요할 경우 후에 알려 준다.
⑩ 강연의 결과에 대하여 물어보고 다음 강연에 참고한다.

2) 자료와 활동의 선정

기본적인 자료와 창의적인 활동은 강연의 효과를 높인다. 시각장애아 교사가 갖고 있는 풍부한 자료는 강연의 길이, 참가자의 기대, 강연의 목표 등을 결정하는 데 도움을 준다.

자료와 활동을 선정하는 일반적인 방법은 다음과 같다.

① 강연의 목적을 시각, 촉각 또는 그래픽으로 설명할 수 있도록 자료를 선정한다. 예를 들면, 어느 지역의 학생 수가 증가하는 것에 관하여 행정가에게 강연할 때는 그 지역을 설명할 수 있는 지도와 차트를 준비한다.

② 시각장애 학생이 가장 많이 사용하는 자료를 준비하여 참가자에게 제시한다. 교사가 직접 만든 자료는 강연에 친근감과 정성을 느끼게 한다. 그리고 시각장애 학생에게 새로운 보조공학 기기를 시범하도록 하는 것은 참가자의 주의를 끄는 데 효과적인 방법이다.

③ 시각장애 학생의 활동을 DVD로 제작하여 참가자에게 보여 준다. 전문성을 갖춘 DVD가 필요한 것은 아니므로 시각장애 학생이 개작된 기기를 사용하고, 여러 기관의 전문가들과 함께 일하며, 즐겁게 생활하는 모습을 보여 주는 것이 효과적이다.

④ 짤막한 자료를 준비한다. 그 지역의 모든 시각장애인에게 제공하는 서비스에 대한 일반적인 정보를 유인물로 작성한다. 강연의 주제가 시각장애 아동에 관한 경우에도 참가자는 시각장애 성인에 관하여 질문할 수 있으므로 주제로부터 너무 많은 시간을 빼앗기지 않는다면 간단히 대답한다.

(1) 시각장애 학생의 참가

강연에 시각장애 학생을 참가시킬 경우, 미리 그 학생에게 강연 내용에 관하여 이야기하는 것이 좋다. 왜냐하면 활발한 시각장애 학생도 많은 청중 앞에 서게 되면 긴장하여 이야기를 잘못할 수 있기 때문이다. 참가자에게 학생 자신을 지나치게 내보이려고 하면 강의가 좋지 않게 될 수 있으므로 즐겁고 편안한 분위기를 깨지 않도록 한다.

다음은 강연에 시각장애 학생을 참가시킬 때 고려할 사항이다.

① 강연을 하기 전에 시각장애 학생과 적절한 행동에 관하여 이야기한다.
② 발표를 언제 끝낼 것인가를 알리는 약속을 정한다. 예를 들면, 학생의 손을 가볍게 두 번 건드리면 2분이 남았음을 나타내는 신호이고, 한 번 건드리면 끝이라는 신호이다.
③ 미리 학생과 역할을 분담한다.
④ 시각장애 학생과 함께 참가한다는 것을 부모에게 알리고 허락을 받는다.

(2) 참가자의 호응 유도

시각장애아 교사는 강연에 대한 참가자의 호응을 유도하기 위하여 다음과 같은 점에 유의한다.

① 강연을 하기 전에 참가자들로 하여금 주제와 관련된 이야기를 하도록 한다.
② 강연을 시작할 때에 광범위하고 포괄적인 질문을 하여 청중을 발표에 능동적으로 참가하도록 한다.
③ 참가자에게 자신을 소개하고, 시각장애인이나 시각장애아 교육에 관한 경험을 이야기하도록 한다. 이때 참가자의 반응에 관하여 잘못된 부분을 설명한다.
④ 소집단으로 나누어 활동을 하도록 한다. 이 활동은 좌절감을 주거나 이해하기 어려운 것보다 가볍고 재미있으며 정보를 얻는 기회가 되도록 한다. 소집단 활동이 어려운 경우에 전체에게 DVD를 보여 주는 것도 좋다.
⑤ 강연이 끝난 후 참가자들의 질문에 성실하게 대답한다. 대체로 많은 참가자들이 알고 싶어 하는 것은 기초적인 것이다. 참가자들이 더 쉽게 질문할 수 있도록 질문에 대하여 솔직하게 대답한다. 대중적 강연에서 유머는 가장 좋은 도구일 수 있으나 질문하는 사람들을 당황하게 할 수도 있기 때문에 질문에 대답할 때에는 유머를 사용하지 않는 것이 좋다.

모든 사람은 재미있는 강연을 좋아한다. 그러나 강연에서 유머를 사용하는 것은 진실성이 없어 보일 수도 있다. 유머는 공개 강연에서 필요할 수 있으나 가장 유능하고, 존경스럽고, 유익한 강연은 시각장애 학생에 대한 내용에 초점을 둔 강연이다. 다른 사람을 비하하거나 남에게 상처를 주는 유머는 적절하지 않다. 따뜻하고 즐거운 이야기는 시각장애 학생을 우호적으로 생각하도록 하는 가장 좋은 방법이다.

3) 동료 교사와의 협동강연

동료 교사와 미리 협의하면 강연을 더 잘할 수 있다. 대중 앞에서 이야기할 때 떨린다면 동료 교사와 함께 강연을 하면 긴장을 줄일 수 있다. 동료 교사는 교사가 쉽게 이야기하도록 하고, 말할 내용을 빠뜨리지 않도록 도우며, 부족한 부분을 보완한다. 동료 교사와 함께 강연에 참가하면 강연에 균형을 잡을 수 있다. 말을 빨리하는 교사나 소리가 작은 교사는 천천히 부드럽게 이야기하는 사람이나 목소리가 다소 큰 사람과 함께하면 도움이 될 수 있다. 교사는 강연 협동 교사로 보행교사를 선정하는 것도 좋으나, 무엇보다 교사 자신이 편안하고, 서로 격려하며, 강연의 질을 높일 수 있는 교사를 선정하는 것이 중요하다.

2 정안 학생을 대상으로 한 강연

1) 강연의 필요성

맹학생이나 저시력 학생에 관한 잘못된 생각은 일반 대중에게 시각장애인에 대한 부정적인 태도를 갖게 한다. 그러므로 시각장애 학생이 일반학급에 배치될 때 이러한 태도가 표면화될 수 있다. 문제는 학생에게만 발생하는 것이 아니라 학급의 일반교육 교사와 정안 학생에게도 발생할 수 있다. 일반교육 교사와 학생이 시각장애에 관하여 적절한 교육을 받게 되면 많은 문제가 감소되거나 제거될 수 있다 (Schefers, 1982).

학기가 시작될 때 정안 학생에게 한 번 또는 여러 번에 걸쳐 시각장애에 대한 강연을 해야 하는데, 이때는 시각장애에 대한 그릇된 생각을 바꾸고, 교실에서 정안 학생이 시각장애 학생을 받아들일 수 있는 분위기를 만드는 데 초점을 둔다. 일반학급 교사와 정안 학생이 시각장애 학생을 올바로 인식할 때, 정안 학생은 더 쉽게 시각장애 학생의 입급에 적응하게 된다.

시각장애 학생이 배치된 학급을 대상으로 강연할 때, 시각장애 학생이 사용하는 특별한 기기나 도구들을 포함시키고, 시각장애 학생의 독특한 요구를 충족시키는 데 초점을 맞추는 것이 중요하다. 예를 들면, 학생의 일차적 읽기매체가 점자일 경우 강연에 점자와 안대를 착용한 보행 활동을 포함시키고, 학생이 저시력 학생일 경우 저시력 기구를 사용한 체험 활동과 경험을 포함시킨다. 이 방법은 정안 학생에게 시각장애 학생이 사용하는 학습도구와 기자재에 관하여 자연스럽게 관심을 갖도록 한다. 또 정안 학생들이 특별한 도구를 사용하여 학습하는 시각장애 학생을 보면 그들 자신도 좋은 경험을 하게 된다. 이러한 상황이 시각장애 학생의 학습 환경을 편안하고, 수용적 환경으로 바꿀 수 있다.

시각장애 학생을 강연에 참여하도록 격려하기 위하여 처음 계획 단계부터 실제 강연 단계까지 가능한 한 모든 측면에 시각장애 학생을 참가시키는 것이 중요하다. 그리고 시각장애 학생이 그 강연에 참가하고 있다는 것을 느끼게 하고, 토론할 주제에 관하여도 편안함을 갖도록 한다. 시각장애 학생이 실제 강연에 참가하는 정도는 학생의 연령, 특기, 좋아하는 것에 따라 다르다. 참가하기 싫어하는 학생에게는 격려하되 강요해서는 안 된다. 시각장애 학생을 참가시키면 강연의 내용이 개선되고, 시각장애 학생은 더 편안한 마음으로 학급에서 생활할 수 있게 된다.

2) 학급 대상 강연의 전략

일반학급을 대상으로 강연을 계획할 때, 강연의 시간과 내용을 결정하는 데 학생의 연령, 학급의 크기, 시각장애에 대한 지식 등을 고려하는 것이 중요하다. 여러 차례에 걸쳐 짧은 강연을 하는 것도 효과적이다.

다음은 학급을 대상으로 하는 강연에 사용할 수 있는 전략이다.

(1) 질문지 활용

질문지를 활용하여 질문을 하면 정안 학생이 시각장애 학생에 대하여 어떻게 생각하고 있는가를 알 수 있다. 처음에 질문을 하는 것은 정안 학생들을 강연에 참가시키고 토론을 유도할 수 있다. 강연이 끝난 후 질문지를 학생에게 주고 강연을 통하여 얻은 결과, 태도, 감정 등이 어떻게 달라졌는지를 토론한다. 시각장애 학생은 최종 토론에 참가하여 다른 정안 학생들이 이해할 수 있도록 돕고 질문에 대답한다.

(2) DVD 제작

이야기를 들려주거나 DVD를 보여 준다. 이러한 활동은 강연을 시작하는 데 효과적이고, 정안 학생의 관심을 불러일으킬 수 있다. 미국이나 영국 등 다른 나라에서는 모든 연령의 아동을 위한 시각장애와 관련된 많은 DVD를 제작하여 사용하고 있다.

(3) 시각장애 학생의 참가

시각장애 학생을 참가시킨다. 시각장애 학생은 자신의 안질환을 설명하고, 교실이나 운동장에서 자신을 만날 때 어떻게 해야 할 것인가를 설명하며, 언제 어떻게 도와줄 것인가에 관하여도 이야기한다. 이러한 이야기를 들은 정안 학생들은 시각장애 학생을 대할 때 편안한 마음으로 대하고 적극적으로 도울 수 있다. 시각장애 학생이 학급의 앞에 나가 이야기하기 싫어할 경우 DVD를 제작하여 사용할 수도 있다.

(4) 안대 착용

안대를 착용하고 활동하게 한다. 안대를 착용하고 경험하는 활동에는 동전 구별하기, 안내받기, 놓친 물건 찾기, 읽어 주는 이야기 듣기, 강의 듣기 등이 포함된다. 이러한 체험 활동에서 시각장애아 교사는 안대를 한 학생에게 적절한 도움을 주고 그들이 하는 경험이 학생에 따라 크게 다를 수 있다는 것을 설명한다. 일부의 전문가들은 안대를 하고 있는 동안 놀랍고 불편한 경험이 정안 학생의 태도에 부정적 영향을 주기 때문에 안대를 착용한 활동을 하지 않는 것이 좋다고 주장하기도 한다.

(5) 안내법 연습

학생에게 안내법을 연습하도록 한다. 시각장애아 교사는 먼저 학급에서 안내법을 시범하고, 학생을 두 명씩 짝 지어 한 명은 안대를 하고 다른 한 명은 안내하도록 한다. 처음에는 교실에서 안내하고, 점차 학교의 여러 장소를 안내하도록 한다. 교사는 안대를 한 학생이 활동하고 있을 때는 그들 가까이에서 지도해야 한다. 이러한 지도는 학생의 안전을 우선으로 하고 학습 경험을 통제할 필요가 있기 때문이다. 각 조에 '화장실에 다녀와라.' 또는 '손을 씻어라.'와 같은 과제를 주는 것도 효과적이다. 이러한 연습이 끝난 후 지팡이와 안내견이 시각장애인의 안전한 독립보행에 어떻게 도움이 되는가에 대하여 토론한다.

(6) 시력 체험용 안경 사용

시력 체험용 안경을 사용한다. 시력 체험용 안경은 여러 가지 안질환을 어느 정도 경험할 수 있도록 만든 것이다. 이러한 안경을 사용하여 정안 학생에게 칠판의 글씨 쓰기, 짧은 문단 읽기, 책에서 페이지 찾기, 단어 퍼즐 맞추기, 지도에서 도시나 다른 지역 찾기 등을 하도록 한다. 학생에게 체험용 안경을 쓰고 있는 동안 큰문자 책을 읽어보게 하고, 확대경과 같은 저시력 기구도 사용하도록 할 수 있다. 이러한 활동을 하는 동안 시각장애아 교사는 정안 학생에게 시각장애 학생이 교실에서 사용하는 기구에 관하여 설명하고, 시력이 나쁜 학생이 볼 수 있는 많은 자료에 대하여 설명한다. 시력 체험용 안경을 쉽게 구할 수 없을 경우 기구를 직접 제작할 수도 있다. 다음은 시력 체험기를 만드는 자료와 절차이다(Morgan, 1995).

[자료]

① 안경

- 렌즈를 바꾸어 끼울 수 있는 안경테
- 각종 렌즈

② 보안경용 투명한 플라스틱 렌즈

- 렌즈 12세트(여러 가지 안질환을 체험하기 위하여 보안경에 렌즈를 갈아 끼운다.)

③ 안질환을 체험하는 자료

- 흰 렌즈, 투명 렌즈, 분홍색 렌즈, 빨간색 매니큐어
- 왁스 종이
- 검정색 종이
- 풀

[절차]

① 여러 가지 안질환의 특징을 나타내기 위하여 투명한 플라스틱 렌즈를 사용한다.
② 흐릿한 시력을 체험하기 위하여 렌즈에 칠을 하고, 시력을 낮추기 위하여 왁스 종이나 플라스틱 랩을 사용한다. 플라스틱 랩을 붙이면 시력이 약 0.2가 되고, 두 겹을 붙이면 시력은 약 0.1로 떨어진다.
③ 시야나 암점을 만들기 위하여 검정색 종이를 오려 필요한 부분에 붙인다.
④ 보안경에 렌즈를 빼고 체험용 플라스틱 렌즈를 바꿔 끼운다.

(7) 점자 읽기 및 쓰기 연습

점자 읽기와 쓰기를 연습하도록 한다. 정안 학생에게도 점자는 즐겁고 흥미를 준다. 학생에게 점자 일람표를 주고 각 자모를 읽고 그 점형을 변별하여 점자 학습을 하도록 한다. 다른 활동으로는 점자판으로 정안 학생의 이름을 쓰도록 한다. 이때에는 시각장애아 교사나 시각장애 학생이 쓰는 것이 좋다.

교실 게시판에 점자 일람표를 붙인다. 학교 도서실 입구에 점자책, 점자 자, 점자 카드 등을 놓아 두어 정안 학생들의 흥미를 높인다. 교실 안이나 바깥에 점자 게시판을 걸어 놓고 정안 학생들이 점자로 써서 시각장애 학생에게 줄 수 있도록 한다.

시각장애아 교사는 시각장애 학생과 정안 학생 사이의 다리를 놓을 기회를 만들어야 한다. 적절한 훈련과 지원은 학생들 사이에 팀워크를 촉진하고, 긍정적인 교실 환경을 만들어 나갈 수 있다. 교육과 의사소통은 적절한 사회적 상호작용과 일반학급에서 시각장애 학생의 궁극적인 통합에 필요하다.

3 일반학급 교사를 대상으로 한 강연

이미 언급한 바와 같이 시각장애아 교사는 일반학급 교사나 특수교육을 전공하는 학생에게 시각장애아 교육에 관한 내용을 강연할 수 있다. 일반학급 교사를 대상으로 하는 강연의 일차적인 목적은 교육내용과 방법을 적절히 개작하거나 수정하며, 시각장애 학생을 가르치는 교사의 책임에 관한 정보를 제공하는 것이다. 따라서 이때 포함시킬 내용은 다음과 같다.

1) 안질환에 관한 문제

학생들의 여러 가지 안질환에 관하여 설명하고 그에 따른 수업의 어려움을 설명한다. 교실에서 사용하는 자료, 수업 활동, 각 안질환에 따른 환경 등을 여러 가지 형태로 수정하는 것에 관하여도 설명한다. 예를 들면, 어떤 학생은 밝은 조명을 좋아하고, 어떤 학생은 어두운 조명을 좋아한다는 것이다. 일반학급 교사에게 실시하는 강연에서는 교사의 학급에 있는 학생의 연령 집단의 요구를 설명한다. 예를 들면, 유치원 교사에게 하는 강연에서는 시각장애 유치원 아동의 요구에 초점을 두어야 한다.

2) 문식성의 문제

점자는 어떤 문자이고, 학생은 점자를 어떻게 읽고 쓰는가를 설명하는 것은 도움을 준다. 시각장애 학생의 문식성 환경 제공과 점자지도 전략에 관하여 설명하는 것이 중요하다.

3) 특수한 기능적 문제

일반학급 교사는 시각장애 학생이 학교 식당이나 화장실을 다니는 문제, 시각장애 학생의 학습자료나 활동을 개작하거나 수정하는 문제, 성적 처리와 과제를 부여하는 등 일상적이고 기초적인 문제를 알려고 한다. 이러한 문제들이 일반학급 교사에게는 중요하므로 이러한 기초적인 질문에도 관심을 가지고 대답한다.

4) 일반학급 교사의 역할

시각장애 학생에게 읽을 수 있는 자료를 정해진 시간에 제공하고 학생과 의견을 교환하는 것이 중요하다는 것을 강조한다. 학생의 교육적 요구에 관한 협의회에 참석하는 교사의 요구도 중요한 주제로 다루어야 한다.

5) 수정 전략

일반학급 교사가 학급에서 수업 활동을 개작하고 수정하는 데 다음과 같은 전략이 필요하다.

(1) 확대경의 사용

저시력 학생이 지도, 사전, 교과서 등과 같은 여러 가지 자료를 읽는 데 확대경을 사용하도록 한다. 저시력 학생에게 지도에서 도시를 찾도록 하고, 사전에서 원하는 표제어와 백과사전에서 짧은 내용을 찾아 확대경으로 읽도록 한다.

(2) 따라가기 기술의 연습

저시력 학생에게 망원경으로 기호를 읽도록 하고 필요한 따라가기 기술을 연습하게 한다. 예를 들면, 좀 떨어진 곳의 벽에 메뉴판을 붙여 놓고 단안 망원경으로 메뉴에 있는 음식물의 가격을 찾도록 한다.

(3) 시각장애인용 녹음기 사용 방법 지도

시각장애인용 녹음기에 짧은 내용을 녹음한 후, 참가자들에게 녹음된 내용을 듣고 물음에 답하고 녹음기 사용법도 설명한다.

(4) 점자로 이름 쓰기

참가자에게 점자 일람표를 주고 점자 타자기나 점자판으로 점자를 써 보도록 한다. 다른 참가자가 점자를 쓰는 동안 다른 사람에게는 점자를 읽도록 한다.

(5) 점자 학습보드의 사용

점자 학습보드는 처음 점자를 이해시키는 데 좋은 학습도구이다. 학습보드에 자석을 붙여 점자를 나타내므로 흥미를 갖고 점자의 구성원리를 쉽게 이해하고 배울 수 있다.

4 부모와 시민단체를 대상으로 한 강연

1) 부모를 대상으로 한 강연

시각장애아 교사는 부모에게 강연을 하는 경우가 많다. 부모들은 대개 시각장애에 관하여 많은 지식을 갖고 있으므로 강연 전에 부모의 기대를 알아보는 것이 중요하다. 그리고 많은 부모들은 자신들이 직면한 문제에 관심을 갖고 있으므로 시각장애아 교사는 자신이 전문가임을 밝혀야 한다. 교사는 자신이 얼마나 오랫동안 시각장애 학생을 지도했고, 많은 전문적인 지식을 갖추었는지 인식시킨다. 그러나 이러한 사실을 지나치게 강조하면 불쾌감을 주므로 주의해야 하고, 부모의 전문성도 인정해야 한다.

부모는 아동 발달에 중요한 역할을 하므로 학교와 가정에서 아동이 일관성 있게 경험하도록 지도하는 데 부모의 참여가 중요하다는 것을 강조한다. 부모에게 점자를 배우도록 조언하고 기회를 제공한다.

또한 일부의 부모들은 이미 많은 정보를 갖고 있고, 어떤 부모들은 필요한 정보를 수집하는 과정에 있으며, 또 일부의 부모들은 정보를 얻고 싶어 하는 경우가 있다. 이러한 다양성 때문에 교사는 부모들에게 스스로 그들의 문제를 계속 찾아내어 해결하도록 격려하고 부모의 질문에 솔직하게 대답하는 것이 좋다.

부모에게 강연을 한 후 질문할 수 있는 충분한 시간을 주어 가능한 한 많은 참석자에게 이야기할 시간을 주고, 부모가 짧게 대답하기 어려운 질문을 할 경우 강연이 끝난 후 개별적으로 이야기하는 것도 좋다. 교사는 질문에 대한 대답을 알아듣기 쉽게 설명해야 한다. 그리고 부모들이 원하는 참고할 자료와 자료를 주문할 기관의 주소와 전화번호 등을 알려 주어 필요한 정보를 직접 얻을 수 있도록 한다.

2) 시민단체와 종교단체를 대상으로 한 강연

시민단체 및 종교단체는 일반적으로 서비스 단체로 활동하는 경우가 많다. 시각장애아 교사는 학교 예산의 부족으로 살 수 없는 특수한 기구를 구입하는 데 이러한 단체의 도움을 받을 수 있다.

교사는 시민단체와 이야기할 때 지역사회와 연계하고, 그들의 성취도, 목적, 관심사에 관하여 이야기하며, 시각장애 학생이 일반학교에서 직면하는 여러 가지 문제점과 교육에 관하여 이해할 수 있도록 돕는다.

시각장애아 교사는 일 년에 한두 번 시민단체 회의에 참석하여 시민단체의 인식을 개선시키고 지원을 받는 것도 중요하다. 시민단체를 대상으로 강연할 때는 주로 큰 회의의 일부로 또는 회의 끝에 하는 경우가 있으므로 시간이 넉넉하지 못할 경우 강연의 내용을 간결하고 한 가지 또는 몇 가지 문제를 중심으로 설명하는 것이 좋다. DVD를 보여 주고 시각장애 학생이 시범하거나 시각장애아 교육에 관한 내용을 간단히 설명한다.

단체와 관계를 유지하기 위하여 강연 후 그 단체에 감사 편지를 보내는 것도 중요하다. 다음은 시각장애아 교사가 시민단체와 관계를 형성하는 데 필요한 전략이다.

① 시각장애아 교사는 강연을 하고 온 후, 한 해의 간단한 보고서와 시각장애 학생들이 참가한 활동을 DVD로 제작하여 보낸다. 시민단체의 재정 지원을 받을 경우 그 내용을 자료로 만들어 제출하되 시민단체의 도움으로 자료를 만들었음을 밝힌다.

② 미래의 계획, 고려할 과제, 성취할 목표 등을 검토한다.

③ 참가할 시각장애 학생의 특징을 검토한다.

④ 망원경 사용법, 지팡이 사용법, 안내법 등을 보여 준다.

⑤ 시각장애 학생이 컴퓨터를 포함한 보조공학 기기를 직접 사용하는 것을 보여 주고, 보조공학 기기와 다른 개작된 자료가 시각장애 학생의 독립성을 얼마나 향상시키며, 그들의 문식성 기술을 얼마나 강화하는가를 설명한다. 이러한 방법은 학생의 이해와 성취도에 대한 긍정적인 태도를 갖게 하고, 학생의 의사소통 기술을 향상시킨다는 것도 설명한다.

⑥ 매년 하는 강연을 위해서, 시각장애 학생의 보조공학의 역할, 일반학급 교사의 본질적인 역할, 능동적인 학생의 보행 문제와 같은 그 해의 주제를 개발한다. 참여하는 집단과 날짜를 고려하면서 그 주제를 카드로 작성한다.

⑦ 지원금을 받고자 할 때는 보조공학 기기의 종류와 가격, 성능의 목록을 작성하여 제출한다.

⑧ 단체의 모든 구성원이 그 사실을 알도록 감사 편지를 보낸다.

⑨ 시민단체의 지원을 받으면 학교장에게 알려 서로 협력하도록 한다. 예산 지원을 할 수 있을 경우 원하는 품목 중 우선순위를 정하여 시민단체가 그 예산 범위 내에서 품목을 선정할 수 있도록 한다.

⑩ 때로는 외국에서 개발된 물건을 구입한 후 사용하지 않는 경우가 있다. 구입한 기구를 사용한 경험이 없다고 하여 구입 후에 방치하지 말고 사용법을 배워 사용하여야 한다.

⑪ 시민단체 회원을 학교에 초청하여 시각장애 학생이 보조공학 기기를 사용하는 모습과 촉각지도, 그래프, 차트 등도 보여 준다.

⑫ 시각장애 학생에게 여러 단체 활동에 참가하도록 하고, 지역사회 단체도 시각장애 학생이 무엇을 할 수 있는가를 알도록 한다.

5 강연에 대한 평가

대중을 대상으로 강연을 한 후 그 결과를 평가하는 것은 매우 중요하다. 평가하는 한 가지 방법은 강연 내용을 개선하고, 조직화하며, 자료를 개발하고, 다음 강연을 계획하는 데 사용할 수 있도록 참가자의 의견을 듣는 것이다. 이때는 가까운 사람으로 솔직하게 검토할 사람의 도움이 필요하다. 그러나 너무 비판적인 사람은 적합하지 않다.

대중에 대한 강연이 끝난 후 형식적인 평가를 하지 않는다 하더라도 다음과 같은 방법으로 평가를 해야 한다.

① 강연을 끝낸 후, 자신의 강연에 사용한 아이디어를 적는다.

② 강연 내용을 녹음하고 며칠이 지난 후, 그 내용을 다시 듣고 내용이나 형식에 있어서 바꿀 필요가 있는 부분을 적는다.

③ 건설적인 평가를 위해 단체의 간사로부터 의견을 듣는다.

④ 발표한 내용, 구성 자료의 제시 등에 관하여 강연에 참가한 동료의 의견을 듣는다.

대중을 대상으로 강연을 한 후 평가지(〈표 17-1〉 참조)를 사용하여 자신의 강연을 평가하는 것도 좋다(Morgan, 1995).

〈표 17-1〉 강연 평가지

강연 날짜:

	매우 좋음	좋음	보통임	좋지 않음	매우 좋지 않음
정보의 유용성					
강의자의 준비도					
참가자의 호응도					
발표 방법					
자료의 구성					

1. 강연에서 가장 유용한 점은 무엇입니까?
①
②
③

2. 맹과 저시력에 대하여 더 알고 싶은 내용은 무엇입니까?
①
②
③

3. 기타 질문이나 의견
①
②
③

학·습·문·제

1. 시각장애아 교사가 통합교육을 받는 일반학급을 대상으로 20분 정도의 강연을 할 때, 그 내용과 자료를 계획하여 적으시오.

2. 사회 봉사단체나 종교단체에서 시각장애 학생의 여름 캠프나 스포츠 활동에 관하여 강연할 때 사용할 자료를 DVD로 제작해 보시오.

3. 공개 강연을 하기 위하여 참석자들에게 나누어 줄 수 있는 자료를 어디서 어떻게 구할 수 있는가를 조사하시오.

4. 시각장애 교육에 관하여 강연할 때 흔히 선정하는 주제와 내용을 적고, 그 내용을 간단히 설명하시오.

참고문헌

고전간행회(1932). 삼국유사. 서울: 동국문화사.

교육과학기술부(2009). 주요교육통계.

국립 서울맹학교(1973). 개교 60주년. 서울: 국립 서울맹학교.

국립특수교육원(1999). 특수교육 요구 아동 출현율 조사. 안산: 국립특수교육원.

국사편찬위원회(1955). 조선왕조실록. 서울: 동국문화사.

김덕훈 · 김상문 · 김창식(1996). 시기해부학. 서울: 정문사.

김동열(2003). 닥터 홀의 조선회상. 서울: 좋은씨앗.

김부식(1932). 삼국사기. 서울: 고전간행회.

김신자(2000). 효과적 교수 설계 및 교수 방법. 서울: 문음사.

김은숙(1999). 조기 지팡이 교육. 대구대학교 교육대학원 석사학위논문.

김은숙(2003). 시각장애 유아의 사회 성숙도 검사에 관한 연구. 2003년 시각장애 학술대회, 19-44.

김은숙(2004). 가정환경 양육 스트레스가 시각장애 영유아의 사회적 성숙에 미치는 영향. 대구대학교 대학원 박사학위논문.

김은희(1999). 점독 행동 형식에 따른 맹학생의 읽기 속도 비교 연구. 대구대학교 교육대학원 석사학위논문.

김재민(2002). 눈의 이해와 검사. 서울: 현문사.

김재호(1999). 각막. 서울: 일조각.

김정권(1990). IEP 구안 실제. 서울: 도서출판 특수교육.

김정현(2002). 시각장애 학생의 웹 접근성에 관한 연구. 대구대학교 대학원 석사학위논문.

동방학 연구소편(1955). 고려사. 서울: 동방학 연구소.

문교부(1981). 특수교육 백서. 서울: 문교부.

문교부(1983). 맹학교 교육과정. 서울: 문교부.

문화관광부(2007). [개정] 한국 점자 규정. 대구: 도서출판 해동.

민기중(2000). 양안시 검사. 서울: 대학서림.

민족문화추진회 편(1985). 용재총화. 서울: 민족문화추진회.

박중휘(2004). 디지털 포트폴리오 평가 시스템이 시각장애 학생의 점자 쓰기 능력과 태도에 미치는 효과. 대구대학교 대학원 박사학위논문.
백남중(1996). 장애인을 위한 인터넷. 서울: 삼각형.
백남중(2003). 국내외 스크린 리더 비교 연구. 서울: 한국정보문화진흥원.
법제처(2006). 장애인 등에 대한 특수교육법.
법제처(2008). 장애인복지법 시행규칙.
변창진 · 문수백(1997). 교육평가. 서울: 학지사.
보건복지가족부(2009). 2009 보건복지가족부 통계연보. 서울: 보건복지가족부.
보건복지부 · 교육부 · 노동부(1997). 장애인복지발전 5개년 계획(1998~2002).
삼성화재 안내견학교(2008). 삼성화재 안내견학교 안내. [브로셔].
서울대학교 교육연구소(1998). 교육학 대백과사전. 서울: 와우동설.
서울 맹학교(2003). 서울 맹학교 90년사. 서울: 서울맹학교.
신진아(2001). 안기능 검사. 서울: 한미의학.
안병즙(1978). 지체부자유아 교육. 대구: 한국사회사업대학 출판부.
안병즙(1995). 수난기의 특수교육. 한국특수교육 백년사. 서울: 도서출판 특수교육.
안정복(1974). 동사강목. 서울: 경인문화사.
유장발 · 임안수 · 서응철(1989). 시각장애자용 수목원 조성에 관한 연구. 창파 이태영 박사 화갑 기념 논집.
윤동호 · 이상욱 · 최억(2002). 안과학. 서울: 일조각.
윤동호 · 이상욱 · 최억(2004). 안과학. 서울: 일조각.
이능화(1970). 조선도교사. 서울: 영인문화사.
이만규(1991). 조선교육사 II. 서울: 기획출판 거름.
이상욱(1992). 안과학. 서울: 수문사.
이성호(1999). 교수방법론. 서울: 학지사.
이종화(1973). 개교 60주년. 서울: 서울맹학교.
이태형(1990). 2000년의 한국. 서울: 동아출판사.
이해균(1995). 약시 학생의 확대 독서매체에 따른 읽기 효율성 연구. 대구대학교 대학원 박사학위논문.
임안수(1986). 한국 맹인 직업사 연구. 단국대학교 대학원 박사학위논문.
임안수(1991). 시각장애자의 정보접근. 시각장애 연구, 제7집, 1-11.
임안수(1994). 개정 한국 점자 통일안. 서울: 재활공학.
임안수(1996). 저시력의 관리. 대구: 한국시각장애연구회.
임안수 · 이해균 · 박순희(1996). 시각 중복 장애아 학습지도 프로그램. 안산: 국립 특수교육원.
임안수 · 강보순 · 서인환 · 이동훈 · 이태훈 · 임덕성(1999). 신보행학 개론. 서울: 한국맹인복지연합회.

임안수 · 박중휘(2002). 시각장애 학생의 점독 속도에 관한 연구. 시각장애 연구, 18, 27-42.

임안수 · 이해균 · 박중휘 · 강보순 · 김정현(2003). 시각장애 아동용 점자학습프로그램 I-II. 경산: 한국시각장애연구회.

임안수 · 이해균 · 박중휘 · 김은숙 · 김정현(2003). 시각장애 유아용 촉지각 훈련 프로그램 I-IV. 경산: 한국시각장애연구회.

임안수 · 이해균 · 박중휘 · 김정현 · 이태훈(2003). 시각장애 유아용 성인용 점자 읽기 프로그램. 경산: 한국시각장애연구회.

장사훈(1982). 세종조 음악 연구. 서울: 서울대학교 출판부.

정찬기오 · 박영균 · 한승록(1995). 교육방법 및 교육공학. 서울: 양서원.

조선총독부(1923). 조선총독부 제생원사업요람. 동경: 조선총독부.

조선총독부 제생원 맹아부(1938). 창립 25년. 동경: 조선총독부.

진가헌(2002). 양안시와 사시. 서울: 대학서림.

진용한(1997). 사시학. 울산: 울산대학교 출판부.

진용한 편(2002). 굴절검사와 처방. 울산: 울산대학교 출판부.

진용한 · 임현택(2000). 사시수술. 서울: 내외학술사.

한국맹인복지연합회(1999). 시각장애 아동 조기교육 프로그램. 서울: 한국맹인복지연합회.

한국시각장애인복지재단(2003). 더 편리하게 제작된 흰지팡이 보급. 점자새소식 제646호, 24-25.

한국시각장애인연합회(2000). 시각장애인 방송접근 확대를 위한 세미나. 서울: 한국시각장애인연합회.

한국인구보건연구원(1985). 2000년을 향한 국가 장기 발전 구상. 서울: 한국인구보건연구원.

한국특수교육총연합회(2009). 2009 전국특수교육요람. 서울: 한국특수교육총연합회.

한천석(1975). 신색각 검사표 제작에 관한 연구. 대한안과학회잡지, 제16권, 3.

한천석(1977). 2중 15색상 배열 검사기. 대한안과학회잡지, 제18권, 4.

허갑범(2002). 한국형 당뇨병 맞춤자료. 서울: 에디터.

허병훈 · 임안수(2004). 시각장애인용 점역 프로그램과 화면읽기 프로그램의 발달. 시각장애연구, 20(2), 1-16.

홍성윤 · 진위교(1999). 교수학습의 과정. 서울: 교육출판사.

內藤慶兼. (1994). 시기해부학. 서울: 대학서림.

柳本 雄次 (2002). 금후의 장애교육의 과제-특수교육 특별지원교육. 월요세미나, 38, 1-20.

AFB National Technology Center. (1999, May). *Synthetic speech systems (Fact sheet).*

New York, NY: American Foundation for the Blind.

Alberto, P. A., & Troutman, A. C. (1995). *Applied behavior analysis for teachers* (4th Ed.). Columbus, OH: Merrill.

American Foundation for the Blind. (2001). *AFB directory of services.* New York, NY: Author.

American Printing House for the Blind. (2003). *Annual Report.* Louisville, KY: Author.

American Printing House for the Blind. (2003). *Instructional Aids, Tools, and Supplies 2001−2002.* Louisville, KY: Author.

Anderson, S., Boigon, S., & Davis, K. (1994). *Oregon project for visually impaired and blind preschool children.* Medford, OR: Jackson Education Service District.

Azrin, N. H., & Armstrong, P. M. (1973). The mini-meal: A method for teaching eating skills to the profoundly retarded. *Mental Retardation, 11*(1), 9-11.

Barraga, N. C. (1964). *Increased visual behavior in low vision children.* New York, NY: American Foundation for the Blind.

Barraga, N. C. (1983). *Visual handicaps and learning.* Austin, TX: Exceptional Resources.

Barraga, N. C., & Morris, J. E. (1980). *Source book on low vision.* Louisville, KY: American Printing House for the Blind.

Barth, J., & Foulke, E. (1979). Preview: A neglected variable in orientation and mobility. *Journal of Visual Impairment & Blindness, 72*(2), 269-273.

Bellamy, G. T., Horner, R. H., & Inman, D. P. (1979). *Vocational rehabilitation of severely retarded adults: A direct service technology.* Baltimore, MD: University Park Press.

Benson, V., & Murano, M. A. (1994). Current estimates from the national health interview survey, 1992. National Center for Health Statistics. *Vital health statistics, 10,* 234-35.

Beukelman, D. R., Yorkston, K. M., & Dowden, P. A. (1985). *Communication argumentation: A casebook of clinical management.* Sandiego, CA: College Hill Press.

Bigge, J. L. (1982). *Teaching individuals with physical and multiple disabilities.* Columbus, OH: Charles E. Merrill.

Bina, M. J. (1991). Overcoming current obstacles to our hopes for the future lessons from our pioneer ancestors. *Journal of Visual Impairment & Blindness, 85*(1), 121-128.

Bischoff, R. W. (1967). Improvement of listening comprehension in partially sighted students. *Sightsaving RE: view,* 25-32.

Bishop, V. E. (2000). Early Childhood. In A. J. Koenig & M. C. Holbrook (Eds.), *Foundation of education: Instructional strategies for teaching children and youths with visual impairments.* New York, NY: AFB Press.

Blank, H. R. (1958). Dreams of the blind. *The Psychoanalytic Quarterly, 27,* 158-174.

Blasch, B. (1975). *A study of the treatment of blindisms using punishment and enforcement in laboratory and natural settings.* Unpublished doctoral dissertation, Michigan State University.

Blasch, B. B., Wiener, W. R., & Welsh, R. L. (1997). *Foundations of orientation and mobility.* New York, NY: AFB Press.

Blazie Engineering. (1990). *Introducing Braille'N Speak.* Forest Hill, MD: Blazie Engineering.

Bledsoe, C. W. (1971). The family of residential schools. *Blindness,* 25-26.

Bradley, A., & Freeman, R. D. (1982). Contrast sensitivity in children. *Vision Research 22,* 953.

Bradley-Johnson, S. (1994). *Psychoeducational assessment of students who are visually impaired and blind.* Austin, TX: Pro-Ed.

Brilliant, R. L., & Graboyes, M. (1999). Historical overview of low vision: Classifications and perceptions. In R. L. Brilliant (Ed.), *Essentials of low vision practice* (pp. 2-9). Boston, MS: Butterworth Heinemann.

Campbell, P. H. (1977). Daily living skills. In N. Haring (Ed.), *Developing individualized education programs for the severely handicapped children and youth.* Washington, D. C.: Department of Health, Education, & Welfare.

Carroll, T. (1961). *Blindness: What it is, what it does and how to live with it.* Boston, MS: Little, Brown & Co.

Carter, K. (1983). Assessment of lighting. In R. T. Jose (Ed.), *Understanding low vision.* New York, NY: American Foundation for the Blind.

Chaing, Y., Bassi, L. J., & Javitt, J. C. (1992). Federal budgetary costs of blindness. *Milbank Quarterly, 70,* 319-340.

Chase, J. B. (1972). *Retrolental fibroplasia and autistic symptomatology.* New York, NY: American Foundation for the Blind.

Cheadle, B. (1991). Caned and preschoolers: The eight-year revolution. *Braille Monitor, 34,* 10, 3-8.

Chrisholm, B. (1966). Evaluation and treatment. In I. M. Seigel (Ed.), *Posture in the Blind.* New York, NY: American Foundation for the Blind.

Christopolos, F., & Renz, P. (1969). A critical examination of special education programs. *The Journal of Special Education, 3,* 371-379.

Collins, M. (1982). Parental reactions to a visually handicapped child: A mourning process. *Dissertation Abstracts International, 43,* 867.

Connor, F., Williamson, G., & Siepps, J. (Eds.). (1978). *Program guide for infants and toddlers with neuromotor and other developmental disabilities.* New York, NY: Teachers College Press.

Corn, A. (1983). Visual function: A model for individuals with low vision. *Journal of Visual Impairment & Blindness, 77*(8), 373-377.

Cowen, E. L., Underberg, R. P., Verillo, R. T., & Benham, F. G. (1961). *Adjustment to visual disabilities in adolescents.* New York, NY: American Foundation for the Blind.

Cratty, B. J., & Sams, T. A. (1968). *The body image of blind children.* New York, NY: American Foundation for the Blind.

Cronin, B. J., & King, S. R. (1990). The Development of the descriptive video service. *Journal of Visual Impairment & Blindness, 84*(10), 565-568.

Cutsforth, T. (1951). *The blind in school and society.* New York, NY: American Foundation for the Blind.

DeWitt, J. C., Schreier, E. M., & Leventhal, J. (1988). A look at closed circuit television systems for persons with low vision. *Journal of Visual Impairment & Blindness, 82,* 151-162.

DHEW. (1977). Implementation of part B of the education of the handicapped act. *Federal Register,* 42(163).

Dickman, I. R. (1975). *Sex education and family life for visually handicapped children and youth: A resource guide.* New York, NY: AFB.

Dunn, L. M. (1968). Special education for the mildly retarded-Is much of it justifiable? *Exceptional Children, 35,* 5-22.

Eatman, T. F. (1942). *An analytic study of braille reading.* Unpublished doctoral thesis, University of Texas.

Efron, M., & Duboff, B. R. (1975). *A vision guide for teachers of deaf-blind children.* Raleigh, NC: North Carolina Department of Public Instruction.

Eichel, V. J. (1979). A taxonomy for mannerisms for blind children. *Journal of Visual Impairment & Blindness, 73*(5), 167-168.

Esposito, B. G., & Reed, T. M. (1986). The effects of contact with handicapped persons on young children's attitudes. *Exceptional Children,* 53.

Farrell, G. (1956). *The story of blindness.* Cambridge, MA: Harvard University Press.

Ferrell, K. A. (1984). *Parenting preschoolers: Suggestions for raising young blind and visually impaired children.* New York, NY: American Foundation for the Blind.

Ferrell, K. A. (1985). *Reach out and teach.* New York, NY: American Foundation for the Blind.

Ferrell, K. A. (1998). Project PRISM: *A longitudinal study of developmental patterns of children who are visually impaired. Executive summary.* Greeley, CO: University of Northern Colorado.

Fewell, R., & Langley, B. (1984). *Developmental Activities Screening Inventory.* Austin, TX: Pro-Ed.

Fieber, N. M. (1977). Sensorimotor cognitive assessment and curriculum for the multi-handicapped child. *The severely and profoundly handicapped child. Proceedings from 1977 Statewide Institute for Educators of the Severely and Profoundly Handicapped,* 46-61.

Finnie, N. (1975). *Handling the young cerebral palsied child at home.* New York, NY: E. P. Dutton.

Foulke, E. (1968). Listening comprehension as a function of word rate. *Journal of Communication, 18*(3), 198-206.

Foulke, E., Amster, C. H., Nolan, C. Y., & Bixler, R. H. (1962). The comprehension of rapid speech by the blind. *Exceptional Children, 29*(2), 134-141.

Foulke, E., & Uhde, T. (1975). Do blind children need sex education? S*ex education for the visually handicapped in schools and agencies.* New York, NY: American Foundation for the Blind.

Foxx, R. M., & Azrin, N. H. (1973). *Toilet training the retarded: A rapid program for day and nighttime independent toileting.* Champagin, IL: Research Press.

Fraiberg, S. (1977). *Insights from the Blind: Comparative studies of blind and sighted infants.* New York, NY: Basic Books.

Fulker, W. H., & Fulker, M. (1960). *Techniques with tangibles.* Springfield, IL: Charles C. Thomas Publisher.

Gaylord-Ross, R. J. (1980). A decision model for the treatment of aberrant behavior in applied settings. In W. Sailor, B. Wilcox, & L. Brown (Eds.), *Methods of instruction for severely handicapped students.* Baltimore, MD: Paul H. Brooks.

Gendel, E. S. (1973). *Sex education of the blind.* Paper presented at conference on the blind child in social interaction: Developing relationship with peers and adults.

Genensky, S. M., Baran P., Moshin, H. L., & Steingold, H. (1969). *A closed circuit TV system for the visually handicapped and prospects for future research.* Santa Monica, CA: Rand Corporation.

Gerrey, W., Babyn, J., & Crandall, W. (1990). The use of fax technology to address the reading needs of blind and visually impaired persons. *Journal of Visual Impairment & Blindness, 84*(10), 509-512.

Gesell, A., Ilg, F., & Bullis, G. (1949). *Vision: It's development in infant and child.* New York, NY: Harper & Bros.

Glass, D. D. (1984). Sexuality and visual impairment. *SIECUS Report, 12*(5), 1-4.

Goldstein, H. (1940). Reading and listening comprehension at various controlled rates. *Contributions to Education, 821.*

Goodrich, G., & Quillman, R. (1977). Training eccentric viewing. *Journal of Visual Impairment & Blindness, 71*(9), 377-381.

Goodrich, G. L., & Arditi, A. (2000). An interactive History-The low vision timeline. In C. Stuen, A. Arditi, & A. Horowitz (Eds.), Vision Rehabilitation. New York: Swets & Zeitlinger Publisher

Griffin, H. C., & Gerber, P. J. (1982). Tactual development and its implications for the education of blind children. *Education of the Visually Handicapped, 13,* 116-123.

Hall, A. (1981). Mental images and the cognitive development of the congenitally blind. *Journal of Visual Impairment & Blindness, 75*(7), 281-285.

Hall, A., Scholl, G., & Swallow, R. (1986). Assessments. In G. T. Scholl (Ed.), *Foundations of education for blind and visually handicapped children and youth.* New York, NY: American Foundation for the Blind.

Halliday, C., Kurzhals, I. W., & Bischoff, R. W. (1960). *Stimulating environments for children who are visually impaired.* Springfield, IL: Charles C Thomas Publisher.

Hammer, E. (1982). The development of language in the deaf-blind multihandicapped child: Progression of instructional methods. In D. Tweedie & E. H. Shroyer (Eds.), *The multihandicapped hearing impaired.* Washington D. C.: Gallaudet College Press.

Hapeman, L. B. (1967). Developmental concepts of blind children between the ages of 3 and 6 as they relate to orientation and mobility. *International Journal for the Education of the Blind, 17*(2), 41-48.

Hargrove, L. J., & J. A. (1984). *Assessment in special education.* Englewood Cliffs, NJ: Prentice-Hall.

Harley, R. K. (1963). *Verbalism among blind children.* New York, NY: American

Foundation for the Blind.

Harley, R. K., Henderson, F. M., & Truan, M. B. (1979). *The teaching of braille reading.* Springfield, IL: Charles C Thomas Publisher.

Harley, R. K., Wood, T. A., & Merbler, J. B. (1981). *Peabody mobility scales.* Chicago, IL: Stoelting Company.

Hartlage, L. C. (1963). Differences in listening comprehension of the blind and the sighted. *International Journal for the Education of the Blind, 13.*

Hathaway, W. (1959). *Education and Health of the Partially Seeing Child.* New York, NY: Columbia University Press.

Hatlen, P. H. (1996). Core curriculum for blind and visually impaired students, including those with additional disabilities. *RE: view, 28*(1), 25-32.

Hatton, D., Bailey, D., Burchinal, M., & Ferrell, K. (1997). Developmental growth curves of preschool children with visual impairments. *Child Development, 68,* 788-806.

Hayes, S. P. (1941). *Contributions to a psychology of blindness.* New York, NY: American Foundation for the Blind.

Hazekamp, J., & Huebner, K. M. (Eds.). (1989). *Program planning and evaluation for blind and visually impaired students.* New York, NY: AFB Press.

Heinze, T. (2000). Comprehensive assessment. In A. J. Koenig & M. C. Holbrook (Eds.), *Foundation of education: Instructional strategies for teaching children and youths with visual impairments.* New York: AFB Press.

Henderson, F. M. (1973). Communication skills. In B. Lowenfeld (Ed.), *The visually handicapped child in school.* New York, NY: The John Day Co.

Hill, E. W. (1970). The formation of concepts involved in body position in space. *Education of the Visually Handicapped, 2*(4), 112-114.

Hill, E., W., & Blash, B. B. (1980). Concept development. In R. L. Welsh & B. B. Blasch (Eds.), *Foundations of orientation and mobility.* New York, NY: American Foundation for the Blind.

Hill, E., & Ponder, P. (1976). *Orientation and mobility techniques: A guide for the practitioner.* New York, NY: American Foundation for the Blind.

Hill, E. W., Rosen, S., Correa, V. I., & Langley, M. B. (1984). Preschool orientation and mobility: An expanded definition. *Education of the Visually Handicapped, 16*(2).

Hill, E. W., Smith, B. A., Dodson-Burk, B., & Rosen, S. (1987). Orientation and mobility for preschool visually impaired children. *AER Yearbook.* Washington, D. C.: Association of Education and Rehabilitation of the Blind and Visually Impaired.

Hirshoren, A., & Schnittjer, C. J. (1983). Behavior problems in blind children and a prevalence study. *Psychology in the Schools, 20,* 197-201.

Holland, L. (1971). How to deal with blindisms. *Long Cane News, 4*(5), 24-27.

Howe, S. G. (1965). *Blindness.* Washington, D. C.: American Association of the Workers for the Blind.

Huebner, K. M. (2000). Visual impairment. In A. J. Koenig, & M. C. Holbrook (Eds.), *Foundations of Education: Instructional strategies for teaching children and youths with visual impairments.* New York, NY: AFB Press.

Hyvarinen, L. (1995). *Assessment of low vision for educational purposes.* Orando, FL: Vision Associates.

Individuals with Disabilities Education Act Amendments of 1997, Section 602 (1997, January 7).

Individuals with Disabilities Education Act Amendments of 1997, Section 602 (22).

IDEA Regulation, 34 CFR 300 and 304 (1999).

Igarashi, N. (1971). Ocular autostimulation of preschool blind children. B*ulletin of the Tokyo Metropolitan Rehabilitation Center for the Physically and Mentally Handicapped,* 39-45.

Ilg, F. L., & Ames, L. B. (1955). *Child behavior.* New York, NY: Harper.

Illinois Department of Rehabilitation Services (1987). Schools *for children with disabilities.* IL: DORS.

Johnson, K. O. (1957). Problems in audiometry. *Journal of Speech Disorders, 22,* 731-733.

Jones, J. W., & Collins, A. P. (1966). *Educational programs for visually handicapped children.* Washington, D. C.: U. S. Government Printing Office.

Jose, R. T. (1983). *Understanding low vision.* New York, NY: American Foundation for the Blind.

Juurmaa, J. (1967). *Ability structure and loss of vision.* New York, NY: American Foundation for the Blind.

Kahn, H. A., & Moorhead, H. B. (1973). *Statistics on blindness in the model reporting area 1960-1970.* DHEW Pub. No. (NIH) 73-427. Washington, D. C.: Superintendent of Documents, U. S. Government Printing Office.

Kappan, D. (1971). *Orientation and mobility program.* Unpublished manuscript, South Dakoda Rehabilitation Center for the Blind.

Kapperman, G., Heinze, A., & Sticken, J. (1997). *Strategies for developing mathematics skills in students who use braille.* Sycamore, IL: Research and Development Institute.

Kelly, J. D., & Ludwig, I. (1984). *Recreation programming for visually impaired children and Youth.* New York, NY: American Foundation for the Blind.

Kelley, P., & Gale, G. (1999). *Towards excellence: Effective education for students with vision impairments.* North Rocks, CA: North Rocks Press.

Kent, D. (1983). Finding a way through the rough years: How blind girls survive adolescence. *Journal of Visual Impairment & Blindness, 77*(6), 247-249.

Kentucky School for the Blind. (2003). About KSB. [brochure]

Kestenbaum, A. (1961). *Clinical methods of Neuro-ophthalmologic examination.* New York: Grune & Stratton.

Kingsley, M. (1997). The effects of a visual loss. In H. Masson & S. McCall (Eds.), *Visual impairment: Access to education for children and young people.* London: David Fulton Publisher.

Kinney, R. (1977). Touch communication. In E. Lowell, & C. Rouin (Eds.), S*tate of the art: Perspectives on serving deaf-blind children.* Sacramento, CA: Southwestern Region Deaf-Blind Center, California State Department of Education.

Kirchner, C. (1999). Trends affecting prevalence of visual impairment and demand for services. *Journal of Visual Impairment & Blindness, 93,* 53-57.

Kirk, S. A., & Gallagher, J. J. (1983). *Educating exceptional children.* Boston, MA: Houghton-Mifflin.

Kirtley, D. D. (1975). *The psychology of blindness.* Chicago, IL: Nelson Hall.

Klein, J. W. (1819). *Textbook on the education of the blind.* Vienna, Strauss

Klein, J. W. (1845). *Anleitung Blinden Kindern Die nothige Bildung in den Schulen ihres Wohnortes und in dem Kreise ihrer Familien zu verschaffen.* Wien: K. K. Blinden Institute.

Knapp, M. L. (1978). *Nonverbal communication in human interaction* (2nd Ed.). New York, NY: Holt, Rinehart and Winston.

Knight, J. (1972). Mannerisms in the congenitally blind child. *The New Outlook for the Blind, 66*(9), 297-302.

Koenig, A. J. (1996). Selection of learning and literacy media for children and youths with low vision. In A. L. Corn, & A. J. Koenig (Eds.), *Foundations of low vision: Clinical and functional perspectives* (pp. 246-279). New York, NY: AFB Press.

Koenig, A. J., & Holbrook, M. C. (Eds.). (1995). *Learning media assessment.* Austin, TX:

TSBVI.

Koenig, A. J., & Holbrook, M. C. (Eds.). (2000). *Foundation of education: Instructional strategies for teaching children and youths with visual impairments.* New York: AFB Press.

Koestler, F. (1976). *The unseen minority: A social history of blindness in the United States.* New York, NY: Davis McKay Co.

Langley, M. B. (1980). *Assessment of multihandicapped visually impaired children.* Chicago, IL: Stoelting Company.

Lerner, R. M., & Shea, J. S. (1982). Social behavior in adolescence. In B. B. Wolman & G. Stricker (Eds.), *Handbook of developmental psychology.* Englewood Cliffs, NJ: Prentice-Hall.

Leventhal, J. D. (1996). Product evaluation-A review of two personal organizers with synthetic speech. *Journal of Visual Impairment & Blindness, 90*(1).

Lewis, S., & Allman, C. B. (2000). Educational programming. In M. C. Holbrook & A. J. Koenig (Eds.), *Foundations of education: History and theory of teaching children and youths with visual impairments.* New York, NY: AFB Press.

The Lighthouse. (1995). *The lighthouse national survey on vision loss: The experience, attitudes and knowledge of middle-aged and older Americans.* Executive summary. New York, NY: Author.

Lindberg, E., & Garling, T. (1981). Acquisition of locational information about reference points during locomotion: Effects of a concurrent task during learning and test trials. *Psychological Reports,* 146.

Lindstrom, J. I. (1990). Technological Solutions for Visually Impaired People in Sweden. *Journal of Visual Impairment & Blindness, 84*(10), 513-515.

Lord, F. (1969). *Preliminary standardization of a scale of orientation and mobility skills in young blind children.* Washington, D.C.: HEW.

Lowenfeld, B. (1950). Psychological foundation of special method in teaching blind children. In P. A. Zahl (Ed.), *Blindness.* Princeton: University Press.

Lowenfeld, B. (1959). The blind adolescent of special education for the blind. *The New Outlook for the Blind, 83*(10), 389-395.

Lowenfeld, B. (1964). The blind child as an integral part of the family and community. In B. Lowenfeld (1981), *Berthold Lowenfeld on blindness and blind people.* New York, NY: American Foundation for the Blind.

Lowenfeld, B. (1969). *Blind children learn to read.* Springfield, IL: Charles C Thomas

Publisher.

Lowenfeld, B. (1971). *Our blind children.* Springfield, IL: Charles C Thomas Publisher.

Lowenfeld, B. (Ed.). (1973). *The visually handicapped child in school.* New York, NY: The John Day Company.

Lowenfeld, B. (1975). *The changing status of the blind from separation to integration.* Springfield, IL: Charles C Thomas Publisher.

Lowenfeld, B. (1981a). Integration-The challenge of our time. *On Blindness and Blind people.* New York, NY: American Foundation for the Blind.

Lowenfeld, B. (1981b). The blind child as an integral part of the family and community. In B. Lowenfeld (Ed. 1984), *Berthold Lowenfeld on blindness and blind people.* New York, NY: American Foundation for the Blind.

Lowenfeld, B. (1982). In search of better ways. *Education of the Visually Handicapped, 14.*

Lord, F. E. (1969). The development of scales for the measurement of orientation and mobility of young blind children. *Exceptional Children, 36*(2), 77-81.

Low Vision International. (1989). Magnilink System 201. [brochure]

Luiselli, J. K., & Michaud, R. L. (1983). Behavioral treatment of aggression and self-injury in developmentally disabled, visually handicapped students. *Journal of Visual Impairment & Blindness, 77*(8), 388-392.

Luxton, K., & Kelley, J. D. (1981). Foundations and basis of recreation and leasure services for blind and visually impaired children. In J. D. Kelley (Ed.), *Recreation programming for visually impaired children and youth.* New York, NY: American Foundation for the Blind.

MacCuspie, P. A. (1996). *Promoting acceptance of children with disabilities: From tolerance to inclusion.* Halifax, NS: Atlantic Provinces Special Education Authority.

Mangold, P. N. (1980). *The pleasure of eating for those who are visually impaired.* Castro Valley, CA: Exceptional Teaching Aids.

Mangold, S. S. (1982). *The teachers' guide to the special educational needs of blind and visually handicapped children.* New York, NY: American Foundation for the Blind.

Masen, H. L., & Gale, G. (1997). Advisory services for the visually impaired in the Northern Territory of Australia-A unique experience. *British Journal of Visual Impairment, 12*(3), 90-92.

Mason, H. (1997). *The desired competencies of teachers of children and young people with visual impairment.* Paper presented at the conference of the Australian and New

Zealand Association of Educators of the Visually Handicapped, Adelaide.

Mastropieri, M. A., & Scruggs, T. E. (1994). *Effective instruction in special education.* Austin, TX: Pro-Ed.

Matson, F. (1990). *Walking alone and marching together.* Baltimore, MA: National Federation for the Blind.

McComiskey, A. V. (1996). The braille readiness skills grid: A guide to building a foundation for literacy. *Journal of Visual Impairment & Blindness, 90*(3), 190-194.

McBride, V. (1974). Explanation in rapid reading in braille. *New Outlook for the Blind, 68,* 8-12.

Mcguiness, R. N. (1970). *A descriptive study of blind children educated in the itinerant teacher, resourceroom, and special school setting.* New York, NY: American Foundation for the Blind.

Meyers, A., & Schreier, E.(1990). An evaluation of speech access programs. *Journal of Visual Impairment & Blindness, 84*(1), 26-28.

Millar, S.(1981). Crossmodal and intersensory perception and the blind. In R. D. Walk & H. L. Pick (Eds.), *Intersensory perception and sensory integration.* New York, NY: Plenum Press.

Miller, P. H. (1983). *Theories of developmental psychology.* San Francisco, CA: W. H. Freeman and Company.

Miller, D. P. (1981). *A primer on individualized education program for exceptional children.* Reston, VA: Foundation for Exceptional Children.

Monbeck, M. E. (1973). *The meaning of blindness: Attitudes toward blindness and blind people.* Bloomington, ID: Indiana University Press.

Moore, J. E., Huebner, K. M., & Maxson, J. K. (1997). Service system and resources. In W. H. Graves, J. E. Moore, & J. B. Patterson (Eds.), *Foundation of Rehabilitation Counselling.* New York, NY: AFB Press.

Moore, M. W., & Peabody, R. L. (1976). *A functional description of the itinerant teachers of visually handicapped children in the Commonwealth of Pennsylvania.* Pittsburgh, PA: University of Pittsburgh.

Morgan, E. (1995). *A national inservice training model for training early interventionists in a low incidence disabling condition: Visual impairment.* Utah State University.

Morse, J. (1965). Mannerisms, not blindisms: Causation and treatment. *International Journal for the Education of the Blind, 15*(1), 12-16.

Napier, G. D. (1973). Special subject adjustments and skills. In B. Lowenfeld (Ed.), *The visually handicapped child in school.* New York, NY: The John Day Company.

Neff, J. (1982). Sexuality education methodology. In S. S. Mangold (Ed.), *A teacher's guide to the special educational needs of blind and visually handicapped children.* New York, NY: American Foundation for the Blind.

Nelson, K. A., & Dimitrova, G. (1993). Severe visual impairment in the United States and in each state, 1990. *Journal of Visual Impairment & Blindness, 87,* 80-85.

Nolan, C. Y. (1966). Audio materials for the blind. *Audio visual instruction, 2*(9), 124-126.

Nolan, C. Y., & Kederis, C. J. (1969). *Perceptual factors in braille word recognition.* New York, NY: American Foundation for the Blind.

Nolan, C. Y., & Morris, J. E. (1969). Learning by blind students through active and passive listening. *Exceptional Children, 36*(3), 173-186.

O'Brien, R. (1973). The integrated resource room for the visually impaired children. *The New Outlook for the Blind, 67*(8), 363-368.

Ohio Department of Education (2002). *Operating Standards for Ohio's Schools Serving Children with Disabilities.* Cincinnati, OH: Author.

Orlansky, M. D. (1989). Education of Blind and Visually Impaired Children of North America and the Caribbean. *Journal of Visual Impairment & Blindness, 83*(1), 16-18.

Peiser, I. J. (1978). Vision and learning disabilities. In R. M. Wold (Ed.), *Vision: Its impact on learning.* Seattle, WA: Special Child Publications.

Piaget, J. (1954). *Construction of reality in the child.* New York, NY: Balitine.

Ponchillia, P. E., & Ponchillia, S. V. (Eds.). (1996). *Foundations of rehabilitation teaching with persons who are blind or visually impaired.* New York, NY: AFB Press.

Pogrund, R. L., & Rosen, S. J. (1989). The preschool blind child can be a cane user. *Journal of Visual Impairment & Blindness, 83,* 431-439.

Raid, E. S. (1958). Helping parents of handicapped children. *Children 5.*

Rankin, P. T. (1930). *The measurement of ability to understand spoken language.* Unpublished doctoral dissertation, University of Michigan.

Recoding for the Blind (1990). *Volunteers: The heart of recoding for the blind.* Princeton, NJ: Recoding for the Blind.

Rehabilitation Act, 45 C.F.R. Section 504, Part 84 (1973).

Revesz, G. (1950). *Psychology and art for the blind.* New York, NY: Longmans Green and Co.

Rex, E. J., Koenig, A. J., Wormsley, D. P., & Baker, R. L. (1994). *Foundations of braille literacy.* New York, NY: AFB Press.

Rhyne, J. M. (1981). *Curriculum for teaching the visually impaired.* Springfield, IL: Charles C Thomas Publisher.

Rieser, J. J., Guth, D. A., & Hill, E. W. (1982). Mental processes mediating independent travel: Implications for orientation and mobility. *Journal of Visual Impairment & Blindness, 76*(7), 213-218.

Roessing, L. J. (1982). Functional vision criterion-referenced checklists. In S. S. Mangold (Ed.), *A teacher's guide to educational needs of blind and visually handicapped children.* New York, NY: American Foundation for the Blind.

Rogow, S. (1980). Language development in blind multihandicapped children: A model coactive intervention. *Child, Care, Health and Development, 6,* 301-308.

Romano, M. D. (1982). Sex and disability. Are they mutually exclusive? In M. Eisenberg (Ed.), *Disabled people as second class citizens.* New York, NY: Springer publishing Co.

Rosenberg, M. S., O'Shea, L., & O'Shea, D. J. (1998). *Student teacher to master teacher: A practical guide for educating students with special needs.* Columbus, OH: Merrill.

Royal National Institute for the Blind. (1999). *Visual impairment and the Euro: Easing the transition to the Euro for visually impaired people* [On-line]. Available: http://www.rnib.org.uk/wedo/campaign/euro.htm

Rubin, E. J. (1964). *Abstract functioning in the blind.* New York, NY: American Foundation for the Blind.

Ryles, R. (1996). The impact of braille reading skills on employment, income, education, and reading habits. *Journal of Visual Impairment & Blindness, 90*(3), 211-215.

Sacks, S. Z., & Kekelis, L. S. (1992). Guidelines for mainstreaming blind and visually impaired children. In S. Z. Sacks, L. S. Kekelis, & R. J. Gaylord-Ross (Eds.), *The development of social skills by blind and visually impaired students.* New York, NY: American Foundation for the Blind.

Safford, P. L. (1989). *Integrated teaching in early childhood.* New York, NY: Longman.

Safir, A. (1983). *Personal communication.* Connecticut: University of Connecticut Medical School.

Salvia, J., & Ysseldyke, J. E. (1981). *Assessment in special and remedial education.* Boston, MA: Houghton Mifflin.

Sandler, A. (1963). *Aspects of passivity and ego development in the blind infant. Psychoanalytic Study of the Child, 18,* 343-361.

Scholl, G. T., & Schnur, R. (1976). *Measures of psychological, vocational, and educational functioning in the blind and visually handicapped.* New York, NY: American Foundation for the Blind.

Scheffers, W. (1982). A special education introduction for normally sighted students. In S. Mangold (Ed.), *A teachers guide to the special educational needs of blind and visually handicapped children* (pp. 136-150). New York, NY: American Foundation for the Blind.

Schroeder, F. (1989). A step toward equality: Cane travel for the young blind child. *Future Reflections,* 8.

Schultz, P. J. (1980). *How does it feel to be blind?* Los Angeles, CA: Muse-Ed.

Schulze, H. E. (1989). Educational and professional opportunities for blind persons in China: A european perspective. *Journal of Visual Impairment & Blindness, 83*(1), 60-63.

Scott, R. A. (1969). *The making of blind men: A study of adult socialization.* New York, NY: Russell Sage Foundation.

Selvin, H. D. (1979). Sexuality among the visually handicapped: A beginning. *Sexuality and disability, 2*(3), 192-198.

Semmel, M. I., Gerber, M. M., & MacMillan, D. L. (1994). Twenty-five years after Dunn's article: A legacy of policy analysis research in special education. *The Journal of Special Education, 27,* 481-495.

Sewell, D. (1997). *Assessment kit: Kit of informal tools for academic students with visual impairments.* Austin, TX: Pro-Ed.

Siegel, A., & White, S. (1975). The development of spatial representations of large scale environments. In H. Reese (Ed.), *Advances in child development and behavior.* New York, NY: Academic Press.

Silberman, R., & Sowell, V. (1998). Educating students who have visual impairments and learning disabilities. In S. Sacks & R. Silberman (Eds.), *Educating students who have visual impairments with additional disabilities.* Baltimore, MD: Paul H. Brookes.

Siller, J. (1967). Structure of attitudes toward the physically disabled. *Studies in reactions to disability, 12.* New York University.

Siller, J., Chipman, A., Ferguson, L., Vann, D. H., & Holland, B. (1967). *Attitudes of the nondisabled toward the physically disabled.* Studies in reactions to disabilities: XI. New York University, School of Education

Skellinger, A. C., & Hill, E. W. (1991). Current practices and considerations regarding long cane instruction with preschool children. *Journal of Visual Impairment & Blindness, 85*(3), 101-104.

Smith, M. M. (1984). *If blindness strikes: Don't strike out - A lively look at living with a visual impairments.* Springfield, IL: Charles C Thomas Publisher.

Smith, A. J., & Cote, K. S. (1982). *Look at me: A resource manual for the development of residual vision in multiply impaired children.* Philadelphia, PA: Pennsylvania College of Optometry.

Sommers, V. S. (1944). *The influence of parental attitudes and social environment on personality development of the adolescent blind.* New York, NY: American Foundation for the Blind.

Spungin, S. J. (1984). The role and function of the teacher of the visually handicapped. In G. T. Scholl (Ed.), *Quality services for blind and visually handicapped learners: Statement of position.* Reston, VA: Council for Exceptional Children.

Steele, N. W. (1969). *Learning by blind children of low ability: The relative effectiveness of reading and listening.* Unpublished doctoral dissertation, George Peabody College for Teachers.

Stein, H., & Slatt, B. (1983). *The ophthalmic assistant.* St. Louis, MO: The C. V. Mosby Co.

Swenson, A. M. (1999). *Beginning with braille: Firsthand experiences with a balanced approach to literacy.* New York, NY: AFB Press.

Taylor, J. L. (1973). Educational programs. In B. Lowenfeld (Ed.), *The visually handicapped child in school.* New York, NY: John Day Academic Press.

Thomson, J. A. (1983). Cognitive maps and motor programs in visually guided locomotion. *Journal of Experimental psychology, 9.*

Thylefors, B., Negrel, A., Pararajasgaram, R., & Dadzie K. Y. (1995). Global data on blindness. *Bulletin of the World Health Organization, 73,* 115-121.

Torbett, D. S. (1975). A humanistic and futuristic approach to sex education for blind children. *Sex education for the visually handicapped in schools and agencies ...Selected papers.* New York, NY: American Foundation for the Blind.

Troxell, D. E. (1967). Experiments in tactile and visual reading. IEEE Transactions on Human Factors in Electronics, HFE-8.

Tuttle, D. W. (1984). *Self-esteem and adjusting with blindness.* Springfield, IL: Charles C Thomas Publisher.

Tuttle, D. W. (1986). Educational programming. In G. T. Scholl (Ed.), *Foundation of education for blind and visually handicapped children and youth: Theory and practice.* New York, NY: American Foundation for the Blind.

U. S. Department of Education (2007). *27th Annual Report to Congress on the Implementation of the Individuals with Disabilities Education Act, 2005.* Washington, D. C.: Author.

Uzgiris, I., & Hunt, J. M. (1975). *Assessment in infancy: Ordinal scales of psychological development.* Urbana, IL: University of Illinois Press.

Van Dijk, J. (1965). *The first steps of the deaf/blind child towards language.* Boston, MA: Perkins School for the Blind.

Vaughan, D., & Asbury, T. (1980). *General ophthalmology.* Los Altos, CA: Lange Medical Publication.

Villey, P. (1930). *The world of the blind: A psychological study.* New York: Macmillan.

Von Rohr, M. (1918). Zur entwicklung der fernrohrbrille. The development of telescopic glasses. Ztschr. *Ophth, Optic, 3*(25).

Walk, R. D., & Pick, H. L., Jr. (1981). *Intersensory perception and sensory integration.* New York, NY: Plenum Press.

Walker, E., Tobin, M., & McKennell, A. (1992). Blind and partially sighted children in Britain. RNIB survey. *HMSO, 2.*

Warm, J., Clark, J. L., & Foulke, E. (1970). Effects of differential spatial orientation on tactual pattern recognition. *Perceptual and Motor Skills,* 31.

Warm, J., & Foulke, E. (1968). Effects of orientation and redundancy on the tactual perception of form. *Perceptual and Motor Skills,* 27.

Warren, D. H. (1984). *Blindness and early childhood development.* New York, NY: American Foundation for the Blind.

Warren, D. H. (1994). *Blindness and children: An individual differences approach.* New York, NY: Cambridge University Press.

Watson, G., & Berg, R. V. (1983). Near training techniques. In R. T. Jose (Ed.), Understanding low vision. New York, NY: American Foundation for the Blind.

Welsh, R. L. & Blasch, B. B.(1980). *Foundations of orientation and mobility.* New York, NY: AFB Press.

Whitten, L. L. (1986). *The effect of the amount of vision on the use of post-rehabilitative skills.* Unpublished manuscript, Western Michigan University. Department of Blind Rehabilitation, Kalamazoo.

WHO. (1992). *Prevention of childhood blindness.* Geneva: Author.

WHO. (1993). *Management of low vision in children.* Geneva: Author.

Willis, D. H. (1979). Relationship between visual acuity, reading mode and school systems for blind students. *Exceptional Children, 46*(3), 181-196.

Wilt, M. A. (1949). A study of awareness of listening as a factor in elementary education. Unpublished doctoral dissertation, Pennsylvania State College.

Witkin, H. A., Birnbaum, J., Lomonaco, S., Lehr, S., & Herman, J. L. (1968). Cognitive patterning in congenitally totally blind children. *Child Development, 39,* 767-786.

Worchel, P. (1951). Space perception and orientation in the blind. *Psychological Monograph, 65.*

World Blind Union. (1999). *Factsheet 10: The world picture* [On-line]. Available: http://194.224.11.75:8080/umc/facts/facts10.htm

World Health Organization. (1992). *Prevention of childhood blindness.* Geneva: Author.

World Health Organization. (1997). Blindness and visual disability: Part V of VII: Seeing ahead-Projections into the next century. *Fact Sheet N 146* [On-line]. http://www.who.int/inf-fs/en/fact146.html

World Health Organization. (1999a). *The international classification of impairments, disabilities, and handicaps.* [On-line]. Available: http://www.who.int/whosis/icidh/icidh.html

World Health Organization. (1999b). Prevention of blindness and deafness. [On-line]. Available: http://www.who.int/pbd

Wright, B. A. (1960). *Physical disability-A psychological approach.* New York, NY: Harper.

Ysseldyke, J. E. (1979). Issues in psychoeducational assessment. In G. Phye, & D. J. Reschly (Eds.), *School psychology: Perspectives and issues.* New York, NY: Academic Press.

찾아보기

인 명

내 용

저자소개

임안수

대구대학교 특수교육학과 명예교수(교육학 박사)
한국점자연구위원회 회장

시각장애아 교육

2008년 9월 10일 1판 1쇄 발행
2023년 1월 20일 1판 14쇄 발행

지은이 • 임 안 수
펴낸이 • 김 진 환
펴낸곳 • (주) 학지사
04031 서울특별시 마포구 양화로 15길 20 마인드월드빌딩 5층
대표전화 • 02) 330-5114 팩스 • 02) 324-2345
등록번호 • 제313-2006-000265호
홈페이지 • http://www.hakjisa.co.kr
페이스북 • https://www.facebook.com/hakjisabook

ISBN 978-89-5891-881-3 93370

정가 **17,000**원